बच्चों की दुनिया

विकास एवम् शिक्षा

नमिता रंगानाथन

भारती कौशिक

SHIPRA

Rs. 880; US$ 29

ISBN : 978-93-91978-43-3

First Published in India in 2023

बच्चों की दुनिया: विकास एवम् शिक्षा

Published by:
SHIPRA PUBLICATIONS
LG 18-19, Pankaj Central Market,
I.P. Ext., Patparganj, Delhi 110092, India
Ph. 22235152, 22236152; 9650028065
info@shiprapublication.com
www.shiprapublication.com

विषय सूची
Contents

परिचय
Introduction

यह पुस्तक मूलतः सर्वप्रथम वर्ष 2000 में अंग्रेजी में प्रकाशित हुई थी। वर्ष 2005, 2006 और 2007 में इसका पुनःसंस्करण प्रकाशित हुआ। शिक्षक कार्यक्रम से जुड़े शिक्षकों एवं विद्यार्थियों जैसे कि बी. एड. (B.Ed), डी. एल. एड. (D.El.Ed) एवं नर्सरी शिक्षक प्रशिक्षण के क्षेत्र में यह बहुत ही प्रभावशाली सिद्ध हुई। इन कार्यक्रमों के अतिरिक्त यह पुस्तक मनोविज्ञान एवं बाल-विकास के विद्यार्थियों के लिए भी बाल्यावस्था के अध्ययन हेतु बहुत उपयोगी समझी गई। आश्चर्य की बात यह है कि इस किताब का प्रयोग बाल विकास के क्षेत्र में कार्य करने वाले एनजीओ ने अपने कर्मचारियों को प्रशिक्षित करने में किया और इसके द्वारा बाल्यावस्था तथा विद्यालय के विषयों को समझा। इस पुस्तक का मुख्य उद्देश्य यह है कि विभिन्न प्रकार के पाठकों को बच्चों की दुनिया में सरल यात्रा पर ले जाए। यह पुस्तक बाल्यावस्था से लेकर किशोरावस्था तक के समयचक्र को स्वयं में समाहित किए हुए है। बाल्यावस्था शैशवावस्था के आधार पर निर्मित होती है और यह निर्धारित करती है कि किशोरावस्था कैसी होगी। इसमें जीवन के चरणों में निरंतरता पर जोर दिया गया है।

1980 और 1990 के दशकों में बचपन को समझने का प्रमुख स्रोत यूरो अमेरिकन दुनिया की प्रसिद्ध पाठ्य पुस्तकें थीं जो समृद्ध और सूचनात्मक तथा गहन विश्लेषणात्मक पर आधारित थी। परंतु उनमें उदाहरण और घटना के चित्रण उनकी अपनी संस्कृति और देश के संदर्भ से लिए गए थे इसीलिए वो संदर्भ अक्सर भारत में बच्चों को समझने के लिए विदेशी प्रतीत होते थे। लेकिन शताब्दी के परिवर्तन के साथ बच्चे को उस परिवेश और संदर्भ में स्थित करने के महत्व को आवाज दी गई जिसमें वह रह रहा था। इस बारे में विचार-विमर्श से सामने आया कि बाल्यावस्था का जीवन स्तर सभी के लिए सार्वभौमिक अनुभव था या फिर यह स्थानीय रोजमर्रा के कारकों द्वारा प्रभावित होता था।

इसमें इस प्रकार के प्रश्न जोड़े गए कि लिंग, जाति, क्षेत्रीय स्थान और सामाजिक-आर्थिक पृष्ठभूमि ने बचपन के अनुभव को कैसे प्रभावित किया। इस प्रकार यह समझा किया गया कि एक पुस्तक जो बचपन के विकासात्मक पहलुओं तथा सार्वभौमिक विश्वास प्रणालियों में स्थापित होती हो लेकिन स्थानीय प्रासंगिक पहलुओं को भी स्वीकार करें वह पाठकों को सरलता से आगे की ओर ले जाएगी और यह लिखने योग्य है। किसी न किसी रूप से यह अहसास किया गया कि यह पाठकों को उन विषयों के साथ अच्छे ढंग से जुड़ने में सहयोग करेगा जो बचपन के महत्व को समझते हैं और स्वयं जीवन्त बचपन की सराहना करते हैं। शिक्षा ऐसा ही एक गतिशील क्षेत्र है जिसमें बच्चों की

शिक्षा के प्रति दृष्टिकोण बदलते रहते हैं। वास्तव में नई शिक्षा नीति 2020 में 3 से 8 साल की अवधि पर जोर देते हुए बचपन की विकासात्मक श्रेणियों का पुनर्गठन किया है, क्योंकि बुद्धिमता आधारित शोध से पता चलता है कि इस स्तर पर बच्चों में सीखने की अधिकतम क्षमता होती है। साक्षरता औरं संख्यात्मकता दो ऐसे आधारभूत पहलू हैं जिन पर इस चरण में जोर दिया गया है। एक महत्वपूर्ण प्रस्ताव यह भी है कि जहां तक संभव हो प्राथमिक वर्षों के दौरान बच्चों को स्थानीय भाषा या मातृभाषा में शिक्षित किया जाए। इस प्रकार प्रारंभिक प्राथमिक वर्षों को बच्चों के सीखने और विकास की आधारशिला के लिए महत्वपूर्ण माना गया है। वर्तमान में 8 से 11 तक के वर्षों, जिन्हें प्राथमिक वर्षों के उत्तरार्ध रूप में दर्शाया गया है इसे नई शिक्षा नीति 2020 में आगे के वर्षों के रूप में देखा गया है। जो भविष्य में सीखने की तैयारी के रूप में उनके कौशल और क्षमताओं के विस्तार से संबंधित है।

इस पुस्तक में इन दोनों चरणों को विस्तार से प्रस्तुत किया गया है। स्कूलों में वर्तमान अभ्यास के अनुसार पूर्व प्राथमिक 3 से 6 वर्ष की आयु से संबंधित हैं, प्राथमिक स्तर में 6 से 11 वर्ष हैं और ग्रेड (कक्षा) 1 से 5 तक में से 1 से 3 तक, को निम्न प्राथमिक और 4 से 5 तक के ग्रेड को उच्य प्राथमिक कहा जाता है। शिक्षा का अधिकार अधिनियम (2009) लागू होने के बाद, स्कूल और भी विविधता वाला स्थान बन गया है। इस प्रकार विविधता को अवधारणात्मक रूप से और स्कूली प्रथाओं के संदर्भ में समझना हमारी प्राथमिकता बन गई है। विविधता घनिष्ठ रूप से समावेश की अवधारणा से संबंधित है। इसमें विकलांग बच्चे और सामाजिक और सांस्कृतिक रूप से हाशिए की पृष्ठभूमि के बच्चे शामिल हैं।

आरंभिक वर्षों की पाठ्यचर्या (NCF Foundation Stage - 2022) में इस बात पर जोर दिया है कि शिक्षा मात्र साक्षरता और विकास का साधना ही ना होकर स्व की आंतरिक विस्तार एवं आत्मानुभूति का मार्ग का प्रशस्त करती है। भारतीय दर्शन में चहुँमुखी विकास को प्रोत्साहित करने वाले व्यवहारों एवं प्रथाओं का समृद्ध कोष है, जिसमें छोटे बच्चों में मूल्यों एवं सामाजिक कौशलों का विकास भी सम्मिलित है। इसी सन्दर्भ में बच्चों की सम्पूर्ण एवं समग्र शिक्षा की ओर दिशा निर्देश मिलता है। पंचकोषीय विकास व्यवस्था (five fold development), ब्रम्हावली तैत्रीयसंहिता के अनुसार मानवों के पंचकोशीय विकास का लक्ष्य है—मानव व्यक्तित्व की उच्चतम अवस्था को प्राप्त करना। मानव व्यक्तित्व के इन पांच कोषों में शामिल है—अन्नमय कोष (Physical Development), प्राणमय कोष (Vital Development), मनोमय कोष (Mental Development), विज्ञानमय कोष (Cognitive Development), और आनंदमय कोष (Spiritual Development) विकास की उच्चतम अवस्था तक पहुंचने के लिए यथाशीघ्र शुरुआत महत्वपूर्ण है। इसी कारण से शाला के आरंभिक वर्षों में पंचकोशों के विकास पर बल दिया जाता है। आरंभिक वर्षों की राष्ट्रीय पाठ्यचर्या रुपरेखा, भारतीय ज्ञान परंपरा को आधुनिक शिक्षा व्यवस्था से जोड़ने में एक महत्वपूर्ण भूमिका निभा रही है। राष्ट्रीय शिक्षा नीति 2020 ने शाला शिक्षा के संदर्भ में तीन बदलावों की अनुशंषा की है जो आरंभिक पाठ्यचर्या रुपरेखा के मार्गदर्शक सिद्धांत भी है। यह सिद्धांत हैं—अधिकाधिक बहुविषयक शिक्षा की ओर कदम बढ़ाना, पाठ्यचर्या एवं पाठ्यचर्या सहगामी गतिविधियों के बीच में अंतर न करते हुए शिक्षा को समग्रता

में समझना और तोता रटंत के बजाय तर्कपूर्ण चिंतन को बढ़ावा देना एवं 21वीं सदी के कौशलों का विकास।

वर्तमान पुस्तक अंग्रेजी मूल संस्करण का हिंदी अनुवाद है लेकिन इसे अद्यतन करने और इसमें नवीनतम अवधारणाओं और विचारों को शामिल करने के लिए बहुत मूल्यवर्धन किया गया है। क्योंकि विविधता और समावेशन की अवधारणा तथा विकलांगता की समझ में विचारों और नीतिगत अनिवार्यताओं दोनों के संदर्भ में महत्वपूर्ण बदलाव आया है, इसीलिए एक पूरा अध्याय इसके लिए समर्पित किया गया है। इस पुस्तक में 11 अध्याय हैं एवं परिचय, निष्कर्ष और ग्रंथ सूची हैं जो अनिवार्य रूप से शास्त्रीय और समकालीन दोनों पुस्तकों की एक पठन सूची प्रदान करते हैं।

अध्याय 1 सदियों से सार्वभौमिक रूप से प्रशंसित विचारकों द्वारा बचपन की प्रकृति के बारे में महत्वपूर्ण विचार प्रस्तुत करता है। इस अध्याय में निहित विचार यह दर्शित करते हैं, कि छोटे बच्चे का विकास और शिक्षा दोनों सूचित या वर्गीकृत प्रक्रियाएं हैं जो इस बात पर ध्यान केन्द्रित करती हैं कि बच्चा क्या है, उसे कैसे माना जाता है, उसकी क्षमताएं क्या हैं और उसकी शिक्षा पर क्या ध्यान देना चाहिए।

अध्याय 2 से 6, बच्चे के शारीरिक, भावनात्मक, सामाजिक, संज्ञानात्मक और नैतिक विकास के वर्णन पर केंद्रित है। इनमें से प्रत्येक पर एक विशिष्ट अध्याय है। विचारणीय तथ्य यह है कि बच्चों में विकास के तरीके और विशेषताओं में कुछ समानताएं हैं और इसे सार्वभौमिक रूप में देखा जा सकता है तथा साथ ही कुछ प्रासंगिक आयाम हैं। यह अध्याय दोनों पर प्रकाश डालता है। वस्तुतः बचपन तीव्र विकास की अवधि है, इसके लिए एरिक्कसन, पियाजे और कोहलबर्ग जैसे कई शास्त्रीय चरण सिद्धांत महत्वपूर्ण बने हुए हैं। इसके अतिरिक्त, वायगोत्स्की का सामाजिक रचनावादी दृष्टिकोण, जो बताता है कि बच्चे कैसे सोचते हैं, यह गिलिगन की देखभाल की नैतिकता है। विकास के हर क्षेत्र के प्रमुख विषयों, व्यवहार सम्बन्धी विशेषताओं और चुनौतियों पर भी चिंतन और विमर्श की आवश्यकता है। पुस्तक में उपरोक्त सभी बिंदुओं पर चर्चा करने का प्रयास किया गया है।

अध्याय 7 से 10 बच्चों में स्व के विकास, उनकी जरूरतों, उनकी रुचियों और उनके खेल पर ध्यान केंद्रित करता है। इनमें से प्रत्येक विषय यह एक समर्पित अध्याय है। इनमें से किसी भी क्षेत्र की व्यापक चर्चा के बिना किसी भी बच्चे को नहीं समझा जा सकता है। बच्चे के विकास और शिक्षा के महत्वपूर्ण घटक कैसे बनते हैं, इस पर प्रकाश डाला गया है। राष्ट्रीय शिक्षा नीति (1986) के बाद, बाल केंद्रित शिक्षा, शाला शिक्षा को देखने और समझने का प्रमुख माध्यम बन गई। इस संदर्भ में, बच्चे के स्वयं की, आवश्यकताओं, रुचियों और खेल ने एक नया महत्व ग्रहण किया। अब ये सभी स्कूल पाठ्यक्रम का भाग हैं लेकिन शिक्षा के लिए निहितार्थ के साथ उन्हें विकासात्मक रूप से समझने की आवश्यकता अभी भी महत्वपूर्ण है। यह अध्याय उसी की विस्तृत चर्चा प्रस्तुत करता है।

अध्याय 11 विकलांग बच्चों के विशिष्ट संदर्भ में विविधता और समावेशी शिक्षा पर केंद्रित है। यह अवधारणात्मक रूप से पता लगाता है कि इन शब्दों का क्या अर्थ है और स्कूल इन बच्चों की आवश्यकताओं को कैसे पूरा कर सकते हैं। आरपीडब्ल्यूडी (R.P.W.D.) अधिनियम (2016) के बाद, विकलांगता की श्रेणियों का बहुत विस्तार हुआ

है और स्कूलों को इन सभी श्रेणियों के बच्चों के लिए समावेशी प्रथाओं के माध्यम से रिक्त स्थान और अवसर बनाने की आवश्यकता है। यह अध्याय इन सभी पहलुओं की विस्तृत चर्चा प्रस्तुत करता है।

पुस्तक का निष्कर्ष भाग, कुछ महत्वपूर्ण विषयों और चिंताओं पर प्रकाश डालता है जो बच्चों के विकास और शिक्षा को चिह्नित करते हैं। इनमें से कुछ तीव्र गति से बदलते उस समाज से निकलते हैं जिसमें वर्तमान में बच्चे रह रहे हैं और बढ़ रहे हैं।

पुस्तक में प्रस्तुति की भाषा और शैली को बहुत सरल रखा गया है जिससे पुस्तक व्यापक पाठकों को समझ में आ सके। प्रत्येक अध्याय को पिछले 30 वर्षों से भारत के कई राज्यों के स्कूलों में बच्चों के साथ सीधे जुड़ाव, उनके विस्तृत अवलोकन, शिक्षकों, अभिभावकों, परामर्शदाताओं और गैर सरकारी संगठनों के कर्मियों के साथ बातचीत और निश्चित रूप से कुछ प्रसिद्ध लेखकों से परामर्श के माध्यम से विकसित किया गया है। मेरी मूल पुस्तक के हिंदी रूपांतरण के लिए बहुत से लोगों की अतिशय इच्छा का सम्मान करते हुए यह प्रयास किया गया।

मुझे अपनी सह-लेखिका, डॉ. भारती कौशिक के समृद्ध योगदान को स्वीकार करते हुए खुशी हो रही है। उन्होंने मूल पुस्तक का अनुवाद किया, मुझे अनुकूलन बिंदुओं पर प्रतिक्रिया दी और विकलांगता व समावेश पर अध्याय लिखकर पुस्तक को और अधिक मूल्यवान बनाया।

1

बचपन : कुछ महत्वपूर्ण दार्शनिक अनुस्थापन
Childhood: Some Significant Philosophical Orientations

बच्चों की शिक्षा से सम्बन्धित, व्यवहार और सिद्धांत, दोनों ही अनेक दार्शनिकों और विचारकों के दृष्टिकोणों से प्रभावित हुए हैं। इनमें से प्रत्येक का महत्वपूर्ण योगदान रहा है। कुछ ने बचपन की मूल प्रकृति की चर्चा की, तो कुछ लोगों ने बच्चों की शिक्षा में आवश्यक सुधारों के बारे में बोला, जबकि कुछ लोगों ने अधिगम को संभालने के लिए नई प्रणालियों का सुझाव दिया। क्योंकि हम बच्चों के शैक्षिक व्यवहारों के अध्ययन का प्रयास कर रहे हैं, इसीलिए हम केवल उन्हीं शिक्षाविदों और विचारकों पर ध्यान केन्द्रित करेंगे जिन्होंने गहन रूप से प्राथमिक शिक्षा पर कार्य किया है। इसके अतिरिक्त, शैक्षणिक सिद्धांतों की अपनी समझ में वृद्धि पर ध्यानाकर्षण न करके, हम उन शैक्षणिक व्यवहारों और नियमों पर ध्यान केन्द्रित करेंगे जो इनसे संबंधित हैं।

जीन जैक्स रूसो (Jean Jacques Rousseau): 1712-78

रूसो के शैक्षणिक दर्शन (Educational Philosophy) की झलक उनकी पुस्तक एमिल से मिलती है। हालांकि यह प्रमुखतया काल्पनिक कार्य है, जिसे सुसंस्कृत, विवेकी तथा कथित यूरोपियन समाज को शिक्षा की एक वैकल्पिक पद्धति दिखाने के लिए लिखा गया था। एमिल पुस्तक में, रूसो एमिल नामक एक काल्पनिक लड़के की निजी शिक्षा का वर्णन करते हैं। प्रकृति के अनुरूप बनाई गई योजना के अंतर्गत एमिल को शिक्षित किया जाता है। इस कहानी के माध्यम से रूसो ने शिक्षा की सार्वजनिक व्यवस्था प्रस्तावित की है।

रूसो का शैक्षणिक दर्शन प्रकृतिवादी (Naturalism) था। वह रूढ़ीवादी और औपचारिक शिक्षा व्यवस्था के विरुद्ध थे। रूसो ने महसूस किया कि इस अवस्था में नैतिक अनुदेशन और औपचारिक शिक्षा का कोई स्थान नहीं है, क्योंकि मुख्यतः इनके लिए पर्याप्त तार्किक योग्यताओं की आवश्यकता होती है, जो उनके अनुसार छोटे बच्चों में नहीं होती। उन्होंने महसूस किया कि ज्ञानेन्द्रिय संवेदी प्रशिक्षण (Sensory training) और शारीरिक शिक्षावाद की अवस्थाओं में स्वतंत्र रूप से तर्क और निर्णय करने के लिए आवश्यक आरंभिक शर्तें हैं।

शैक्षणिक पद्धति के अंतर्गत, वह 'स्व शिक्षण' (Self-teaching) के बहुत बड़े समर्थक थे। वह उपदेशवाद (Didacticism) के धुर विरोधी थे, उनके अनुसार इस ओर

शिक्षकों का गहन रूझान था। वे मानते थे कि सैद्धांतिक (Theoretical) चीजों में बच्चों की रुचि कभी भी नहीं हो सकती, उन्हें तो गतिविधियाँ और स्वतंत्रता चाहिए। उनका विश्वास था कि केवल स्वतंत्रता के वातावरण में ही बच्चे अपनी आंतरिक शक्तियों का, स्वाभाविक रूप में विकास कर सकते हैं। उन्होंने यह भी महसूस किया था कि सोचा, समझा औपचारिक दंड बच्चे को नहीं दिया जाना चाहिए, क्यांकि बच्चे प्राकृतिक घटनाक्रम (Natural consequences) से उन व्यवहारों की अनदेखी करना सीख जाते हैं जिनसे उनको दर्द मिलता है। प्रत्येक बच्चे की आंतरिक अच्छाई में उनका विश्वास था।

शिक्षाविदों की कई पीढ़ियों ने जिन निहितार्थों (Implications) को आसवित (Distilled) किया और इन्हें रूसो के प्रभाव की विशेषता माना, इनमें से कुछ को पहचान कर कोई भी जान सकता है कि आज की शिक्षा के अधिकतर व्यवहार उनके विश्वासों की ही उपज हैं। इनमें कुछ निम्नलिखित हैं:

(i) खेल अधिगम की आधारशिला है। बच्चे के जीवन पर ऐसी पढ़ाई का बोझ नहीं डालना चाहिए जिसमें उसकी रुचि ना हो और जो उसके लिए महत्वहीन हो।

(ii) पुस्तक में प्रयुक्त पाठ्यचर्या को ऐसी मुक्त गतिविधियों के माध्यम से सिखाना चाहिए जो बच्चे को निजी अनुभवों से जीवन का अर्थ समझने का अवसर व अनुमति देती हैं।

(iii) शिक्षा एवं अधिगम की गहनता, वृद्धि की प्रक्रिया का अभिन्न अंग है। वृद्धि की दिशा क्या होगी, इसका आधार होता है बच्चे की मूल क्षमता और प्रकृति। शिक्षाविद इस क्षमता का मूल्यांकन करें, ना कि इसमें परिवर्तन करें।

(iv) शिक्षा का सारतत्व (quintessence) है अनुकूलन और समायोजन। कठोर, नुकीला, ठंडा, गर्म और अन्य अनुभूतिपरक प्रतिक्रियाओं के अनुभव शिक्षा को दर्द या खुशी का आधार प्रदान करते हैं।

(v) बच्चा पैदाइशी अच्छा होता है और शिक्षा का लक्ष्य है उसकी इस स्वाभाविक अच्छाई को बनाये रखना।

जॉन डीवी (John Dewey): 1859-1952

जॉन डीवी के नाम को 'यथार्थवाद' (Pragmatism) से जोड़ा जाता है। मूलरूप से 'यथार्थवाद' अथवा 'प्रयोगवाद' (experimentalism) का अर्थ है कि विचारों से पहले गतिविधियाँ होती हैं अथवा अनुभव निर्धारित करता है कि क्या सीखा जायेगा।

डीवी के अनुसार, व्यक्ति में सब क्षमताओं का निवास है। शिक्षा, उसे अपने वातावरण को नियंत्रित करने और अपनी संभावनाओं की पूर्ति में सक्षम बनाती है। वातावरण के अर्थ में भौतिक और सामाजिक वातावरण दोनों ही शामिल हैं। जहाँ भौतिक वातावरण अस्तित्व के निर्धारण में महत्वपूर्ण है वहीं सामाजिक वातावरण मानव वृद्धि और वैयक्तिक क्षमता के विकास पर निर्भर है। डीवी ने बच्चे को संपूर्ण शैक्षणिक प्रक्रिया के केन्द्र के रूप में माना। उन्होंने महसूस किया था कि बच्चे की शिक्षा की शुरुआत उसकी क्षमताओं, रुचियों और आदतों पर गहन मनोवैज्ञानिक जानकारी के बाद ही होनी चाहिए। हालांकि बच्चे की अपनी रुचियों और रूझानों का पूर्ण स्वभाव और महत्व उनकी सामाजिक समकक्षता स्थापित होने के बाद ही सामने आयेगा। इस प्रकार से उनके अनुसार बच्चों की क्षमताओं और मूल प्रवृत्तियों को इस तरह से दिशा निर्देशित

किया जाना चाहिए कि वह उस सामाजिक स्थितियों की माँगों की पूर्ति करने में सक्षम हो जाये जिसमें वह स्वयं को पाते हैं या पायेंगे। डीवी ने सोचा कि सामाजिक कुशलता एक ऐसी महत्वपूर्ण योग्यता है जिसे हर व्यक्ति को प्राप्त करना चाहिए, और वह ज्ञान और योग्यता जो कि बच्चा प्राप्त कर लेता है उसे सामाजिक स्थितियों में उपयोगी होना चाहिए।

शिक्षा के कार्यों की चर्चा करते हुए, डीवी ने बताया कि शिक्षा जीवन की आवश्यकता है। यह वांछित (Desired) सामाजिक जीवन जीने के लिए आवश्यक है। उन्होंने महसूस किया कि शिक्षा बच्चे के आंतरिक स्वभाव और उसके सामाजिक मानकों एवं भागों के बीच की खाई को पाटने में पुल का कार्य करती है। इस प्रकार से विद्यालय को सामाजिक आवश्यकता के अनुकूलित संस्था समझा गया। क्योंकि यह बालकों में सामाजिक चेतना विकसित करने में मदद करती थी।

डीवी ने एक ऐसे आदर्श विद्यालय की अवधारणा के बारे में बात की जो कि अपनी दीवारों के बाहर के एक बड़े समाज का प्रतिबिंब था, जिसमें रहकर जीवन सीखा जा सकता था, लेकिन यह शुद्धिकृत, सरलतम और भलीभांति संतुलित समाज था। डीवी ने सोचा था कि उनका आदर्श विद्यालय एक ऐसा स्थान होगा जो बच्चे को अपने घर से विमुख नहीं करेगा। इसके बजाए यह उन गतिविधियों का संरक्षण, पुनःनिर्माण और उन्हें जारी रखेगा जिनसे बच्चा परिचित है। उन्होंने महसूस किया कि विद्यालय को परिवार का ही विस्तार (विस्तृत रूप) होना चाहिए, जिसमें कमोबेश (More or less) जो अनुशासन बच्चे को आकस्मिक (casual) रूप से घर में मिलता है उसकी निरंतरता अधिक परिष्कृत (Sophisticated) रूप में, अच्छे उपकरणों और अधिक वैज्ञानिक मार्गदर्शन के साथ मिलती रहे। इस आदर्श विद्यालय में जो शिक्षक होगा उसकी भूमिका सुधारक की होगी। डीवी शिक्षण में उपदेशवाद अथवा शिक्षक प्रधानता के किसी अन्य प्रकार के भी, प्रबल विरोधी थे। उचित सामाजिक वातावरण बनाये रखने के कार्य को भी उन्होंने शिक्षण की ही जिम्मेदारी माना था। मूल रूप से उनकी अवधारणा थी कि शिक्षक ऐसा होना चाहिए जो बच्चों के लिए ऐसे उचित अनुभवों का चयन करे जो उनके ज्ञान और कौशलों को बढ़ाने में मदद करेगा। यहाँ तक कि अनुशासन के मामले में भी, शिक्षक एक ऐसा मार्गदर्शक मात्र है जिसके पास अनुभव ज्यादा है।

पाठ्यचर्या को ज्ञान की अलग-अलग शाखाओं में विभाजित करने में डीवी का विश्वास नहीं था। इससे अलग, उन्होंने सुझाया कि बच्चे की गतिविधियों के अनुरूप ही विद्यालय के विषयों का आयोजन होना चाहिए। उन्होंने लिखा "मूलभूत सामाजिक सामग्री—मकान (बढ़ईगिरी), कपड़े (सिलाई), खाना (भोजन पकाना), से संबंधित बच्चे की अभिव्यक्ति की गतिविधियों से शुरुआत होनी चाहिए, अभिव्यक्ति के यह प्रत्यक्ष आयाम सामाजिक संवाद के कारकों - वाणी, लेखन, कला, कलमकारी, इत्यादि को बाहर निकालते हैं। इस प्रकार से, प्राथमिक विद्यालय की पाठ्यचर्या को बच्चे की चहुँमुखी रुचियों - संवाद, अन्वेषण, निर्माण और कलात्मक अभिव्यक्ति के अनुसार आयोजित किया जाना चाहिए जो शैक्षणिक अनुभवों और इन रुचियों पर आधारित समस्याओं पर आधारित होना चाहिए।

जब डीवी ने शैक्षणिक अनुभवों की बात की तो, इनमें एक विशेष निहितार्थ (Implication) समाहित था—केवल वही अनुभव शैक्षणिक है जो समाज की सामाजिक,

राजनैतिक, भौतिक और आर्थिक स्थितियों के संदर्भ में बच्चे के स्वाभाविक रूझानों का उचित आदर करते हैं। इसके अलावा शैक्षणिक अनुभव रचनात्मक होता है और अतिरिक्त अनुभवों की ओर ले जाता है। पाठ्यचर्या की व्यवस्था पर भी डीवी के विशिष्ट विचार थे। उनके अनुसार यदि पढ़ाई जाने वाली सामग्री दिन-प्रतिदिन के जीवन से ली जाये तो बच्चों में तर्कक्षमता और अति महत्वपूर्ण भेदभाव विकसित करने में पाठ्यचर्या का उपयोग किया जा सकता है। इसके अतिरिक्त, विषय भूतकाल को वर्तमान से जोड़े और वर्तमान परिप्रेक्ष्य में इनकी उपयोगिता भी स्पष्ट रूप से उभरनी चाहिए। विषयों को समन्वयित अथवा एक-दूसरे से जुड़े हुए रूप में दर्शाया जाना चाहिए ना कि अलग-थलग अध्ययनों के रूप में।

शिक्षण पद्धति के संदर्भ में, डीवी का दृष्टिकोण था कि 'प्रत्यक्ष अनुभव' समस्त अधिगम का आधार है। बच्चों की नैसर्गिक (Natural) गतिविधियों को ज्ञान में वृद्धि की प्राकृतिक स्थितियाँ प्रदान करनी चाहिए। इस प्रकार से उन्होंने बच्चों की रुचियों पर आधारित 'करके सीखने' की प्रणाली को उपयुक्त बताया। प्रत्यक्ष अधिगम के वह पूर्णतः विरोधी थे। डीवी की इस प्रयोगवादी प्रणाली ने शिक्षा को 'परियोजना विधि' की राह पर अग्रसर किया।

डीवी ने 'शिक्षा में प्रजातंत्र' (Democracy in Education) की अवधारणा का भी प्रस्ताव रखा। उन्होंने महसूस किया कि शिक्षा को सभी तरफ से प्रजातांत्रिक सिद्धांतों को भी प्रतिबिंबित करना चाहिए। उनके अनुसार प्रजातांत्रिक व्यवस्था में शिक्षकों के पास विद्यालयी व्यवस्था और नीतिगत निर्णयों, विशेषरूप से पाठ्यचर्या निर्माण और पाठ्यपुस्तकों के चयन में अपनी बात रखने का अधिकार होना चाहिए। इन मुद्दों पर, विद्यालय का अधिकारी वर्ग उन्हें आदेश नहीं दे सकता। वह सत्तावादी (authoritarian) व्यवस्था के भी विरोधी थे। उनका मानना था कि जहाँ बच्चे और शिक्षक पर कड़ी नजर रखी जाती हो, वहाँ प्रत्येक मानव (प्राणी) के मूलभूत महत्व को नकार दिया जाता है। उन्हें शिक्षा की वह व्यवस्था स्वीकार्य नहीं थी जो बच्चे के दिमाग को पहले से बने-बनाये (सोचे-समझे) अनुभवों से सामना कराती हो। उनको अहसास था कि प्रजातांत्रिक व्यवस्था वह थी जो स्वयं से निर्देशित हो। यह बच्चों की बौद्धिक और संवेदनात्मक दोनों ही आवश्यकताओं को सम्बोधित करती है और उन्हें आज्ञापालन अथवा सरलता से सधने के लिए नहीं बल्कि सोचने और काम करने और पहल करने के लिए प्रशिक्षित करती है। स्वतंत्रता और संसधानपूर्णता जैसे गुणों के विकास में प्रजातंत्र के एक बुद्धिमान नागरिक की यह समस्त विशेषतायें हैं।

डीवी के दर्शन ने शैक्षणिक व्यवहार में बहुत सी छोटी-छोटी महत्वपूर्ण राहें बनाई, जिनका वर्णन नीचे दिया गया हैः

(i) सामाजिक वातावरण के महत्व और समस्त ज्ञान को उसकी सामाजिक उपयोगिता से जोड़ने की आवश्यकता का श्रेय पूरी तरह से उन्हीं को जाता है।

(ii) प्रत्यक्ष अनुभव अथवा 'करके सीखना' शिक्षण में गतिविधि-निर्देशित प्रणाली पर उनका जोर देना, आज के शिक्षक के लिए भी महत्वपूर्ण प्रश्न है।

(iii) बच्चों की रुचियों और क्षमताओं के बारे में उनके इन विचारों से, कि उन्हें बालकों की शिक्षा की राह निर्धारण का प्रमुख मुद्दा होना चाहिए, से मौलिक रूप से वही

निहितार्थ मिलता है जिसे आज प्रचलित रूप में हम बाल केन्द्रित प्रणाली (Child centred approach) कहते हैं।

(iv) डीवी ने बच्चों में रचनात्मक क्षमताओं की भी बात की थी, जिनका प्रोत्साहन, आज की शिक्षा का एक प्रमुख उद्देश्य है।

(v) इसके अतिरिक्त, हम डीवी के शिक्षा क्षेत्र में परियोजना विधि देने के भी आभारी हैं, जो कि प्राथमिक विद्यालय शिक्षण में बेहद उपयोगी और प्रयोजनपूर्ण है।

(vi) शिक्षा में प्रजातंत्र की उनकी अवधारणा (Concept) ने बच्चों के अधिगम में संस्थागत वातावरण की विशिष्टता और नेतृत्व व्यवहारों एवं शैलियों के महत्व को स्थापित करने में भूमिका अदा की। इससे शैक्षणिक अवसरों की समानता के दृष्टिकोण को भी अतिरिक्त बल मिला।

जॉन हेनरिच पेस्टालोजी (John Heinrich Pestalozzi): 1746-1827

जॉन हेनरिच पेस्टालोजी ने जो कुछ किया और लिखा वह 'प्रेम और कृतज्ञता' (Love and Gratitude) की शक्ति से घिरा हुआ था। छोटे बच्चों की शिक्षा में पेस्टालोजी ने अपने सभी पूर्ववर्तियों (Predecessors) के मिले-जुले दर्शनों में पौष्टिक प्रोत्साहनवर्धक सामग्री मिलाकर महत्वपूर्ण योगदान दिया। उन्होंने महसूस किया कि प्यार, देखभाल और पालन-पोषण बच्चों के विकसित होने में मदद करता है और इन्हें इसीलिए शिक्षा का केन्द्र होना चाहिए।

इस सिद्धांत से शुरुआत करते हुए कि 'आदमी एक समान ही होता है फिर चाहे वह झोपड़े में हो अथवा राजगद्दी पर, उनकी ज्यादातर चिंता पीड़ितों और शोषितों के लिए थी। शिक्षा को उन्होंने एक ऐसे साधन के रूप में जाना जिससे समाज के प्रत्येक व्यक्ति को प्रशिक्षित किया जा सकता है जिससे वह स्वयं के लिए सुखमय और सदाचारी जीवन का निर्माण कर सके। वे मानते थे कि शिक्षा का मुख्य उद्देश्य मानव स्वभाव का उत्थान, अथवा विचारों और कार्य में शुद्धि का है। उनके अनुसार, सबसे पहले, हमें दिल, दिमाग और हाथ की सामान्य शिक्षा की आवश्यकता है। औद्योगिक श्रम (Industrial Labor) जो कि विशेष दिशा में नियमित, एक ऐसा यांत्रिक कौशल मात्र है, जिसका उद्गम बाहरी स्थितियों में है और यह ऐसे आदिम आवेगों पर आधारित है, जो ना तो किसी व्यक्ति विशेष को और ना ही लोगों को संपूर्ण रूप से उन्नत और सुयोग्य बनाता है। बाहरी ज्ञान आंतरिक क्षमताओं के धीरे-धीरे विकसित होने से कम महत्वपूर्ण है। उन्होंने बच्चे की क्षमताओं के विकास को पेड़ की वृद्धि के सदृश समझा और महसूस किया कि शिक्षाविद् का कार्य है उपयुक्त मिट्टी प्रदान करना जिससे समुचित वृद्धि हो सके। हालांकि उन्हें अहसास था कि अधिगम को स्वयं में ही हमेशा "स्वतः स्फूर्त प्रक्रिया, मुक्त गतिविधि का परिणाम और एक जीवित और मौलिक उत्पाद" होना चाहिए।

उन्हें लगता था कि श्रेणीबद्ध (graded) अधिगम बच्चों के लिए अधिक उपयुक्त है। वह सब कुछ जो बच्चे को सीखना है, उसे उसकी शक्ति के अनुपात में होना आवश्यक है, और जैसे-जैसे उसकी एकाग्रता, न्याय और विचार शक्ति विकसित हो वह और अधिक जटिल और मुश्किल होता जाये। उपयोग की जाने वाली शिक्षण पद्धति के संदर्भ में उनका ख्याल था कि शिक्षा प्रदान करने की कला, माली की कला के जैसी ही है जिसकी देखभाल में हजारों पेड़ बढ़ते और फलते-फूलते हैं। उनकी वास्तविक

बढ़त में उसका कोई योगदान नहीं होता, वृद्धि का सिद्धांत तो पेड़ों में स्वतः ही होता है। माली की जिम्मेदारी तो बस पौधा लगाना और पानी देना है। बढ़ने की प्रक्रिया पर उसका कोई नियंत्रण नहीं होता है। शिक्षाविद् की भी यही सच्चाई है। वह आदमी को कोई शक्ति नहीं देता है। वह तो केवल देखता है कि कहीं कोई बाहरी शक्ति उनकी वृद्धि की स्वाभाविक प्रक्रिया को नुकसान अथवा बाधित तो नहीं कर रही है। वह ध्यान रखता है कि प्राकृतिक नियम के अनुसार विकास अपनी यात्रा पूरी करे। हमारी प्रकृति की नैतिक, बौद्धिक और व्यवहारिक शक्तियों को, स्वयं से ही स्वयं के लिए विकसित होने की आवश्यकता है।

पेस्टालोजी के दर्शन से शिक्षण और अधिगम के कुछ विशिष्ट नियम विकसित होते हैं जो निम्न हैं—

(i) पर्यवेक्षण अथवा इन्द्रियों से समझना अनुदेशन का आधार है।

(ii) भाषा को हमेशा ही पर्यवेक्षण से जुड़ा होना चाहिए अर्थात् विषयवस्तु अथवा किसी वस्तु से सम्बन्धित होना चाहिए।

(iii) अधिगम का समय निर्णय अथवा आलोचना करने के लिए नहीं होता है।

(iv) शिक्षण को हमेशा ही सरलतम तत्वों से शुरू होना चाहिए और धीरे-धीरे बच्चे के विकासानुसार आगे बढ़ना चाहिए।

(v) शिक्षण का उद्देश्य हठधर्मी प्रदर्शन न होकर विकास होना चाहिए।

(vi) शिक्षक को प्रत्येक छात्र की वैयक्तिक्ता का आदर करना चाहिए।

(vii) प्राथमिक स्तर के शिक्षण का मुख्य लक्ष्य विद्यार्थी को ज्ञान और कौशल प्रदान करना न होकर केवल उसकी मदद करना होता है जिससे वह अपनी बुद्धिमता की शक्तियों में बढ़ोतरी और उनका विकास कर सके।

(viii) शिक्षक और विद्यार्थी के बीच के सम्बन्ध की विशेषता 'प्यार' होनी चाहिए।

(ix) शिक्षा के उच्च उद्देश्य, बच्चे की क्षमताओं को विकसित करना एवं अनुदेशन के अधीनस्थ होना चाहिए।

अंत में, पेस्टालोजी को लगा कि शिक्षा आदमी का प्राकृतिक आधार है और इसे सबको सार्वजनिक रूप से देना चाहिए। यूरोप में प्रचलित शिक्षा की पद्धति से उनका मोहभंग हो चुका था क्योंकि उन्हें लगता था कि यह वर्ग-विभेद पैदा करती है और समाज में वर्ग विषमताओं को बढ़ाती है।

यह पेस्टालोजी के व्यवहारों और विश्वासों का ही परिणाम है कि आज 'प्यार', शिक्षा का एक कारक बन गया है। बहुत से लोग प्राथमिक शिक्षा की ओर आकर्षित हुए हैं, और वह कहते हैं कि वह बच्चों से प्रेम करते हैं। सौहार्दपूर्ण शिक्षक, छात्र सम्बन्धों, विशेषरूप से पूर्व प्राथमिक और प्राथमिक उम्र समूहों के लिए 'प्यार' एक महत्वपूर्ण शर्त बनकर उभरा है।

एक और महत्वपूर्ण योगदान, जो कि पेस्टालोजी ने किया, वह था 'वैयक्तिक अनुदेशन' (Individualised Instruction)। जो अभी भी, वर्तमान काल की शिक्षा का शैक्षणिक उद्देश्य है।

पेस्टालोजी ने ध्वनि, आकार और संख्या के महत्व पर जोर दिया, जैसा कि प्रत्येक विषय में पाया और अनुभव किया जाता है। आज के शिक्षाविद् भी जब प्रत्येक बच्चे को

विषयों के आधारभूत आयाम सीखने के अवसर प्रदान करने की ओर लक्षित शिक्षण पद्धति पर प्रयोग करते हैं तो इन्हीं अवधारणाओं पर जोर देते हैं। वैयक्तिक रूप से पढ़ना और व्यक्ति आधारित कार्य प्रणाली भी इसी दिशा में एक कदम है।

पेस्टालोजी ने अपने मित्र को एक पत्र में, आज के और आने वाले दिनों के शैक्षणिक दर्शन का आमुख लिखा। उन्होंने कहा, 'हमारे दिमाग में यह बात रहनी चाहिए कि शिक्षा का अंतिम उद्देश्य विद्यालय की उपलब्धियों में दोषहीनता नहीं बल्कि स्वस्थ जीवन के लिए आवश्यक एवं पूर्ण तैयारी है। बच्चे का संपूर्ण विकास आज की शिक्षा के मुख्य उद्देश्य के बिल्कुल अनुरूप है। पेस्टालोजी के कार्य ने प्राथमिक शिक्षा को एक नया आयाम दिया। पर्यवेक्षण को दिये गये महत्व ने प्राथमिक विज्ञान अध्ययन और ग्रह भूगोल की राह प्रशस्त की। संवाद को मिले बल से, व्याकरण में भिन्न भाषाई पाठों का महत्व स्थापित हुआ और बच्चे के गिनने और समझने के कौशलों पर ध्यान केंद्रित करना एक नये प्रकार के प्राथमिक अंकगणित के विकास की ओर ले गया।

फ्रेडरिक फ्रोबेल (Friedrich Froebel): 1782-1852

फ्रोबेल, पेस्टालोजी के शिष्य थे। जहाँ पेस्टालोजी एक दार्शनिक ज्यादा थे, वहीं फ्रोबेल उनके विचारों और अंतर्दृष्टि को काल्पनिक व्यवहार में उतार कर आयोजक बन गये थे। उनका विश्वास कुछ विशिष्ट नियमों को स्थापित करने में था, जिनका उपयोग शिक्षण और शिक्षा की वैज्ञानिक व्यवस्था के लिए किया जा सकता था। उन्होंने महसूस किया कि प्रकृति और आत्मा दोनों से ही दैवीय ऊर्जा झलकती है और इस प्रकार से दिमाग के भी विशिष्ट प्राकृतिक नियमों की ओर झुकाव की संभावना होनी चाहिए। उन्होंने समस्त जीवित प्राणियों में एकता की अवधारणा का निर्माण किया। बचपन की उनकी अवधारणा भी इसी विचार पर आधारित थी कि बचपन वयस्कता की तैयारी मात्र नहीं है, वरन् इसका स्वयं एक मूल्य है और इसकी स्वयं की एक रचनात्मकता है। यह दैवीय पूर्णता में वयस्क्ता जैसे अधिकारों के साथ ही भागीदारी करता है और इसीलिए यह शिक्षाविद से समान आदर का दावा कर सकता है। उनका विचार था कि वयस्कों को बच्चों से श्रेष्ठ महसूस करने अथवा उनके बचपन की प्राकृतिक स्थिति में हस्तक्षेप करने का कोई अधिकार नहीं है।

फ्रोबेल ने एकता के अपने विचार के आधार पर, शिक्षा में आंतरिक-सह सम्बन्धों की जरूरत की बात की। इसका अर्थ यह था कि शिक्षाविद् के लिए आवश्यक है कि वह बच्चों को उन स्थितियों से गुजारे जो उनकी अपने अनुभवों को एक-दूसरे से भलीभांति जैविक रूप से जोड़ने में मदद करेंगे। इसका एक निहितार्थ यह भी है कि सिखाये गए प्रत्येक विषय का संयोजन पूर्ण पाठ्यचर्या से होना चाहिए और पाठ्यचर्या को स्वयं भी इस तरह से बना होना चाहिए कि उसमें बच्चों की वैयक्तिक रुचियों के अतिरिक्त हमारी जटिल सभ्यता की आधारभूत मांगों (Basic Needs) का प्रतिबिंब दिखाई पड़े। पाठ्यचर्या में इस प्रकार का व्यवस्थायी क्रम बच्चों के स्थिर विकास के लिए उतना ही आवश्यक था जितना की उसकी वैयक्तिक्ता का आदर आवश्यक है।

फ्रोबेल को अहसास था कि अंतरिक्ष की दैवीय विशेषता और इसमे अपने अंश/या अपने आपको पहचानने के लिए, आदमी को अपनी इन्द्रियों और संवेदनाओं के साथ-साथ अपने तर्क की भी आवश्यकता है। उनका विश्वास था कि यह सब आत्मा

की खिड़कियाँ हैं और इस प्रकार से उन्होंने शैक्षणिक प्रयासों अथवा इसकी बहुआयामी प्रकृति पर जोर दिया। समस्त जीवन की सर्वोत्तम एकता-समानता में उनका विश्वास उन्हें कुछ विशिष्ट शैक्षणिक तकनीक प्रस्तावित करने की ओर ले गया जैसे कि, शिक्षा की प्रतियोगी व्यवस्था के बजाए साझेदारी व्यवस्था की जरूरत, बुद्धि और हाथ के संयोजन के लिए शारीरिक प्रशिक्षण की आवश्यकता, और प्रकृति का गहनतम अध्ययन भी इसमें शामिल था।

फ्रोबेल के विचारों की सर्वोत्तम अभिव्यक्ति विभिन्नता में सामंजस्यता को देखने की उनकी अवधारणा में पाया जा सकता है। फ्रोबेल का मानना था कि बच्चे के नैसर्गिक विकास में सबसे महत्वपूर्ण चरण खेल था, क्योंकि यह उसकी समस्त शारीरिक संवेदनात्मक और बौद्धिक गुणवत्ताओं के सामंजस्यपूर्ण अभ्यास की अनुमति देता है। उनको अहसास था कि खेल ध्यान को आराम से, उद्देश्य को स्वतंत्रता से और नियमों को मुक्ति से जोड़ता है।

आधारभूत रूप से फ्रोबेल का योगदान, तीन से सात वर्ष की उम्र के बच्चों के लिए और उसमें भी मुख्यतः बालक की विद्यालय पूर्व अवस्था पर था। इस उम्र के लिए उनकी चिंता पैदा हुई थी उनके इस विश्वास से कि बचपन के शुरुआती अनुभव व्यक्तित्व के बाहरी विकास के लिए महत्वपूर्ण है। दूसरा, उनके जीवन का बहुत सा हिस्सा नेपोलियन (Napolean) के युद्ध के दौरान युद्ध की पूरी विभीत्सा और इसके विनाशकारी प्रभावों के साथ गुजरा, जिसने उन्हें अहसास कराया कि बच्चों को एक ऐसा स्थान चाहिए जहाँ वह लड़ाई के परिणामों और उसमें मारे जाने के भय के बिना स्वाभाविक रूप से बढ़ सकें। उनका नाम 'किंडरगार्डन' (Kindergarten) की अवधारणा के पर्याय के रूप में भी जाना जाता है।

'किंडरगार्डन' की कल्पना एक ऐसे स्थान के रूप में की गई थी, जहाँ छोटे बच्चे उचित प्रशिक्षण और पोषण के साथ फूलों की तरह बढ़ सकें। भावनाओं और संवेदनाओं में प्रशिक्षण को किंडरगार्डन का एक उद्देश्य समझा गया। उनका मानना था कि किंडरगार्डन का वातावरण स्व-अभिव्यक्ति (self-expression) को प्रेरित करने वाला, स्वतंत्रता, खेल और खुशी से भरपूर होना चाहिए। ऐसे माहौल में किसी किताब अथवा बच्चों के लिए किसी बौद्धिक कार्य की आवश्यकता नहीं बल्कि इसके बजाए गीत, गत्यात्मक गतिविधियों और रचनात्मकता के माध्यम से अभिव्यक्ति में प्रशिक्षण देना चाहिए। गीतों का उपयोग, इस विचार से किया गया कि उससे बच्चों की इन्द्रियों, हाथ-पैरों और मांसपेशियों की कसरत हो जायेगी और इसके साथ ही बच्चे अपने आसपास की साधारण वस्तुओं से भी परिचित होंगे। फ्रोबेलियन पद्धति के 50 से अधिक नर्सरी/बाल गीत, किसी ना किसी बाल खेल जैसे 'छुपन छुपाई' अथवा किसी व्यवसाय से सम्बन्धित हैं और बच्चे की किसी नैतिक शारीरिक, अथवा बौद्धिक/मानसिक आवश्यकता की पूर्ति करते हैं। शिक्षक का कार्य है कि बच्चे के विकासानुसार गीतों का चयन करे और प्रदर्शन के क्रम का निर्धारण करें।

बच्चों की संपूर्ण शिक्षा और प्रशिक्षण के लिए फ्रोबेल ने उपहारों की एक शृंखला का निर्माण भी किया। ये उपहार विभिन्न प्रकार की सामग्रियों के सावधानीपूर्वक और बच्चों की बढ़ती उम्र के अनुरूप बने हैं जिसमें खेल सामग्री में नयेपन के साथ ही ये बच्चों की शैक्षणिक विधि का आधार भी बनते हैं। इनसे स्पर्श और संवेदनाओं में भी

प्रशिक्षण मिलता है और यह बच्चों को आकार और सतह की अवधारणा से परिचित कराने के साथ ही उनके सामने संख्याओं की उचित अवधारणा प्रस्तुत करते हैं। इन उपहारों से प्रस्तावित गतिविधियों को व्यवसाय का नाम दिया गया, इन उपहारों को, बच्चों को, विकास के सिद्धांतो के आधार पर एक निश्चित क्रम में देना होता है। इन उपहारों और व्यवसायों का चयन फ्रोबेल ने इस वैचारिक सिद्धांत के आधार पर किया कि इनमें से प्रत्येक, बच्चे को उसके परिवेश को समझने और अपने आन्तरिक और बाहरी संसार की शब्दों, इशारों और गतिविधियों के माध्यम से अभिव्यक्त कर सके।

मूल रूप से पाठशाला पूर्व के वर्षों पर ध्यान केन्द्रित करते हुए फ्रोबेल ने प्राथमिक और माध्यमिक शिक्षा के लिए भी सुझाव दिये। उनका मानना था कि लड़कपन अवस्था की शिक्षा हेतू खेल का आयाम बेहद महत्वपूर्ण नहीं था, इसके बजाए पाठ्यचर्या का मुख्य जोर कार्य पर होना चाहिए।

उनके अनुसार हाथ का कार्य और शारीरिक कार्य इस उम्र समूह के बच्चों के लिए महत्वपूर्ण हैं। यह कौशल विकास में, मांसपेशियों के अभ्यास में और रचनात्मक शक्तियों के प्रोत्साहन में मदद करते हैं। यह विचारों की अभिव्यक्ति और चरित्र के निर्माण में भी मदद करते हैं। इस उम्र समूह के उनके पाठ्यक्रम में धार्मिक अनुदर्शन, विज्ञान, गणित, कला और भाषा के अतिरिक्त बागवानी, बढ़ईगिरी, और लकड़ी का काम शामिल था। फ्रोबेल ने प्रकृति अध्ययन को बहुत महत्व दिया। उनका मानना था कि प्रकृति का अध्ययन करके बच्चा नैतिक और आध्यात्मिक रूप से प्रगति पथ पर बढ़ सकता है क्योंकि उसमें प्रकृति निर्माण में भगवान के कार्य के प्रति प्रशंसा, समर्पण और आश्चर्य पैदा होता है।

फ्रोबेल के विचार वर्तमान में भी आधुनिक शैक्षणिक व्यवहार में मान्य हैं। शिक्षा की किंडरगार्डन व्यवस्था आज भी अस्तित्व में है और इसका श्रेय पूरी तरह फ्रोबेल को जाता है।

व्यक्तित्व के निर्माण में बचपन के आरंभिक वर्षों को जो महत्व उन्होंने दिया था वह आज भी शैक्षणिक नीति में प्रतिबिंबित होता है जिसमें आरंभिक वर्षों के दौरान देखभाल और शिक्षा पर अत्यधिक जोर दिया गया है। इसके अतिरिक्त बच्चों में स्व-अभिव्यक्ति के प्राकृतिक माध्यम के तौर पर "खेल" में उनके विश्वास को आधुनिक शिक्षा में देखा जा सकता है, जहाँ पूर्व-प्राथमिक और प्राथमिक अवस्थाओं में, खेल आधारित शिक्षा विधियों में गीत, गति हरकतें, इशारे, नाटकीयता और अन्य गतिविधियों का बहुसंख्य विद्यालयों में प्रयोग होता है। हालांकि आज जिस अवस्था में खेलकूद तकनीकें अस्तित्व में हैं वह फ्रोबेल की पद्धतियों से कहीं अधिक प्रगति कर चुकी हैं। इसके बावजूद उनके मूल विचार ने हमें स्पष्ट रूप से दिखाया कि कैसे खेल गतिविधियों को बच्चों की शिक्षा में भलीभांति शामिल किया जा सकता है।

माना जा सकता है कि आधुनिक बाल-केंद्रित शिक्षा की संपूर्ण अवधारणा का कुछ भाग फ्रोबेल की बचपन की अवधारणा की ही उपज है जिसके बारे में उनका विश्वास था कि यह बहुत महत्वपूर्ण अवस्था है और इस प्रकार से इसका सम्मान आवश्यक है। वे फ्रोबेल ही थे जिन्होंने बचपन के महत्व को स्थापित करने में मदद की थी।

फ्रोबेल के कार्य को तीन सटीक रूप में प्रस्तुत किया जा सकता हैं। एकता, निरंतरता और सरलता। यहाँ तक कि शिक्षण व्यवसाय में आज भी इनका उपयोग

होता है, हालांकि इन्होंने अन्य अवधारणा प्रकारों जैसे संपूर्णता, संभाव्यता क्रम और उपयोगिता को अपना लिया है। शैक्षणिक प्रयास आज भी इन्हीं शाब्दिक दिशा सूचकों से पथ-प्रदर्शित होते हैं। इसके अतिरिक्त, फ्रोबेल अवधारणाओं के एक समूह के अवोन्मेषक भी थे—स्वगतिविधि (self activity), उपहार, व्यवसाय और एकता—इनमें से सभी छोटे बच्चों की शिक्षा के मूल्य संवर्धन में आज भी योगदान देते हैं।

आज भी शैक्षणिक प्रयासों की संपूर्णता में बच्चे का चहुँमुखी विकास (all round development) उनके विश्वास में शामिल है।

मारिया मांटेसरी (Maria Montessori): 1870-1952

मारिया मांटेसरी परिचित थी, रूसो, फ्रोबेल और पेस्टॉलोजी के लेखों से और उनके विचारों से भी प्रभावित थी। उनका यह विचार था कि मानव प्रजाति किसी भी अन्य जानवर जाति से भिन्न है क्योंकि वह पक्की, निश्चित विशेषताओं अथवा उन मूल प्रवृत्ति के साथ पैदा नहीं होते जो उनके व्यवहार को विशिष्ट तरीकों से निर्धारित करती है। इसके विपरीत उनमें क्षमता होती है कई भिन्न व्यवहारों का विकास करने की और विभिन्न परिस्थितियों के अनुरूप अनुकूलित होने के लिए तथा अधिगम करने की। उनका मानना था कि मानव शिशु, जानवरों की तरह के नैसर्गिक व्यवहारों (Natural Behaviour) के अभाव में अधिक असहाय और अधिक समय तक वयस्कों की देखभाल पर निर्भर होते हैं। विकास को स्वतःस्फूर्त प्रक्रिया समझते हुए उनका मानना था कि इसके लिए उचित वातावरण अत्यन्त आवश्यक है। इसके अतिरिक्त, उन्होंने विकास के कुछ विशिष्ट संवेदी कालांशों, जब बच्चा विशिष्ट प्रकार के अधिगम के लिए परिपक्व हो जाता है, पर भी चर्चा की। यदि वातावरण अवसर प्रदान करता है तो अधिगम सरलता से और प्राकृतिक रूप से होता है। हालांकि यदि वातावरणीय अवसर उपस्थित नहीं होते हैं तो अधिगम आसान नहीं होता।

मांटेसरी द्वारा सुझाया गया एक और विचार यह था कि बच्चों के गहन पर्यवेक्षण (Observation) से ही शैक्षणिक पद्धतियों और व्यवहारों की रचना होनी चाहिए ना कि उनके विकास के बारे में पूर्व निर्धारित धारणाओं से। उन्होंने आग्रह किया कि शिक्षा का बच्चे के स्वाभाविक विकास के सिद्धांतों पर आधारित होना जरूरी है। उनका मानना था कि यदि बच्चे की प्रकृति अथवा उसके स्वाभाविक विकास का अवलोकन करना है तो बच्चे को कक्षा-कक्ष अथवा वातावरण में स्वतंत्रता देनी होगी। लेकिन छात्रों को वह करने की अनुमति देकर जो कि वह करना चाहते हैं, से समस्या का समाधान नहीं होगा। इसीलिए आवश्यक है कि वातावरण विकास के अवसर प्रदान करे। यदि क्षमताओं को विकसित करना है तो उचित सामग्रियों की उपस्थिति आवश्यक है। उदाहरण के लिए शाला पूर्व बालकों में पढ़ना और लिखना सीखने की उनकी प्राकृतिक क्षमता के अभ्यास के लिए, सामग्री यानी की वर्णमाला के अक्षरों का दिया जाना जरूरी है। बच्चों की क्षमताओं के अनुरूप वातावरण की अवधारणा के लिए मांटेसरी ने "तैयार किया गया वातावरण" का उपयोग किया। उनको लगता था कि तैयार किये गये वातावरण में बच्चे स्वतः ही सीख जाते हैं। उन पर सीखने के लिए दबाव नहीं डालना पड़ता है। उन्हें प्रोत्साहित करने के लिए ना तो गाजर की और ना ही छड़ी की जरूरत पड़ती है। जब तक वह प्रतिबंधित अथवा अलाभांवित परिवेश अथवा घोर गरीबी में न जीये हो,

वह स्वयं को नैसर्गिक निरंतर गतिविधियों में संलिप्त कर लेते हैं और परिवेश से संवाद करते हैं। उनकी गतिविधियाँ प्रयोजनपूर्ण होती हैं, क्योंकि वह बच्चे को गहन आंतरिक आनन्द अथवा संतोष प्रदान करती हैं। बच्चे उन गतिविधियों में संलग्न होते हैं जो उनकी क्षमतानुरूप होती है—वह आत्म जागरूकता की ओर सर्वोत्तम प्रोत्साहित होते हैं जैसे मांटेसरी और उनके अनुयायियों ने कहा था कि ''बच्चे स्वयं का निर्माण अथवा आत्म-निर्माण में संलिप्त हो जाते हैं''।

संवेदी कालांशों के दौरान, बच्चे स्वाभाविक रूप से अभिव्यक्ति की राह खोजती, क्षमताओं के विकास की प्रासंगिक गतिविधियों में संलिप्त हो जाते हैं। महत्वपूर्ण कालांश की समाप्ति के बाद, बाहरी, गैर प्राकृतिक प्रयासों की सहायता से बच्चों को प्रोत्साहित करना आवश्यक हो जाता है।

मांटेसरी के अनुभवों और अवलोकनों ने न केवल बच्चों की प्रकृति और उनके विकास की अनुमानित अवधारणाओं को पक्का किया बल्कि यह उन्हें बच्चों के प्रति गहन आदर और व्यक्ति के रूप में विकसित होने और आत्मनिर्भरता की ओर बढ़ने में उनकी क्षमता पर विश्वास की ओर भी ले गया। मांटेसरी का उद्देश्य बालक के संपूर्ण विकास और वृद्धि में था ना कि उसकी शैक्षणिक अथवा बौद्धिक वृद्धि मात्र करना। वृद्धि का एक महत्वपूर्ण आयाम शारीरिक विकास भी है। विकास के इस आयाम को मांटेसरी ने गतिविधि पर खुद से जोर दे कर पहचाना। उनका मानना था कि यह संवेदी गत्यात्मक छानबीन ही है जिसके माध्यम से बच्चा भौतिक वातावरण के बारे में सीखता है। इसके अतिरिक्त, उनका विश्वास था कि संवेदी गत्यात्मक विकास ही बौद्धिक विकास का आधार है।

इनके द्वारा विकसित एक आदर्श मांटेसरी विद्यालय में, विद्यालयी समय के दौरान जिन गतिविधियों और उपकरणों में बच्चा व्यस्त रहता है उनका निर्माण और व्यवस्था पहले से ही कर दी जाती है, और बच्चा अपनी इच्छानुसार इन व्यस्तताओं को स्वतंत्रता से चुनने और इन पर अपनी इच्छानुसार समय व्यतीत करने के लिए स्वतंत्र था। इस स्वतंत्रता के माध्यम से उसे स्वयं के लिए चयन करने और बुद्धिमत्तापूर्ण एवं प्रयोजनपूर्ण रूप से विद्यालय के कक्षा-कक्षों में जाने के लिए प्रशिक्षित किया जाता था। विद्यालय में प्रवेश के उपरांत, बालकों को अपनी स्वयं की साफ-सफाई की जांच करने का समय दिया जाता था। उन्हें सरल साधारण पोशाकें पहनने, जूतों के फीते बांधने और शौचालय में स्वयं की देखभाल करना सिखाया जाता था। निजी जांच-पड़ताल के बाद यह देखने के लिए कि सब कुछ दिन-भर के लिए व्यवस्थित है या नहीं, वह कक्षा का दौरा करते थे। झाड़पोंछ, फर्नीचर की पुनःव्यवस्था और रख-रखाव के सामान्य दायित्व सभी बालकों द्वारा किये जाते थे। शैक्षिक उपकरणों के बहुत से भाग जैसे कि धागे वाला गत्ता, मापन दंडियां, चीजों के अंदर घुसने वाले गत्ते इत्यादि बच्चों के निजी वितरण नियंत्रण में रहते थे। यह शिक्षण सामग्रियाँ स्वयं सुधारी जा सकने वाली थीं और इन्हें डा. मांटेसरी ''स्वचालित शिक्षण'' कहती थी। मांटेसरी पद्धति मुख्यतः गत्यात्मक शिक्षा, संवेदी शिक्षा और गणित एवं भाषा के शिक्षण पर केन्द्रित थी।

मांटेसरी पद्धति एक तकनीक अथवा कुछ सामग्रियों का उपयोग मात्र नहीं है। यहाँ बच्चे के प्रति एक मूलभूत अभिवृत्ति होती है जो शिक्षक की गतिविधियों और कक्षा-कक्ष के संचालन को प्रभावित करती है। यह अभिवृत्ति उसकी क्षमताओं एवं

संभावनाओं और एक व्यक्ति विशेष के रूप में बच्चे को आदर प्रदान करती है। आदर की अभिवृत्तियों में बच्चों के प्रति एक स्वीकृति कि वह जो हैं जैसे हैं, विकास की उनकी योग्यता में विश्वास, और उनको ऐसा करने के लिए अनुमति देने का धैर्य, इसके साथ ही उनके अधिगम अनुभवों पर किसी सख्त नियन्त्रण और दिशा-निर्देश के बिना उनको, जब वह मांगें अथवा स्पष्ट रूप से जब उन्हें इसकी जरूरत हो, तब सुझाव और मदद दी जाए।

मांटेसरी का कार्य मुख्यतया पाठशाला पूर्व उम्र के बच्चों के साथ था। हालांकि, उनका अनुभव नौ वर्ष की उम्र तक के बच्चों के साथ भी छोटे बच्चों पर अपनाई प्रणाली की उसी विधियों के साथ था। उनको अहसास था कि बच्चे की स्वाभाविक विकासात्मक क्षमताओं और रुचियों के अनुसार शिक्षण और शिक्षा को समायोजित करने का मूलभूत सिद्धान्त सभी उम्र के बालकों पर लागू होता है। उनको लगता था कि सात से बारह वर्ष तक के प्राथमिक शाला में जाने वाले बच्चों के कुछ विशिष्ट गुण और आवश्यकतायें होती हैं, जिन्हें शिक्षा द्वारा पहचानना जरूरी है। बच्चों की आवश्यकताओं की पूर्ति करने के लिए परिवेश तैयार कर इसे प्रदान करना जरूरी है। इसमें क्रिया-कलापों के लिए इतना विस्तृत क्षेत्र आवश्यक है जितना कि सात से बारह वर्ष की आयु के बच्चों को चाहिए होता है। इसके लिए बच्चे के संपूर्ण विकास की देखभाल जरूरी है। मांटेसरी का मानना था कि प्राथमिक वर्षों में, संवेदी सामग्री स्तर से अमूर्त (Abstract) की ओर परिवर्तन होता है और नैतिक बोध भी बढ़ता है। इस प्रकार से उम्र का यह पड़ाव नैतिक चेतना के विकास के लिए संवेदनशील काल है, जो सामाजिक परिवेश में जन्म लेती है। मांटेसरी का विश्वास था कि बच्चे में न्याय के प्रति एक जन्मजात स्वाभाविक संवेदना होती है, जो उचित वातावरण में स्वयं को प्रदर्शित करती है। बच्चे को नैतिक अनुदेशन बलपूर्वक नहीं देना चाहिए क्योंकि नैतिक संवेदना शब्दों को रटकर नहीं सीखी जाती है। यह तो दूसरों के प्रति प्यार और सहानुभूति पर आधारित आंतरिक संवेग है और इसे दूसरों के साथ संवाद करके ही सीखा जा सकता है। "यह तो शिक्षक पर निर्भर करता है कि वह ऐसी व्यवस्था करे कि जीवन का नैतिक शिक्षण सामाजिक अनुभवों के माध्यम से सिखाया जाये।"

जब बच्चे 'क्यों', 'कैसे' प्रश्नों में रुचि लेने लगते हैं तो वह अमूर्त विचार चिंतन स्तर में प्रवेश करते हैं। यदि उन्हें प्रगति करनी है तो उनके द्वारा उठाये प्रश्नों को उत्तरों की आवश्यकता होगी। इसीलिए उन्हें प्रकृति के अवलोकन और छानबीन के द्वारा, उनके स्वयं के वातावरण में, उनके अपने प्रश्नों के उत्तर खोजने की अनुमति दी जाये। चूंकि सब कुछ भौतिक रूप से बच्चे को प्रदान नहीं किया जा सकता, अतः आवश्यकता है कि अनुदेश कल्पना को आवेशित करे। कल्पना के माध्यम से, बच्चा उपलब्ध माध्यमों के आधार पर, यदि वे सही हैं तो संपूर्ण का पुनः निर्माण कर सकता है। सात से बारह वर्ष तक के बालकों को अनुदेश सामूहिक और वैयक्तिक रूप से दिये जाते हैं। बड़े समूह में पाठों का प्रयोजन है, पृथ्वी पर जीवन, अंतरिक्ष, मानव प्रजाति का विकास और अन्य विषयों से संबंधित साधारण परिचय देना जिससे बच्चों में विषय के प्रति रुचि उत्पन्न हो और उनकी कल्पनाशक्ति जाग्रत हो। इन पाठों की विषयवस्तु में कुछ विशेषतायें शामिल होती हैं जैसे कि अंतरिक्ष, वर्णमाला, लेखन, अंकीय व्यवस्था इत्यादि का विकास। यह सामान्य पाठ बच्चों को उनकी रुचि जाग्रत करने और इसे बनाये रखने हेतु पृष्ठभूमीय सामग्री प्रदान करते हैं।

छोटे समूहों में पाठों के बारे में अतिरिक्त ब्यौरा दिया जाता है, बच्चों को बाहरी वातावरण में अवलोकन के लिए तैयार किया जाता है और उन्हें कला कार्य, प्रयोगों और अन्य रचनात्मक गतिविधियों के लिए विशेष तकनीकें सिखाई जाती हैं। छोटे और बड़े समूहों के पाठ, उन सभी गतिविधियों के परिचय स्वरूप हैं जिन्हें बच्चे अपनी रुचियों और क्षमतानुसार अपने तरीके से भविष्य में भी जारी रखेंगे। व्यक्तियों के लिये विशेष पाठों में इस प्रकार के कार्य शामिल हैं जिनकी क्रमिक प्रकृति की यह मांग है कि क्रमानुसार उच्च स्तर के कार्य की ओर बढ़ने से पहले किसी को भी कुछ विशिष्ट आयामों (Dimensions) पर महारत हासिल करनी होगी। ऐसे पाठ मुख्य रूप से गणित, रेखागणित और भाषा के लिए हैं। मांटेसरी प्रक्रिया का सबसे महत्वपूर्ण आयाम शायद यह है कि अमूर्त प्रत्यक्ष रूप से नहीं सिखाये जाते, इसके बजाए, आवश्यक तत्व/घटक अथवा 'मुख्य संकेतक' प्रदान किये जाते हैं, ताकि बच्चे स्वयं अपनी अमूर्त अवधारणायें बना सकें। शिक्षण की शुरुआत मूर्त या प्रत्यक्ष अथवा विशिष्ट से होती है और फिर अमूर्त अथवा सामान्य की ओर, इन्द्रिय गत्यामक से दृश्य संकेतकों की ओर बढ़ते हैं। इसका अर्थ यह है कि बच्चे समझने के लिए हुए संघर्ष से विकसित अपने स्वयं के रचनात्मक विचारों के द्वारा अमूर्त तक पहुँच जाते हैं। अंततः मांटेसरी का मानना था कि प्राथमिक शाला के वर्षों के दौरान बच्चों में शारीरिक, संवेदनात्मक, बौद्धिक और सामाजिक कौशलों का विकास हो जाना चाहिए।

हमारे देश में बहुत से सफल शाला पूर्व प्राथमिक स्तर के मांटेसरी विद्यालयों का अस्तित्व है जिनमें, बच्चा जो कि अधिगम प्रक्रिया में एक सक्रिय प्रतिभागी है, वह 'खेल विधि' की भावना के द्वारा अपनी स्वयं की गति से और अपनी स्वयं की क्षमताओं और आवश्यकताओं के अनुसार सीखता है। यह और कुछ नहीं बल्कि 'शिक्षण की खेलकूद विधियाँ' और 'बाल केन्द्रित शिक्षा' की आधुनिक अवधारणायें ही हैं। मांटेसरी ने बच्चे को पर्याप्त आदर प्रतिष्ठा और मूल्य प्रदान किया, यह एक ऐसी अभिवृत्ति थी जो आधुनिक काल के लिए भी महत्वपूर्ण बन गई है। मांटेसरी विधि में शिक्षण से अधिगम की ओर जोर देने का आनन्दपूर्ण परिवर्तन शामिल है। इस सिद्धांत का आज की शिक्षा में भी मूल्य है, जहाँ अनुदेशन की व्यवस्था अधिगमकर्त्ता की विशेषताओं और उसके दृष्टिकोणानुसार की जाती है। वास्तविकता यह है कि मानवीय मनोविज्ञान नीति का संपूर्ण मुख्यांश और इसके द्वारा सुझाया शिक्षण, मांटेसरी के विचारों के बहुत नजदीक है। उनके द्वारा बच्चे के संपूर्ण विकास पर दिया गया जोर, आज भी शिक्षा का एक महत्वपूर्ण उद्देश्य है। अनुशासन के लिए उनका विचार था कि यह आत्म-नियंत्रण और आत्म-निर्देशित गतिविधि है जो स्वयं बच्चे में विकसित होती है। यह आधुनिक तकनीकों का केन्द्र भी बनाती है। हालांकि मांटेसरी शिक्षा हमारे देश में मोटे तौर पर शाला पूर्व के वर्षों से संबंधित है, लेकिन उनके सिद्धांतों में प्राथमिक विद्यालय के लिए भी बहुत से मूल्यवान सुझाव हैं।

रबिन्द्रनाथ टैगोर (Rabindranath Tagore): 1861-1941

टैगोर का शैक्षणिक जीवन उनके सामान्य दर्शन से ही संबंधित है। शिक्षा की उनकी प्रणाली बेहद व्यापक है। वह शिक्षा को जीवन के रोमांच के स्थायी भाग के रूप में देखते हैं। यह विद्यार्थियों को उनकी अनभिज्ञता (Ignorance) की बौद्धिक बीमारी ठीक करने

वाले दर्दनाक चिकित्सकीय इलाज के जैसा नहीं है, यह तो केवल स्वास्थ्य संवर्धन का एक कार्य, उनके दिमाग की तेजस्विता की स्वाभाविक अभिव्यक्ति है। उनको अहसास था कि अधिकांश वयस्क बच्चों को इशारों पर नचाई जा सकने वाली कठपुतलियों की तरह देखते हैं, और इस प्रक्रिया से बच्चों को बचपन के गहन आनन्द से वंचित किया जा रहा है। उनकी राय में बच्चों का विद्यालय उनके पाठों मात्र के लिए नहीं होना चाहिए, बल्कि यह एक ऐसा संसार है जिसकी निर्देशीय आत्मा निजी प्रेम है। ऐसा उनका विश्वास था कि 'प्यार और कार्य' ही केवल वह माध्यम है जिनके द्वारा ज्ञान की प्राप्ति की जा सकती है। टैगोर के शैक्षणिक दर्शन के तीन सिद्धांत हैं—(1) स्वतंत्रता (2) रचनात्मक स्व-अभिव्यक्ति और (3) प्रकृति और आदमी के बीच सक्रिय आदान-प्रदान। उनका मानना था कि शिक्षा केवल तभी सफल और सार्थक होती है जब वह स्वतंत्रता पर आधारित हो। वर्तमान विद्यालयों के बारे में उन्होंने कहा कि यह तो जैसे "शैक्षणिक फैक्ट्रियाँ", जीवन रहित, रंगहीन, अंतरिक्ष के संदर्भ से अलग-थलग अपनी सफेद नग्न दीवारों के भीतर घूरती हुई, मृत व्यक्ति की आँख की पुतली के जैसे हैं। उनका विश्वास था कि हमारी शिक्षा एकदम बनावटी और मूल्यहीन हो गई है जो हमें प्रकृति और सामाजिक संदर्भ दोनों से ही दूर ले गई है। उनका मानना था कि बच्चों के लिए शिक्षा को अधिक सार्थक बनाने के लिए, बच्चे के दिमाग को प्रकृति के संपर्क में लाना इसका प्रथम चरण था जिसे इसे शिक्षा की विषयवस्तु और गुणवत्ता को प्राकृतिक/स्वाभाविक बनाकर ही प्राप्त किया जा सकता है। प्रकृति के संपर्क के द्वारा बच्चे का परिचय वास्तविकता के महान संसार, से स्वाभाविक और आनन्दपूर्वक रूप से हो जायेगा।

हालांकि टैगोर, शिक्षाविद शब्दावली के अनुरूप सही मायने में, शिक्षाविद नहीं थे, अर्थात वह विशेष रूप से शिक्षा के बारे में नहीं लिखते थे, इस ओर उनकी अभिवृत्ति को उनके द्वारा लिखी कविताओं, गद्यों और निबंधों से पहचाना जा सकता था। बच्चों के संदर्भ में वह, स्वतः स्फूर्त (Spontaneous) मुक्त गतिविधि और उनके स्वस्थ शारीरिक विकास के लिए खेल की वकालत करते प्रतीत होते हैं। उनका मानना था कि, "यहाँ तक की यदि वह कुछ नहीं सीखते हैं, तो भी उनके पास खेलने, पेड़ पर चढ़ने, तालाबों में छलांग लगाने, फूल तोड़ने और उसकी जांच-पड़ताल करने, प्रकृति माँ पर कई हजार शरारतें करने के लिए पर्याप्त समय होना चाहिए, इससे उनके शरीर को पोषण और दिमागी खुशी के साथ ही बचपन के प्राकृतिक आवेगों को संतुष्टि मिलेगी।"

टैगोर को इस वास्तविकता का अहसास था कि शिक्षा की वर्तमान व्यवस्था किताबों के दासत्व को प्रोत्साहित करती है। "परीक्षा पास करने और जितना जल्दी हो सके उतनी जल्दी नौकरी में प्रवेश पाने के उपभोगतावादी संकुचित प्रयोजनों से प्रेरित, एक कठिन और विदेशी भाषा के माध्यम से दी जाने वाली, हमारी धन लोलुप शिक्षा, हमें आरंभिक बचपन से ही विचारों, तथ्यों, परिभाषाओं और नियमों को रट लेने की ओर ले जाती है। जो कुछ भी हमने सीखा है, उस पर थोड़ा रूककर, उसे समझने, विचार करने की प्रेरणा अथवा समय दिये जाने की जरूरत है।" उन्होंने लिखा कि सोचने की शक्ति और कल्पना करने की शक्ति वयस्क जीवन के लिए दो अत्यावश्यक क्षमतायें हैं। इसलिए उनको लगता था कि इनका विकास बचपन से शुरू हो जाना चाहिए। उनकी राय में शिक्षा का एक अन्य महत्वपूर्ण उद्देश्य अभ्यस्त वातावरणों और वास्तविक जीवन की स्थितियों और तथ्यों से छात्रों को परिचित और समायोजित कराना था। उन्होंने प्रतिपादित किया कि

वास्तविकता से कोसों दूर की शिक्षा हमारे लोगों में, बौद्धिक बेईमानी, नैतिक मिथ्याचार और अपनी मातृभूमि के बारे में अज्ञानता, के लिए जिम्मेदार है। इसलिए उनका तर्क था कि, 'वर्तमान क्षण में हमारे ध्यान देने योग्य पहली और सबसे अग्रणी समस्या, हमारी शिक्षा और हमारे जीवन में तालमेल बिठाने की समस्या है। इस प्रकार से टैगोर ने शिक्षा के उपयोगितावादी उद्देश्य पर चर्चा की क्योंकि उन्हें लगता था कि शैक्षणिक संस्थानों का आर्थिक जीवन के साथ करीबी सम्बन्ध होना अत्यावश्यक है।

स्व-अनुशासन के आदर्श और सरल जीवन में, उनका विश्वास था। उन्होंने कहा कि ''हमें इस विचार का प्रदर्शन करना चाहिए, जीवन में हमारे विद्यालय के प्रत्येक आयाम में अनावश्यक सामग्री को सीमित करना चाहिए। उनका मानना था कि सरलता और प्राकृतिकता के माध्यम से ही सच्ची सभ्यता का निर्माण होता है और इसीलिए बच्चों को इनके लिए, एकदम शुरुआत से ही प्रशिक्षित करना चाहिए। उनको लगता था कि सामग्रियों की विलासिता से छुटकारा पाकर, बच्चा अपने हाथों ओर पैरों के प्रयोग से, जमीन और धरती का गहन परिचय प्राप्त कर लेगा।

शिक्षण पद्धति के संदर्भ में वे ऐसा सुझाव देते प्रतीत होते हैं कि प्राकृतिक घटनाओं के द्वारा और प्रकृति में जंगली जीवन के द्वारा प्रकृति के तथ्यों का अध्ययन करना चाहिए। जहाँ तक संभव हो प्रत्यक्ष साधनों से अपने अनुभवों द्वारा इतिहास, भूगोल और अन्य सामाजिक विज्ञानों का अध्ययन करना चाहिए। अपने आसपास की वास्तविक वस्तुओं के संपर्क में आने और उनका अवलोकन करने से छात्रों में तार्किक क्षमता का विकास होगा। इसके अतिरिक्त, उन्होंने लिखा कि छात्रों को विचार करने के लिए भी प्रेरित करना होगा। किताबों में उन्होंने जो कुछ भी पढ़ा है उस पर भिन्न प्रश्नोत्तर शृंखला होनी चाहिए। वास्तव में, हमें यह सोचना चाहिए कि उनकी शिक्षा तभी सार्थक होगी जब वह पाठ्यपुस्तकों में दी गई सामग्री की आलोचना करना शुरू कर देंगे। दिन-प्रतिदिन के जीवन की विभिन्न समस्याओं को उनके सामने दर्शाना चाहिए और उनके समाधान पर चर्चा करनी चाहिए। यह शिक्षा गहन एवं महत्वपूर्ण होगी।

टैगोर की शिक्षण पद्धति का एक अन्य महत्वपूर्ण सिद्धांत, 'गतिविधि सिद्धांत' है। यह उनके इस दर्शन पर आधारित था कि शरीर और दिमाग अविभाज्य है। उन्होंने आग्रह किया कि शारीरिक गतिविधि ना केवल शरीर को बलवान बनाती है बल्कि यह दिमाग को भी ऊर्जावान बनाती है। यही वह सिद्धांत था जिसके आधार पर उन्होंने माना था कि धुमंत (Mobile) विद्यालय आदर्श विद्यालय हैं। टहलते-टहलते अथवा घूमते फिरते पढ़ाना ही शिक्षण की सर्वोत्तम विधि है। ऐसा केवल इसलिए नहीं है कि घूमते फिरते रहने से प्रत्यक्ष अवलोकन होता है और अधिगम सुकारक हो जाता है बल्कि ऐसा इसलिये भी है कि इससे हमारी मानसिक क्षमतायें सतत् रूप से सतर्क और ग्रहणशील स्थिति में रहती हैं। इस प्रकार का सक्रिय अधिगम जीवित मानव प्रजाति के लिए पूर्ण रूप से लाभदायक है। दूसरी ओर कक्षा-कक्ष के अंदर की जड़ शिक्षा, जो पढ़ा या पढ़ाया जा रहा है उसमें छात्रों की अपनी पहल को बढ़ावा न देने के कारण से भी अलगाव पैदा करती है। इस सिद्धांत को शांति निकेतन में व्यवहार में लाया गया। यहाँ तक कि कक्षा-कक्ष शिक्षण में भी, टैगोर ने गतिविधि सिद्धांत लागू किया। उन्होंने लिखा, कक्षा के समय, मैं अपने सभी छात्रों अनुमति दूंगा कि वह कूदे, यहाँ तक कि पेड़ पर चढ़े, यहाँ वहाँ भागे, कुत्ते अथवा बिल्ली का पीछा करें अथवा पेड़ की शाखों से फल तोड़े इत्यादि। मैं कोशिश करता हूँ

कि दिमाग में रखूं कि संपूर्ण वाक्य पर महारत हासिल करने और नई शब्दावली सीखने के लिए बच्चे को पूरे भौतिक शरीर का उपयोग करने की आवश्यकता है। हमारे बहुत से शिक्षक नाराज हो जाते थे जब वह मेरी कक्षा में बच्चों को चिल्लाते, जोर से हँसते और ताली बजाते देखते और सुनते। एक लड़का मुझसे पूछेगा "क्या मैं भागने जाऊँ?" मैं कहूँगा "हाँ, जरूर जाओ", क्योंकि मैं जानता हूँ कि ऐसा करने से उसकी बोरियत दूर होगी और वह फिर से जीवंत महसूस करेगा और फिर उसके लिए ग्रहण करना और समझना आसान होगा। बच्चों को जब भी अपने दिमाग की निष्क्रियता और शारीरिक गतिविधि के बिना, उन्हें मूक बना रहने के लिए कह दिया जाता है, तो इस कारण से भी वह जीवनहीन महसूस करते हैं जिससे वे जीवन रहित पाठों को समाहित करना पूरी तरह से बंद कर देते हैं।

बच्चे की पाठ्यचर्या के भाग के रूप में टैगोर ने नाच और नाटक पर बहुत जोर दिया क्योंकि उन्हें लगता था कि यह बालक की स्व-अभिव्यक्ति का अच्छा माध्यम है। जहाँ तक बच्चों की किताबों का सवाल था, उन्होंने इनकी सरलता और आकर्षण के लिए गंभीरतापूर्वक याचना की। उन्होंने कहा कि सरलता से समझ में आसानी सुनिश्चित होती है और आकर्षण में उनके लिए सामान्य पसंद। उनका यह भी मानना था कि किसी विदेशी भाषा के परिचय के बजाए जहाँ तक संभव हो, समस्त शिक्षण स्थानीय भाषा के माध्यम से होना चाहिए।

टैगोर के विचार, मानववाद और प्रकृतिवाद में उनके अत्यधिक विश्वास को प्रतिबिंबित करते हैं। वह शिक्षण में यथार्थ अभिविन्यास की, गतिविधि आधारित अधिगम की और मानसिक सक्रियता के लिए शारीरिक गतिविधि के महत्व की बात करते हैं। ये सब आज भी बाल शिक्षा की सम्माननीय विषयवस्तु है। बचपन पर उनके विचार और इसको उनके द्वारा दिये महत्व 'बाल केन्द्रित शिक्षा' में वर्तमान विकास की पुनः पुष्टि चर्चा का मुख्य बिंदु है। टैगोर रचनात्मक स्वाभिव्यक्ति के समर्थक थे जो कि आधुनिक शिक्षा का एक प्रमुख मुद्दा है। टैगोर का योगदान, वाकई में इस रूप में महत्वपूर्ण है कि वह बच्चों का मुद्दा उठाने वाले और उनकी शिक्षा के बारे में विस्तृत सुझाव देने वाले पहले भारतीय दार्शनिक थे।

महात्मा गांधी (Mahatma Gandhi): 1869-1940

गांधी के दर्शन के पीछे आधारभूत सिद्धांत उनका यह विश्वास था कि मानव जीवन का सर्वोत्तम उद्देश्य ईश्वर की प्राप्ति है। उन्होंने भगवत् की तुलना सर्वोत्तम सच्चाई से की। अहिंसा और सच्चाई की राह के रूप में सभी मानवजाति के लिए प्रेम की बात की। आदर्श समाज का उनका मत 'समानता' का था जहाँ कमजोर पर शक्तिशाली का वर्चस्व नहीं था अथवा गरीब का शोषण नहीं था। उनका न्याय और परोपकार के नैतिक नियमों पर आधारित समाज का सपना था। ये विचार उनके शैक्षणिक विश्वासों में भी प्रतिबिंबित होते हैं। शिक्षा पर गांधी जी की अवधारणा, "बच्चे और आदमी में सर्वोत्तम को उभारकर शरीर, दिमाग और आत्मा" पर केन्द्रित है। सर्वोत्तम को उभारने से, गांधी जी का तात्पर्य सच की आंतरिक आवाज को प्रतिष्ठित करने से था। इसके अतिरिक्त, उनके अनुसार 'सच्ची शिक्षा, वह है जो बच्चों की आध्यात्मिक, बौद्धिक और शारीरिक क्षमताओं को उभारती और उद्वेलित करती है। इस प्रकार से, भावार्थ रूप में, शिक्षा स्वयं में चहुँमुखी विकास है।

गांधी जी ने शिक्षा के दो उद्देश्यों की बात की—एक तात्कालिक और दूसरा सर्वोत्तम या अंतिम। तात्कालिक उद्देश्य की श्रेणी में उन्होंने आजीविका के उद्देश्य, सांस्कृतिक उद्देश्य, सभी शक्तियों के समरसतापूर्ण विकास, चरित्र के विकास और विद्यार्थी की स्वतंत्रता पर बात की। चरम, सर्वोत्तम या अंतिम उद्देश्य का सम्बन्ध है जीवन के चरम लक्ष्य के द्वारा स्वः जागरूकता का उद्देश्य और 'सच' एवं 'भगवत्' का ज्ञान है।

उनका विश्वास था कि शिक्षा को स्वः निर्भर होना चाहिए- इसे बेरोजगारी से लड़ने में सक्षम होना चाहिए। इसीलिए आवश्यक है कि शिक्षा इस प्रकार से प्रशिक्षण प्रदान करे कि वयस्क जीवन में बच्चे अपनी आजीविका अर्जित करने में सक्षम हो जायें। उनके अनुसार, "चौदह वर्ष की उम्र में, बच्चा सात वर्ष का पाठ्यक्रम पूरा करने के बाद, कमाऊ इकाई के रूप में सामने आए।"

उनका यह विचार था कि शिक्षा का आधारभूत उद्देश्य बच्चे का चहुँमुखी विकास होना चाहिए। उनके अनुसार "आदमी अकेले ना तो बुद्धि है और ना ही मोटे रूप से जानवर शरीर, ना ही दिल और ना ही अकेली आत्मा है। संपूर्ण को बनाने और शिक्षा के वास्तविक अर्थशास्त्र की रचना के लिए तीनों के उचित और समरस योगदान की आवश्यकता है।" इसके अतिरिक्त, गांधी जी को लगता था कि शिक्षा में नैतिक अधिगम होना आवश्यक है, और उसमें भी इसे सभी बच्चों के चरित्र निर्माण में मदद करनी चाहिए। इसके अतिरिक्त, उन्होंने विशेषकर बच्चों में शांति और नेतृत्व पर भी बात की। उन्होंने यह भी महसूस किया कि शिक्षा को शिक्षार्थी की मुक्ति में सहायक अथवा उसे मुक्ति के अहसास को महसूस करने में मदद करनी चाहिए।

इन उद्देश्यों की प्राप्ति के लिए, योग्य पाठ्यचर्या और शिक्षण पद्धति का विकास करना होगा। उस समय की शिक्षा व्यवस्था से गांधीजी का मोहभंग हो चुका था, जिसकी प्रकृति अत्यधिक विषयक (साहित्यिक) और गहन विषयों में तकनीकी आयामों को प्रोत्साहित करने वाली थी। एक विकल्प के रूप में उन्होंने, 'बाल-केन्द्रित शिक्षा' का प्रस्ताव दिया। औपचारिक रूप से इसे मौलिक शिक्षा की वर्धा योजना के रूप में प्रस्तुत किया गया।

गांधी जी के अनुसार शिक्षा की एक ऐसी व्यवस्था जिसके केन्द्र में हस्तकुशलता (दस्तकारी) हो, वह दिमाग और आत्मा को सर्वोत्तम विज्ञान की ओर ले जा सकती है। चयनित हस्तकुशलता को उत्पादक और स्वयं कर सकने वाला होना चाहिए। इसका शिक्षण तकनीकी रूप से ना होकर वैज्ञानिक रूप से होना चाहिए। यह अन्य विषयों का शुरुआती बिन्दु भी हो जैसे सामान्य विज्ञान, सामाजिक विज्ञानों और रचनात्मक और अभिव्यक्ति कलाओं जैसे प्रतिनिधियों से प्रदर्शित भौतिक और सामाजिक परिवेश दोनों का ही मिलन स्थल। कला केन्द्रित शिक्षा उपयोगी अनुभवों, गतिविधियों और विषयों के सह सम्बन्धों के प्रावधान पर जोर देती है। यह सब चहुँमुखी व्यक्तित्व के विकास में मदद करते हैं जिसमें ज्ञान, कार्य और संवेदनाएं समान रूप से संतुलित होती हैं। 'कला केन्द्रित शिक्षा', शिक्षा के 'आजीविका अर्जन' के उद्देश्य की पूर्ति में भी मदद करती है। इसके अतिरिक्त भी, कला-केन्द्रित शिक्षा के प्रभाव से सदाचारी प्रवृत्ति का निर्माण भी होता हैं जिससे संस्कृति को भी संपूर्णता और समृद्धि मिलती हैं। सामान्य रूप से इसका प्रभाव चरित्र पर भी गहनतापूर्ण वाला है, फिर इस बात से फर्क नहीं पड़ता है कि कला किसी के जीविका अर्जन का उपाय बनने वाली है अथवा यह उस आलस्य, जीवनहीनता और कमजोरी को भगाने की दवा है जो अत्यधिक शुद्ध और सरल बौद्धिक कार्य से उपजती है।"

गांधी जी का यह भी विश्वास था कि अहिंसा का उद्देश्य भी काफी हद तक कला-केन्द्रित प्रणाली से पूरा होता है, क्योंकि यह लोगों को शोषण और स्वार्थ से बचा कर एक ऐसे नये युग में प्रवेश करायेगा जिसमें कक्षा और सामाजिक घृणा समाप्त हो चुकी होगी। इसके अतिरिक्त उनका मानना था कि कला न केवल प्रत्येक व्यक्ति के रचनात्मक आवेगों को ही उद्वेलित करेगी अपितु यह दलीय कार्य और आपसी सहयोगी भावना को भी विकसित करेगी।

गांधी जी का विचार था कि शाला में पढ़ाये जाने के लिए चुनी गयी कला, जहाँ तक संभव हो, स्थानीय ही होनी चाहिए क्योंकि केवल तभी शिक्षा और जीवन में एक सकारात्मक सम्बन्ध स्थापित हो सकेगा। इसके अतिरिक्त, शिक्षा का पाठ्यक्रम समाप्त करने के बाद बच्चा स्वयं के लिए जीविका अर्जन कर पायेगा और शाला के कला उत्पादों से, शिक्षकों की तन्ख्वाह दी जा सकेगी। पाठ्यचर्या निर्माण के तौर पर गांधी जी ने पाठ्यचर्या के केन्द्र में हस्तकला को रख कर इसके माध्यम से मातृभाषा, गणित, सामाजिक अध्ययन, सामान्य विज्ञान, कला, संगीत और ग्रह विज्ञान का शिक्षण आदि का समर्थन किया।

कुछ शिक्षाविदों ने गांधी जी की मौलिक शिक्षा की अप्रासंगिकता की बात की जिससे यह राष्ट्रीय व्यवस्था के रूप में आलोचना के दायरे में आ गई। हालांकि गांधी जी के शैक्षणिक विचारों का कमोबेश महत्व आधुनिक शिक्षा के संदर्भ में भी है। इस थ्योरी के केन्द्र में बच्चे का वास्तविक विकास और वृद्धि था। उन्होंने प्रयोजनपूर्ण और उत्पादक शारीरिक गतिविधि का महत्व देखते हुए करके सीखने, स्व-अभिव्यक्ति और रचनात्मकता की उनकी आवश्यकताओं को समझा, और अनुभवों को गुनने और शिक्षण अधिगम के सामाजिक और संवेदनात्मक महत्व को जाना। यह सभी वे विचार हैं जिनका आज के शिक्षाविदों के लिए भी बहुत महत्व है।

गांधी जी ने शिक्षा व उसके रोजगारपरक आयाम पर जोर दिया था, जिसे आज के पाठ्यचर्या योजनाकार भी लागू करने के लिए संघर्ष कर रहे हैं।

'बचपन' के बारे में उनकी चिंता जैसे बच्चे की अपनी प्रकृति, वह कैसे सीखता है और उसकी अत्यावश्यक जरूरतें क्या हैं—यह सभी 'बाल-केन्द्रित शिक्षा' के समसामयिक मुद्दों का मुख्य भाग है।

रचनात्मक अभिव्यक्ति और श्रम के आदर की अभिवृत्ति विकसित करने के माध्यम के तौर पर हस्तकला के महत्व को आज के शिक्षाविद भी मूल्यवान मानते हैं। यहाँ तक कि सामाजिक रूप से उपयोगी और उत्पादक कार्य जो कि विद्यालयी पाठ्यचर्या का भाग है, इसका उद्देश्य बिल्कुल यही है।

शिक्षा के भूमंडलीय स्वरूप पर उनका विश्वास, विशेषकर बच्चों के संदर्भ में, एक आदरणीय मूल्य है। शिक्षा के उद्देश्यों में से एक बहुत महत्वपूर्ण उद्देश्य आज के समय में विद्यार्थियों का चहुँमुखी विकास है। गांधी जी विश्वास करते थे कि बच्चे की अत्यावश्यक अच्छाई में, उन्होंने करके अथवा गतिविधि आधारित अधिगम पर जोर दिया और बनावटीपन एवं लकीर खिंचने के प्रति अरुचि दिखाई। उन्होंने शिक्षा को विद्यालय की चार-दीवारों से मुक्त कराने का प्रयास किया और इच्छा की, कि इसे बच्चे के प्राकृतिक परिवेश का विस्तृत दायरा प्रदान किया जाये। उनका विश्वास था कि बच्चों को स्वतंत्र वातावरण में शिक्षित किया जाना चाहिए। आज के, बाल-केन्द्रित, मानववादी शिक्षाविद्रों की भी सटीक तौर पर कुछ ऐसी ही चिंतायें हैं।

सारांश (Summary)

1. अपने विकासक्रम में, शिक्षा विभिन्न विचारों और वैचारिक वचनबद्धता वाले विभिन्न दार्शनिकों से प्रभावित हुई।
2. जीन जैकस रूसो ने शिक्षा में प्रकृतिवाद की अवधारणा की जहाँ बच्चा अपने प्राकृतिक परिवेश में अपने ज्ञान और योग्यताओं का विकास कर सके। प्रारंभिक वर्षों में, किसी औपचारिक प्रशिक्षण, किताबों से परिचय अथवा चैतन्य रूप से बच्चों को पढ़ाने में उनका विश्वास नहीं था।
3. जॉन डीवी ने शिक्षा में उपयोगितावाद की अवधारणा से परिचय कराया जहाँ जो भी कुछ सीखना है उसमें पहले अनुभव आता है। उनके अनुसार शिक्षा, व्यक्तियों में उन सभी क्षमताओं का विकास करती है जो उसे उसके शारीरिक और सामाजिक परिवेशों पर नियंत्रण और अपनी योग्यताओं के विकास में सक्षम बनायेंगी। वे एक ऐसे आदर्श विद्यालय की अवधारणा के समर्थक थे जिसमें बच्चे अपने घर के अनुभवों की निरंतरता में बढ़ेंगे और विकसित होंगे।
4. जॉन हेनरिक पेस्टॉलोजी ने बच्चों की विकास क्षमता को, वृक्ष की वृद्धि के समान देखा और महसूस किया कि शिक्षाविद् का कार्य इस वृद्धि को सुकारक बनाने के लिए उचित मिट्टी प्रदान करना है। अधिगम प्राप्ति के लिए उन्होंने शिक्षक-छात्र के सम्बन्ध अथवा शिक्षक और बच्चे के आपसी सम्बन्धों में प्यार की आवश्यकता पर अत्यधिक जोर दिया। इसके अतिरिक्त उन्होंने संवेदी अनुभवों, भाषा अधिग्रहण, अवलोकन और शिक्षा के सामान्य लक्ष्यों पर बहुत से उपयोगी सुझाव भी दिये।
5. फ्रेडरिक फ्रोबेल ने बचपन को वयस्क जीवन की तैयारी मात्र के रूप में नहीं बल्कि इसे स्वयं के एक मूल्य के रूप में देखा। इस प्रकार से बच्चे के लिए उनकी चिंता वास्तविक थी। उन्होंने शिक्षा में किंडरगार्डन व्यवस्था, अनुदेशन के माध्यम के रूप में खेल और बच्चे के चहुँमुखी विकास पर जोर दिया।
6. मारिया मांटेसरी ने बच्चों के लिए व्यापक शिक्षा पद्धति का विकास किया जो कि बौद्धिक और संवेदी गत्यात्मक विकास पर आधारित थी। इनकी पद्धति में, वह बच्चा जो खेल विधि से अधिगम प्रक्रिया में सक्रिय भागीदार है, अपनी गति से अपनी आवश्यकताओं और क्षमताओं के अनुसार सीखता है।
7. टैगोर के विचार प्रकृतिवाद और मानववाद में गहन विश्वास को प्रतिबिंबित करते हैं। वह शिक्षण में वास्तविकता, अभिविन्यास, गतिविधि अधिगम और पाठ्यपुस्तक अधिगम के पूरक एवं मानसिक सक्रियता के सहायक में रूप में शारीरिक गतिविधि की बात करते हैं। शिक्षा पर उनका विश्वास स्थानीय भाषाओं के माध्यम से था। उन्होंने बच्चे की रचनात्मक अभिव्यक्ति को महत्व दिया।
8. महात्मा गांधी की शिक्षा की अवधारणा में उन्होंने शिक्षा के विभिन्न लक्ष्यों के बारे में बताया जिसमें इसका सामाजिक, सांस्कृतिक, दार्शनिक, व्यावसायिक और नैतिक आयाम शामिल था। इनके प्रमुख योगदान मौलिक शिक्षा, सहसम्बन्ध शिक्षण, कला-केन्द्रित प्रणाली और शिक्षण का भूमंडलीयकरण हैं।

2

शारीरिक विकास
Physical Development

परिचय (Introduction)

हर किसी के लिए आकार, प्रकार, दिखावट, ऊर्जा, गरिमा और गत्यात्मक योग्यता, चिंता के विषय हैं। बच्चों के लिए तो यह कारक मुख्य महत्व रखते हैं। कक्षा साथियों से बड़ा अथवा छोटा होना, खेलों में दक्ष अथवा बेढंगा होना, स्वस्थ अथवा बीमार होना, अच्छे अथवा बुरे दांत, तेज अथवा धीरे होना, चुस्त अथवा आलसी होना-यह कितना अंतर पैदा करते हैं। यदि किसी वयस्क को अपने प्राथमिक शाला वर्षों को याद करने के लिए कहा जाये, तो वह तत्काल खेल के मैदान, खेल दिवस अथवा किसी विद्यालयी पिकनिक कैम्प, अथवा सैर-सपाटे का उदाहरण देंगे जिसमें शारीरिक गतिविधि शामिल हो। प्राथमिक विद्यालय का समय वास्तव में, शारीरिक गतिविधियों से भरपूर होता है।

शारीरिक विकास का सम्बन्ध बच्चे की शारीरिक क्रियाओं की वृद्धि और जीव वैज्ञानिक वयस्कता से है। इसके लिए बच्चे का आकार, वद्धि दर, ऊर्जा स्तर, संवेदी कार्यकलाप, गत्यात्मक कौशल, स्वास्थ्य, दांतों और हाथों की बनावट एवं प्रयोग में प्राथमिकता महत्वपूर्ण है। समस्त मानव विशेषताओं में से शारीरिक विकास का अध्ययन एवं शोध सरल है, इसीलिए शायद इसके लिखित साक्ष्य उपलब्ध हैं।

1920 से 1930 के प्रारम्भ में विकास पर अंतःक्षेत्रीय अध्ययन किये गये, जिनके परिणामस्वरूप औसतों और मानकों की तालिकाओं का प्रकाशन हुआ। ''यदि कोई बालक 8 वर्ष का है तो उसकी लम्बाई, वजन इत्यादि क्या होना चाहिए। ''होना चाहिए'' के इस निहितार्थ का यह सुझाव था कि यदि किसी आठ वर्ष के बालक की लम्बाई या वजन इसके अनुसार नहीं है तो शायद कुछ गलत है। कई विद्यालयों में इन मानकों का इस्तेमाल विद्यार्थियों को स्वस्थ और अस्वस्थ समूहों में विभाजित करने में हुआ। लेकिन जल्द ही वर्गीकरण के इस तौर-तरीके से असंतोष और मोहभंग हो गया क्योंकि इसमें वैयक्तिक भिन्नताओं के लिए कोई गुंजाइश नहीं थी। 40 के दशक में लम्बी अवधि के बहुत से शोध स्वरूप जैसे ही आंकड़े एकत्रित हुए, स्वस्थ एवं साधारण बालकों के आकार और वृद्धि में अत्यधिक वैयक्तिक विशेषतायें दिखाई देने लगीं। बच्चे की शारीरिक संरचना और इसकी संभावित भिन्नताओं के आधार पर वृद्धि तालिकायें और आरेख चित्र बने और बच्चे की वृद्धि को गणितीय औसत के बजाए, उसके लिए जो उचित था उसी के अर्थ में मापना संभव हुआ जिससे वृद्धि दायरों (range) की पहचान आरंभ हुई।

इस संपूर्ण प्रकरण में जो महत्वपूर्ण बात थी, वह इस तथ्य की पहचान थी, कि वृद्धि में महत्वपूर्ण वैयक्तिक भिन्नतायें होती हैं। यह सच है कि शारीरिक विकास का क्रम और वृद्धि का ढंग सार्वभौमिक है लेकिन वृद्धि के ढंग में साधारण अथवा असाधारण पर निर्णय वैयक्तिक भिन्नताओं के दायरे का विषय है। इस प्रकार से, जहाँ अधिकांश बच्चों में लगभग 6 वर्ष की उम्र में दूध के दांत टूट जाते हैं वहीं एक बच्चे में यदि यह पांच अथवा सात साल की उम्र में होता है तो बच्चे को असाधारण नहीं माना जायेगा। इसी तरह से दस से चौदह वर्ष, किशोरावस्था की शुरुआत के लिए साधारण माने जायेंगे और इस दायरे में आने वाले बच्चों को साधारण/सामान्य ही समझा जायेगा। हालांकि यदि किसी बच्चे में दस वर्ष की उम्र में दूध के दांत टूटते हैं अथवा आठ वर्ष में उसकी किशोरावस्था की शुरुआत हो जाती है तो इस बच्चे के शारीरिक विकास को असाधारण अथवा सामान्य से हटकर माना जायेगा।

शारीरिक विकास का महत्व (Importance of Physical Development)

बच्चों का शारीरिक विकास बहुत महत्वपूर्ण है क्योंकि यह बच्चे की सामाजिक, बौद्धिक और संवेदनात्मक विकास को निर्धारित अथवा कम से कम प्रभावित तो करता ही है। बचपन में विकास के सभी आयाम एक-दूसरे से जुड़े होते हैं और इसीलिए एक-दूसरे को बहुत प्रभावित करते हैं। उदाहरण के लिए, एक बीमार रहने वाले बच्चे के, विद्यालय में बहुत कम दोस्त होते हैं क्योंकि वह अक्सर अनुपस्थित रहता है। इससे उसके सामाजिक विकास पर असर पड़ता है। एक जल्दी अथवा देर से वयस्क होने वाले को हमउम्र समूह से जुड़ने में कठिनाई होती है। वह स्वयं को बेढंगा और सबसे अलग महसूस करते हैं। इससे उनका सामाजिक संवेदनात्मक विकास प्रभावित होता है।

एक बच्चे की स्वधारणा उसकी शारीरिक विशेषताओं और गुणों पर बहुत अधिक निर्भर रहती है। स्वयं को सामान्य, स्वस्थ और आकर्षक समझने वाले बच्चे स्वयं को औरों से अलग मानकर, बीमार रहने वालों अथवा शारीरिक रूप में अनाकर्षक समझे जाने वाले बच्चों की तुलना में ज्यादा सकारात्मक स्वधारणा बनाते हैं। स्वस्थ वैयक्तिक विकास की पूर्व-आवश्यकता है सकारात्मक स्वधारणा। स्वयं के बारे में अपनी ही धारणा उसके प्रदर्शन पर भी बहुत ज्यादा प्रभाव डालती है। इसीलिए उसके पास जो गुण अथवा विशेषताएं हैं उनका विश्लेषण करना महत्वपूर्ण है।

बहुत सी शारीरिक अपूर्णताओं अथवा बीमारियों को यदि बाल्यावस्था में ही पहचान लिया जाये तो इनका सुधार और क्षतिपूर्ति संभव है। उदाहरण के लिए, कुछ इन्द्रियात्मक कमियों और विशेष गत्यात्मक अक्षमताओं को सुधारा और इनका उपचार किया जा सकता है। इनमें दृष्टि, वाणी और श्रवण सम्मिलित है। गंभीर बीमारियों और दांत निकलने से संबंधित कठिनाइयों को भी सुधारा अथवा कम किया जा सकता है। इस प्रकार से बच्चों के शारीरिक विकास का अध्ययन उसके उपचारात्मक मूल्य के कारण भी महत्वपूर्ण है।

बच्चों की वृद्धि विशेषतायें (Growth Characteristics of Children)

प्रस्तुत भाग में हम प्राथमिक शाला के बालकों के विशिष्ट वृद्धि प्रकारों को समझेंगे और विद्यालय के लिए इसके निहितार्थ पर भी चर्चा करेंगे।

विद्यालय पूर्व के वर्षों में वृद्धि बहुत तीव्र होती है: शैशवावस्था के बाद से ही इसकी दर में कमी आनी शुरू हो जाती है। छः वर्ष होने तक, जो कि प्राथमिक विद्यालयी

वर्षों का प्रवेश बिन्दु है, वृद्धि आरेख लगभग समतल हो जाता है, जो दर्शाता है कि, वृद्धि अब निरंतर, नियमित और स्थायी है। कई महीनों के अंतराल के बाद तीन वर्ष के बालक को देखने पर, अक्सर टिप्पणी होती है, ''क्या यह वही बच्चा है, जिसे मैने देखा था? हे भगवान! यह कितना बदल गया है।'' नौ वर्ष के उस बालक को देखने पर जिसे पहले छः या सात वर्ष का देखा था, शायद यही कहा जाता है। ''तुम थोड़ा लंबे हो गये हो।'' इससे यही तथ्य उभरता है कि प्राथमिक विद्यालय वर्षों के दौरान बदलाव की दर नियमित और एक समान रहती है। पांच वर्ष की उम्र के बाद, औसतन बच्चे प्रतिवर्ष 5-6 से.मी. दर की लंबाई से बढ़ते है और 1-2 कि. ग्रा. प्रति वर्ष की दर से वजन बढ़ता है।

हालांकि, बच्चों की वृद्धि दर में, वैयक्तिक भिन्नताओं का ध्यान देने योग्य दायरा होता है और इसीलिए ''सामान्यताओं'' को अनुमति प्रदत दायरे के संदर्भ में ही परखना चाहिए। उदाहरण के लिए, छः वर्ष की उम्र के सामान्य समूह में, लम्बाई का दायरा शायद 10 इंच से अधिक हो। इसी तरह से वजन में शायद पांच से सात किलो तक की भिन्नता हो।

विकास के प्रकारों के क्रम पर चर्चा हेतु, हम बच्चों के दो वर्गों पर चर्चा करेंगे—6 से 9 वर्ष दायरे में आने वाले निम्न प्राथमिक शाला (Foundational stage) के बच्चे और 9 से 12 वर्ष के बच्चे जो उच्च प्राथमिक (Preparatory stage and Elementary stage) अवस्था में हैं।

निम्न प्राथमिक अवस्था के बालक ***(Child at the Lower Primary Stage)***

पांच वर्ष के उपरांत, बालक के विकास में शारीरिक वृद्धि और सामान्य भौतिक और गत्यात्मक उपकरणों पर दक्षता बड़ी भूमिका निभाती है। नियम के रूप में, छः वर्ष तक यह उपकरण काफी हद तक विकसित हो जाता है और बच्चा मुख्यतया बड़ी मांसपेशियों पर निर्भर गतिविधियों में प्रभावी रूप से संलिप्त हो सकता है। अब वह कूदना-भागना, साइकिल चलाना, तीव्र गति से चलना और इसी प्रकार के अन्य कार्य कर सकता है। उसकी पसंदीदा गतिविधियाँ भी वे हैं जिनमें बड़ी मांसपेशियों का उपयोग शामिल है। धीरे-धीरे इन कौशलों का और अधिक विकास होता है और गत्यात्मक क्षमतायें अधिक विकसित और प्रमुख बन जाती हैं। वयस्कता और अभ्यास दोनों ही इस क्षमता में योगदान देते हैं।

लगभग 6-9 वर्ष की उम्र के आसपास, सूक्ष्म मांसपेशियों में भी सुधार होता है—उनके विकास की शुरुआत हो जाती है और इस प्रकार से बच्चे में जटिल गत्यात्मक कौशलों (fine motor skills) और हरकतों की नयी योग्यता आती है। अब बच्चा उच्च स्तर की मांसपेशीय सटीकता सहित अधिक से अधिक गतिविधियाँ करने को प्रेरित होता है। इस प्रकार से जो पहले निरर्थक कलम निशान (Scribbling) हुआ करते थे, वह अब काफी हद तक स्पष्ट और सधी हुई लेखनी और ड्राइंग में बदल जाते हैं। कूदने और उछलने के अस्थिर प्रयास भी अब भलीभांति विकसित उछलने और कूदने के कौशलों में बदल जाते हैं। लक्ष्यों पर निशाना लगाने में भी अब अधिक सटीकता (Accuracy) आ जाती है।

निरंतर लंबे समय तक के कक्षा-कार्य के अनुसार भलीभांति अनुकूलित होने के लिए, तंत्रिका तंत्र और भिन्न अंगों में कार्यों के आधार पर पर्याप्त रूप से विभेद नहीं

किया जा सकता, लेकिन उचित लेखनी और गतिविधि का एक संतुलित कार्यक्रम बनाया जा सकता है। इस प्रकार से इस काल की सबसे मुख्य विशेषता परिष्कृत गत्यात्मक योग्यता है। एक ऐसी योग्यता जो बच्चे को कभी खत्म ना होने वाले ऊर्जा भंडार की ओर ले जाती प्रतीत होती है। वह सुबह से लेकर शाम तक वयस्त रहता है। वह कभी चुपचाप नहीं दिखता, हमेशा ही कुछ खोजता, शोर मचाता और उत्साहपूर्ण दिखाई देता है। वह हमेशा ही कठोर और मुश्किल खेलों के लिए तैयार रहता है, वह अपनी ऊर्जा बिना किसी की परवाह किये खर्च करता है और आराम करने की अपनी जरूरत को पहचान ही नहीं पाता।

शैक्षिक कार्यक्रम के विकास के लिए इन विशेषताओं का महत्वपूर्ण योगदान निहितार्थ है। धीरे-धीरे इनमें छोटी मांसपेशियों और उच्च समन्वयन के उपयोग वाली गतिविधियों को शामिल करना चाहिए और इस प्रकार की गतिविधियों में जटिलता के अवसर भी बहुत धीमी गति से देने चाहिए। इस पर आरम्भ से ही जोर दिया जाता है, यहाँ तक कि बच्चे के शारीरिक रूप से तैयार होने से पहले से ही, कला गतिविधि और रचनात्मक कार्य को काफी बाद की अवस्था में शामिल करना चाहिए क्योंकि इनके लिए परिष्कृत सूक्ष्म मांसपेशियों के उपयोग की आवश्यकता होती है। उन गतिविधियों के लिए पर्याप्त प्रावधान करने चाहिए जिनमें बड़ी मांसपेशियाँ शामिल हैं जैसे समूह खेल, पी.टी., पारंपरिक नृत्य इत्यादि को शामिल किया जा सकता है। बच्चों का ऊर्जा स्तर इस बात के लिए प्रेरित करता है कि उनके लिए ऊर्जा अभिव्यक्ति के प्रावधान किये जायें। यद्यपि इस उम्र समूह के लिए लंबी अवधि की बैठने वाली गतिविधियाँ अनुपयुक्त हैं। शाला कार्यक्रम को ध्यान देना होगा कि मुख्य जोर शारीरिक हरकतों पर रहे। इस उम्र समूह के लिए बढ़िया शैक्षणिक कार्यक्रम विकास में बाह्य भ्रमण, निर्माण कार्य और ऐसे अन्य कार्यों वाली परियोजनाएं उपयुक्त रहती हैं।

एक और अतिरिक्त आवश्यकता आराम और गतिविधि के संतुलित कार्यक्रम की है। बच्चे कभी भी स्वयं से अपने आराम की जरूरत नहीं पहचानते और इस प्रकार से यह जिम्मेदारी वयस्कों, घर पर अभिभावक और विद्यालय में शिक्षकों, पर है कि वह इसका महत्व पहचानें और आवश्यक कदम उठायें। यद्यपि हमारे अधिकांश विद्यालयों में इसकी अनदेखी की जाती है। अतः आवश्यक है कि खेल का समय और आराम का समय निर्धारित किया जाये और पूरे दिन में उचित कालांश में इनको स्थान दिया जाये। इस क्रम को सभी प्राथमिक विद्यालयों को देखना और पालन करना होगा।

शारीरिक विकास का एक अन्य महत्वपूर्ण आयाम वह है जब संवेदी अंग पूर्ण रूप से काम करने लगते हैं और इस प्रकार से बच्चों की संवेदी क्षमताओं और कुशलताओं में महत्वपूर्ण सुधार और परिष्कार होता है। संवेदी गत्यात्मक समन्वयन भी कई गुना बढ़ जाता है। सामान्य तौर पर इस बढ़ते शारीरिक नियंत्रण से बच्चा गतिविधि की स्वतंत्रता खोजता है। वह शारीरिक रूप से अधिक साहसी हो जाता है—झाड़ीदार बाढ़ों के ऊपर से कूदना, पेड़ों और दीवारों पर चढ़ना इत्यादि। साथ ही खाने-पीने, शौच की आदतों और कपड़ों के बारे में अपने विचारों के साथ वह अपने भौतिक शरीर की देखभाल के लिए और अधिक जिम्मेदारी लेने के अवसर भी खोजता है। ये विशेषतायें बच्चे को उसकी शक्तियाँ, कौशल और स्वतंत्रता विकसित करने में मदद करती हैं। जबकि यह सच है कि वयस्कों को बच्चों को विशेष खतरों और संभावित गलतियों से सुरक्षित एवं सावधान करना चाहिए। उसकी

गतिविधियों में अनावश्यक हस्तक्षेप और शारीरिक देखभाल के प्रत्येक ब्योरे के करीबी निरीक्षण के आग्रह का परिणाम केवल रोष और निर्भरता के काल में बढ़ोतरी ही होता है।

उच्च प्राथमिक स्कूल का बालक *(Upper Primary School Child)*

नौ से बारह वर्ष का बालक पूर्व किशोरावस्था में आता है। इस अवस्था के अंत तक बहुत सी लड़कियाँ यौवनारंभ (वयःसंधि) में पहुँच जाती हैं। लड़कियाँ लड़कों से पहले वयःसंधि में पहुँचती हैं। कई बालकों के लिए, शारीरिक वृद्धि की दर में गिरावट आती है, और फिर यौवनारम्भ से तुरंत पहले, अचानक से इसमें तेजी आती है। चूंकि लड़कियाँ लड़कों से पहले वयःसंधि तक पहुँचती हैं, कई लड़कों की वृद्धि दर अभी धीमी होती है, जबकि उनकी ही उम्र की लड़कियाँ वृद्धि दर में तेजी तक पहुँच जाती है। इस प्रकार से ग्यारह वर्ष की लड़कियाँ अपने हम-उम्र लड़कों से अक्सर शारीरिक रूप से बड़ी नजर आने लगती हैं।

इसके अतिरिक्त शारीरिक रूप से बच्चा विकास की राह पर चलता रहता है। हस्त-कुशलता में बढ़ोतरी, शक्ति में बढ़ोतरी और थकान प्रतिरोधी क्षमता में बढ़ोतरी होती रहती है। यह विशेषतायें बच्चे को लंबे समय तक उन गतिविधियों में संलिप्त होने हेतु योग्य बनाती हैं जिनमें छोटी मांसपेशियों और उत्कृष्ट गत्यात्मक प्रदर्शन की आवश्यकता होती है। उच्च श्रेणी की हस्तकुशलताओं की आवश्यकता वाले कार्य जैसे सिलाई, बुनाई, खिलौने बनाना इत्यादि में बच्चे गहन रुचि लेने लगते हैं। अतिरिक्त ऊर्जा को बाहर निकालने के माध्यम मात्र के रूप में शारीरिक गतिविधि का महत्व अब पहले जितना नहीं रहकर, अब इसका प्रयोग प्रयोजनपूर्ण गतिविधि के रूप में होने लगता है। पाठ्यचर्या योजनाकारों के लिए इसका निहितार्थ होना आवश्यक है। विशेषरूप से अब खेलों और क्रीड़ाओं के कालांशों को प्रयोजनपूर्ण तरीके से निर्देशित करने की आवश्यकता है। बॉस्केटबाल, थ्रोबाल, वालीबाल, फुटबॉल और क्रिकेट जैसे खेल उच्च प्राथमिक स्कूल के बालक के लिए महत्वपूर्ण और सार्थक बन गये होते हैं। अन्य शारीरिक कौशल जैसे योग, कराटे, जूडो इत्यादि सीखने का महत्व भी बढ़ जाता है। बच्चा अब मात्र गतिविधि के कारण भागना अथवा कूदना नहीं चाहता है।

उच्च प्राथमिक स्तर का बच्चा संभावित रूप से वयः संधि की अवस्था में होता है। वयः संधि अपने साथ शारीरिक और परिणामतः मनोवैज्ञानिक उथल-पुथल लेकर आती है। इसीलिए कक्षा चार और पांच के कुछ बच्चे कठिन और तुनकमिजाजी स्वभाव के हो जाते हैं। इनका यह व्यवहार शायद उस वयः संधि पूर्व दशा के परिणामस्वरूप होता है जिससे वह गुजर रहे होते हैं। शिक्षकों को इस समय कुछ जिम्मेदारियां निभानी होती है। सर्वप्रथम, उन्हें बच्चों को तैयार करना होगा कि वयःसंधि का समय पर्याप्त ज्ञान और मनोवैज्ञानिक देखभाल दोनों के संदर्भ में कैसा होगा। दूसरी बात, उन्हें वयःसंधि से गुजर रहे बच्चों को समझदारी और सहानुभूति के साथ संभालना होगा। इन विषयों पर केन्द्रित, एक सरल यौन/लिंग शिक्षा कार्यक्रम यह सब सुनिश्चित कर सकता है।

शारीरिक रूप-रंग और रूढ़िवादी लिंग भूमिका
(Physical Appearance and Gender-role Stereotypes)

शारीरिक रूप-रंग के संदर्भ में, प्राथमिक शाला के अंतिम वर्षों में बच्चे बाल्यावस्था में दिखने वाले कोमल और गोल-मटोल रूप को पीछे छोड़ते प्रतीत होते हैं। आरंभिक प्राथमिक अवस्था के सुंदर व आकर्षक शिशु रूप अथवा छोटे-छोटे चमकदार सफेद शिशु

दांत और मुलायम व चमकीले सिर के बाल अब नजर नहीं आते। शिशु दांत अब वयस्क आकार में बदल गये होते हैं जिससे चेहरे को दंतीला रूप मिलता है। शरीर के अनुपात में हाथ-पैर ज्यादा लंबे और सामान्य रूप में एकदम पतले-दुबले नजर आते हैं। इस समय संपूर्ण प्रभाव युवा आदमी, औरत सा नजर आने लगता है। इसका एक महत्वपूर्ण परिणाम यह होता है कि किशोरावस्था पूर्व के बच्चे अपने लिंगानुसार उचित, व्यवहार एवं अभ्यास में संलिप्त हो जाते हैं। आदमी और औरत शरीर के सांस्कृतिक रूढ़िवादी (Cultural stereotype) विचारों पर ध्यान जाने लगता है जिन्हें यह बढ़ते बच्चे आदर्श मान कर, अपनी शारीरिक पर्याप्तता की उससे तुलना करने लगते हैं। वह लड़के और लड़कियाँ जो इन रूढ़िवादी विचारों पर खरे नहीं उतरते, वह शायद स्वयं पर संदेह के अस्थायी दौर से गुजरते हैं। प्राथमिक शाला के शिक्षकों को इस समस्या के प्रति संवेदनशील होना होगा और अंततः बच्चे को परिपक्व रूप से लिंग-भूमिका पहचानने और समझने में मदद करनी होगी। अपने रूप-रंग के बारे में बच्चों की चिंता का रचनात्मक उपयोग करते हुए शिक्षक त्वचा की देखभाल, दांतों की देखभाल और बालों की देखभाल पर भी अतिरिक्त जोर दे सकते हैं। इसके अन्तर्गत काम, आराम, अच्छे आहार, पौष्टिक संतुलित आहार इत्यादि का महत्व भी समझाया जा सकता है। यह स्तर शायद खाने-पीने की अव्यवस्था के विकास की संभावित क्षमता की अवस्था भी है क्योंकि बच्चे अपने आसपास से जो समझते हैं उसी के अनुसार लंबे अथवा पतले, वजन बढ़ाना और घटाना चाहते हैं। इसके लिए शिक्षकों को पहले से ही सतर्क रहना होगा।

दांत निकालना *(Teething)*

प्राथमिक शाला अवस्था दांतों के लिए भी महत्वपूर्ण है क्योंकि बच्चे अपने दूध के दांत छोड़कर नये स्थायी दांत प्राप्त करते हैं। यह अति-महत्वपूर्ण अवस्था है क्योंकि दांतों से जुड़ी कई समस्याएं भी इसी समय पैदा हो सकती हैं। जैसे कि बच्चे में दांत खराब होने, कीड़ा लगने आदि समस्याओं के होने की संभावना ज्यादा होती है। अत्यधिक सावधानी बरतने की जरूरत है ताकि समस्याओं को शुरुआत में ही पहचान लिया जाये और सुधारात्मक कदम उठाये जा सकें। शाला स्वास्थ्य कार्यक्रम में दांतों के स्वास्थ्य को महत्वपूर्ण आयाम बनाये जाने की आवश्यकता है। स्थायी दांतों के साथ जुड़ी एक अन्य समस्या यह है कि अक्सर यह टेढ़े-मेढ़े अथवा खराब संरचना वाले हो जाते हैं जिनके लिए दंत संशोधन उपचार (तार अथवा ब्रेसिस पहनना) की आवश्यकता होती है। यह भी एक ध्यान देने योग्य विषय है। दांत सम्बन्धी अच्छी आदतों का प्रचार भी एक अन्य आयाम हो सकता है। जिसे शाला स्वास्थ्य कार्यक्रम में शामिल करना चाहिए। चॉकलेट, टाफियाँ, जंकफूड, मिठाइयाँ आदि खाने को निरुत्साहित (Discouraged) कर गन्ना चूसना, नीम की दातुन इत्यादि के मूल्यों पर जोर देना चाहिए।

बीमारियाँ *(Illness)*

छः से बारह वर्ष के बीच की आयु के बच्चों में संक्रमित (Infection) होने और बीमार पड़ने की संभावना ज्यादा होती है। इनमें अक्सर हो जाने वाली सामान्य बीमारियों में शामिल हैं टानसिलाइटिस, चेचक, गलसुआ (Mumps), पीलिया, टाईफाइड (आंत्र ज्वर) और इनफलुएन्जा। इन समस्त बीमारियों का कारण सूक्ष्मजीवी बैक्टीरिया अथवा वायरस संक्रमण होता है। सामान्य तौर पर किसी अंग में कोई समस्या नहीं होती है, लेकिन अगर दुर्भाग्यवश बच्चा किसी संरचनात्मक अथवा व्यवहारात्मक समस्या के साथ पैदा

हुआ है तो स्थिति गंभीर हो सकती है। शिक्षकों को ख्याल रखना होगा कि संक्रमित (Infected) बच्चे और संक्रामक रोग (Contagious disease) वाले बच्चे अन्य बालकों से सुरक्षित दूरी पर रहें और सावधानी बरतें ताकि संक्रमण फैल ना सके। जहाँ आवश्यक हो वहाँ नियमित एकांतकाल (Isolation) का पालन किया जाये और बच्चे को सुरक्षित वातावरण में रखा जाये। शिक्षक बच्चों के टीकाकरण के ब्यौरे की भी जांच कर सकते हैं और जिन बच्चों का टीकाकरण बचपन से अधूरा रह गया हो, उन्हें इसे पूरा करने का सुझाव भी दे सकते हैं।

हस्त संचालन प्राथमिकता *(Handedness)*

बच्चा बायें हाथ अथवा दायें हाथ को चलाने को प्राथमिकता देगा, यह तो आरंभिक अवस्था में ही निर्धारित हो जाता है। हस्त संचालन प्राथमिकता तो दिमागी परिपक्वता का, शरीर क्रिया सम्बन्धी कार्य है। यदि दिमाग का दायां गोलार्थ बायें से अधिक विकसित है तो बच्चा के बायें हाथ संचालन प्राथमिकता वाला होने की संभावना है और इसके विपरीत भी यही तथ्य कार्य करता है। हस्त संचालन प्राथमिकता की यह बहुत महत्वपूर्ण अवधारणा है और इसे प्रत्येक उस शिक्षक और वयस्क को समझना चाहिए जो बच्चों के साथ ज्यादा व्यवहार संपर्क में रहते हैं। ऐसा अक्सर देखा गया है कि हस्त संचालन प्राथमिकता का सामाजिक-सांस्कृतिक सिद्धांत केवल दायें हाथ संचालन प्राथमिकता का ही समर्थन करते हैं और शायद यही कारण है कि कई मामलों में वयस्कों को जान-बूझकर बच्चे के हाथ संचालन प्राथमिकता में बदलाव की कोशिश करते देखा गया है। यह एक खतरनाक घटना है क्योंकि यह दिमाग की कार्यवाही में हस्तक्षेप करती है। इससे शायद बच्चे में हकलाने का अवांछित व्यवहार भी पनप सकता है। बच्चे के हस्त संचालन प्राथमिकता में बिल्कुल भी हस्तक्षेप नहीं करना चाहिए, बच्चा चाहे बायें हाथ अथवा दायें हाथ संचालन को प्राथमिकता दे, दोनों को ही समान रूप से प्रोत्साहित करना चाहिए। एक बार जब हाथ संचालन की प्राथमिकता तय हो जाये तो फिर यदि इच्छा हो तो उन्हें दोनों हाथों का समान रूप से प्रभावी उपयोग यानी की उभयहस्तकुशल (Ambidextrous) होने के लिए प्रशिक्षित किया जा सकता है।

संवेदी/इंद्रियात्मक कार्यवाही (*Sensory Functioning*)

इंद्रिय अंगों की कार्यवाही के संदर्भ में, प्राथमिक अवस्था की शुरुआत में ही, दक्षता/कुशलता काफी अच्छी होती है और जो उच्च प्राथमिक स्तर तक पहुँचते-पहुँचते अपनी अधिकतम सीमा पर पहुँच जाती है। इस प्रकार से सामान्यतः शिक्षकों को अधिकतर बच्चों के इंद्रिय अंगों की कार्यप्रणाली के बारे में चिंता करने की आवश्यकता नहीं है। हालांकि, शाला स्वास्थ्य कार्यक्रम में दृष्टि और श्रवण क्षमता की नियमित जांच भी होनी चाहिए ताकि यह सुनिश्चित किया जा सके कि कोई विकार तो नहीं है। दृष्टिदोष के कुछ पहचाने जा सकने योग्य लक्षण हैं एक आंख बंद करना, शब्दों को गलत पढ़ना, सिरदर्द की शिकायत और भेंगापन (Squinting)। इसी प्रकार श्रवण अक्षमताओं के कुछ विशिष्ट लक्षण एक कान के पीछे हाथ लगाना, 'ठीक कान' से भलीभांति सुन पाने हेतु सिर घुमाना, शब्दों का गलत उच्चारण और बार-बार दोहराने के लिए कहना आदि हैं। यदि आरंभ में ही पहचान कर ली जाये और समाधान ढूंढ़ा जाए तो इन सारी कमियों को सुधारा जा सकता है।

गत्यात्मक दक्षता और शैली *(Motor Competence and Style)*

आठ अथवा नौ वर्ष का होने पर, प्राथमिक शाला के बच्चों की विशेषता, प्रभावी गत्यात्मक नियंत्रण (Effective motor control) होती है। बच्चे के जीवन के लगभग हर संदर्भ में गत्यात्मक कौशलों की जरूरत होती है। चलने, भागने, गेंद फेंकने इत्यादि के लिए बड़ी मांसपेशियों की कुशलता (Gross motor skills) की आवश्यकता होती है। जूते के फीते बांधने, लिखने और कला (ड्राइंग), कंचे खेलने और छोटे खिलौने अथवा उपकरणों को संभालने के लिए सूक्ष्म मांसपेशियों के कौशलों (Fine motor skills) की जरूरत पड़ती है। वास्तविकता तो यही है कि अधिकांश कौशलों के लिए बड़ी और सूक्ष्म मांसपेशियों के नियंत्रण की साझेदारी की आवश्यकता होती है।

मांसपेशियों के तंत्रीय नियंत्रण की विकासात्मक दिशा सीफालो-कोडल यानी कि सिर से पूंछ की ओर, और प्रोक्सीमोडिस्टल यानी शरीर के केन्द्र से बाहर की ओर होती है। इस तरह से, शुरुआती जीवन में पैरों पर नियंत्रण से पहले हाथों पर नियंत्रण होता है। पहली अथवा तीसरी कक्षाओं तक विशेषकर बच्चों की परिपक्वता में अंतर के संदर्भ में यह दिशा निर्देशित प्रक्रिया स्पष्ट देखी जा सकती है, जबकि अब सभी लगभग भलीभांति चल सकते हैं, लेकिन सभी में गेंद से सही निशान लगाने हेतु पर्याप्त नियंत्रण नहीं होता। जहाँ कुछ का अपनी अंगुलियों पर पर्याप्त नियंत्रण होता है कि वह वृत्त, वर्ग और अन्य गोलाईदार आकृतियाँ बना सके और घुमावदार लेखनी (Cursive writing), ड्राइंग इत्यादि सीखने के लिए तैयार होते हैं, वही अन्य सभी इस तरह के कामों में अकुशल ही रहते हैं। इन प्रारंभिक वर्षों में शिक्षकों को दो बातें स्पष्ट रूप से याद रखनी चाहिए। पहली यह कि गत्यात्मक कुशलताओं के (प्रादुर्भाव) सामने आने में परिपक्वता ही मुख्य कारण हैं। जबकि परिपक्वता का उचित स्तर ना हो तो अभ्यास करना निरर्थक है और यदि ऐसे में बच्चे पर अधिक दबाव डाला गया तो यह उसमें नकारात्मक संवेदनायें पैदा कर बाद में अधिगम (सीखने की प्रक्रिया) में बाधा डाल सकता है। मान-मनौव्वल अथवा डांट-फटकार से कुछ सहायता नहीं मिलेगी। छोटी कक्षाओं में शिक्षक से अपेक्षा की जाती है कि वह कौशलों को बार-बार दोहराऐंगे कि प्रत्येक बच्चा सीखने के लिए तैयार हो सके।

दूसरी, इन बड़ी और सूक्ष्म मांसपेशियों के कौशलों में आपसी संबंध अपेक्षाकृत कम होता है। इसमें शिक्षकों के लिए निहितार्थ के दो समूह हैं। पहला यह है कि एक क्षेत्र में (जैसे कि भागना अथवा कूदना) बच्चे के गत्यात्मक प्रदर्शन की जानकारी, गत्यात्मक कुशलताओं के कुछ अन्य आयामों (जैसे ड्राइंग और पेंटिग) में उसके स्तर के बारे में हमें कुछ भी नहीं बताती। दूसरा यह है कि एक गत्यात्मक कौशल में अपरिपक्वता अथवा अकुशलता का अर्थ यह नहीं है कि किसी अन्य, भिन्न कुशलता में भी इसी तरह का अभाव होगा। इससे यह पता चलता है कि बचपन के मध्य में गत्यात्मक कौशलों को सिखाते समय प्रत्येक कौशल के लिए वैयक्तिक परिपक्वता दर पर ध्यान देना आवश्यक है और प्रत्येक बच्चे को जितना संभव हो उतने प्रकार के कौशलों के अभ्यास का अवसर मिलना चाहिए।

गत्यात्मक व्यवहार के अंश या पहलू को कुशलता के बजाए 'शैली' कहना बेहतर होगा। 'शैली' दर्शाती है कि क्या बच्चा जवाब देने में धीमा अथवा तेज है, गरिमामय अथवा बेढंगा, उलझन भरा अथवा भलीभांति एकीकृत इत्यादि है। अन्य शब्दों में यह प्रतिबिंबित करता है कि सामान्य रूप से बच्चे का व्यवहार कैसा है। यह निजी 'शैली' प्रमुख रूप से संरचना और तंत्रिका तंत्र की मिली-जुली कार्यप्रणाली का फल है और इस प्रकार से, एक

तरह से यह सीखी हुई कार्यप्रणाली से कहीं ज्यादा आंतरिक रूप से बनती है, यद्यपि इसमें अधिगम की भी कुछ भूमिका विद्यमान रहती है। यह देखा गया है कि किसी विशेषता को जो संपूर्ण व्यक्तित्व का इतना ज्यादा भाग है, उसमें ज्यादा छेड़छाड़ नहीं हो सकती।

पोषण *(Nutrition)*

हमारे देश में बाल कुपोषण (Malnutrition) और अल्प पोषण (Under Nutrition) जनसंख्या के महत्वपूर्ण प्रतिशत की ज्वलंत समस्या है। इस स्थिति के लिए आर्थिक कारण तो जिम्मेदार हैं ही, साथ ही पर्याप्त भोजन सम्बन्धी आवश्यकता पूर्ति का अभाव अक्सर स्थिति को और बदहाल बना देता है। विद्यालय अपने शाला स्वास्थ्य कार्यक्रम में भोजन आदतों, संतुलित भोजन, पोषण इत्यादि की जानकारी शामिल कर सकता है और जहाँ भी संभव हो, वंचित बालकों को साधारण लेकिन प्रचुर मध्याह्न भोजन दे सकता है। पोषण का एक मुख्य समूह शहरी "अति पोषण" धारणा का है। बच्चे को जल्दी से बड़ा करने और "स्वस्थ" बनाये रखने के लिए कुछ अभिभावक, अपने उत्साह में बच्चे को ज्यादा खिला-पिला देते हैं जिसका परिणाम अति मोटापा, भोजन सम्बन्धी समस्यायें और आलस्य होता है। जहाँ यह देखा गया है उन मामलों में भी आवश्यक सुधारात्मक कदम उठाये जाने चाहिए।

शिक्षक की भूमिका (Teacher's Role)

शारीरिक विकास के प्रत्येक आयाम के विशिष्ट शैक्षणिक निहितार्थों पर पहले ही चर्चा की जा चुकी है। वह विशिष्ट आयाम जिन्हें शाला स्वास्थ्य कार्यक्रम में शामिल करना चाहिए उन पर भी प्रकाश डाला जा चुका है। प्रस्तुत भाग में, शिक्षकों की भूमिका पर इस संदर्भ में चर्चा होगी कि बच्चों को उनके शारीरिक विकास की चुनौतियों का सफलतापूर्वक सामना करने में मदद करने हेतु शिक्षकों की अभिवृत्ति कैसी होनी चाहिए।

जहाँ ज्यादातर बच्चे अपनी शारीरिक स्थिति पर शायद ही कोई प्रत्यक्ष चिंता या विचार व्यक्त करते नजर आयें वहीं कुछ स्पष्ट तौर पर उन समस्याओं से संघर्ष करते हुए दिखाई देते हैं जो अपनी-अपनी भिन्नताओं से उपजी हुई होती हैं। सुग्रहणशील (Receptive) शिक्षक उस उठापटक को भलीभांति समझ सकते है जिससे ये बच्चे गुजर रहे होते हैं और सहानुभूति और उनकी परेशानी के प्रति चिंता की अभिवृत्ति के द्वारा बहुत अच्छी तरह से इनकी मदद कर सकते है। शारीरिक विचित्रताओं की ओर प्रत्यक्ष ध्यान देना और दिलाने की अभिवृत्ति की अनदेखी करना भी एक ऐसी सावधानी है जिसका पालन जरूरी है।

अपने बच्चों के आकारों को कक्षा में चिंता का विषय बनने से शिक्षक रोक सकते हैं। सार्वजनिक रूप से मापने के अतिरिक्त भी स्वास्थ्य को प्रोत्साहित करने वाले और भी बहुत से बेहतर तरीके हैं। वैयक्तिक वृद्धि के दायरे और इसके विस्तार की प्रकृति पर भी जोर दिया जा सकता है। समूहों की विपरीतताओं और मूल्यांकन दर्शाने वाली शब्दावलियों जैसे "अच्छा-बुरा", "स्वस्थ-अस्वस्थ" और अन्य इसी प्रकार के युग्मों की जहाँ तक संभव हो अनदेखी ही करनी चाहिए। शारीरिक विषय मात्र से ही नहीं बल्कि समस्त विषयों के प्रति शिक्षकों की अभिवृत्ति और तौर-तरीकों से यह भावना आनी चाहिए कि अलग और अतुलनीय व्यक्ति होना अपने आप में महत्वपूर्ण है।

यह सही है कि शिक्षक को शारीरिक असमानता और किसी प्रकार की असमर्थता के लक्षण के प्रति सतर्क रहना चाहिए, जिन्हें आवश्यक सुधारात्मक कदम उठाने के लिए विद्यालय अधिकारियों को बताया जा सके। उन बच्चों के लिए चिकित्सकीय और मनोवैज्ञानिक परामर्श (Pshchological Counselling) सेवाओं का प्रबंध करना चाहिए जो अपने स्वयं के बारे में चिंतित हों।

कुछ अन्य क्षेत्र जिसमें शिक्षक छात्रों की मदद कर सकते हैं वह है उन्हें उचित लिंग भूमिका सीखने में सक्षम बनाना। लिंग सम्बन्धी उचित विशेषताओं और व्यवहारों के एक विस्तृत दायरे को समझने और जानने में शिक्षक महत्वपूर्ण भूमिका अदा कर सकते हैं जिससे बच्चे लिंग सम्बन्धी अवधारणाओं के औचित्य को भलीभांति समझें और इसके सीमित महिमा मंडित आदर्श अवधारणा में ना बहें।

रचनात्मक गतिविधियों का प्रबंध करके शिक्षक अतिरिक्त मदद कर सकते हैं जिससे बच्चों की ऊर्जा को ऐसे ही, इधर-उधर व्यर्थ में खर्च करते रहने की अनुमति देने के बजाए, उनका उचित मार्गदर्शन, इस दिशा में बहुत महत्वपूर्ण मदद होगी। इसके अतिरिक्त, ऊर्जा के सदुपयोग के अतिरिक्त इससे बच्चों को सामाजिक और भावनात्मक लाभ भी मिलेगा।

सारांश (Summary)

1. शारीरिक विकास का सम्बन्ध भौतिक शरीर की वृद्धि और जीव विज्ञानी परिपक्वता से है। इसके दायरे में बच्चे का आकार, वृद्धि दर, ऊर्जा, कौशल, स्वास्थ्य, हस्त संचालन प्राथमिकता और दांत निकलना आता है।
2. आरंभिक वर्षों में शैशवावस्था की शुरुआती तीव्र वृद्धि घटती हुई प्रतीत होती है। हालांकि बाद में प्राथमिक वर्षों में वयःसंधि पूर्व, वृद्धि में अचानक तेजी दिखती है जब लम्बाई और वजन में वृद्धि प्रमुख हो जाते है।
3. संवेदनात्मक/इंद्रियात्मक विकास लगभग संपूर्ण हो जाता है। प्राथमिक स्तर के अंत तक बड़ी और सूक्ष्म मांसपेशियों के पूरी तरह से विकसित होने के साथ गत्यात्मक कार्यप्रणाली भी कुशल हो जाती है। बच्चा हर प्रकार के शारीरिक कौशलों-सामान्य और सटीक दोनों ही में सक्षम हो जाता है।
4. बच्चों का ऊर्जा स्तर बहुत अधिक होता है और इसलिए बच्चा अत्यधिक सक्रिय और खेलकूद का इच्छुक रहता है। प्राथमिक वर्षों के आरंभ में ऊर्जा के व्यय के लिए बच्चा दौड़ता, कूदता, नाचता इत्यादि करता रहता है किंतु बाद के प्राथमिक वर्षों में यह गतिविधियाँ खेलों के रूप में अधिक व्यवस्थित बन जाती हैं।
5. बच्चे के दूध के दांत, स्थायी दांतों में बदल जाते हैं। संक्रामक बीमारियों जैसे कि चेचक आदि का खतरा बढ़ जाता है।
6. बच्चे की हस्त संचालन प्राथमिकता मजबूती से स्थापित हो जाती है।
7. स्कूल स्वास्थ्य कार्यक्रम को बच्चों की सही चिकित्सकीय देखभाल और मार्गदर्शन के प्रावधान पर ध्यान देना होगा। आंखों और कानों की नियमित जांच, दंत स्वास्थ्य, भोजन और पोषण व वृद्धि विकारों को इस कार्यक्रम में शामिल करना चाहिए। बाद की प्राथमिक अवस्था में बच्चों को वयःसंधि/किशोरावस्था की शुरुआत के लिए तैयार करना भी जरूरी होता है।

3

भावनात्मक विकास

Emotional Development

परिचय (Introduction)

प्राथमिक शाला में बालक का भावनात्मक संसार उसके व्यक्तित्व के स्नेह सम्बन्धी भाग अथवा विशिष्ट वस्तुओं, व्यक्तियों, परिस्थितियों की ओर उसकी 'भावनाओं' से जुड़ा होता है। जैसे बालक का विकास और वृद्धि होती है, वैसे ही उसका क्षितिज विस्तृत हो जाता है, उसका मेल-मिलाप बढ़ जाता है और उसे प्रभावित करने वाले व्यक्तियों की संख्या कई गुना बढ़ जाती है। अपने माता-पिता, भाई-बहनों, हमजोलियों, शिक्षकों और अपने जीवन के अन्य विशिष्ट लोगों के साथ उसके निजी सम्बन्धों में बच्चा उनके प्रति अपनी भावनाओं से निर्देशित होता है। क्या वह उनके बारे में अच्छा महसूस करता है? क्या वह अपनी छोटी बहन से ईर्ष्या महसूस करता है? यह सभी प्रसंग बच्चे की संवेदनाओं को संबोधित करते हैं। बच्चे की भावनाएँ महत्वपूर्ण हैं क्योंकि वह उसके निजी आत्मीय सम्बन्धों की गुणवत्ता, दिशा और परिणामतः उसके व्यवहार को भी निर्धारित करती हैं। उदाहरण के लिए, वह बच्चा जो अपनी मां से प्यार करता है वह उसकी आंखों का तारा बना रहने के लिए जो कुछ भी कर सकता है, करेगा। इसके विपरीत, किसी व्यक्ति के लिए उसकी घृणा नकारात्मक, दुखदायी व्यवहार में फलीभूत होगी। भावनाएँ स्वभाववश नकारात्मक और सकारात्मक दोनों ही होती हैं। वह भावनाएँ जिनका परिणाम सकारात्मक व्यवहार जैसे प्यार, दया, खुशी, पसंद, आनंद इत्यादि होता है उन्हें सकारात्मक भावनाएँ कहते हैं। दूसरी ओर जो अवांछित अथवा असुखद और नुकसानदायी व्यवहारों जैसे ईर्ष्या, गुस्सा, घृणा इत्याद़ि की ओर ले जाती है उन्हें नकारात्मक भावनाएँ कहते हैं।

भावनाओं का विकास (Development of Emotions)

वैसे तो भावनाओं का विकास अनमोल और वैयक्तिक है, फिर भी सामान्य रूप से कुछ रूझान सभी बच्चों पर लागू होते हैं। जैसा कि सब जानते हैं कि शिशु अत्यधिक उत्तेजित हो जाने वाले होते हैं और उनकी भावनाओं की अभिव्यक्ति एक-दूसरे में घुले-मिले और लगभग एक से ही भाव से होती है। आरम्भिक बचपन में क्रोध, डर और प्यार जैसी भावनाओं की अभिव्यक्ति, स्वतःफूर्त, मुक्त और संक्षिप्त रूप से होती है। दूसरी ओर, वयस्क व्यवहार कुछ अधिक जटिल होता है जिसमें संभवतः भावनाएँ अपनी अभिव्यक्ति में कुछ-कुछ मिश्रित, दबी हुई अथवा संतुलित होती हैं। वह स्थिति, जिसमें उस पहली अवस्था जहां भावनाओं की सरल, मुक्त, संक्षिप्त और स्वतंत्र अभिव्यक्ति से नियंत्रित,

जटिल और लंबी अवधि तक रहने वाली व्यस्क अवस्था तक पहुंचान है, काफी लंबे समय तक यूं ही बनी रह सकती है। इसे भावनाओं के विकास का नाम दिया गया है।

भावनात्मक विकास कुछ विशिष्ट अवस्थाओं अथवा राहों से नहीं गुजरता जैसे कि बौद्धिक (Cognitive) अथवा नैतिक विकास गुजरता है। यहाँ पर 'भावनात्मक उम्र' सम्बन्धी मानक अथवा भावनात्मक उपलब्धि का कोई निर्धारित क्रम नहीं है। इस प्रकार से प्रत्येक बच्चे को समूह मानकों के बजाए उसकी स्वयं की अनमोलता और वैयक्तित्वता के अर्थों में समझना अथवा सम्मान देना चाहिए। ऐसा इसलिए क्योंकि विस्तृत रूप में भावनाएँ जटिल और विभिन्नता लिए हो सकती हैं। उदाहरण के लिए अपने बच्चे को अवज्ञा के लिए दंड देती हुई मां दो भिन्न बालकों में पूर्णतः भिन्न भावनात्मक प्रतिक्रियायें पैदा कर सकती है। वह बच्चा जिसके अपनी मां के साथ सुरक्षित और खुशनुमा सम्बन्ध है वह या तो कोई प्रतिक्रिया देगा ही नहीं अथवा अपनी मां का आदेश गरिमापूर्ण तरीके से स्वीकार कर लेगा। इसके विपरीत वह बच्चा जो अपनी मां के साथ अपने सम्बन्धों के बारे में असुरक्षित और अनिश्चित है वह शायद हिंसात्मक प्रतिक्रिया दे, स्वयं को अकेला महसूस करे अथवा मां के प्रति गहन घृणा की भावना विकसित कर ले।

बच्चे के भावनात्मक विकास अथवा भावनात्मक परिपक्वता के स्तर का विश्लेषण करने से पहले, बच्चे को उसके जीवन की परिस्थितियों के अनुरूप समझना जरूरी है। हम इस प्रकार के प्रश्न पूछ सकते हैं—दिखाई दे रहा व्यवहार क्या आदतन, नियमित अथवा असाधारण है? बच्चे की भावनात्मकता का साधारण स्तर क्या है? उसके परिवारिक सम्बन्ध कैसे हैं? क्या उसका शारीरिक स्वास्थ्य अच्छा है? क्या उसका आहार पर्याप्त है? क्या उसका आराम पर्याप्त है? और क्या अपने हमउम्र साथियों के साथ उसके सम्बन्ध संतोषजनक हैं? बच्चे की संवेदनाओं के बारे में कोई भी मूल्यांकन करने से पहले इन प्रश्नों का उत्तर पाना बहुत जरूरी है।

'भावनात्मक परिपक्वता' से भी ज्यादा महत्वपूर्ण है, बच्चों में 'भावनात्मक स्वास्थ्य' (Emotional well-being) की अवधारणा। ऐसा इसलिए है क्योंकि 'भावनात्मक परिपक्वता' संवेदनाओं को सामाजिक रूप से स्वीकार्य अथवा गैर अपमानजनक तरीकों से नियंत्रित और दिशा देने की योग्यता को प्रतिबिंबित करती है—एक ऐसी योग्यता जो केवल वयस्क वर्षों में प्रकट होती है। दूसरे रूप में 'भावनात्मक स्वास्थ्य' किसी भी दिये समय पर व्यक्ति की भावनात्मक स्थिति की ओर इशारा करता है। सकारात्मक, भावनात्मक स्वास्थ्य आश्वस्त करता है कि किसी भी उम्र में व्यक्ति के ज्यादातर अनुभव सकारात्मक संवेदनाओं के होने चाहिए। जबकि हर किसी के लिए कभी-कभी डर और गुस्से के अहसास को अनुभव करना सामान्य है, ये प्रमुख और प्रचलित संवेदना नहीं होनी चाहिए क्योंकि ये असुखद और परेशानी भरी भावनात्मक स्वास्थ्य स्थितियों की ओर ले जायेंगी। हालांकि, डर अथवा क्रोध से ज्यादा नुकसानदायक चिंता की भावनात्मक स्थिति है। जहाँ डर विशिष्ट है और इसे वस्तु अथवा परिस्थिति से संबंधित किया जा सकता है वहां संभावना है कि चिंता सबमें घुली-मिली और सर्वसामान्य हो। साधारण रूप में किसी व्यक्ति के लिए विशिष्ट डरों पर नियंत्रण अथवा उन्हें निकाल देना सर्वउपस्थित चिंता को हल करने की तुलना में सरल होता है। इसकी सर्वत्र व्यापक प्रकृति के कारण, कई सामाजिक स्वच्छता विशेषज्ञ इसे आधिकारिक मानवीय कुसामंजस्यता

(Maladjustment) और दुःखों का मूल कारण मानते हैं, जिसकी परिणति गहन तनाव और अप्रसन्नता में होती है। इस प्रकार से 'सकारात्मक-भावनात्मक स्वास्थ्य' वह स्थिति है जो दीर्घकालिक डर, क्रोध, चिंता अथवा तनाव से मुक्त है।

बच्चों की भावनाओं का सामान्य क्रम
(General Patterns of Children's Emotions)

1. बच्चे के जीवन के प्रारंभिक वर्षों के दौरान भावनात्मक व्यवहारों में बदलाव बहुत तीव्र होता है। बचपन के अंतिम पड़ाव पर भावनाएँ और संवेदनाओं में स्थायित्व आना शुरू हो जाता है।
2. हालांकि भावनात्मकता व्यवहार का एक आंतरिक आधार है, फिर भी बच्चे अपने जीवन के अनुभवों के अनुसार भावनाओं को व्यक्त करते हैं।
3. आंतरिक कारकों के आधार पर प्रत्येक बालक का प्राथमिक भावनात्मक व्यवहार होता है, और सांस्कृतिक आधार पर, उस समूह के कुछ सर्वमान्य व्यवहारात्मक क्रम भी होते हैं, जिससे बच्चा संबंधित होता है।
4. जब तक बच्चा शाला में प्रवेश करता है, उस समय तक बच्चों में प्राथमिक भावनात्मक व्यवहार क्रम भलीभांति स्थापित हो चुके होते हैं। इसके बाद के बहुत से बदलाव अधिगम अनुभवों अथवा पर्यावरणीय प्रभावों का परिणाम होते हैं।
5. जैसे-जैसे बच्चा अपने जीवन के सामाजिक और सांस्कृतिक महत्व को समझता है, वैसे-वैसे बचपन में सर्वमान्य भावनात्मक व्यवहार क्रमों का (उद्भव) प्रादुर्भाव होता है।
6. भावनात्मक अधिगम पर बहुत हद तक घर और विद्यालय के भावनात्मक वातावरण/परिवेश का प्रभाव पड़ता है।
7. सामान्य रूप से यह माना जाता है कि सामाजिक-आर्थिक रूप से पिछड़े और सामाजिक-सांस्कृतिक रूप से अलाभांवित घरों से आने वाले बच्चे और इसमें भी विशेषकर नकारात्मक स्व-धारणा/बिंब वाले, अत्यधिक संवेदनात्मक समस्याओं का सामना करते हैं।
8. जाति, संप्रदाय अथवा पृष्ठभूमि की परवाह किये बिना बच्चों की एक बहुत महत्वपूर्ण आवश्यकता विश्वास का अहसास है। इसमें स्वयं एवं दूसरों पर विश्वास शामिल है। उसका स्वयं पर भरोसा बढ़ता है। जब किसी को सफलता का अनुभव होता है तो दूसरों पर विश्वास इस अहसास के साथ आता है कि वह हमें हमारी सारी गलतियों और कमियों के साथ मूल्यवान व्यक्तियों के रूप में स्वीकार करेंगे।
9. बच्चों को यह सीखने में मदद की आवश्यकता होती है कि वह अपनी भावनाओं की अभिव्यक्ति दूसरों को स्वीकार्य रूप में कैसे करें।
10. यद्यपि प्राथमिकशाला अवस्था में बच्चों से यह अपेक्षा नहीं की जा सकती कि वह पूर्ण भावनात्मक परिपक्वता प्राप्त कर लें। पर्याप्त भावनात्मक सहयोग और मार्गदर्शन उन्हें काफी हद तक भावनाओं के प्रभावी उपयोग की परिपक्वता प्राप्ति और स्वस्थ अंतर परस्पर सम्बन्धों को स्थापित करने में मदद करता है।

बच्चों की भावनाओं की विशेषताएं (Characteristics of Children's Emotions)

यद्यपि बच्चों की भावनाओं का कोई निर्धारित विकासात्मक क्रम नहीं होता है, फिर भी बच्चे जिस तरह से अपनी भावनाएँ व्यक्त करते हैं, उसमें कुछ विशिष्ट विशेषताएं देखी जा सकती हैं। इन पर कुछ चर्चा निम्न प्रकार हैं–

1. बच्चों की भावनात्मक अभिव्यक्ति का समय छोटा होता है। यह कुछ क्षणों/मिनटों तक रहता है और फिर अचानक से खत्म हो जाता है। ऐसा इसलिए होता है क्योंकि बच्चे जहाँ, जो भी, जैसा भी महसूस करते हैं वह बिना किसी सामाजिक सीमाओं अथवा आत्मनियंत्रण के अभिव्यक्त कर देते हैं। इसी का परिणाम है कि वह अपनी भावनाओं से आसानी से उबर जाते हैं। जो वयस्कों की भावना प्रदर्शन से ठीक विपरीत है। हालांकि, जैसे-जैसे बच्चे बड़े होते हैं वह अपनी भावनाओं की अभिव्यक्ति को सीमाओं में बांधना सीख जाते हैं, वह विशेषकर अस्थिर मनोदशा वाले बन जाते हैं। अस्थिर मनोदशा कँटीली/नुकीली भावनात्मक अभिव्यक्ति के विकल्प के रूप में विकसित होती है। इस प्रकार से उच्च प्राथमिक वर्षों में, कोई भी अस्थिर मनोदशा वाले बच्चों का अवलोकन कर सकता है। कुछ देखी जा सकने वाली मनोदशायें निम्न हैं–अवयक्त क्रोध के कारण उपजी नाराजगी, दबाये हुए डर/भय और खुशी से पैदा संकोच और तनावमय स्थिति, नियंत्रित आनन्द से निकला अच्छा हास्य।
2. बच्चों की भावनाएँ गहन गंभीर होती हैं। हालांकि कुछ ही समय के लिए होने के बाद भी, बच्चों की भावनाएँ बहुत सशक्त और गहन-गंभीर होती हैं। वह क्रोध, आनंद, घृणा और दुःख को उच्चतम रूप तक महसूस करते हैं। एक बच्चा जो शायद अपनी माँ अथवा शिक्षक के प्रति क्रोधित है वह उनके लिए कह सकता है कि वह संसार की सबसे खराब माँ अथवा शिक्षक है, अथवा घृणा की अभिव्यक्ति के रूप में कह सकता है कि "मैं उससे घृणा करता/करती हूँ, वह बहुत गंदे हैं", या वह अपनी माँ अथवा शिक्षक की फोटो फाड़ सकता/ती है। उसी प्रकार से प्रेम अथवा पसंद की किसी भावना की अभिव्यक्ति उन्नमतासूचक विशेषणों में करता है। यह स्पष्ट है कि बच्चे के भावनात्मक प्रतिउत्तर में गहन गंभीरता का अंश अथवा क्रमशः बढ़ते चरणों का अभाव होता है, इसके परिणामस्वरूप छोटी सी बात में तीव्र भावनात्मक प्रतिक्रिया हो सकती है। बच्चों की भावनात्मक प्रतिक्रियायें अक्सर वयस्कों को पूर्णतया विचित्र और चकरा देने वाली प्रतीत होती हैं। यह डर, क्रोध और आनन्द के मामलों में विशेषरूप से सत्य है क्योंकि इन सभी की अभिव्यक्ति उन्मुक्त, स्पष्ट देखे और महसूस किये जा सकने वाले अंदाज में होती हैं।
3. बच्चों की भावनाएँ परिवर्तनशील होती हैं। बचपन में भावनाओं के अत्यधिक अस्थायी और हलचल से युक्त होने की संभावना होती है। कुछ ही क्षणों में वह एक उच्च स्थिति से दूसरी में पहुँच जाती है। उदाहरण के लिए, अक्सर हंसने का रोने में, क्रोध का मुस्कुराहट में अथवा ईर्ष्या का स्नेह में तीव्र बदलाव देखा जा सकता है। बच्चा इन परिवर्तनों से पूर्णतः अनजान रहता है क्योंकि उसने इन भावनाओं

को अभिव्यक्त कर इनसे मुक्ति पा ली होती है। हालांकि, वयस्कों को यह उनकी समझ से परे प्रतीत होता है क्योंकि वह उस तरीके से भिन्न है जिस प्रकार से एक वयस्क अपनी भावनओं को व्यक्त करता है। भावनाओं में इस परिवर्तन का एक विशेष गुण यह है कि भावनाएँ गहन गंभीर रहती हैं। इस प्रकार से यहां एक भावना की गहन गंभीर अचानक क्षणिक अभिव्यक्ति से अलग एक पूर्णतः भिन्न भावना की, उसी रूप की गहन गंभीर क्षणिक अभिव्यक्ति में, बदलाव है।

4. बच्चों की भावनाएँ जल्दी-जल्दी प्रदर्शित होती हैं। औसतन बच्चों की भावनाओं के प्रदर्शित होने की बारंबारता किसी प्रतिनिधिक वयस्क से अधिक होती है। ऐसा इसलिए क्योंकि बच्चों की आदत होती है कि वह जो कुछ भी महसूस करते हैं उसे या तो कहकर अथवा अभिव्यक्त कर मुक्त हो जाते हैं। दूसरी ओर वयस्क अधिक शांत, संतुष्ट, नियंत्रित और अपनी भावनाओं की अभिव्यक्ति में सामाजिक स्वीकार्यता के प्रति चैतन्य रहते हैं। उस आनन्द की कल्पना कीजिए जो कक्षा प्रथम का छात्र कक्षा में प्रथम आने पर महसूस करता है। इसके अतिरिक्त बच्चों को खुशी और दुःख पहुँचाना बहुत आसान है और वो ऐसी किसी भी छोटी घटना को जिसकी वयस्क पूर्णतः अनदेखी कर दें, उसे बच्चे अभिव्यक्त कर सकते हैं।

5. बच्चों की भावनात्मक प्रतिक्रियायें एक बच्चे से दूसरे बच्चे में भिन्न होती हैं। भिन्न भावनाओं की अपनी प्रतिक्रियाओं में बच्चे महत्वपूर्ण विविधता प्रदर्शित करते हैं। इन प्रतिक्रियाओं का कुछ सम्बन्ध बच्चे की उम्र, लिंग और सामाजिक पृष्ठभूमि से है। उदाहरण के लिए, भय के अहसास का प्रदर्शन एक बच्चा कमरे से बाहर भाग कर करता है तो दूसरा बच्चा माँ की साड़ी के पीछे छुपकर अथवा कोई अन्य बच्चा रोकर कर सकता है। इसी प्रकार से 'प्रेम' प्रदर्शित होता है, एक बच्चे के द्वारा प्यार करने वाले के गले लगकर और चूम कर, दूसरे बालक द्वारा 'आप बहुत अच्छे हैं' के सरल कथन से अथवा किसी अन्य द्वारा कुछ लिखित पंक्तियों के साथ उपहार दे कर हो सकता है। सामान्य रूप से छोटे बच्चे शारीरिक प्रदर्शन द्वारा भावनाएँ प्रदर्शित करते हैं, जबकि बड़े बच्चे शायद इनके सम्मिश्रण को सावधानी पूर्वक "सोची-समझी" अथवा बौद्धिक प्रणाली के साथ मिला कर प्रयोग करते हैं।

6. भावनाओं को व्यवहार के लक्षणों से पहचाना जा सकता है। जहाँ वयस्क अपनी भावनाओं और संवेदनाओं को भलीभांति इस प्रकार छुपाने में सक्षम होते है कि कोई देखने वाला पहचान नहीं सकता है, वहीं बच्चों में ऐसा नहीं होता है। यहाँ तक कि बड़े बच्चे भी जो अपनी भावनाओं के प्रदर्शन में अधिक स्वनियंत्रण और संतुष्टि सीख गये होते हैं, वह भी भावनाओं की ओर इंगित करते प्रतिनिधिक व्यवहारों अथवा मनोदशा/मनःस्थित में संलिप्त हो जाते हैं। इस प्रकार से, हालांकि वह अपनी भावनात्मक प्रतिक्रिया प्रत्यक्ष रूप से नहीं दर्शाते हैं, फिर भी उनकी भावनात्मकता को तनाव, बेचैनी, ध्यान न देना, चिंता, दिवास्वप्न, परिवेश में रुचि के अभाव अथवा परेशानी के लक्षणों जैसे नाखून चबाना, अंगूठा चूसना इत्यादि से पहचाना जा सकता है।

7. बच्चे भावनाओं के एक दायरे को अनुभव करते हैं। उनके द्वारा अनुभव की जाने वाली भावनाओं की संख्या बड़ी है। यद्यपि, कुछ विशेष उम्र में कुछ विशिष्ट

भावनाएँ सशक्त होती हैं और फिर धूमिल हो जाती हैं। कुछ भावनाएँ, जो पहले कमजोर होती हैं, बाद में मजबूत बन जाती हैं। इसी तरह से भावनात्मक अभिव्यक्ति में बदलाव आते हैं। सामान्य रूप से प्राथमिक शाला बालकों के अनुभव वाली भावनाओं के दायरे में भय, चिंता, क्रोध, इर्ष्या, प्रेम, आनन्द, खुशी, प्रसन्नता, स्नेह, उत्सुकता, डर और दुःख सम्मिलित हैं।

भावनात्मक विकास को प्रभावित करने वाले कारक (Factors Affecting Emotional Development)

भावनात्मक विकास को प्रभावित करने वाले कारकों का इस पाठ में पहले ही उल्लेख किया जा चुका है। यद्यपि परिवार, विद्यालय और हमउम्र साथियों की भूमिका पर विशेष चर्चा की आवश्यकता है क्योंकि यह बच्चे के भावनात्मक स्वास्थ्य को प्रभावित करते हैं और उसके विकास की दिशा निर्धारित करते हैं। इसीलिए हम इनमें से प्रत्येक पर कुछ विस्तार से चर्चा करेंगे।

परिवार *(Family)*

प्राथमिक शाला के बालक के लिए, जो लोग सबसे ज्यादा महत्वपूर्ण हैं वह उसके अभिभावक हैं। इस बच्चे पर अभिभावक महत्वपूर्ण प्रभाव डालते हैं और उसके सोचने समझने, महसूस करने, कार्यों और व्यवहारों को निर्धारित करते हैं। हालांकि परिवार के अन्य महत्वपूर्ण सदस्य जैसे कि दादा-दादी, नाना-नानी, चाचा, मामा, भाई-बहन इत्यादि भी बच्चे को प्रभावित करते हैं, लेकिन अभिभावकों का प्रभाव इन सबसे बहुत अधिक होता है। हमारे देश में बच्चों को पालना प्रमुखतयाः महिला का एकाधिकार समझा जाता है। इस प्रकार से माँ प्रत्येक बालक के लिए महत्वपूर्ण व्यक्ति बन जाती है। सच तो यह है कि माँ-बच्चे का सम्बन्ध निर्णायक होता है, बच्चे के व्यक्तित्व निर्धारण, उसकी स्व-छवि और उसके मानसिक स्वास्थ्य के लिए। हालांकि शहरी क्षेत्रों में कामकाजी माताओं और एकल परिवार की संख्या में बढ़ती वृद्धि के साथ दोनों ही अभिभावकों को काफी महत्व दिया जा रहा है। पिता बनना भी विशिष्ट चुनौती बन गया है।

अभिभावकों का प्राथमिक कर्तव्य है बच्चे को सुरक्षा और संरक्षण देना, क्योंकि केवल सुरक्षित वातावरण में ही बच्चा स्वीकृत, खुश और अपने लिए चाहत का अहसास कर सकता है। एक बच्चा यह आश्वासन चाहता है कि उसकी भावनाएँ—प्रेम, क्रोध, ईर्ष्या अथवा आनन्द, कैसी भी हो, उसके अभिभावक उसे स्वीकार करेंगे। वह निश्चित होना चाहता है कि जब वह खेले तो उसे अत्यधिक चोट न लगे, जब उसे दुःख-तकलीफ हो तो उसके दर्द को समझने के लिए उसकी माँ वहाँ होगी, और यह भी कि जब वह असफल होगा तो उसके अभिभावक उसके साथ खड़े होंगे। ये सब बच्चे में सकारात्मक भावनात्मक स्वास्थ्य के लिए आवश्यक सुरक्षा और विश्वास का आधार प्रदान करते हैं।

सुरक्षा और संरक्षण के अलावा प्रत्येक बालक अपने अभिभावकों से निजी प्रेम चाहता है। वह अपनी माँ और शिक्षका, विशेषकर पहली वाली से आश्वस्त होना चाहता है कि उससे केवल उसके ही कारण प्यार किया जाता है। इस तरह से प्रत्येक अभिभावक को प्रतिदिन अपने प्रत्येक बच्चे के साथ कुछ समय अकेला व्यतीत करने की कोशिश करनी चाहिए फिर चाहे वह केवल उन्हें स्वयं के पास बिठाये रखना हो अथवा खाना खाते समय उनसे गपशप करनी हो अथवा बच्चे की चुनी हुई कहानी पढ़कर सुनानी हो।

"आज मम्मी के पास बैठने की बारी मेरी है।" यह शायद अभिभावक को महत्वहीन लगे, लेकिन यह बच्चों के लिए बहुत महत्वपूर्ण है। बच्चे के लिए इसका अर्थ है उनके निजी प्रेम का आश्वासन और इसका अर्थ भावनात्मक सुरक्षा भी है। इसी का अभाव बच्चे को ईर्ष्यालु बनाता है और उसे ईर्ष्या के लिए दंड देना, इसके सुधार के लिए कुछ नहीं करता है। बच्चों को प्यार की भी आवश्यकता है जो कि 'निरंतर' हो यानी कि वह निश्चिंत होना चाहता है कि चाहे कुछ भी हो जाये यहाँ तक कि वह शरारती अथवा अशिष्ट हो तब भी, उसके अभिभावक का प्यार, विशेषकर माँ का समझ-बूझ से भरा होना चाहिए। मूल रूप से बच्चे, अपने अभिभावकों से सहानुभूति और बिना किसी शर्त के प्यार चाहते हैं।

हम-उम्र समूह *(Peer Group)*

प्राथमिक शाला के बच्चे के लिए जो, अपने दिन के बहुतायत घंटे अपने घर से दूर, अपने हमउम्र और विद्यालय के उन साथियों के साथ बिताता है, जिनके साथ वह स्वयं को जोड़ता है, वह बहुत महत्वपूर्ण बन जाते हैं। बच्चों के हम-उम्रों को उसके दोस्तों अथवा खेल साथियों, जिनसे वह संवाद करता है, के रूप में अनौपचारिक तौर पर परिभाषित किया जाता है। प्राथमिक शाला की उम्र 'समूह-उम्र' है। जिसकी विशेषता है कि बच्चे समूह अथवा दोस्तों का ग्रुप बनाना चाहते हैं और विभिन्न चीजें एकत्र करना चाहते हैं। यह "ग्रुप" बच्चे के लिए बहुत महत्वपूर्ण हो जाता है। पहली बात, प्रत्येक बच्चा एक "ग्रुप" से संबंधित होना अथवा एक समूह का स्वीकृत सदस्य बनना चाहता है। इस स्वीकृति को पाने के लिए, बच्चे उन गुणों को सीखने के लिए मजबूर हो जाते हैं जो सामूहिक समूह व्यवहार को प्रोत्साहित करते हैं। आत्म-केन्द्रिकता से ऊपर उठकर भावनाओं के स्वतःस्फूर्त अचानक उठने वाले उद्रभाव में कमी लाकर, अब बच्चों को अपनी भावनाएँ आपत्तिहीन तरीके से प्रदर्शित करना सीखना होगा जो उसे उसके हमउम्र समूह की सदस्यता बरकरार रखने में मदद करेगा। इस प्रकार से हमउम्र समूह महत्वपूर्ण है क्योंकि यह पहली बार बच्चे को अपनी भावनाओं पर नियंत्रण रखने के लिए प्रोत्साहित करता है और विस्तृत रूप से उसे अपनी भावनाओं सम्बन्धी व्यवहार में अधिक नियन्त्रित होने में सक्षम बनाता है।

हमउम्र समूह बच्चे को सुरक्षा का एक वातावरण भी प्रदान करता है जहाँ उसे पता चलता है कि बाकी के अन्य बच्चे भावनाओं के उसी दायरे का सामना कर रहे हैं, जैसा कि वह स्वयं झेल रहा है। इस प्रकार से वह ईर्ष्या, क्रोध, आनन्द, घृणा इत्यादि के अपने अहसासों से भयभीत नहीं होता। इससे उसकी अपने बारे में समझदारी और स्वःछवि में अत्यधिक बढ़ोतरी होती है। यह सकारात्मक भावनात्मक स्वास्थ्य निर्माण में भी मददगार है।

इसके अलावा, हमउम्र साथियों के साथ व्यवहार/संवाद बच्चे को नकारात्मक भावनाओं की तुलना में सकारात्मक भावनाओं का अति महत्व सिखाता है। वह अप्रत्यक्ष रूप से जान जाता है कि समूह का स्वीकृत और लोकप्रिय सदस्य बने रहने के लिए उसे अधिक सकारात्मक गुण और अभिवृत्तियों जैसे कि दूसरों के लिए स्नेह, प्रेम, साथी-अहसास इत्यादि विकसित करना होगा। ईर्ष्या, क्रोध और घृणा कहीं नहीं ले जायेगी क्योंकि यह उसे हमउम्र समूह से अस्वीकृति की ओर ले जाते हैं और उसे एकाकी बना देती है, और ऐसी स्थिति से जिससे प्रत्येक बच्चा बचना चाहता है। यह सकारात्मक-भावनात्मक स्वास्थ्य और परिपक्वता की दिशा में एक कदम भी है।

जीवन के दबावों के सम्मुख, अभिभावकों के पास अपने बच्चों के लिए कम से कम समय होता है। परिणामस्वरूप यह है कि बच्चे अपने हमउम्र साथियों और उनके जीवन के अन्य महत्वपूर्ण वयस्कों पर भावनात्मक सहयोग के लिए अधिकाधिक निर्भर बनते जा रहे हैं। इस संदर्भ में, चाहे शहरी अथवा ग्रामीण क्षेत्र हो, हमउम्र समूह बहुत अधिक महत्वपूर्ण बन जाता है।

विद्यालय *(School)*

भौतिक काल क्रम और मनोवैज्ञानिक रूप से, बच्चे के लिए शाला की शुरुआत एक युग के अंत का संकेत है। पांच वर्ष की उम्र से पहले, बच्चा किसी और से अधिक अपने अभिभावकों और भाई-बहनों से ज्यादा संवाद/व्यवहार करता है। इनका उस पर सबसे बड़ा प्रभाव होता है। हालांकि पास-पड़ोस में उसके खेल साथी होते हैं, उसके अभिभावक ही केवल वह वयस्क होते हैं जिन्हें वह बहुत करीब से जानता है। वह उसके दैनिक जीवन के अधिकांश क्रम को व्यवस्थित करते हैं। यह उनका अनुमोदन ही है जो उसके लिए सर्वाधिक महत्वपूर्ण है। शाला की शुरुआत के साथ, बच्चे का संसार विस्तार लेता है और अधिक जटिल बन जाता है। वह अपना अधिकतर समय घर से दूर, अपने तात्कालिक परिवार के अलावा अन्यों के साथ गुजारता है। अब इन लोगों की राय, अनुमोदन और मांगों का महत्व उसके लिए बढ़ने लगता है। कक्षा एक में प्रवेश, बच्चे के अनुभव की वास्तविक संरचना में तीव्र अवरोध की ओर इंगित करता है। बहुत से बच्चों के मामले में, पहली बार यह अपेक्षा की जाती है कि वह अपने अभिभावकों के अलावा किसी अन्य वयस्क द्वारा बनाये और लागू किये गये समूह नियमों पर चलेंगे। पूरे समूह को एक साथ पाठ समझा दिया जाता है। लिखने के लिए आदेश दे दिया जाता है। कहानियाँ सुनाई जाती हैं और सभी को सुननी ही पड़ती हैं फिर चाहे मन हो या नहीं। कला और खेल के कालांश लगाये जाते हैं, और बच्चे से बिना इस बात की परवाह किये कि समय/कालांश में बच्चे की रुचि अथवा चाहत क्या है, इनमें पूर्ण भागीदारी की अपेक्षा की जाती है। औपचारिक शिक्षा की शुरुआत में थोपी गई इन नई स्थितियों से कुछ बच्चे समायोजन बना लेते हैं, जबकि अन्य कठिनाइयों का सामना करते हैं। इन नये अनुभवों के परिणामस्वरूप बच्चे के व्यवहार में कुछ बदलाव की अपेक्षा करना स्वाभाविक मात्र ही है। अनुभवों की प्रसन्नता अथवा अप्रसन्नता के आधार पर बच्चा भावनाओं के विस्तृत दायरे जैसे—आश्चर्य, चौंकना, नापसंदगी, आनन्द, अप्रसन्नता इत्यादि महसूस करता है। विद्यालय की भौतिक योजना, शिक्षण सामग्रियाँ, कक्षा-कक्ष की समय सारणी, विद्यालय में सामाजिक सम्बन्ध और मूल्यांकन प्रक्रियायें सभी बच्चे पर मनोवैज्ञानिक प्रभाव डालते हैं और उसमें पसंद, नापसंद और जुड़ाव के अहसासों को उभारते हैं। इस प्रकार से महत्वपूर्ण है कि यह सब बच्चे पर सकारात्मक प्रभाव डालें, जिससे उसकी भावनाएँ अधिक सकारात्मक होंगी और उसके सकारात्मक भावनात्मक स्वास्थ्य में योगदान देंगे। यदि नकारात्मक भावनाएँ आती हैं तो वह बच्चे को भावनात्मक समायोजन से वंचित करने का कार्य करती हैं और ज्यादा समय तक टिके रहने की कोशिश करती हैं। हकीकत में, जैसे चिकित्सा व्यवसाय ने स्वास्थ्य समस्याओं के लिए रोकथाम आधारित प्रणाली अपनाई है वैसे ही यह विद्यालय की जिम्मेदारी है कि बच्चे को ऐसा वातावरण प्रदान करें जो उसमें भावनात्मक उथल-पुथल को रोक देगा।

अधूरी आवश्यकताओं के परिणामस्वरूप भी बच्चों में भावनात्मक उथल-पुथल पैदा हो जाती है। मुख्यतया यह आवश्यकतायें जुड़ाव, सुरक्षा, प्रेम और संबद्धता की हैं। विद्यालय में, शिक्षक एक ऐसा वयस्क है जो भावनात्मक सपोर्ट अथवा अभिभावक जैसी भूमिका अदा करता है। यह शिक्षिका ही है जो बच्चों के साथ अपने व्यवहारों/संवाद से निर्धारित करती है कि किस हद तक बच्चों की आवश्यकताओं की पूर्ति हुई है। उदाहरण के लिए, बच्चे को स्नेह की आवश्यकता की संतुष्टि में शिक्षक निश्छल, सतत् और भेदभाव रहित दोस्ताना व्यवहार से मदद कर सकते हैं। जब वह बच्चे किसी विशेष की उन्नति में निरंतर रुचि लेते हैं तो शिक्षक बच्चे में सुरक्षा के अहसास में योगदान देते हैं। शिक्षकों का दोस्ताना व्यवहार बच्चों को जुड़ाव का भी अहसास कराता हैं। विद्यालय में स्वागत करके, उसके जन्मदिन से समूह की पहचान कराकर, उसकी प्रतिभा की प्रशंसा करके, उसके परिवार में और विद्यालय के बाहर के उसके जीवन में शिक्षक की रुचि और अन्य कई तरीकों से बच्चे को अहसास कराया जाता है कि वह समूह का हिस्सा है। विद्यालय बच्चे को महसूस करा सकता है कि वह सफल अथवा असफल है। दूसरे रूप में वह बच्चे की परिपक्वता स्तर से मेल खाते विकासात्मक कार्यों के अवसर प्रदान करता है जिससे बच्चा सफलता का अहसास कर सके। यह भी संभव है कि वह शायद अनुचित अपेक्षाएँ अथवा मानक निर्धारित करें जिनका पालन बहुत से बच्चों के लिए असंभव है। एक ऐसा शिक्षक जो बच्चों की आवश्यकताओं और भावनाओं को समझता है वह समूह में बाँटने की अथवा मूल्यांकन की ऐसी किसी व्यवस्था को अस्वीकार कर देगा जो एक बच्चे को हीनता अथवा दूसरे को झूठी श्रेष्ठता का अहसास कराये। इस प्रकार से बच्चे की प्रसन्नता प्रत्यक्ष रूप से विद्यालय में उसके अनुभवों से जुड़ी होती है। विद्यालय, बच्चों में भावनात्मक भलाई और स्थिरता को बढ़ावा अथवा उसमें व्यवधान उत्पन्न कर सकता है।

बच्चों की भावनाओं के शैक्षणिक निहितार्थ
(Educational Implications of Children's Emotions)

हालांकि बच्चों से यह उम्मीद नहीं की जा सकती कि वह प्राथमिक शाला में रहते हुए पूर्ण भावनात्मक परिपक्वता प्राप्त कर लेंगे। थोड़ी बहुत भावनात्मक सहायता और मार्गदर्शन भावनाओं के प्रभावी उपयोग में पर्याप्त परिपक्वता पाने और दूसरों के साथ संतोषजनक सम्बन्ध स्थापित करने में उनकी मदद कर सकता है।

1. प्राथमिक शाला की एक महत्वपूर्ण जिम्मेदारी है कि वह बच्चों को भावनाओं की अभिव्यक्ति उस रूप में सिखाने की कोशिश करे जो दूसरों को स्वीकार्य हो। शिक्षकों के लिए यह जानना आवश्यक है कि बच्चे अपने भावनात्मक व्यवहार में स्वतःस्फूर्त होते हैं और तुरंत अपनी भावनात्मक स्थिति अनुसार व्यवहार करते हैं। वास्तव में यह अच्छा ही है कि बच्चे अपनी भावनाओं को व्यक्त कर देते हैं क्योंकि यह भावनात्मक शांति अथवा शरीर में दबे हुए तनाव को मुक्त करने का कार्य करता है। इसके अलावा यह भावनाएँ गहन गंभीर होती हैं। इन दोनों के मेल का परिणाम बच्चे की ओर से अति आक्रामक अथवा नकारात्मक व्यवहार में हो सकता है। यह यही स्थिति है जिससे उबरने में शिक्षक को बच्चे की मदद करनी है। बच्चे को समझाकर और उससे बातचीत करके अथवा शिक्षक स्वयं में भावनात्मक

प्रतिबन्ध लगाकर, आदर्श प्रस्तुत करके अथवा दूसरे अन्य ऐसे बच्चों की कहानियाँ सुनाकर जिनसे बच्चा अपनापन महसूस करे अथवा बच्चे को विशिष्ट परिस्थितियों में अपेक्षित व्यवहार की शर्तों के साथ नेतृत्व की जिम्मेदारी देकर किया जा सकता है। अपनी भूमिका बनाये रखने के लिए बच्चे धीरे-धीरे भावनात्मक अभिव्यक्ति का सही तौर-तरीका सीख जायेंगे।

2. बच्चों की भावनात्मक स्थिति का, शाला में उसके प्रदर्शन से सीधा सम्बन्ध होता है। शिक्षकों को यह पहचानना होगा कि जो बच्चे भावनात्मक रूप से स्थिर होते हैं, वो ही शैक्षणिक रूप से अच्छा प्रदर्शन करते हैं। मुख्य रूप से शिक्षक की जिम्मेदारी बच्चों को विद्यालय में भावनात्मक स्थिरता प्रदान करनी होती है। हालांकि, शिक्षक एक थैरेपिस्ट या परामर्शदाता (Counsellor) नहीं है फिर भी वह कक्षा में ऐसा वातावरण बना सकता है जो छात्रों के मानसिक स्वास्थ्य और भावनात्मक स्थिरता में सहायक हो। उसका प्रमुख कार्य अपने छात्रों के सामने उचित आदर्श प्रस्तुत करना है। स्पष्ट है कि शिक्षकों के मूल्य छात्रों तक नियमों, आदेशों, टिप्पणियों और चर्चा के माध्यम से पहुँचते हैं। लेकिन शायद, एक शिक्षक की कथनी से ज्यादा महत्वपूर्ण उसकी करनी होती है। बच्चों के लिए शिक्षक आदर्श समान होते हैं, वह उनसे अपनापन महसूस करते हैं और उनकी नकल करने की चेष्टा करते हैं। उनमें शिक्षक के समर्थन की चाह होती है और वे शिक्षक की अस्वीकृति से बचने का प्रयास करते हैं। कक्षा में शिक्षक का न्यायोचित और भेदभाव रहित व्यवहार, प्रत्येक बच्चों के लिए प्रेम और आदर, और बच्चों की भलाई की चिंता और सहानुभूति, बच्चों तक पहुँचता है और उनमें सकारात्मक भावनाओं का विकास करता है।

3. प्राथमिक शाला को पहचानना होगा कि बच्चों की प्रमुख भावनात्मक आवश्यकता अपने और दूसरों में विश्वास का अहसास है। इस अहसास को विद्यालय बहुत अच्छी तरह से पोषित कर सकते हैं। यदि उसकी वैयक्तिक्ता और अमूल्यता को आदर मिलेगा तो प्रत्येक व्यक्ति का स्वयं में विश्वास विकसित होगा। इनका सीधा सम्बन्ध शाला की मूल्यांकन प्रक्रियाओं से है। यदि मूल्यांकन व्यवस्था एकतरफा और गैर लचीली है यानी कि केवल शैक्षणिक दायरे में है तो बहुत से बच्चे जो अच्छे खिलाड़ी, चर्चाकार, चित्रकार अथवा प्रबंधक हैं, उनकी अनदेखी हो जायेगी। उनकी क्षमताएँ अधूरी रह जायेंगी और उनमें स्व-मूल्य और आत्मविश्वास की भावनाओं के विकास की संभावना भी घट जायेगी। इस प्रकार से शाला को एक ऐसी भूमंडलीय (Global), सर्व-समाहित (All inclusive), बहुमूखी मूल्यांकन व्यवस्था पर आचरण करना होगा जो बच्चों की विभिन्न प्रतिभाओं और कौशलों पर ध्यान दे सकें। इसके अतिरिक्त, पाठ्यचर्या की व्यवस्था ऐसी होनी चाहिए कि यह बच्चे को हर क्षेत्र में स्वयं को अभिव्यक्त करने का अवसर प्रदान करे। यदि बच्चों में सकारात्मक स्व-छवि और स्व-मूल्य की भावना विकसित हो जाये तो दूसरों पर भी विश्वास विकसित होगा। यदि ऐसा नहीं हो तो भी शाला को पाठ्यचर्या में बहुत सी सामूहिक गतिविधियों की व्यवस्था करनी चाहिए क्योंकि उससे बच्चों को एक-दूसरे से संवाद/व्यवहार में मदद मिलेगी और उनमें समूह की स्वीकार्यता का अहसास होगा।

4. भावनात्मक रूप से विचलित बच्चों को उनकी कमजोरियों और शक्तियों के साथ स्वीकार कर और उनकी वैयक्तिक्ता का आदर करके भी विद्यालय उनकी बहुत मदद कर सकता है। इन बच्चों की शक्तियों को प्रदर्शित करके इनके मूल्यांकन में दोषारोपण (Blame) के बदले प्रशंसा करके शिक्षक इनकी मदद कर सकते हैं। वह मार्गदर्शन और परामर्शन विधियों के द्वारा भी इनकी सहायता कर सकते हैं।
5. बच्चों के घर के मूल्यों और व्यवहारों में और शाला में अपनाये गये व्यवहार के बीच में विद्यालय को निरंतरता बनाये रखनी होगी ताकि कोई एक-दूसरे के कार्य को व्यर्थ सिद्ध न कर दे। बच्चे के भावनात्मक विकास में यह निरंतरता महत्वपूर्ण है। जब भी, जहाँ भी आवश्यक हो, शिक्षकों को अभिभावकों को बुलवाना चाहिए और सामूहिक रूप से बच्चों की भलाई हेतु कार्य करना चाहिए। अभिभावक और शिक्षकों की नियमित मीटिंग होनी चाहिए जहाँ शिक्षक बच्चे के अभिभावक/संरक्षक के साथ चर्चा हेतु उपलब्ध हो और मात्र उसके अंकों और ग्रेड्स पर ध्यान केन्द्रित ना हो। बच्चे के अहसासों, व्यवहार और कार्यों पर खुली चर्चा हो और आवश्यकता होने पर सामूहिक रूप से कदम उठाये जायें।
6. बड़े बच्चे, विशेषकर वह जो उच्च प्राथमिक कक्षाओं में है वह अपनी भावनाओं के प्रदर्शन पर अंकुश लगाने की शुरुआत करने लगते हैं। यद्यपि इसके परिणामस्वरूप इन बच्चों में विशिष्ट व्यवहार क्रम जैसे कि दिवास्वप्न (Day-dreaming), अन्यमनस्कता (Distraction), लापरवाही, तुनकमिजाजी (Short Temper) इत्यादि विकसित हो सकते हैं। शिक्षकों के पास इस प्रकार की एक जांच सूची होनी चाहिए जिसके माध्यम से वह इन बच्चों को पहचान पायेंगे जिन्हें अपनी भावनाओं को संभालने में मदद की जरूरत है। पहचानने के बाद वह, या तो स्वयं अथवा विद्यालय परामर्शदाता के माध्यम से इन बच्चों की मदद कर सकते हैं।
7. भावनाओं का उचित दिशा-निर्देश बहुत भिन्न और गहन गंभीर होने के साथ विद्यालय का एक अन्य कार्य है। ऐसी पाठ्यचर्या सहगामी गतिविधियों की एक विस्तृत श्रेणी तैयार कर, की जा सकती है जैसे कि नाटक, चर्चाएँ, रचनात्मक लेखन, कला, क्रिकेट, सामाजिक कार्य, जानवरों की देखभाल, प्रकृति अध्ययन इत्यादि। इन गतिविधियों के माध्यम से प्रेम, आनन्द, स्नेह, ईर्ष्या और भय को महसूस अथवा उनका सामना किया जा सकता है।

सारांश (Summary)

1. बच्चे का भावनात्मक संसार कुछ विशिष्ट वस्तुओं, व्यक्तियों और परिस्थितियों की ओर उसके अहसासों को चिह्नित करता है। बच्चे सकारात्मक और नकारात्मक दोनों प्रकृति की भावनाओं का प्रदर्शन करते हैं।
2. भावनात्मक विकास पूर्व निर्धारित अवस्थाओं अथवा क्रम का पालन नहीं करता, यद्यपि वे बच्चे जो नकारात्मक से ज्यादा सकारात्मक भावनाओं का अहसास करते हैं, उन्हें भावनात्मक तौर पर स्वस्थ और स्थिर कहा जाता है।
3. बच्चों की भावनाएं उनकी जीवन-शैली से प्रभावित होती हैं। बच्चे के स्वास्थ्य की स्थिति, उसका आहार, उसका संवाद/व्यवहार अपने माता-पिता, हम-उम्र

साथियों और शाला अनुभव, यह सब उसकी भावनात्मक स्थिति को प्रभावित करते हैं।

4. बच्चों की भावनाओं के कुछ विशिष्ट क्रम होते हैं। गुजरते बचपन के साथ-साथ भावनाओं में ठहराव आने लगता है। प्रत्येक बालक प्राथमिक और सर्वमान्य दोनों ही तरह के भावनात्मक गुणों का प्रदर्शन करता है। भावनात्मक अधिगम अधिकतर घर और विद्यालय के भावनात्मक परिवेश से प्रभावित होता है। इसके अतिरिक्त प्रत्येक बच्चे की भावनात्मक आवश्यकतायें भी होती हैं, जिनकी संतुष्टि से बच्चे के भावनात्मक स्वास्थ्य का निर्धारण होता है।
5. बच्चों की भावनाओं की सामान्यतः विशेषतायें हैं कि वे अल्पाविधि के, स्वतःस्फूर्त और गहन गंभीर होती हैं। उनमें अचानक बदलाव और विभिन्नता की ओर भी रुचि होती है।
6. बच्चों द्वारा अनुभव की गई सामान्य भावनाएँ भय, क्रोध, चिंता, ईर्ष्या, आनन्द, खुशी, प्रसन्नता, प्रेम और उत्सुकता हैं।
7. बच्चे का परिवार, हम-उम्र साथी और विद्यालय, उसके भावनात्मक विकास को बढ़ावा अथवा बाधित कर सकते हैं। इनमें से प्रत्येक संस्था द्वारा प्रेम, सुरक्षा और अपनेपन का प्रावधान बच्चे में सकारात्मक भावनात्मक स्वास्थ्य को सुनिश्चित करते हैं।
8. विद्यालय विशेष रूप से अपनी पाठ्यचर्या, शिक्षकों और बच्चों के बारे में उसके दर्शन के माध्यम से बच्चों के भावनात्मक विकास को बढ़ावा देने के लिए बहुत कुछ कर सकता है।

4

सामाजिक विकास
Social Development

परिचय
(Introduction)

बच्चे का सामाजिक विकास उसकी सामाजिक प्रकृति के विभिन्न आयामों से जुड़ा होता है। इनमें से एक है सामाजिक परिवेश जो घर, विद्यालय, आस-पड़ोस और समुदाय से बनता है और इनमें से प्रत्येक का उसकी मनोवृत्ति, सामाजिक मूल्यों, अंतःवैयक्तिक (Inter personal) सम्बन्धों और वास्तविक सामाजिक व्यवहार पर प्रभाव पड़ता है। दूसरा है उसका "स्वयं" का रंग-रूप, बुद्धिमत्ता, आकर्षण और अन्य विशेषतायें जो उसके लिए विशेष सामाजिक उद्दीपन का कार्य करते हैं। इसमें उसकी आदतें अथवा अन्यों के व्यवहार के जवाब में उसका विशिष्ट प्रत्युत्तर भी शामिल है। यह सब जटिल तरीके से आपस में सम्बन्धित होते हैं और निर्धारित करते हैं कि वह किस प्रकार का सामाजिक प्राणी है, और यह नियम प्रत्येक बालक पर लागू होता है।

इस प्रकार से सामाजिक विकास, स्वयं को सामाजिक सम्बन्धों से जोड़ता है, सफलतापूर्वक सामाजिक अभिवृत्तियों और मूल्यों के विकास से और विस्तृत रूप से व्यक्ति समाज से स्वयं को जोड़ता और संयोजित होता है। बच्चे का सामाजिक विकास सामाजीकरण और सांस्कृतिकरण दो मुख्य सामाजिक प्रक्रियाओं द्वारा निर्धारित होता है। सामाजीकरण ऐसी औपचारिक प्रक्रिया है जिसमें बच्चा अपने अभिभावकों, शिक्षकों, हमउम्र समूहों और अन्य विशिष्ट लोगों से संवाद/व्यवहार द्वारा उस समाज के (जिसमें वह रहता है) सामाजिक कौशलों, विचारों और मूल्यों को ग्रहण करता है। सांस्कृतिकरण वह प्रक्रिया है जिसमें बच्चा स्वीकृत सामाजिक-सांस्कृतिक मूल्यों और विश्वासों को सीखता है और इस तरह से समाज के रीति-रिवाज, प्रथाएं एक पीढ़ी से दूसरी पीढ़ी तक पहुँचती हैं। सामाजीकरण और सांस्कृतिकरण विभिन्न सामाजिक कारोबारियों/अभिकर्त्ताओं के द्वारा होते हैं। ये सामाजिक कारोबारी/अभिकर्त्ता-घर, विद्यालय, हम-उम्र समूह, आस-पड़ोस, समुदाय और संचार के माध्यम, सामाजिक वृद्धि के लिए आवश्यक अनुभवों और सामाजिक ज्ञान, बच्चे को प्रदान करते हैं। यह सब प्रत्येक बच्चे को महत्वपूर्ण तरीके से प्रभावित करता है। इस पाठ में, हम इनमें से प्रत्येक पर, चर्चा करेंगे।

बच्चों के सामजिक विकास की प्रवृत्ति
(Trends in the Social Development of Children)

यद्यपि बच्चों के सामाजिक विकास के स्थापित मानकों का कोई अस्तित्व नहीं है, फिर भी सामाजिक व्यवहार के कुछ विशिष्ट क्रम हैं जो अधिकांश बच्चों में सामान्य रूप से पाये जाते हैं। इसके अतिरिक्त बच्चों के सामाजिक विकास का उनके शारीरिक और बौद्धिक विकास से भी घनिष्ठ सम्बन्ध है। जिस तरह से शारीरिक और मानसिक विकास एक क्रमिक चरणबद्ध (Gradual step by step) तरीके से होता है वैसे ही सामाजिक विकास का भी अपना नियम है। इस प्रकार से सामाजिक व्यवहार की उम्र-सम्बन्धी कुछ विशिष्ट प्रवृत्ति हैं जिनका वर्णन नीचे किया गया हैः

1. आरम्भिक बचपन के दौरान, बच्चे अपने अभिभावकों और शिक्षकों के अनुमोदन में अन्य बच्चों के अनुमोदन से ज्यादा रुचि रखते हैं। कुछ वर्ष विद्यालय में व्यतीत करने के बाद, वयस्कों में उनकी रुचि कम हो जाती है। वह घर के आसपास अकेले अथवा मात्र एक अथवा दो साथियों के साथ खेलने में रुचि नहीं दिखाते। सच्चाई यह है कि जो बच्चा अभिभावकों के साथ पिकनिक और पारिवारिक समारोहों में जाना सम्मान की बात और इनाम समझते थे अब उन्हें इससे बोरियत होने लगती है। ढलते बचपन के दौरान बच्चे के सामाजिक व्यवहार पर हम-उम्र समूह का प्रभाव निरंतर बढ़ने लगता है। समूह निर्धारित करता है, कि किस तरह के खेलों में संलिप्त हुआ जाये और सही एवं गलत व्यवहारों का क्रम तथा कपड़ों की शैली कैसी हो।
2. प्रारम्भिक बचपन में, अधिकांश बच्चों के लिए संभावित साथी शायद कोई हम-उम्र अथवा साल अथवा दो साल बड़ा कोई अन्य बच्चा ही होता है, कोई ऐसा जो उसके साथ वह सब कर सके, जो उसे करना अच्छा लगता है। लिंग, बुद्धिमता और समूहों में स्तर जैसे कारक इस अवस्था में बच्चे की पसंद पर बहुत ज्यादा प्रभाव नहीं डालते हैं।
3. बचपन के ढलान पर अर्थात् प्राथमिक शाला वर्षों के उतार के दौरान दलीय खेलों में रुचि बढ़ जाती है। समूह के प्रति उच्चतम निष्ठा और गैर सदस्यों के प्रति श्रेष्ठता का अहसास होता है। विपरीत लिंग के साथ खेलने में अरुचि एक प्रमुख विशेषता है।
4. बच्चा जैसे-जैसे पारिवारिक दायरे से निकलकर अपने हमउम्र समूह संसार की ओर बढ़ता है, उसे किसी और स्त्रोत से अलग उनके साथ व्यवहार संवाद से ज्यादा संतुष्टि मिलती है। धीरे-धीरे वह सामाजिक रूप से वांछित गुण जैसे जिम्मेदारी, मददगार होना, स्वतंत्रता और विनोदप्रियता को प्राप्त करना शुरू कर देता है, जिन्हें उसका हम-उम्र समूह भी शायद पोषित करता प्रतीत होता है। वह अधिक सामंजस्य सक्षम और स्वीकार करने वाला हो जाता है।
5. जैसे-जैसे बच्चा प्राथमिक शाला वर्षों में उन्नति करता है वैसे-वैसे, नकारात्मकता, अक्खड़पन, जिद्दीपन और वयस्काधिकार से प्रतिरोध में भी कमी नजर आने लगती है। वह अपने संवाद व्यवहार के साथ-साथ सामाजिक परिधि में भी विस्तार कर लेता है।
6. प्राथमिक शाला के ढलान पर जैसे-जैसे सामाजिक परिपक्वता आकार लेने लगती है अधिकांश बच्चे अन्य बालकों के साथ मेल-जोल से रहने की क्षमता में सुधार

का प्रदर्शन करते हैं। लड़ाई-झगड़े के व्यवहार में भी कमी आती है। समरसतापूर्ण सह-अस्तित्व संभव हो जाता है।

7. बच्चों के समूहों में नेतृत्व का कोई मानवीकृत क्रम नहीं होता है। कौन सा बच्चा उस विशिष्ट गतिविधि जिसमें समूह उस समय संलिप्त है, पहल करता है के आधार पर नेतृत्व एक बच्चे से दूसरे की ओर चला जाता है। नेतृत्व के लिए बहुत सी प्रतिस्पर्धाएँ होती हैं लेकिन इनसे मनावैज्ञानिक रूप से नुकसान नहीं होता और यह सामान्य रूप से कुछ समय की ही बात होती हैं।

8. जब बच्चा लगभग ग्यारह से बारह वर्ष का होता है तो उसके सामाजिक, नैतिक और उचित-अनुचित के मानक भलीभांति स्थापित हो जाते हैं। बच्चा जानता है कि सामाजिक और नैतिक रूप से क्या सही और गलत है। वह अधिकांश सामाजिक नियमों और व्यवहारों को समझने लगता है।

9. प्राथमिक शाला अवस्था के अंत तक सामाजिक संस्थानों और रिवाजों के बारे में बच्चे के ज्ञान में तीव्र वृद्धि होती है। अब वह अपने स्तर पर सामाजिक विचारों पर काफी सटीक और स्पष्ट रूप से चर्चा कर सकता है।

अधिकांशतः बच्चों के सामाजिक विकास की प्रवृत्ति को चिन्हित करने के बाद, बच्चों की सामाजिक विशेषताओं पर अधिक विशिष्ट रूप से चर्चा करना उचित होगा। क्योंकि आरंभिक, प्राथमिक (Perparatory) और बाद के वर्षों में काफी बदलाव होते हैं, इसलिए हम इन्हें भिन्न इकाइयाँ मानते हुए चर्चा करेंगे।

आरम्भिक प्राथमिक वर्षों (Foundational Stage) में सामाजिक विशेषताएं : 6-9 वर्ष

(Social Characteristics in the Early Primary Years : 6-9 years)

ऐसा प्रतीत होता है कि 6 से 9 वर्ष की उम्र के बच्चों के स्वभाव में ही विपरीत सामाजिक गुणों का प्रदर्शन शामिल है। वह एक साथ प्रेम से भरे, स्नेहशील, आकर्षक और प्रतिकूल भावों और झगड़ालू प्रवृत्ति के हो सकते हैं। अन्य बच्चों की अपेक्षा वह अपने परम मित्रों और सबसे प्रिय भाई-बहनों से लड़ते हैं। सच्चाई यह भी है कि जब किसी को चोट लगती है अथवा कोई परेशानी में होता है तो सबसे झगड़ालू बच्चे ही अक्सर बहुत सहानुभूति प्रकट करते हैं। बच्चे में यह सिद्धान्त ही शायद उसमें निर्भरता से आत्मनिर्भरता की ओर के धीमे बदलाव को प्रदर्शित करते हैं। अक्सर विश्वास करना मुश्किल होता है कि जिस 6 अथवा 7 वर्ष के बालक को हम खेल के मैदान में स्वतंत्र, उधमी और शोरगुल मचाने वाले प्रसन्नचित्त के रूप में देखते हैं वही घर से मिलने वाली सुरक्षा, शांति और लाड़-प्यार को भी बहुत सहजता से संभालता है। इस दौरान बच्चे के सामाजिक जीवन में भी तेजी से विस्तार हो रहा होता है। अपनी उम्र के अन्य लोगों के साथ सम्बन्धों का महत्व सामान्य विकास के लिए बढ़ने लगता है। उसकी वैयक्तिक्ता अर्थात् अपनी ही बात पर अड़े रहना अब पहले से कम होने लगती है और उसमें समूह का अच्छा विचाराधीन सदस्य बनने की इच्छा सुदृढ़ होने लगती है। वह अब सरलता से अपने अधिकार दूसरों के साथ बांटने लगता है और अचेतन रूप से कुछ विनम्र व्यवहार अपना लेता है, जो उसका सामाजिक तानाबाना बन जाते हैं। उसका व्यवहार और जीवन अब घर पर कम केन्द्रित होने लगता है और उसका भविष्य अधिकांशतः हमउम्रों और

समुदाय के अन्य वयस्कों, विशेषकर शिक्षकों के हाथों में आ जाता है, क्योंकि इस समय व्यवस्थित औपचारिक विद्यालयी व्यवस्था उसके जीवन का अभिन्न अंग बन जाती है। बच्चे के लिए शुरुआत में इस नई सामाजिक भूमिका के साथ सांमजस्य बिठाना अक्सर मुश्किल होता है। इस बदलाव के कारण 6 वर्ष के अधिकांश बालक जिद्दी, अभद्र, लड़ाकू और मनमौजी होने लगते हैं। यद्यपि वह जैसे-जैसे अपने खेल साथियों और विद्यालयी समय सारिणी के अभ्यस्त होने लगते हैं उनके व्यवहार में, पिछले व्यवहार से स्पष्ट बदलाव परिलक्षित होता है। बच्चा धीरे-धीरे अधिक जिम्मेदारी, सहायता, आत्मनिर्भरता और विनोदप्रियता का प्रदर्शन करने लगता है। जबकि अभी भी उसके लिए स्वयं के गुस्से को झेलना, अथवा करने के मानकों से भिन्न व्यवहार को समझना, बहुत मुश्किल होता है, परन्तु धीरे-धीरे बच्चा इन बदलावों से समायोजन करना सीख जाता है। बच्चे को विद्यालय में बच्चों के एक बड़े समूह में अचानक डाल देने मात्र से सामाजिक सम्बन्धों के प्रकारों में कोई अप्रत्याशित परिवर्तन नहीं होता है।

यद्यपि 6 वर्ष की उम्र में, समूहों में काम करने की बच्चे की क्षमता अभी भी काफी सीमित होती है लेकिन वह ऐसे खेलों में रुचि लेने लगता है जिसमें अन्य बच्चे भी शामिल होते हैं। वास्तव में बच्चा एकाकी और समांतर खेल से असली समूह खेल की ओर बढ़ने लगता है। उच्चतम स्तर की व्यवस्थित समूह गतिविधि बदलती प्राथमिक अवस्था की विशेषता बन जाती है लेकिन अब कम-ज्यादा व्यवस्थित समूह सर्वत्र दिखाई देते हैं। बच्चे उन समूहों में खेलते हैं जिन्हें हम परिवर्तनशील समूह कहते हैं, यह खेल का वह प्रकार है जिसमें समूह गतिविधियां जारी रहती हैं लेकिन व्यवस्था की प्रकृति इतनी कच्ची होती है कि कोई भी बच्चा अपनी स्वयं की गतिविधियों के लिए खेल में व्यवधान डाले बिना समूह को छोड़कर जा सकता है। इन परिवर्तनशील समूहों से ऐसा बहुत कुछ सीखा जा सकता है जो बच्चों को हमउम्र समूह के अधिक व्यवस्थित खेलों के लिए तैयार करता है। इस अवस्था में बच्चों की संपूर्ण समूह के रूप में कार्य करने की क्षमता न केवल सीमित होती है बल्कि जिसमें वह स्वयं की पाते हैं। उस समूह स्थिति की बौद्धिक समझ भी सीमित होती है।

बच्चे के सामाजिक विकास का एक उल्लेखनीय गुण उसकी सामाजिक समझ में वृद्धि है। अब वह अन्य लोगों की भावनाओं, स्वभाव और अन्वेषणों (Investigation) के प्रति जागरूक हो जाता है। पहले वह पूर्णतया आत्मकेन्द्रित था परन्तु अब वह समझने लगता है कि अन्य लोगों की भावनायें अथवा विचार उससे अलग हो सकते हैं। इस अवस्था में बच्चे यह भी समझ जाते हैं कि किसी की कथनी-करनी और उनकी भावनाओं में अंतर हो सकता है। यद्यपि बच्चा यह नहीं समझ पाता कि सामने वाले व्यक्ति को पता है कि वह क्या सोच रहा और क्या महसूस कर रहा है। परन्तु फिर भी बच्चा बाद के वर्षों में स्वस्थ पारस्परिक सम्बन्धों के निर्माण के लिए अत्यावश्यक सामाजिक कौशलों और संवेदनशीलताओं को समझने की राह पर अग्रसर रहता है।

बाद के प्राथमिक वर्षों (Preparatory) की सामाजिक विशेषताएँ : 9-12 वर्ष (Social Characteristics in the Later Primary Years : 9-12 years)

नौ से बारह वर्ष तक बच्चे के सामाजिक सम्बन्धों में विशिष्ट बदलाव नजर आते हैं। इस समय को अक्सर हम-उम्र समय भी कहा जाता है क्योंकि बच्चे लिंग आधारित

अलग-अलग ऐसे समूहों में खेलते हैं जिनके सदस्य लगभग हम-उम्र ही होते हैं। यह समूह जिनमें लड़कियाँ स्वयं को ज्यादातर व्यवस्थित करती हैं उन्हें मंडली कहते हैं, जबकि लड़कों के समूहों को दल/गैंग कहा जाता है, दोनों ही हम-उम्र समूह की ओर इशारा करते हैं। इसमें, बच्चा एक अलग ही तरह की ''हम'' वाली भावना प्राप्त करते हैं। सामान्य रुचियों का विकास होता है और समूह सहयोग सीखा जाता है क्योंकि समूह सामान्य गतिविधियाँ सबके साथ मिलकर करता है। समूह के द्वारा बच्चों को नेतृत्व क्षमता विकास और सामाजिक सम्बन्ध बनाने का अवसर मिलता है तथा बच्चे को वृहद स्व-अभिव्यक्ति का अनुभव भी होता है। बच्चे के जीवन में समूह बहुत महत्वपूर्ण होता है और यह उसकी रुचियों आकांक्षाओं, गतिविधियों और नैतिक नियमों पर बहुत अधिक प्रभाव डालता है। सुझावों और मानक व्यवहारों के लिए परिवार के सदस्य और अन्य वयस्कों की ओर अब पहले की अपेक्षा कम ध्यान जाता है। समस्त मुद्दों में बच्चा अपने हम- उम्रों के निर्णय और राय के प्रति अत्यधिक संवेदनशील हो जाता है और उनके व्यवहारों और नियमों का विरोध करने का साहस नहीं रखता। इसके बावजूद भी, सुरक्षा के लिए बच्चे की वयस्कों पर निर्भरता इस समय में भी अति महत्वपूर्ण रहती है। निर्भरता से आत्मनिर्भरता की ओर अग्रसर होने की इस पूरी प्रक्रिया के दौरान, एक क्षण भी ऐसा नहीं होता जब घर से उसकी सहानुभूति और सुरक्षा की आवश्यकता पूर्णतयाः खत्म हो गई हो। इस पूरे समय के दौरान वह अक्सर वयस्कों के अनुमोदन और अपने हमजोलियों के आदर के लिए प्रयासरत रहता है। कभी-कभी वह अत्यधिक ऊर्जा के साथ मात्र इसलिए कोई ऐसा काम करने लगता है जो वयस्क द्वारा दिया गया कार्य हो लेकिन जिसकी उसके स्वयं के लिए कोई मूल्य अथवा सार्थकता नहीं है। लेकिन वयस्कों की दूसरी किसी मांग अथवा प्रार्थना पर वह केवल इसलिए विरोध प्रकट कर सकता है क्योंकि इससे उसके साथी उसका मज़ाक बना सकते हैं।

इस अवस्था की एक विचारणीय विशेषता लड़के और लड़कियों में आपसी विरोध की भावना है। लड़के अवसर मिलते ही लड़कियों को चिढ़ाने के लिए जाने जाते हैं।

लड़कों की कुछ विशिष्ट गतिविधियों में लड़कियों के शामिल होने का वह विरोध करते हैं और एक लड़की को ''जवानी'' कहा जाना उसके लिए एक शर्मनाक बात हो सकती है। यद्यपि लड़कियों की विरोध भावना इतनी मुखरित नहीं होती है और वह अपने मामलों में लड़कों को शामिल नहीं करना चाहती हैं वे उनके प्रति तिरस्कारपूर्ण प्रवृत्ति रखती हैं।

इस अवस्था में बच्चों की सामाजिक आवश्यकतायें स्वयं को बहुत मजबूती से दर्शाती हैं। यह आवश्यकताएं प्रेम, संबद्धता और प्रधानता की हैं। प्रेम और संबद्धता की आवश्यकता बच्चों में विभिन्न प्रकार से दिखलाई देती है। उनकी आवश्यकता होती है कि वह प्रेम करें ओर प्रेम पायें, उनकी इच्छा होती है कि वह पहचाने जायें, वह स्वयं की प्रतिष्ठा में बढ़ोतरी के अवसर देखते हैं, और सामाजिक आदर और समूह सदस्यता की खोज में रहते हैं। प्रधानता या नेतृत्व की आवश्यकता, स्वयं को मूलभूत रूप से समूह नेता बनने अथवा समूह की कम से कम एक गतिविधि को निर्देशित करने की इच्छा के रूप में सामने आती है।

बच्चे में अतिरिक्त विस्तार सामाजिक समझ के संदर्भ में होता है। बच्चा अब दूसरों के स्वभाव, भावनाओं और अहसासों के प्रति संवेदनशील होने के अतिरिक्त यह

भी समझने लगता है कि दूसरे लोग भी उनकी भावनाओं और विचारों को पढ़ सकते हैं। पहली बार, बच्चा सम्बन्धों को आदान-प्रदान के रूप में देखता है। वह अन्य लोगों की अभिप्रेरणाओं, भावनाओं और कार्यों को अधिक जटिल स्वरूप में समझने लगते हैं। बच्चे समझने लग जाते हैं कि कोई डरावना और उत्सुक दोनों हो सकता है अथवा कोई कुछ ऐसा कर सकता है जिसे करने में उसकी कोई इच्छा नहीं हो। इन सबसे यह समझ भी आने लगती है कि लोग अपनी वास्तविक भावनाओं अथवा विचारों को एक ''सामाजिक चेहरे'' के नकाब के पीछे छिपा लेते हैं। यह सब भिन्न भावनाओं की जागरूकता के साथ जुड़कर भविष्य के स्वरूप अंतःपारस्परिक सम्बन्धों की राह को प्रशस्त करता है।

अब तक, बच्चा सामाजिक संवाद के लिए आवश्यक व्यवहारों, निर्णय और तर्क क्षमता के विकास के लिए जरूरी मूलभूत नियमों और मानको को सीख जाता है। वह अपने समाज में प्रचलित मूल्यों और सामाजिक अभिवृत्तियों को सीख जाता है। अब उसने अपनी संस्कृति, नियमों और मानकों को सीख लिया है। वह भावनाओं के विस्तृत संग्रह को पहचान सकता है। दूसरे लोगों के विशेषताओं और गुणों को जिन्हें वह पसंद अथवा नापसंद करता है, उन्हें वह आधिकारिक रूप से अपने शब्दों में व्यक्त करने लगता है। दूसरों की तुलना में वह स्वयं के स्तर को पहचानने लगता है। अब वह जटिल सामाजिक गतिविधि में भागीदारी करने लगता है। सहयोग और प्रतियोगिता दोनों की ही सच्ची भावना को समझने लगता है। इस प्रकार से उसके सामाजिक क्षितिज का विस्तार होता है और वह मजबूती से सामाजिक परिपक्वता की ओर बढ़ने लगता है।

सामाजिक विकास और परिवार (Social Development and Family)

बच्चा जिस प्राथमिक और सबसे महत्वपूर्ण सामाजिक इकाई से सम्बन्ध रखता है वह परिवार है। परिवार तीन मूलभूत दायित्व निभाता हैः

1. शारीरिक और आर्थिक अस्तित्व को सुनिश्चित करना
2. स्वस्थ वैयक्तित्व विकास के लिए सामाजिक प्रयोगशाला प्रदान करना और
3. स्वतंत्र और मुक्त व्यक्ति बनाना।

हमारा ध्यान मुख्य रूप से दूसरे दायित्व पर है यद्यपि सभी कार्य, एक-दूसरे से किसी ना किसी अर्थ में जुड़े हुए हैं। परिवार बच्चे को उसकी जैविक और सामाजिक धरोहर प्रदान करता है। अपने अभिभावकों से उसे जैविक विरासत मिलती है जो उसकी क्षमताओं को निर्धारित करती है। कहा जा सकता है कि इन क्षमताओं का विकास उसके परिवेश का दायित्व है। उसकी सामाजिक धरोहर कई पीढ़ियों की प्रथाओं, विश्वासों और अभिवृत्तियों के समूह से मिलकर बनती है। उसका परिवार उसे इसके अतिरिक्त सामाजिक भूमिकायें, आदर्श, आकांक्षाएं और व्यवहार शैली प्रदान करता है। यह सब एक साथ मिलकर उसके अंदर ''सामाजिक व्यक्तित्व'' की छवि का निर्माण करते हैं। परिवार से यह अपेक्षा की जाती है कि वह बच्चों को मिलने वाले विविध अनुभवों के माध्यम से, कुछ-कुछ विशिष्ट गुण सिखायें जैसे कि, स्वतंत्रता, प्रेम और स्नेह का आदान प्रदान, स्व-निर्भरता, बांटना, बलिदान, अन्यों के प्रति सम्मान और भावनाओं की उचित अभिव्यक्ति, जो उसे बाद के जीवन में स्वस्थ सम्बन्धों और स्वस्थ सामाजिक मूल्यों और अभिवृत्तियों के निर्माण में मदद करेंगे। दूसरे शब्दों में सामाजिक विकास का शुरुआती प्रशिक्षण बच्चों को सामाजिक शिक्षा के प्रति चैतन्य किये बिना घर से मिलना चाहिए।

प्रत्येक घर, सामाजिकरण और सांस्कृतिकरण की प्रक्रियाओं के माध्यम से और बच्चे के पालन-पोषण व्यवहारों की प्रकृति के द्वारा बच्चे को सामाजिक विकास के लिए उत्प्रेरक प्रदान करता है। इसके अतिरिक्त, घर बच्चों के समक्ष अंतः पारस्परिक सम्बन्धों के विस्तृत अनुभवों का भी प्रदर्शन करता है अर्थात् वह सम्बन्ध जो अभिभावकों, अभिभावक बच्चों, और भाई-बहनों के बीच है—इन सबका बच्चे के सामाजिक विकास पर प्रभाव पड़ता है। इसके साथ ही परिवार की स्वयं की प्रकृति, उसकी आर्थिक और सामाजिक स्थिति और परिवार के सदस्यों की संख्या भी बच्चों के सामाजिक विश्वासों, अभिवृत्तियों और व्यवहार को प्रभावित करते हैं। अब हम इन सब कारकों पर एक-एक करके चर्चा करते हैं।

अभिभावक-अभिभावक सम्बन्ध (*Parent-parent Relationships*)

यद्यपि अनुसंधान से अभिभावक सम्बन्ध पर कोई एक ऐसा विशिष्ट परिणाम प्राप्त नहीं हुआ है जो दर्शाये कि सामाजिक विकास में सुकारक (facilitator) आदर्श प्रकार का अभिभावक-अभिभावक सम्बन्ध कैसा होना चाहिए, फिर भी प्राथमिक शाला बालक के सम्बन्ध में यही कहा जा सकता है कि जो बच्चा ऐसे घर में पलता बढ़ता है जहाँ अभिभावक एक-दूसरे के साथ अपने सम्बन्धों में प्रेम, स्वीकृति और साझेदारी का आदर्श प्रदान करते हैं, उसका लाभ तो होता ही है। एक बात और कि इस उम्र के बच्चे अधि ाकांशतः अपने अभिभावकों से अपनी पहचान पाते हैं और व्यवहार में अभिभावक शैली की नकल करते हैं। इसके अतिरिक्त, वह बच्चा जिसे प्रेम और समरसता की आदत हो गई हो वह हमेशा इसे बनाये रखने का प्रयत्न करेगा। साझेदारी, आपसी परवाह और प्रेम की अभिवृत्तियाँ स्वस्थ अंतः पारस्परिक सम्बन्धों का केन्द्र बनाती हैं जो कि सामाजिक विकास का आधार है और वह घर-परिवार जहाँ अभिभावकों का सम्बन्ध समरसतापूर्ण (Harmonious) होता है वहाँ बच्चों में इनके विकास की संभावना अधिक होती है।

ऐसे घर-परिवारों में जहाँ निरन्तर दोषारोपण, चीखना-चिल्लाना, लड़ाई-झगड़ा और अभिभावकों में शारीरिक हिंसा होती है वहाँ बच्चों में असुरक्षा और आत्मविश्वासहीनता के अहसास की भावना के प्रबल होने की संभावना होती है। बच्चे विवाद के प्रति अतिसंवेदनशील होते हैं और हिंसा एवं झगड़े से सरलता से भयभीत हो जाते हैं। इसके अतिरिक्त ऐसे घरों में प्रेम, स्नेह, जुड़ाव और गरिमा, संबंधित बच्चे की सामाजिक आवश्यकताओं की पूर्ति की संभावना ना के बराबर होती है। परिणामस्वरूप, बच्चे, छेड़छाड़, बहसबाजी, दादागिरी, संकोच इत्यादि के नकारात्मक व्यवहारों को शायद अपना लेते हैं, जो मित्र बनाने की ओर दूसरों के साथ जुड़ जाने की उनकी क्षमता में अत्यधिक बाधा उत्पन्न करती है। इन बच्चों में समाज के प्रति निराशावादी अभिवृत्ति भी पैदा होने की संभावना होती है।

बहुत से घर ऐसे होते हैं जहाँ मृत्यु, तलाक अथवा अलगाव के कारण केवल एक ही अभिभावक होता है। यह अभिभावक फिर चाहे आदमी अथवा औरत हो, उससे अपेक्षा होती है कि प्यार में संपूर्ण अभिभावकीय भूमिका निभायेगा। स्मरणीय तथ्य है कि एकल अभिभावक के लिए दोनों अभिभावकों की भूमिका निभाना सरल कार्य नहीं है। लेकिन सच्चाई यह भी है कि एक बच्चे के लिए खुशी और संवेदनशील एकल अभिभावक घर, उस परिवेश से ज्यादा सुरक्षित है जहाँ दो अभिभावकों के बीच द्वंद्व

और तनाव रहता हो। बहुत से ऐसे बच्चे जो एकल अभिभावक घरों में पले-बढ़े हैं वह ज्यादा अच्छी तरह से समायोजित होते हैं और अच्छे मानसिक स्वास्थ्य का आनंद लेते हैं। इसके ठीक विपरीत अधिकांशतः यह भी देखा गया है कि दो अभिभावक वाले बच्चे कुसमायोजित पाये गये हैं। इस प्रकार से एकल अभिभावक घरों का बच्चों के विकास पर प्रभाव के बारे में कोई एक कारण नहीं दिया जा सकता है। उस संवाद की गुणवत्ता जो बच्चे की अपने अभिभावक के साथ होती है वही अधिकांशतः निर्धारित करती है कि बच्चा दोस्ती और भविष्य के सम्बन्धों को कैसे देखता है और यह उसकी सामाजिक अभिवृत्तियों और मूल्यों का निर्धारण भी करती है। अभिभावकों का सम्बन्ध महत्वपूर्ण है क्योंकि यह घर का वातावरण निर्धारित करता है और भावी सम्बन्धों और दोस्ती के बारे में बच्चे के दृष्टिकोण और विश्वासों को भी प्रभावित करता है। यह सीखने के लिए भी आदर्श प्रदान करता है।

अभिभावक-बच्चे का सम्बन्ध (*Parent-child Relationships*)

बच्चे के विकास के सभी क्षेत्रों में अभिभावक का बच्चे से सम्बन्ध अत्यधिक महत्वपूर्ण है। सामाजिक आयाम में भी, बच्चे द्वारा अपनाये सामाजिक कौशल, उसके विश्वास और अभिवृत्तियाँ, उसके द्वारा की गई दोस्ती की प्रकृति और प्रकार यह सब उस संवाद से प्रभावित होते हैं जो बच्चे का अपने अभिभावक के साथ होता है। अन्ततोगत्वा, यह अभिभावक ही होते हैं जो बच्चे की प्यार, स्नेह और स्वीकृति की अधिकांश आवश्यकताओं की संतुष्टि करते हैं और उसे आदर्श सम्बन्धों और दोस्ती के बारे में सलाह और मार्गदर्शन देते हैं। यह अभिभावक ही हैं जो अपने नेतृत्व क्षमता और अन्य अवसरों के माध्यम से, अपने बच्चों में सामाजिक समझ और सामाजिक रूप से वांछनीय गुणों को आत्मसात करने में मदद करते हैं।

यद्यपि बहुत सटीक प्रतिनिधित्व नमूनों पर अत्यधिक गहन अनुसंधान करने पर भी केवल अधिकांशतः सर्वमान्य तथ्यों का निर्धारण किया ही जा सका है, क्योंकि नेतृत्व या प्रतिनिधित्व की परिस्थितियाँ और प्रकृति एक से दूसरी संस्कृति में भिन्न हो जाती हैं। वह अभिभावक जो सख्त और अधिकारवादी होते हैं, उनके बच्चों में अनुशासन और नियंत्रण की अति संवेदनशीलता होने की संभावना होती है। लोकतांत्रिक अभिभावक अर्थात् वह जो अपने बच्चों की भावनाओं और इच्छाओं का ध्यान रखते हैं लेकिन फिर भी काफी हद तक नियंत्रण और निर्णय लेने का अधिकार अपने पास रखते हैं, संभावना है कि उनके बच्चे अपने विचारों और विश्वासों में ईमानदार, अपने सम्बन्धों में स्पष्टतावादी, ऐसे व्यक्ति बने जो अपनी भावनाओं को उचित रूप से अभिव्यक्त कर पायें, सामाजिक कौशलों और नियम-कानूनों को समझें और जिनमें दूसरों के लिए सामाजिक दायित्वबोध और चिंता का भाव हो। यह भी संभव है कि उदासीन अभिभावक ऐसे बच्चे पैदा करें, जिनके विचार, अंतः परस्पर सम्बन्धों के बारे में स्पष्ट न हों, परन्तु संभावना है कि यह बच्चे बहुत स्वतंत्र और आत्मनिर्भर हों।

हमारी संस्कृति में अभिभावक बच्चे का सम्बन्ध बहुत महत्वपूर्ण है, लेकिन बच्चे के विकास की राह निर्धारण में माँ-बच्चे का सम्बन्ध विशेषरूप से निर्णायक है। विशेषकर, आरम्भिक वर्षों में बच्चे अपनी जैविक और भावनात्मक आवश्यकताओं की संतुष्टि के लिए माँ पर अत्यधिक रूप से निर्भर रहते हैं। सच्चाई यह है कि माँ का मुख्य कार्य है कि

वह अपने बच्चे की स्वीकृति और सुरक्षा का ऐसा वातावरण प्रदान करे कि उसका बच्चा खुलकर रोमांच, नित-नूतन प्रयोगों और जीवनभर इस आश्वासन के साथ जी सके कि यदि कुछ गलत हो जायेगा तो भी उसकी माँ उसकी सुरक्षा और उसे प्यार देने के लिए उसके साथ रहेगी। यदि माँ-बच्चे के सम्बन्धों में यह मूलभूत आश्वासन उपलब्ध रहता है तो बच्चे में अंतः परस्पर सम्बन्धों के बारे में सकारात्मक भावनायें विकसित होती हैं और वह स्वस्थ सामाजिक विकास भी प्राप्त करता है। यद्यपि माँ-बच्चे के सम्बन्ध में माँ का अति सुरक्षात्मक, अति अधिकारपूर्ण और अति चिंतित होना जैसे खतरे भी हैं। अति सुरक्षावादी मातायें अपने बच्चों को बहुत ज्यादा नाजुक बना देती हैं। बच्चे को उस सबसे बचा कर रखा जाता है जिसमें खतरे का भावी स्त्रोत दिखाई देता है। ऐसे बच्चे सीखने और जांच-पड़ताल की स्वाभाविक इच्छा खो बैठते हैं। वह डरपोक बन जाते हैं और सरलता से घबरा जाने वाले होते हैं। वह अपने दोस्तों और कक्षा साथियों से सामान्य रूप से बातचीत नहीं कर पाते हैं क्योंकि अपनी अति-सुरक्षा के कारण उनमें आदान-प्रदान, साझेदारी, प्रतियोगिता और सहयोग के आवश्यक सामाजिक कौशलों का विकास नहीं हो पाता है। इसके अतिरिक्त वह जीवन के सामान्य खतरों का सामना करने में अथवा स्वतंत्रता और आत्मनिर्भरता के किसी अहसास के विकास में सक्षम नहीं होते हैं।

एक ऐसा बच्चा जो पूर्णतः अपनी माँ के साथ बंधा है, संभावना है कि उसमें हीनता का भाव पैदा हो जाये और वह इस भाव को छिपाने के लिए बनावटी साहस से भरा-पूरा व्यवहार करे। इस प्रकार के बालक इस प्रकिया में कई बेवकूफी भरी हरकतें कर सकते हैं।

कुछ माताएं अति अधिकारवादी होने के कारण अपने बच्चे के लिए सब कुछ करना चाहती हैं। साधारणतः, इस तरह के प्यार में बच्चा फलता फूलता नहीं है। सामाजिक रूप से बच्चा संकोची और एकांतप्रिय बन सकता है जो स्वतंत्र रूप से मेलजोल ना कर सके, हमेशा अपनी माँ से डरा रहे और जिसमें स्वतंत्रता और आत्मनिर्भरता का अभाव हो। वह स्वयं की देखभाल अथवा अपने आप से कुछ भी करने में अक्षम होगा।

कुछ माताएं अति चिंतनशील होती हैं जो सदैव चिंता करती रहती हैं कि बच्चे को ठंड लग जायेगी, खतरा है, दूसरे बच्चे उसे पीटेंगे, शिक्षक डांटेगा इत्यादि। इस प्रकार के बच्चे में भय, डरपोक और सम्बन्धों का सामना करने की क्षमता का अभाव होने की संभावना होती है। वह शायद सामाजिक रूप से अकेले और अलग-थलग होते हैं और उनमें खराब समायोजन कौशल होते हैं।

इस प्रकार से, माँ और बच्चे के बीच का सम्बन्ध अधिक प्रभावशाली होता है कि बच्चा कैसे गुणों, क्षमताओं, कौशलों और अभिवृत्तियों को ग्रहण करेगा और इससे उसके सामाजिक विकास की राह का भी निर्धारण होता है।

सगे बहन-भाइयों का सम्बन्ध *(Sibling Relationships)*

जो बच्चे अपने भाई-बहनों के साथ बड़े हुए हैं, उनके सामाजिक विकास स्वस्थ होने की संभावना अधिक होती है क्योंकि वह बहुत सी अच्छी सामाजिक विशेषताओं (गुणों) को उनके साथ संवाद व व्यवहार से सीख जाते हैं। प्रेम का आदान-प्रदान, बाँटना, कुर्बानी, आपसी विश्वास, दूसरों का आदर, खेल भावना, सहयोग, प्रतियोगिता में प्रतिभागिता का सामना और सामाजिक समझ इत्यादि कुछ विशेषतायें भाई-बहनों के साथ सम्बन्ध

से प्राप्त की जा सकती हैं। इसके अतिरिक्त सगे भाई-बहन नकारात्मक भावनाओं और प्रतिकूलता को बाहर निकालने की व्यवस्था के रूप में भी कार्य करते हैं।

अन्य पारिवारिक सामाजिक मुद्दे ***(Other Social Familial Issues)***

अन्य मुद्दे, जैसे कि क्या संयुक्त अथवा एकल परिवार बच्चे के सामाजिक विकास में ज़्यादा मददगार होते हैं अथवा क्या घर से बाहर कार्यरत महिलाओं के बच्चे घर में रहने वाली महिलाओं के बच्चों की तुलना में सामाजिक रूप से ज्यादा परिपक्व और विकसित होते हैं, इत्यादि बड़ी बहस का मुद्दा हैं। जो चीज यहाँ बहुत महत्वपूर्ण प्रतीत होती है वह है, बच्चे को मिलने वाले अनुभवों और व्यवहार की गुणवत्ता। घर से बाहर कार्यरत महिलायें बच्चों को बहुत स्नेहमयी और प्रेम से परिपूर्ण सम्बन्ध प्रदान करती हैं। दूसरी ओर घर के बाहर काम ना करने वाली माताएं अन्य तरह के अस्तित्व सम्बन्धी दबावों के कारण अक्सर अपने बच्चों से रूखा व्यवहार करती हैं। यद्यपि संयुक्त परिवार बच्चों को सम्बन्धों के बारे में विस्तृत अनुभव प्रदान करते हैं और उन्हें अनगिनत समूह मूल्य भी सिखाते हैं, फिर भी वह बच्चे के विकास पर नकारात्मक असर डाल सकते हैं। यदि परिवार के सदस्यों के बीच में आपसी तनाव, लड़ाई-झगड़े, अविश्वास इत्यादि का माहौल हो। मूलभूत रूप से बच्चे को स्वस्थ अभिवृत्ति और मूल्यों का अनुभव चाहिए होता है। फिर वह चाहे संयुक्त अथवा एक परिवार हो अथवा घर के बाहर काम करने वाली या घर में रहने वाली माता।

बच्चे की आर्थिक पृष्ठभूमि और सामाजिक स्तर भी उसके सामाजिक विकास को प्रभावित करते हैं क्योंकि यह निर्धारित करने में कि बच्चों की सामाजिक आवश्यकताओं की पूर्ति कैसे होगी, यह महत्वपूर्ण कारक हैं और दूसरा यह है कि बच्चे किस प्रकार से और किस गुणवत्ता के सामाजिक कौशल प्राप्त करेंगे।

विद्यालय और सामाजिक विकास (School and Social Development)

बच्चों में घर से अलग सामाजिक सांस्कृतिक धरोहर के स्थानांतरण के लिए, विद्यालय सबसे महत्वपूर्ण संस्था है। विद्यालय परिवार को स्थानांतरित करता है जहाँ बच्चे अत्यावश्यक अभिवृत्तियाँ, जीवन की मूलभूत आदतों में और बचपन के समस्त वर्षों के दौरान उन सांस्कृतिक व्यवहारों के अनुवादक अथवा व्याख्याकार के रूप में कार्य करते हैं, जिनसे बच्चों का सामना बाहर के साथ-साथ घर में भी होता है। विद्यालय के दो मूलभूत कार्य शिक्षा अथवा समाज में प्रभावी रूप से अपना अस्तित्व बनाये रखने के लिए बच्चों का प्रशिक्षण, और सामाजीकरण होते हैं। जहाँ तक शिक्षा का विषय है, सांस्कृतिक धरोहर के उन आयामों के अनुवाद अथवा विश्लेषण अथवा व्याख्या और प्रसारण की मुख्य जिम्मेदारी को विद्यालय स्वीकार करता है जिन्हें "विद्यालयी विषयों" जैसे कि इतिहास, विज्ञान इत्यादि के रूप में औपचारिक रंग-रूप दिया गया है। वास्तव में, शिक्षा के इस सामाजिक कार्य को, विद्यालयों की पाठ्यचर्या में ना केवल शैक्षणिक आवश्यकता के खंडों के रूप में बल्कि हमारे समाज और संस्कृति के मुख्य विश्वासों, मूल्यों, अभिवृत्तियों और व्यवहारों से संबंधित शैक्षणिक अवसरों के क्षेत्र के रूप में भी देखा जाता है। इस प्रकार से, पाठ्यचर्या सहगामी गतिविधियों की संरचनात्मक व्यवस्था शैक्षणिक अधिगम की विषयवस्तु और पाठ्यचर्या के माध्यम से बच्चे ना केवल बौद्धिक ज्ञान और कौशलों को प्राप्त करते हैं बल्कि वह उस समाज को भी समझने की कोशिश

करते है जिसमें वह रहते हैं। वह स्वीकृत सामाजिक नियमों एवं मूल्यों, विश्वासों और अभिवृत्तियों को प्राप्त करते हैं।

विद्यालय के लिए सामाजीकरण का कार्य अधिक मुश्किल है। घर की सामाजिक व्यवस्था, चाहे वह बाल-अथवा वयस्क केन्द्रित हो, बच्चे को लगभग निष्क्रिय और निर्भरता वाली स्थिति में रखती है। यद्यपि विद्यालय में ऐसा नहीं होता है। जब बच्चा विद्यालय जाना शुरू करता है तो वह पहली बार एक ऐसी सामाजिक व्यवस्था का सदस्य होता है, जहाँ भागीदारी, भूमिकाएँ और स्तर का निर्धारण अधिकांशतः अन्य सदस्यों द्वारा किया जाता है। यह एक ऐसी व्यवस्था है, जिससे वह सप्ताह के प्रत्येक दिनों और निश्चित अवधि के दौरान बच नहीं सकता। उसके लिए यह उस सामाजिक व्यवस्था के समकक्ष है जिसका उसके अभिभावक और शिक्षक अपने दिन-प्रतिदिन के जीवन में सामना करते हैं। यह एक ऐसी सामाजिक व्यवस्था है जो उसे सामाजिक ज्ञान और कौशलों से परिपूर्ण करेगी और उसे स्वस्थ अभिवृत्तियाँ और मूल्य सिखायेगी।

यद्यपि विद्यालय में बच्चे अपनी सामाजिक प्रोत्साहन और कुशलताओं में बहुत सी विविधता लिए हुए आते हैं जो उनके घर के शुरुआती अनुभवों पर निर्भर होती है। फिर भी, इनमें से अधिकांश खेल साथियों को ढूँढ़ने और मित्रता करने की इच्छा लिए विद्यालय आते हैं। यह विशेषतः उन बच्चों के लिए सच है जो अभिभावकों के साथ अपने भावनात्मक सम्बन्धों में पर्याप्त सुरक्षित हैं साथ ही उनके लिए भी जो बच्चे ''जाने दो'', की भावना, नये सम्बन्धों की स्थापना में स्वतंत्रता और उन नये अनुभवों का आनंद उठाने में कोई हिचक महसूस नहीं करते हैं। विद्यालय जो भी मदद कर सकता है वह मुख्यतः उन दो प्रकार के सम्बन्धों से उपजती है, जो विद्यालय में दिखाई देते हैं—पहला, अपनी कक्षा के प्रत्येक बच्चे के साथ शिक्षक के सम्बन्ध और दूसरा, कक्षा-कक्ष में एक-दूसरे के साथ बच्चों का सम्बन्ध। आरंभिक प्राथमिक विद्यालयी वर्षों के दौरान शिक्षक की सामाजिक भूमिका विशेषतः अभिभावकों की कमी पूर्ति करने वाली होती है। शिक्षक को इस दौरान बच्चों को स्नेह और भावनात्मक सहयोग देना होता है। इस भावनात्मक सम्बन्ध का प्रयोग वह बच्चों को व्यवहार के विशिष्ट तरीकों की ओर निर्देशित करने में मदद करने वाले प्रोत्साहन के रूप में करते हैं। शिक्षक को सभी बच्चों तक स्वीकृति पहुँचानी होती है, और उनकी वैयक्तिक विशेषताओं और गुणों को स्वीकारना होता है, साथ ही उन सभी में सांझी भावना, एकता, समरसता और समूह कार्य में विश्वास की प्रतिपुष्टि भी करनी होती है। बच्चों के साथ भावनात्मक रूप से होने के बावजूद शिक्षक को पर्याप्त सामाजिक दूरी बनाये रखनी होती है। साथ ही अपने स्तर का उपयोग कर बच्चों की ऊर्जा को अपने हमउम्र साथियों के साथ आधिकारिक और संतोषप्रद संपर्क हेतु दिशा निर्देशित भी करना होता है। बच्चों के साथ भावनात्मक रूप से नजदीकी बहुत से शिक्षकों के लिए संतोषदायक होती है लेकिन यह महत्वपूर्ण है कि इस सम्बन्ध का उपयोग बच्चे की स्वतंत्रता और सामाजिक वृद्धि के प्रोत्साहन हेतु ही किया जाये।

यह सर्वविदित है कि शिक्षक की मुख्य भूमिका एक सुकारक की होती है जो बच्चों को उनके आसपास के संसार की जानकारी प्राप्त करने में मदद करता है। सामाजिक संदर्भ में उसका अर्थ यह है कि शिक्षक अपने छात्रों को मानव सम्बन्धों के बारे में जानकारी और सुझाव दे सकता है, उनको प्रथाओं, वेशभूषा, तौर-तरीकों पर निर्देश दे सकता है, एवं अन्य लोगों के रीति-रिवाज सीखने में मदद कर रुचि एवं स्वीकृति की अभिवृत्ति को प्रोत्साहित

कर सकता है। इसमें से कुछ प्रत्यक्ष अनुदेशन से प्राप्त किया जा सकता है, लेकिन बहुत कुछ सभी प्रकार के लोगों की ओर अपने स्वयं के व्यवहार और अभिवृत्ति से भी जाना जा सकता है। बच्चे की कार्य समय सारिणी में अनुभव प्रदान करके और इनाम व दंड की व्यवस्था के माध्यम से शिक्षक के द्वारा बच्चों को स्वस्थ सामाजिक मूल्य एवं व्यवहार भी सिखाने पड़ते हैं और अपने बच्चों में स्वस्थ सामाजिक गुण जैसे कि एकता, खेल भावना, बाँटना, सहयोग, आदर और साथी भावना का पोषण भी करना पड़ता है।

प्रत्येक कक्षा-कक्ष में समूहों और उपसमूहों की विविधता होती है। जहाँ पर कुछ लोकप्रिय और कुछ अलोकप्रिय बच्चे होते हैं। इनमें से कुछ नेता एवं निर्भीक हैं तो कुछ शर्मीले एवं डरपोक हैं। कुछ सामाजिक रूप से प्रसिद्ध तो कुछ एकाकी हैं। शिक्षक को अपनी कक्षा के बच्चों के साथ व्यवहार करते हुए अपने कक्षा-कक्ष के सामाजिक सम्बन्धों को भी समझना होता है। व्यवस्थित तरीकों का प्रयोग कर, उसे सुनिश्चित करना होता है कि नेता अपनी ही चलाने वाले ना हों, अलग-थलग रहने वाले सबसे थोड़ा मिले-जुले, उग्रता वाले, थोड़ा शांत हो जायें इत्यादि। कक्षा-कक्ष में बालकों के परस्पर व्यवहार का उपयोग कर उसे प्रत्येक बच्चे की मदद करनी है जिससे उसे स्वीकृति एवं जुड़ाव का अहसास हो और उसमें अनुमोदन का भाव आये।

शिक्षक को यह भी जानना होगा कि शैक्षणिक अधिगम अनुभव का योगदान सामाजिक अधिगम में भी होना चाहिए। अधिकतम सामाजिक लाभ प्राप्त करने के लिए शैक्षणिक परिस्थितियों को व्यवस्थित करने से सामान्य पाठ्यपुस्तक अधिगम से ध्यान नहीं भटकता अपितु उसमें वृद्धि ही होती है। कक्षा चर्चा विद्यार्थियों को अपने विचारों और समझ साझा करने में मदद करती है। परंतु यह अत्यावश्यक है कि चर्चाएं निर्देशित अभ्यास हों और यह मात्र शब्द-खेल बनकर ना रह जायें। पहली बात, कुछ बच्चे अपनी योग्यता तथा चारित्रिक शक्ति के कारण चर्चा का अधिग्रहण कर लें। दूसरी बात प्रत्येक कक्षा में उपसमूह, समूह और अकेले रह जाने वाले बच्चे भी होते हैं, और यह भी महत्वपूर्ण है कि उनकी भी संतुलित भागीदारी सुनिश्चित हो। कुछ काम किया की भावना आनी चाहिए अथवा परिणाम खीझ व हताशा होगा। तत्पश्चात आलोचना, चर्चा को व्यर्थ कर देगी एवं बहुत कम मूल्यांकन इसे अर्थहीन बना देगा।

कुछ विषयों अथवा कार्ययोजनाओं के लिए बड़े समूह एवं छोटे समूह बनाये जा सकते हैं। शायद यह उपलब्ध युग्मों के उपयोग का, अलग-थलग बच्चों को सम्मिलित करने का अथवा नये समूहों की संरचना के प्रयत्न का एक अवसर होगा। समितियाँ भी इसी प्रयोजन को सिद्ध करती हैं। यद्यपि यह याद रखना जरूरी है कि समूह कार्य हमेशा वांछनीय नहीं होता है। रचनात्मक और गहन-गंभीर कार्यों के लिए वैयक्तिक प्रयासों की भी आवश्यकता होती है। वैयक्तिक अध्ययन और सामूहिक प्रयास में स्वस्थ संतुलन से ही बहुत प्रभावी शैक्षणिक और सामाजिक अधिगम का जन्म होगा।

समकक्ष समूह और सामाजिक विकास (Peer Group and Social Development)

बच्चा जब परिवारिक वृत्त से बाहर निकलता है और अपने समकक्ष हमउम्रों के संसार में प्रवेश करता है तो वह उनसे अधिक संतोष प्राप्त करना सीखता है। उसके लिए दोस्त बनाना और समरसतापूर्ण सम्बन्धों का आनन्द उठाने के तरीके सीखना आवश्यक है।

अब बच्चा हमउम्र समूह का सदस्य है। वास्तव में, हमउम्र समूह, लगभग समान उम्र वाले बच्चों का एक साथ होना, और एक साथ होने का अहसास और काम करना है। हमउम्र समूह को हम, आम बोलचाल की भाषा के कई नामों जैसे कि गैंग, जोड़ियाँ, झुंड इत्यादि के नाम से भी जानते हैं।

किंडरगार्डन के बाद से ही बच्चे का जो दृश्य उभरता है वह अपने हमजोलियों में लगातार बढ़ती रुचि और निर्भरता का है। अभिभावक और शिक्षकों का महत्व भी रहता है लेकिन बढ़ते वर्षों में ज्यादा से ज्यादा सहयोग और संतोष अपने हमउम्रों में खोजा जाता है। हमउम्र समूह अब एक साथ खेलने, कोई मॉडल बनाने अथवा बैडमिंटन का खेल, मात्र से कहीं ज्यादा हो जाता है। उम्र के साथ जैसे हमउम्र समूहों का महत्व बढ़ जाता है, उनके कार्यों का भी विस्तार हो जाता है। सामान्यतः बच्चे अपने परिवार के मूल्यों और मानकों को स्वीकार कर विद्यालय में आते हैं। धीरे-धीरे उनका समूह, परिवार का स्थान लेने लगता है। अब वेशभूषा, भाषा, कार्यों और मूल्यों के संदर्भ में बच्चा पूर्णतः निर्देशित होता है कि उसके हमउम्र क्या सोचते और मानते हैं। वास्तव में, हमउम्र समूह का प्रभाव चारों ओर होता है। अक्सर घर और हमउम्र समूह के मूल्यों में आपसी द्वंद्व चलता रहता है। जब तक यह द्वंद्व सुलझ नहीं जाता तब तक बच्चे के लिए भावनात्मक रूप से कष्टदायी समय होता है।

स्मरणीय है कि अधिकांश बालकों में हमउम्र समूहों की स्वीकृति की आवश्यकता बहुत अधिक होती है और इस आवश्यकता की पूर्ति के तौर-तरीकों से शायद व्यवहार के अन्य क्षेत्रों में कष्ट और द्वंद्व पैदा होता है। ऐसा विशेषकर उच्च प्राथमिक वर्षों में होता है।

यद्यपि हमउम्रों के साथ अच्छे सम्बन्धों की स्थापना की आवश्यकता और अवसर दोनों ही होते हैं, परन्तु प्राथमिक शाला के बच्चे इस प्रक्रिया में बहुत ऊर्जा लगाते हैं। शुरुआत में उनके सम्बन्ध अस्थायी और कम अवधि के होते हैं लेकिन कुछ समय बाद ही बच्चे के कई दोस्त बन जाते हैं। इन सम्बन्धों के बारे में चौंकाने वाली बात यह है कि यह सब एकल लिंग आधारित होती है। लड़के और लड़कियों में नजदीकियाँ विकसित नहीं होती हैं, यद्यपि वह शायद इकट्ठे खेलते हैं। यद्यपि, किशोरावस्था की प्रवृत्ति और उच्च प्राथमिक अवस्था के अंत के दौरान लिंग सम्बन्धी बोध की शुरुआत के कारण विपरीत लिंग के प्रति आकर्षण हो सकता है।

प्राथमिक शाला अवस्था के अंतिम दौर में बच्चे काफी मजबूती से किसी समूह के स्थायी सदस्य हो जाते हैं। हमउम्र समूह का जीवन बच्चे को सामाजिक व्यवहारों का विस्तृत क्षेत्र प्रदान करता है। कुछ सामाजिक समायोजना को सुकारक बनाते हैं, कुछ इनके साथ हस्तक्षेप करते हैं। संपूर्ण दृष्टिकोण यह है कि हमउम्र समाज वयस्क समाज का ही एक छोटा रूप है और यह बच्चों को भावी सामाजिक विकास के लिए अच्छा प्रशिक्षण प्रदान करता है। बच्चा अच्छी खेल भावना, अन्यों के लिए सहानुभूति और संवेदनशीलता सीखता है और सामाजिक ज्ञान भी प्राप्त करता है। उसमें निष्ठा, एकता ओर सहनशीलता की अभिवृत्ति का विकास होता है और साझेदारी में विश्वास आता है। वह अपने व्यवहार में निर्णय लेने का विवेक और भावनात्मक अभिव्यक्ति के उचित तरीके सीखता है। यह सब सामाजिक विकास को अत्यधिक सुकारक बनाता है।

मीडिया (संचार के साधन) और सामाजिक विकास (Media and Social Development)

बच्चों के सामाजिक विकास में मीडिया का भी बहुत महत्वपूर्ण दायित्व है। टेलीविज़न, बच्चों की फिल्में, श्रवण कैसेट्स, किताबें, अखबार और पत्रिकायें, सभी सामाजिक परिवेश (Social surroundings) के क्रम को प्रतिबिंबित करते हैं। मीडिया के माध्यम से बच्चे सामाजिक विश्वासों, मानकों और व्यवहारों का ज्ञान और अंतःदृष्टि प्राप्त करते हैं। उन्हें सामाजिक और सांस्कृतिक शैलियों के बारे में पता चलता है। विभिन्न प्रकार के लोगों, रिवाजों, भाषाओं, खान-पान की आदतों, धर्मों इत्यादि से उनका परिचय होता है। उनका ज्ञान बढ़ाने के अतिरिक्त यह उनके सामाजिक क्षितिज का भी विस्तार करता है। मीडिया, बच्चों में स्वीकार्य सामाजिक विश्वासों, अभिवृत्तियों और मूल्यों का भी प्रसारण करता है। प्रत्यक्ष और अप्रत्यक्ष रूप से मीडिया के माध्यम से पूर्वाग्रहों और गलत रीति-रिवाजों/व्यवहारों का भी संवाद हो जाता है। इस प्रकार से मीडिया सामाजिक विकास का एक महत्वपूर्ण प्रतिनिधि है। बच्चों के विकास पर टेलीविज़न का प्रभाव, अत्यधिक विवाद का मुद्दा बन गया है। इस पर चर्चा निष्कर्ष रूप में ही की जायेगी।

मनो-सामाजिक विकास के सिद्धांत (एरिक-एरिक्सन) (Theory of Psycho-social Development (Erik Erikson))

सामाजिक विकास के विभिन्न चरणों की व्याख्या एरिक-एरिक्सन ने "मनोवैज्ञानिक विकास" के अपने सिद्धांत में की है। एरिक-एरिक्सन एक आधुनिक मनोविश्लेषक थे जिनका दखल विकासात्मक मनोविज्ञान में था। युवा छात्र के रूप में उन्होंने फ्रायड के साथ काम किया और बाद के वर्षों में मनो-सामाजिक विकास के सिद्धांत का प्रस्ताव दिया। यह सिद्धांत सामाजिक संरचना/रूपरेखा में स्व-पहचान निर्माण और द्वंद्व सुलझाने से संबंधित है। यह सिद्धांत बच्चों और वयस्कों में सामाजिक-संवेदनात्मक विकास को समझने में भी हमारी मदद करता है।

एरिक्सन ने मानव विकास को आठ मनो-सामाजिक अवस्थाओं में प्रगति के रूप में देखा। इसका अर्थ यह है कि अपने जीवन की कुछ विशिष्ट अवधियों के दौरान, हम कुछ द्वंद्वों का सामना करते हैं। यह द्वंद्व समाज के अन्य व्यक्तियों के साथ संवाद के परिणामस्वरूप पैदा होते हैं। सामाजिक और सांस्कृतिक शक्तियाँ भी किसी व्यक्ति पर प्रभाव डालती हैं। इन सभी सामाजिक प्रभावों से अभिभावक, दोस्त, परिवार, समाज और संस्कृति से संवाद के तौर-तरीकों के परिणामस्वरूप बच्चे के व्यक्तित्व का विकास होता है। यह बच्चे के विकास की दिशा निर्धारित करते हैं। क्योंकि यह संवाद/व्यवहार किसी भी व्यक्ति के जीवनपर्यन्त जारी रहते हैं, इसीलिए एरिक्सन ने किसी व्यक्ति के संपूर्ण "जीवन काल" के महत्व पर बल दिया था। उन्होंने विकासात्मक जीवनकाल के दौरान आठ महत्वपूर्ण अवस्थाओं को पहचाना, जिन्हें आदमी की आठ अवस्थायों के नाम से जाना जाता है। सारिणी के रूप में इन्हें निम्न तरह से दर्शाया जा सकता हैः एरिक्सन द्वारा सुझाई आदमी की आठ अवस्थाएं निम्न हैं–

अवस्था 1 ***(Stage 1)***

मूलभूत विश्वास एवं अविश्वास (शैशवकाल) (Basic Trust vs. Mistrust : Infancy)

जीवन के प्रथम वर्ष में बच्चे के सामने पहला मुख्य द्वंद्व आता है। बच्चों में तो विश्वास

अथवा अविश्वास की मनोवृत्ति विकसित होती है। बच्चे के प्रथम वर्ष में उसकी देखभाल में संलिप्त अभिभावक और अन्य लोग ही निर्धारित करते हैं कि बच्चे में विश्वास अथवा अविश्वास विकसित होगा। यदि वह पोषक, प्रेमपूर्ण, स्नेहमयी और सहयोग की मनोवृत्ति से भरपूर वातावरण प्रदान करते हैं तो बच्चे में विश्वास की भावना विकसित होगी। यदि इस प्रकार की मनोवृत्ति का अभाव होगा तो बच्चों में अविश्वास की भावना का विकास होगा।

अवस्था	*स्वः द्वंद्व*	*जीवन काल अवस्था*
1.	मूलभूत विश्वास एवं अविश्वास	शैशवावस्था
2.	स्वायत्तता एवं शर्म अथवा संदेह	प्रारंभिक बचपन
3.	पहल एवं अपराधबोध	मध्य बचपन
4.	परिश्रम एवं हीनता	बचपन का अंतिम चरण
5.	पहचान एवं भूमिका भ्रम	किशोरावस्था
6.	आत्मीयता एवं एकाकीपन	आरंभिक वयस्कावस्था
7.	स्व नैतिकता एवं निराशा	वृद्धावस्था

अवस्था 2 *(Stage 2)*

स्वायत्तता एवं शर्म अथवा संदेह (1-3 वर्ष)

(Autonomy vs. Shame or Doubt : 1-3 years)

मूलभूत विश्वास की भावना की स्थापना के बाद आवश्यक है कि बच्चे में स्वायत्तता का विकास हो जिससे स्वस्थ ''स्व'' और व्यक्तित्व के विकास की निरंतरता बनी रहें। यह द्वितीय मनो-सामाजिक द्वंद्व (स्वायत्तता एवं शर्म अथवा संदेह) की शुरुआत है। जैसे बच्चों में मलमूत्र पर नियंत्रण आता है, उसमें आत्मनिर्भरता और कुछ हद तक स्व संपूर्णता की ओर भी स्वस्थ मनोवृत्ति का विकास होना चाहिए। यदि बच्चे को अहसास कराया जाये कि आत्मनिर्भरता का प्रयास गलत है तो उसमें शर्म और स्वयं पर संदेह का विकास होगा ना कि स्वायत्तता का। बच्चों में स्वयायत्तता (Autonomy) का विकास तब आरम्भ हो जाता है जब उन्हें कार्यों में दक्षता अथवा स्वयं से कार्य करना सिखाया जाता है। इससे उन्हें यह सीख मिलती है कि वे महत्वपूर्ण हैं और अपने वातावरण को अपनी तरह से व्यवस्थित कर सकते हैं। एरिक्सन का विश्वास था कि वह बच्चे जिन्हें आत्मविश्वास के विकास के लिए प्रेरित नहीं किया जाता वह शायद अपनी योग्यताओं पर संदेह अथवा शर्मिन्दा होने लगते हैं।

अवस्था 3 *(Stage 3)*

पहल एवं अपराधबोध (3-5) वर्ष) (Initiative vs Guilt : 3-5 years)

तीन से पांच वर्ष की उम्र के वे बच्चे जिन्होंने विश्वास और स्वायत्तता की मनोवृत्ति विकसित कर ली है, स्वयं की गतिविधियों को आरम्भ कर सकते हैं। अब संभवतः वे स्वयं की गतिविधियों की शुरुआत कर सकते हैं। एरिक्सन का मानना था कि बच्चों

को ऐसा करने के लिए प्रोत्साहित किया जाना चाहिए। यदि ऐसा हो कि बच्चे ने जिन गतिविधियों की पहल की है वह सामाजिक नियमों अथवा व्यवहारों और अभिभावकों को चुनौती देती प्रतीत हों तो भी स्थिति को इस तरह से संभालना चाहिए, जिससे कि बच्चों में अपराधबोध अथवा उसकी भावनाओं को ठेस ना पहुँचे। अक्सर बच्चे टेलीविजन, कंप्यूटर, मोबाइल इत्यादि से खेलते हैं अथवा अपने खिलौनों के टुकड़े-टुकड़े कर देते हैं जिसके लिए अभिभावक उन्हें डांटने के लिए तैयार रहते हैं। इस पर, एरिक्सन कहते हैं कि ऐसा कम नुकसानदायक तरीके से करो। आप कोमलता के साथ दृढ़ रहो। इस प्रकार से बच्चे में अपनी कार्य योजना पर विश्वास पैदा होगा, बिना इस डर के कि वह जिस किसी चीज की भी शुरुआत करेगा वह पूरी तरह गलत ही होगी।

अवस्था 4 *(Stage 4)*

परिश्रम एवं हीनता (5-12 वर्ष) (Industry vs. Inferiority : 5-12 years)

इस अवस्था तक पहुँचने में सामान्य शाला की शुरुआत से मुख्य बल मिलता है। अब बच्चे का सामना पढ़ना सीखने, गणित के सवाल हल करने और अन्य विशिष्ट उत्पादकता संबंधी कौशलों यानी की उत्पादकता के माध्यम से अनुमोदन/प्रशंसा पाना आदि से होता है। इस प्रकार सरल शब्दों में इस समय का मुख्य कार्य कुशलताओं के उस संग्रह का विकास करना है जिसकी अपेक्षा समाज बच्चे से करता है। प्रत्यक्ष खतरा यह है कि बच्चा अगर किसी कारणवश अपेक्षित कुशलताओं का विकास नहीं कर पाया तो उसमें हीनता की भावना का विकास होने की संभावना है। एरिक्सन का विश्वास था कि इस समय में बच्चे को इस प्रकार से प्रोत्साहित करना चाहिए कि वह चीजों का उत्पादन करें और उस गतिविधि को पूरा करें जिसकी उन्होंने शुरुआत की है। इस अवस्था का प्राथमिक शाला के बालक की शिक्षा के लिए महत्वपूर्ण स्थान है। यहाँ शिक्षक की भूमिका का महत्व भी काफी बढ़ जाता है।

अवस्था 5 *(Stage 5)*

पहचान एवं भूमिका भ्रम (13-18 वर्ष)

(Identity vs. Role Confusion : 13-18 years)

पाँचवीं अवस्था किशोरावस्था के दौरान आती है। एरिक्सन बताते हैं कि इस समय में, वह किशोर जिनका अपने परिवार और स्वयं में मूलभूत विश्वास है, जो स्वायत्त हो सकते हैं और जो गतिविधियों की पहल करने में सहजता महसूस करने साथ ही परिश्रमी भी हैं, वही आगे आने वाली कठिनाई एवं भूमिका भ्रम को सुलझाने में सर्वाधिक सक्षम होते हैं। ''मैं कौन हूँ'' यह प्रश्न मुख्य चिंता का विषय बन जाता है। जरूरी है कि किशोर संसार के प्रति अपना दृष्टिकोण, आदर्श और पहचान के प्रति सचेत हो जाये जिससे वह मजबूती से, और बलपूर्वक स्थापित कर पाये कि वह कौन है।

अवस्था 6 *(Stage 6)*

आत्मीयता एवं एकाकीपन (आरम्भिक वयस्कता)

(Intimacy vs. Isolation : Early Adulthood)

प्रारंभिक वयस्कावस्था के दौरान, स्वस्थ व्यक्तित्व के विकास के लिए आवश्यक है कि मित्रों अथवा सहयोगियों और पति अथवा पत्नी के साथ घनिष्ठ अंतः पारस्परिक सम्बन्धों का निर्माण हो।

अवस्था 7 (Stage 7)

व्यापकता एवं निष्क्रियता (मध्य वयस्कता)

Generativity vs. Stagnation (Middle Adulthood)

इस संदर्भ में व्यापकता का अर्थ स्वयं के प्यार का विस्तार और अपने तात्कालिक समूह की चिंता से परे समाज और भावी-पीढ़ियों के बारे में सोचना और उन्हें शामिल करना है। एरिक्सन, अभिभावकपन में सक्रियता को व्यापकता प्राप्त करने के एक साधन के रूप में देखते हैं। लेकिन केवल यही एक तरीका/साधन नहीं है। अन्य तरीकों में परहित के आधार पर किसी संस्था, समूह अथवा व्यक्ति को कोई दिशा, सुझाव, देखभाल और पोषण प्रदान करना शामिल है। दूसरे रूप में निष्क्रियता, समाज अथवा भावी पीढ़ी की परवाह किये बिना केवल अपने स्वयं की भौतिक और साधन सम्बन्धी खुशहाली में खोये रहने की ओर इशारा करती है।

अवस्था 8 *(Stage 8)*

स्वनैतिकता एवं निराशा (वयस्कता का अंतिम चरण)

(Ego Integrity vs. Despair : Late Adulthood)

इस अंतिम अवस्था में स्वनैतिकता एवं निराशा का सम्बन्ध वयस्कावस्था के अंतिम पड़ाव से है। इस समय तक ऐसा कोई भी व्यक्ति जो पिछले मनोसामाजिक संकटों को सुलझाने में सफल रहा है, वह अपने जीवन के गुजरे वर्षों पर उपलब्धि और संतोषपूर्ण दृष्टि डाल सकेगा। अन्य लोग, जिन्होंने आत्म-केन्द्रित योजनाओं अथवा छुटे हुए अवसरों से भरा अर्थहीन एवं फलहीन जीवन व्यतीत किया है उनमें शायद निराशा की भावना प्रबल होगी।

एरिक्सन ने सावधान किया है कि इन मनोसामाजिक अवस्थाओं को द्वि-विभाजित (bifurcated) स्थितियों की तरह से नहीं देखना है। यह इस पार या उस पार वाली स्थितियाँ नहीं हैं। उदाहरण के लिए, एरिक्सन की यह अपेक्षा नहीं होगी कि कोई किशोर या तो पूर्णतया अपनी पहचान बना लेगा अथवा वह पूरी तरह से भूमिका भ्रम में रहेगा, लेकिन इसके अतिरिक्त वह दोनों के मध्य में नकारात्मक भूमिका भ्रम की बजाए पहचान निर्माण के सकारात्मक छोर की ओर अधिक झुका हुआ सा हो सकता है। इसी तरह से, कुछ निराशा सामान्य होगी और जो वयस्कावस्था के अंतिम चरण में स्वस्थ व्यक्तित्व विकास वाले व्यक्तियों के लिए भी स्वाभाविक सी बात हो सकती है।

सारांश (Summary)

1. सामाजिक विकास का सम्बन्ध कुशलताओं, मूल्यों और मनोवृत्तियों की प्राप्ति है जो सामाजिक कार्यकुशलताओं और स्वस्थ अंतः पारस्परिक सम्बन्धों के निर्माण में वृद्धि करती है।
2. बच्चे सामाजीकरण और सांस्कृतिकरण की प्रक्रिया के माध्यम से सामाजिक भूमिका सीखते हैं। सामाजिक विकास अनगिनत सामाजिक प्रतिनिधियों जैसे परिवार, विद्यालय, हमउम्र समूह, मीडिया इत्यादि के माध्यम से होता है।
3. जब बच्चा छोटा होता है, तो उस पर परिवार का महत्वपूर्ण प्रभाव पड़ता है। यद्यपि बच्चे के विद्यालय में प्रवेश करने पर हमउम्र समूह, बच्चे के व्यवहार और मनोवृत्ति को प्रभावित करने में अधिक महत्वपूर्ण बन जाता है।

4. बच्चों के लिए प्राथमिक शाला की उम्र "समूह उम्र" अथवा "झुंड उम्र" होती है। लगभग ग्यारह वर्ष के आसपास, बच्चे उस समाज के सामाजिक और नैतिक मानकों को सीख लेते हैं जिससे वह संबंधित होते हैं।
5. आरंभिक प्राथमिक वर्षों में, बच्चों में सरलता से लड़ जाने, लड़ाई करने की प्रवृत्ति होती है और उनकी मित्रता अस्थायी और परिवर्तनशील होती हैं। उनकी सामाजिक समझ भी उनके ज्ञान और बोध की ही तरह सीमित होती है।
6. प्राथमिक वर्षों के अंतिम चरण की विशेषता तीव्र सामाजिक विकास है। सामाजिक क्षितिज का विस्तार, सामाजिक ज्ञान और कौशलों में सुधार लाता है। सामाजिक बोध और समझदारी भी अधिक परिपक्व हो जाती है। यह वास्तविक "समूह" उम्र है।
7. बच्चे पर परिवार का महत्वपूर्ण प्रभाव पड़ता है। यह भावनात्मक सहयोग, सामाजिक शैली और अंतःपारस्परिक सम्बन्ध प्रदान करते हैं जो बच्चे के भावी सामाजिक व्यवहारों को निर्देशित करते हैं।
8. बच्चे के सामाजिक व्यवहार को विद्यालय अपने विद्यालयी वातावरण से, पाठ्यचर्या और पाठ्यचर्या सहगामी अनुभवों के अपने दायरे से, और भावनात्मक सहयोग के साथ-साथ सामाजिक रूप से उचित व्यवहार का दिशा-निर्देश प्रदान करने में शिक्षक की भूमिका से प्रभावित करते हैं। इसके अतिरिक्त, सामाजिक अधिगम और कौशलों की प्राप्ति भी विद्यालय का ही कार्य है।
9. हमउम्र समूह बच्चे को बहुत से गुण जैसे कि खेल भावना, एकता, निष्ठा, आदर इत्यादि सिखाते हैं, जो उसके सामाजिक विकास में लाभदायक होते हैं। यह एक लघु समाज भी है जो उस वृहद (बड़े) समाज का प्रतिबिंब है जिससे बच्चे संबंधित हैं।
10. मीडिया भी विभिन्न सामाजिक घटनाओं का तथ्यात्मक अनुभव प्रदान कर और सामाजिक विश्वासों, अभिवृत्तियों और मूल्यों को परावर्तित कर बच्चे के सामाजिक विकास को प्रभावित करता है।
11. मानव विकास में आठ मनोसामाजिक अवस्थाओं वाली एरिक्सन की थ्योरी, भिन्न विकासात्मक अवस्थाओं में अति महत्वपूर्ण स्वः द्वंद्व की ओर ध्यानाकर्षण करती है और प्राथमिक शाला बालक के लिए महत्वपूर्ण शैक्षणिक निहितार्थ भी समझाती है। विशेष रूप से यह बच्चे के सामाजिक-भावनात्मक विकास को संदर्भित करती है।

5

बौद्धिक विकास
Cognitive Development

परिचय (Introduction)

बच्चों का बौद्धिक आयाम, जिसका सम्बन्ध मुख्यतया उनकी मानसिक योग्यताओं और कार्यों जैसे कि सोचना, तर्क करना और अवधारणा निर्माण (Concept building) से है, सदियों से विस्तृत चिंता का विषय रहा है। बहुत से मुद्दे जैसे कि बच्चे विचारों को प्राप्त कैसे करते हैं, वह कैसे अवधारणाओं को बनाते हैं, उनकी सोच-विचार की प्रक्रिया कैसे काम करती है, वह कैसे तर्क करते हैं और इसी प्रकार के कई अन्य प्रश्न इस क्षेत्र के शोध का मुख्य बिंदु बने हुए हैं।

बौद्धिक विकास के अध्ययन का बहुत महत्व है क्योंकि विद्यालय के अधिकारीगण, मनोवैज्ञानिक और शिक्षण अधिगम प्रक्रिया के बारे में सोचने वाले अन्य सभी वयस्क, निरंतर उस ज्ञान की खोज करते रहते हैं जिससे उन्हें बच्चों की मानसिक अथवा बौद्धिक योग्यताओं की अपनी समझ में वृद्धि करने में मदद मिलेगी, साथ ही उन तकनीकों के लिए जो शिक्षण अधिगम प्रक्रिया को सर्वोतम रूप से लाभदायक बनाने में भी उनकी मदद करेगी।

बच्चों की बौद्धिक विशेषताओं का ज्ञान और उनमें बौद्धिक प्रक्रियायें कैसे काम करती हैं, इसका शैक्षणिक योजनाकारों के साथ-साथ नीति निर्धारकों के लिए भी बहुत महत्व है। इससे उन्हें पाठ्यचर्या और पाठ्यक्रम को बच्चों के बौद्धिक कौशलों के अनुसार बनाने में मदद मिलती है। बच्चों की बौद्धिक योग्यतायें निर्धारित करती हैं कि किन शिक्षण पद्धतियों का प्रयोग किया जाए और उनके लिए कौन से बौद्धिक कार्यों को निश्चित किया जाये, जिससे शिक्षण अधिगम प्रक्रिया में लाभ प्राप्त हो।

विशिष्ट अनुदेशन तकनीकें जिनका लक्ष्य बच्चों के बौद्धिक विकास को प्रोत्साहित करना है वह बच्चों की संज्ञानात्मक विशेषताओं से ही जुड़ी होती है। इसके अतिरिक्त, संज्ञानात्मक कौशलों और सामान्य बच्चों में इनके विकास के ज्ञान से उन बच्चों को समझने में मदद मिलती है जो इससे भिन्न हैं और इसीलिये उन्हें अलग तरीके से संभालने की आवश्यकता है।

इन सबके अतिरिक्त, बच्चों की बौद्धिक विशेषतायें उनके संवाद/व्यवहार के तरीकों को प्रभावित करती हैं, वह कैसे अपनी भावनाओं को संभालते हैं, उनकी रुचियों की प्रकृति और विकास, उनकी सही और गलत की सोच और उस संसार के बारे में

उनका दृष्टिकोण जिसमें वह रहते हैं। यह बच्चों के बौद्धिक विकास के अध्ययन को अत्यावश्यक बनाता है।

बच्चों की संज्ञानात्मक योग्यतायें (Cognitive Capabilities of Children)

यद्यपि हम विशिष्ट बौद्धिक कौशलों और बच्चों की विशेषताओं का अध्ययन अगले अनुच्छेदों में करेंगे, परन्तु यहाँ पर उन मानसिक कार्यों का एक गुणात्मक आरेख खींचना आवश्यक होगा जिन्हें प्राथमिक शाला का बालक करता है। चलिए, एक ऐसे छः वर्ष के सामान्य बालक की कल्पना करते हैं जो प्राथमिक शाला के लिए तैयार है। इससे पहले वह एक किंडरगार्डन में गया है जो घर से दूर ''घर'' जैसा ही एक सुरक्षित स्थान है, जहाँ पर खेलने के लिए खिलौने हैं, शिक्षिकायें हैं जो माँ के जैसी ही हैं, जहाँ खाने का समय, खेल समय, कहानियाँ सुनाने का समय, नाच-गाना, कला एवं क्राफ्ट है। अब उसे अपने जीवन के अगले कुछ वर्ष इस औपचारिक संस्था जिसे विद्यालय कहा जाता है, में ही गुजारने होंगे, जो उसे उसकी अपनी संस्कृति के तत्वों और आयामों से परिचित करायेंगे जैसे पढ़ना-लिखना, गणित और साहित्य, विज्ञान एवं कला के आधारभूत तथ्य। देखने में यह बहुत विस्तृत और चकमा देने वाला कार्य लगता है लेकिन बच्चे के लिए ऐसा नहीं है क्योंकि उसके अंदर सोचने और तर्क करने की योग्यतायें हैं जो उसे इन आयामों को धीरे-धीरे समझने में सक्षम बनाती हैं। बच्चे के लिए ये वर्ष संज्ञानात्मक विवेक के परिष्करण अथवा बढ़ोतरी के हैं। बच्चे ने भाषा कौशलों को प्राप्त कर लिया है जिससे उसको ये सब समझने में सहायता मिले। उसने बहुत से शब्दों और वाक्यांशों और उनके अर्थों को भी एकत्रित कर लिया है। पांच वर्ष की उम्र में गेंद उसके लिए एक ऐसी चीज़ थी जिससे खेल सकते थे। इसे उपयोग के अर्थों में समझा गया था। यद्यपि आठ वर्ष की उम्र तक आते-आते बच्चा गेंद का वर्णन उसके आकार-प्रकार, रंग और निर्माण सामग्री के शब्दों में कर सकता है। कौशल और कौशलों पर गर्व बौद्धिक परिपक्वता के परिणामस्वरूप होता है। अब बच्चा अपने पुराने शब्दों में संबद्धताओं के विस्तार से संवर्धन कर सकता है और इससे उसके शब्दकोश में बहुत बढ़ोतरी होती है। इनमें से बहुत से नये शब्द जो उसने सीखे हैं, वह विशेषण और क्रिया विशेषण है क्योंकि वह न केवल चीजों और कार्यों के नाम ही सीख रहा है बल्कि विशेषताओं, विभिन्नताओं और समानताओं को भी समझ रहा है। बच्चा विपरीतताओं और समरूपताओं को भी समझता है। वह समानताओं को पहचानने से पहले विभिन्नताओं को देखता है। छः वर्ष की उम्र में वह हमें लकड़ी और ग्लास में अंतर बता सकता है, आठ वर्ष में वह बता सकता है कि वह किस प्रकार से समान या भिन्न है। उसके निर्णय अभी भी देखी, महसूस की जा सकने वाली, स्थायी अनुभवाधारित हैं लेकिन वह सर्वमान्यीकरण और अमूर्त का आधार बनाते हैं। लगभग ग्यारह वर्ष में वह अमूर्त शब्दांश जैसे ''दया'' और ''साहस'' को परिभाषित करने में सक्षम हो जाता है। प्राथमिक शाला वर्ष की इस ठोस आधारित सोच को अल्पावधि में पार करने का कोई तरीका नहीं है। सोच-विचार भी हमेशा बढ़ते क्रम में घटित होता है। मूर्त हमेशा अमूर्त से पहले आता है। सरल विचार क्रमों से अधिक जटिल विचार उपजते हैं। पांच वर्ष का बालक त्रिकोण की नकल कर सकता है, लेकिन फिर भी वह हीरे के चित्र निर्माण में दो और वर्षों का समय लेता है, यद्यपि रेखागणित में हीरा, समान आधार वाले दो त्रिकोणों से अधिक कुछ और नहीं है।

बौद्धिक विकास के रेखागणित में समय लगता है। बच्चे का वातावरण और उसकी प्राकृतिक व्यवस्था से संबंधित संस्थात्मक संरचना हमारी कल्पना से कहीं अधिक जटिल और असीमित एवं व्यापक है। बच्चा अपने वातावरण से परिचय मात्र से नहीं सीखता है, उसे यह तंत्रिकाओं की परिपक्वता और परिवेशीय उद्दीपनों के सम्मिश्रण से प्राप्त करना पड़ता है। इसके अतिरिक्त उसे अपनी परिचित मानसिक सामग्रियों को पुनः व्यवस्थित और समायोजित करना पड़ता है जिससे वह अपने परिवेश के भीतर और अजनबी घटनाओं व बाहरी क्षेत्रों तक बहुत अंदर तक पहुँच सके। ऐसा लगता है कि बच्चे में समाप्त ना होने वाली उत्सुकता है। वह निरंतर उन चीज़ों के बारे में पूछता रहता है जिनसे उसका सामना होता है और अपने प्रश्नों के उत्तरों के लिए वह साधारणतः दृढ़ निश्चय का प्रदर्शन करता है। इन प्रश्नों में मात्र 'क्या' ही नहीं होता बल्कि 'क्यों' और 'कैसे' भी बहुत अहम होते हैं। इस विधि से वह अब बहुत जानकारी इकट्ठा करता है और अब उसे गणित, विज्ञान, भाषा और कला में भी सार्थकता दिखाई देने लगती है। यद्यपि सर्वमान्य नियम के रूप में, उसके लिए अभी भी वे चीज़ें महत्वपूर्ण हैं जो उससे प्रत्यक्ष रूप से संबंधित हैं अथवा उसके तात्कालिक परिवेश में दिखती हैं।

बच्चा जैसे-जैसे बड़ा होता है और उच्च प्राथमिक अवस्था में प्रवेश करता है, उसकी अवधारणाओं में भी अतिरिक्त बढ़ोतरी होती है और उसके सोच-विचार व तार्किक क्षमताओं में भी वृद्धि हो जाती है। अब वह अपने जीवन की योजना स्वयं बना सकता है, तात्पर्य यह है कि वह अपने दिन की योजना-अपनी गतिविधियों की समय सारिणी बना सकता है। अपने आरंभिक प्राथमिक वर्षों के दौरान उसने पर्याप्त जानकारी का भंडार एकत्र कर लिया है जिससे उसे इस आत्मनिर्भरता में मदद मिले। अब उसमें विज्ञान और वैज्ञानिक घटनाओं, गणितीय समस्याओं, भाषा के उपयोग में वास्तविक रुचि के विकास की शुरुआत होने लगती है। अब उसकी गहन रुचि यह जानने में है कि कैसे सिल्क कृमि से सिल्क मिलता है, रबड़ की प्रक्रिया कैसे होती है, कैसे दिन और रात बनते है, अंतरिक्षयान चंद्रमा तक कैसे पहुँचता है इत्यादि। वह मानसिक गणित का आनंद लेता है, अपने फुट्टे (Scale) और प्रकार (Compass), समय को मिनटों में बदलने, रुपयों को पैसों में बदलने इत्यादि से प्यार करता है। शब्द निर्माण, शब्द पहेलियाँ जैसे क्रॉसवर्ड, पर्यायवाची, विपरीतार्थक, समानतासूचक इत्यादि में उसे गहन आनंद आने लगता है। अपनी भाषाई क्षमता संवर्द्धन में उसे इनकी सार्थकता समझ आने लगती है।

विद्यालयी शुरुआत के समय, उसे यह समझने में बहुत कठिनाई होती थी कि कार कैसे काम करती है—एक टायर, स्टेयरिंग व्हील, गीयर इत्यादि उसकी समझ एवं रुचि से परे थे। अब वह इन सबको जानता है और यहाँ तक कि उसके पास इसके इंजिन के बारे में आवश्यक ज्ञान भी है। वह इन चीजों की कार्यप्रणाली और इनकी तकनीकों में रुचि लेता है। उसके क्षितिज़ का विस्तार हो रहा है और वह अब वर्तमान से बाहर की सैर करना चाहता है। उसमें बुनियादी मानवीय सम्बन्धों की बौद्धिक समझ आ जाती है, यहाँ तक कि वह नैतिक दर्शन की किताबें जैसे कि एसोप्स फेबल (Aesop's Fableo) को भी समझने लगता है।

उसकी पुरानी सर्वमान्य लेकिन शांत ना की जा सकने वाली उत्सुकता और ऊर्जा अब कार्य और उपयोगिता की ओर निर्देशित हो जाती है। अब वह बिना किसी खास

कठिनाई के साथ सीखता है कि कैसे स्त्रोत सामग्रियों का उपयोग करना है, किताबों की विषयवस्तु सारिणी का प्रयोग और मानचित्र पर स्थितियों को खोजना है।

इतना सब होने के बाद भी, अभी तक वह एक अंतिम स्थिति से बहुत दूर है। अभी तक वह बौद्धिक परिपक्वता की अवस्था तक नहीं पहुँचा है जो उसे किशोरावस्था से वयस्कावस्था तक ले जाने का इंतजार कर रही है।

बच्चे के संज्ञानात्मक गुणों के बारे में विस्तार से परिचित होने के बाद, अब हम प्राथमिक शाला बच्चों के विशिष्ट बौद्धिक गुणों को भलीभांति पहचान पायेंगे।

बच्चों की संज्ञानात्मक विशेषतायें (Children's Cognitive Characteristics)

1. अपनी पूरी प्राथमिक अवस्था के दौरान बच्चे ज्ञान इकट्ठा करने में लगे रहते हैं और अपने ज्ञान एवं सामान्य जानकारी में अत्यधिक बढ़ोतरी का प्रदर्शन करते हैं। वह अपने परिवेश और इसके सभी घटकों के प्रति अधिक सचेत हो जाते हैं और उनमें नई चीज़ों को पहचानने और सीखने की स्वाभाविक उत्सुकता होती है। इसके अतिरिक्त, भाषा में उनकी दक्षता और विद्यालय में व्यापक दायरे के विषयों का अनुभव, उन्हें अपने ज्ञान और जानकारी के क्षितिज को महत्वपूर्ण रूप से विस्तार प्रदान करने में सक्षम बनाते हैं। वास्तव में, प्राथमिक विद्यालयी अवस्था के अंत तक बच्चा उन सबके बारे में बहुत कुछ जान जाता है जिनका उससे अथवा उसकी जीवन-शैली से सम्बन्ध है।
2. वह भूतकाल को याद कर और भविष्य की योजना बना सकते हैं। प्राथमिक विद्यालय अवस्था के अंत तक बच्चे पूरी तरह से समय के भिन्न आयामों को समझने लगते हैं। शुरुआती अवस्थाओं में, भूतकाल, भविष्यकाल और वर्तमान काल में भ्रम होता है लेकिन यह बच्चे को आठ वर्ष तक आते-आते बहुत हद तक स्पष्ट हो जाता है। यद्यपि, एक निरंतर गतिशील समय रेखा पर, भूतकाल को याद कर भविष्य के लिए योजना बनाना उच्च प्राथमिक अवस्था पर आता है क्योंकि तब तक जैविक परिपक्वता अधिक होती है और तार्किक क्षमता भी भलीभांति विकसित हो जाती है। अब तक बच्चे यह समझने लगते हैं कि उनके लिए क्या सही हैं जिनसे भविष्य की योजना बनाना सरल हो जाता है।
3. बच्चे बिना उस भौतिक सामग्री को हाथ लगाये चिह्नों की कल्पना कर पाते हैं जिनको यह चिह्न दर्शा रहे हैं। यह बच्चों में अमूर्त क्षमता की ओर इशारा करता है। यद्यपि प्राथमिक शाला अवस्था पर बच्चे बुनियादी रूप से केवल ठोस सामग्री को ही समझ पाते हैं। नयी अवधारणा निर्माण के लिए उन्हें वास्तविक सामग्री को देखने अथवा उसके प्रतिरूप के कार्यसंचालन को देखने की आवश्यकता नहीं हैं। यदि उन्हें व्याख्या प्रदान की जाये तो बच्चे अवधारणा की कल्पना कर समझ सकते हैं। उदाहरण के लिए, आठ वर्ष की उम्र का बालक मरूद्यान की अवधारणा समझ सकता है यदि उसे बताया जाये कि यह रेगिस्तान में गीली जमीन का वह टुकड़ा है जहाँ पर हरियाली और बस्ती होती है। इन मौखिक वर्णनों में बच्चा मरूद्यान का मानसिक चित्र बना सकता है। इस तरह से विज्ञान और सामाजिक विज्ञान की कई अवधारणाओं को बच्चे समझ सकते हैं।
4. जैसे-जैसे बच्चे प्राथमिक शाला वर्षों में प्रगति करते हैं, उनके बौद्धिक दलीय कार्य के लिए क्षमता बढ़ रही होती है। उनमें दूसरों के विचारों और दृष्टिकोणों की प्रशंसा

करने की योग्यता विकसित होने लगती है। वह समूह चर्चा के आदान-प्रदान में भागीदारी कर पाते हैं। वह समझने लगते हैं कि विचारों और दृष्टिकोणों के आपसी बदलाव से अवधारणाओं की उनकी समझ में बढ़ोतरी होगी और वह घटनाओं को अधिक अच्छी तरह से समझ सकेंगे। वह यह भी जानने लगते हैं कि इन आपसी अदला बदली अथवा संयुक्त प्रयासों से किसी कार्ययोजना के दौरान, उनके ज्ञान और जानकारी में भी वृद्धि होती है।

5. जैसे-जैसे बच्चे बड़े होते हैं उनकी समस्या समाधान क्षमता में भी सुधार होता है जिसके परिणामस्वरूप उनकी समस्या समाधान कौशल में स्वतः स्फूर्त बढ़ोतरी होती है । बच्चे अब बहुत जटिल समस्याओं का भी हल ढूंढ़ सकते हैं और वह विस्तृत दायरे के बौद्धिक कार्यों को संभाल सकते हैं जिनमें सोचने, विश्लेषण करने और तर्क का उपयोग होता है। यह कौशल विशेषकर गणित और विज्ञान में उपयोगी हैं।

6. प्राथमिक शाला वर्षों के दौरान सर्वमान्यीकरण की क्षमता बढ़ जाती है। बच्चे सामान्य और समावेशी विचार श्रेणियों के अधिक उपयोग की योग्यता प्राप्त कर लेते हैं। अधिक समावेशी अवधारणाओं के संदर्भ में सोचने की क्षमता का प्रदर्शन तब होता है जब बच्चे अपनी इच्छाओं को अभिव्यक्त करते हैं। उदाहरण के लिए, जब किसी छोटे बच्चे को तीन इच्छा पूर्ति के लिए कहा जायेगा तो वह शायद एक चॉकलेट, एक पैकेट जैम्स और च्युइंगम मांगेगा जबकि एक बड़ा बच्चा एक ही इच्छा में शायद कैडबरी के उत्पादों की एक पेटी/डिब्बा मांग लेगा और अन्य दो इच्छाओं को दूसरी सामग्री के लिए संभाल कर रखेगा।

7. भाषा और विचार एक-दूसरे से गूंथे हुए होते हैं और आपस में सामंजस्य रखते हैं। प्राथमिक शाला वर्षों में, एक बच्चा अपनी विचार प्रक्रिया में भाषा का उपयोग प्रभावी तरह से कर सकता है। वह भाषा का उपयोग चीज़ों को याद रखने और नई समस्याओं के समाधान में करता है। जो उसे एक ही वस्तु के बहुत से पहलुओं पर ध्यान देने में सक्षम बनाती है। उदाहरण के लिए, एक बहुत छोटे बच्चे के लिए सेब का अर्थ है कि यह एक फल है जो लाल रंग का है। यद्यपि, जैसे-जैसे बच्चा बड़ा होता है भाषा उसकी अवधारणाओं को सुकारक बनाती है। अब वह सम्बन्ध स्थापित कर सकता है, जैसे सेब एक फल है जो शिमला में उगाया जाता है, जिसमें लौह तत्व की प्रचुरता होती है, और जो सर्दियों में मिलता है, इत्यादि। यह केवल भाषा की उपलब्धि के कारण संभव है।

8. अब बच्चा व्यापक दायरे की विभिन्न प्रकार की मानसिक क्रियाओं में सक्षम होता है। मानसिक क्रियायें, तार्किक विचार अथवा वह कार्य होते हैं जो बच्चे की अपने परिवेश की अच्छी समझ और उसके आसपास के संसार की उसकी समझ को सबके सामने लाने में मदद करते हैं। प्राथमिक शाला बालक के पास इस तरह की कई क्रियायें होती हैं—वह अनुभवों, घटनाओं और वस्तुओं का विश्लेषण, तुलना, व्यवस्थित, जोड़ना-घटाना, गुणा और भाग कर सकता है। इस प्रकार समस्या समाधान से वैज्ञानिक अवधारणाओं और गणित सीखने की उसकी क्षमता में बढ़ोतरी होती है।

9. जैसे-जैसे बच्चा बढ़ता है उसकी तार्किक कुशलताओं का विस्तार होता है। वस्तुओं और विचारों का वर्गीकरण अब अधिक जटिल और व्यवस्थित हो जाता है। वह अब वस्तुओं और विचारों को श्रेणियों में वर्गीकृत करने के लिए अधिक जटिल व्यवस्था का उपयोग कर सकता है। वह समझ जाता है कि एक व्यक्ति अथवा वस्तु एक ही साथ कई श्रेणियों में आ सकती है। इस प्रकार से वह समझ जाता है कि वह स्वयं एक लड़का है, जो भारतीय है और पृथ्वी पर रहता है। जिन वर्गों से वह सम्बन्ध रखता है उनसे उसकी पहचान होने लगती है।
10. तार्किक कुशलताओं की प्रकृति मुख्यतया अगमनात्मक (Inductive) होती है। समस्त प्राथमिक अवस्था के दौरान बच्चा तर्क का इस्तेमाल करता है जो उसे सामान्य से विशिष्ट की ओर ले जाता है। इस प्रकार से अपने स्वयं के दिन-प्रतिदिन के अनुभवों से वह नियमों को समझने लगता है। उदाहरण के लिए, यदि वह बारिश में भीगने के बाद बीमार पड़ जाता है तो वह समझ जायेगा कि भीगने से बीमार पड़ सकते हैं। यदि वह शुक्रवार को अपना सैंडविच, विद्यालय में खाना भूल जाता है और सोमवार की सुबह जब अपना खाने का डिब्बा खोलता है तो फंफूदी लगी सूखी हुई ब्रेड के दृश्य से स्वागत होता है। इस प्रकार से वह यह सामान्य समझ बना लेता है कि जब ब्रेड खराब हो जाती है तो उसमें फंफूदी लग जाती है। निगमनात्मक (Deductive) तर्क अथवा वह प्रक्रिया जिसमें अवधारणा निर्माण सामान्य से विशिष्ट की ओर होता है अभी तक बच्चे में बहुत स्पष्ट नहीं होती है। ऐसा इसलिए है कि बच्चे की अमूर्त तर्क करने की क्षमता अभी भी कुछ अविकसित ही है। बच्चा ठोस अथवा उन घटनाओं को संभालने में अधिक कुशल है जो उसके समय और जगह के करीब है।
11. अब बच्चा उल्टा किये जा सकने की अवधारणा समझने लगता है अर्थात् यह कि सभी कार्यों को उल्टा/विपरीत भी किया जा सकता है। इसे प्राथमिक शाला का बच्चा समझने लगता है। उसे समझ में आने लगता है कि पानी को जब जमाया जाता है तो वह बर्फ बन जाता है और जब पिघलाते हैं तो वह पुनः पानी बन जाता है। यह तथ्य भी समझ में आने लगता है कि कपड़े को जब सिला जाता है तो वह पोशाक बन जाती है लेकिन जब खोल कर अलग करते हैं तो वह वापस कपड़ा बन जाता है। उल्टा करने की सरल क्रियायें जैसे आटे की गेंद को बेल कर चपाती बनाना जिसे बिगाड़ कर एक बार फिर आटे का गोला बना सकते हैं अथवा पानी को बोतल से गिलास में डालना और फिर वापस बोतल में डालना, बच्चे के दिमाग में दर्ज होने लगती हैं। इस विश्वास के कारण बच्चा, कारण और प्रभाव के कई सम्बन्धों को समझ पाता है।
12. बच्चों के विचारों में विकेन्द्रीकरण होता है। जब बच्चा छोटा होता है तो उसमें किसी वस्तु के केवल एक ही आयाम पर ध्यान देने की समझ होती है और वह समय अंतराल पर होने वाले बदलावों और अंतरों का कारण नहीं बता सकता है। उदाहरण के लिए, यदि कुत्ते की अवधारणा चार पैरों वाले एक जानवर के रूप में समझी गई है, तो समस्त चौपाये–बिल्ली, चीता, गाय इत्यादि को कुत्ते का ही नाम दे दिया जायेगा। यद्यपि जैसे-जैसे बच्चा बड़ा होता है और प्राथमिक शाला वर्षों से

गुजरता है उसे महसूस होने लगता है कि कई विशेषतायें मिल कर एक अवधारणा बनाती हैं। इस प्रकार से वह जान जाता है कि कुत्ते की चार टांगें, एक पूंछ, बालों का आवरण होता है, वह भौंकता है इत्यादि। यह विचारों के विकेन्द्रीकरण की एक घटना है।

13. बच्चे भार, आयतन, संख्याओं और द्रव्यमान (Mass) के संरक्षण की अवधारणा को समझने लगते हैं। वस्तुओं की बुनियादी विशेषताओं को बनाये रखना अथवा इसको सुरक्षित रखने की योग्यता का नाम है संरक्षण। उदाहरण के लिए, यदि बच्चे को गीली मिट्टी की दो समान भार और आकार वाली दो गेंदें दे दी जाएं, जिसमें से एक को बेल कर एक बड़ी चपाती सी बना दी जाए और फिर बच्चे से पूछा जाए कि किसमें ज्यादा मिट्टी है तो शायद वह कहेगा कि चपाती में अथवा वह यह भी कह सकता है कि दोनों समान हैं। यदि उत्तर बाद वाला है तो इसका अर्थ है कि संरक्षण समझ में आ चुका है अथवा यह भी कि अब बच्चे को पता है कि जब तक मूल सामग्री से कुछ निकाला अथवा जोड़ा ना जाये तब तक मात्रा उतनी ही रहती है फिर चाहे उसे कोई भी आकार क्यों ना दे दिया जाये। प्राथमिक वर्षों की संरक्षण की अवधारणा का विस्तार ठोस, द्रव, संख्याओं, भार, द्रव्यमान और आयतन तक होता है।

14. बच्चों में अब संख्या अंकित करने और क्रमबद्धता (Sequencing) का कौशल विकसित हो जाता है। बच्चे क्रम का महत्व समझने लगते हैं अथवा घटनाओं की क्रमिक व्यवस्था जैसे कि कौन सी अवस्था एक-दूसरे से पहले या बाद में आती है, उदाहरण के लिए तितली का जीवनचक्र अथवा ऐतिहासिक घटनाओं का समय संदर्भ। संख्याकन का अर्थ है संख्याओं के बहु आयाम को समझना। यह जानना कि 6 एक सम संख्या है, यह तीन के दो उपसमूहों अथवा दो के तीन उप-समूहों से बनी है, यह दो और तीन से विभाज्य है इत्यादि। संख्याकन की समझ से बच्चे के लिए गणित सीखना सरल हो जाता है।

15. बच्चों में अमूर्त विचारों के दृष्टिकोण से तर्क करने की क्षमता प्राथमिक शाला व्यवस्था के अंत में प्रकट होती है। उम्र के साथ बच्चे अमूर्त के साथ व्यवहार करने के कौशल का अपना ज्ञान प्रदर्शित करते हैं। समय के साथ बहुत से बच्चे न केवल उस सामान्य विचार या सुझाव को ही लागू कर पाते हैं जिसे वह जानते हैं अथवा उसके सत्य होने पर विश्वास करते हैं, बल्कि वह उस प्राक्कल्पना (Hypothesis) के संदर्भ में भी तर्क कर पाते हैं जो कुछ समय के लिए सही समझी जा रही है।

16. सत्य और कल्पित में अंतर स्पष्ट रूप से नजर आता है। बचपन के आरंभ में, बच्चों की कल्पना गतिविधि बहुत सक्रिय होती है। वह परियों, सपनों इत्यादि पर विश्वास करते हैं। यद्यपि प्राथमिक शाला अवस्था की शुरुआत के साथ ही वास्तविकता से परिचय बढ़ने लगता है। बच्चों को भूतों और परियों में अरुचि होने लगती है और अब वे वास्तविक चीज़ों के बारे में जानना चाहते हैं जैसे वर्षा कैसे होती है, पेड़ कौन बनाता है, रात में सूरज़ को क्या हो जाता है इत्यादि। संज्ञानात्मक (Cognitive) मनोवैज्ञानिक पियाज़े ने बच्चों में संज्ञानात्मक विकास की भिन्न अवस्थाओं के सिद्धांत का प्रस्ताव दिया जो बच्चे की जैविक परिपक्वता, भौतिक उम्र और परिवेश

के बारे में बताता है। इस सिद्धांत पर विस्तार से चर्चा इस पाठ के अंतिम भाग में की गई है और इसलिए हम यहाँ पर, इसका उल्लेख बहुत संक्षिप्त में करेंगे—

(i) पियाज़े ने बताया कि सात से आठ साल तक की उम्र में एक बच्चा केवल एकाकी अथवा विशिष्ट मामले या मुद्दों के संदर्भ में ही तर्क करने की समझ रखता है।

(ii) वह वास्तविक तर्क नहीं दे सकता है।

(iii) सत्यापन अथवा तार्किक औचित्य की आवश्यकता नहीं समझ पाता।

(iv) सर्वमान्यीकरण अथवा निष्कर्ष निकालने में कठिनाई महसूस करता है।

(v) सामान्य सुझावों और विचारों के नजरिये से तर्क करने में मुश्किल महसूस करता है।

यद्यपि, उच्च प्राथमिक अवस्था के दौरान यह कौशल धीरे-धीरे विकसित होते हैं और ग्यारह अथवा बारह वर्ष की उम्र तक बच्चा बहुत हद तक संज्ञात्मक रूप से भलीभांति युक्त हो जाता है। "यह क्या है" प्रश्नों की शृंखला धीरे-धीरे स्थायी रूप से "क्या", "कैसे", "कहाँ" और "कब" प्रकार के प्रश्नों में बदल जाती है।

बच्चों की संज्ञानात्मक विशेषताओं के शैक्षणिक निष्कर्ष (Educational Implications of Children's Cognitive Characteristics)

शैक्षणिक प्रक्रिया में संलिप्त वयस्कों और विद्यालय के लिए बच्चों की बौद्धिक विशेषताओं का अत्यधिक महत्व है। आरम्भ में, इस पर ध्यान देना आवश्यक है क्योंकि बौद्धिक विकास में उम्र के अनुसार अंतर होता है, इसलिए अत्यावश्यक है कि पाठ्यक्रम को विकास की अवस्थानुसार बनाया जाये। अर्थात् नये विचारों और ज्ञान को बच्चों की मानसिक विकास की अवस्था के अनुसार ही दर्शाना चाहिए।

वस्तुतः बच्चों में अवधारणाओं का विकास क्रमशः एवं घटनाओं के क्रम पर आधारित है, अतः शिक्षण अधिगम प्रक्रिया को इस प्रकार से बनाना चाहिए कि इससे अवधारणाओं को सम्पूर्ण संज्ञानात्मक संरचना के सतत विकास में प्रोत्साहन के लिए अग्रेषित करने में मदद मिले। प्रत्येक बच्चे की वर्तमान संज्ञानात्मक संरचना के अनुरूप् विविध कार्यों, सामग्रियों और समस्याओं का प्रावधान कर इसे समझाया जा सकता है। उदाहरण के लिए, वह बच्चा जो तितली के जीवनचक्र को समझने की कोशिश कर रहा है उसे यदि प्यूपा, लार्वा, कैटरपिलर इत्यादि की विभिन्न अवस्थाओं, वास्तविक जीवन अथवा प्रयोगशाला में उपलब्ध नमूने दिखाये जायें तो अत्यधिक लाभ होगा। उससे चित्र बनवाना और चार्ट पर काम करवाना भी उसकी अवधारणाओं को अधिक सशक्त करेगा और उन्हें उसके लिए अधिक सार्थक बनायेगा। इसी तरह से यदि उसे अकबर के नवरत्नों को समझने के लिए कहा गया है तो उसे कुछ संगत चित्रों को दिखाना लाभप्रद होगा। उसे मुगलकालीन लघु चित्र दिखाये जा सकते हैं अथवा उसे नवरत्नों पर एक स्क्रेप पुस्तक (कतरन रजिस्टर) बनाने को कहा जा सकता है। यहाँ विचारणीय है कि बच्चे के सामने ऐसे विचार और वस्तुएं रखी जाये जिन्हें अनुभव किया जा सके और उन्हें इच्छानुसार व्यवस्थित किया जा सके। जिससे पढ़ाये जा रहे विषय पर सार्थक और महत्वपूर्ण इन्द्रियात्मक अनुभव का अवसर प्राप्त हो और गतिविधियों अथवा कार्य

योजनाओं के माध्यम से बच्चे के दिमाग में अवधारणा के बारे में और अधिक जानने की उत्सुकता को प्रोत्साहन मिले। उद्दीपन की प्रकृति पर निर्भर करते हुए जो भी संभव हो—ध्वनि, गंध, रूप-रंग, स्पर्श और गति संवेदना की जांच-पड़ताल और इससे परिचय के लिए बच्चों को प्रोत्साहित करना चाहिए। विकास स्तर के अनुरूप घटनाओं एवं वस्तुओं में सम्बन्धों और लक्षणों के औपचारिक अमूर्त स्वरूप पर जोर देना चाहिए।

अपने बौद्धिक विकास की विभिन्न अवस्थाओं पर अधिगमकर्ताओं की विशेषताओं का निहितार्थ पाठ्यचर्या व्यवस्था के लिए भी है। यह निर्धारित करने में मदद करते हैं कि प्राथमिक शाला के विभिन्न स्तरों पर पाठ्यक्रम में क्या सम्मिलित होना चाहिए और अवधारणाओं और सिद्धांतों को कैसे स्थान देना चाहिए। उदाहरण के लिए, कक्षा II के विज्ञान पाठ्यक्रम में क्या शामिल करना चाहिए, गंभीर चर्चा का क्या स्तर होना चाहिए और इस प्रकार के अन्य मुद्दों का निर्धारण मुख्यतया विद्यार्थियों के गुणों से होता है। इस प्रकार से पाठ्यचर्या का विषयक्रम बच्चों की संज्ञानात्मक विशेषताओं से अत्यधिक प्रभावित होता है।

प्राथमिक अवस्था में बच्चे, बुनियादी रूप से अपने तात्कालिक वातावरण की मूर्त, परिस्थितियों के माध्यम से सीखते हैं। इसलिए उन्हें चीज़ों और पर्यावरण में घटनाओं के अवलोकन और अपने प्राकृतिक एवं सामाजिक परिवेश से सम्बन्धित सटीक प्रश्नों के स्वनिर्माण (एक प्रकार का पूछताछ प्रशिक्षण) के लिए प्रोत्साहित किया जाना चाहिए। इसके अतिरिक्त उनके आसपास हो रही घटनाओं और भिन्न वस्तुओं के बारे में अपने अवलोकनों को व्यवस्थित रूप से वर्गीकृत और दर्ज करने में, दैनिक जीवन से जानकारी एकत्र करने में और प्रदर्शनों एवं गतिविधियों, सरल प्रयोगों के माध्यम से कारण और प्रभाव सम्बन्धों को समझने में, जहाँ वह रहते हैं वहाँ के स्थानीय संसाधनों को पहचानने और इन संसाधनों का लाभदायक रूप में प्रयोग करने में बच्चों की मदद होनी चाहिए। इससे उन्हें अपने वातावरण को समझने और इसके प्रभावी उपयोग में मदद मिलेगी।

अनुदेशन को जितना संभव हो उतना मूर्त बनाना होगा। शिक्षा की दिशा को मूर्त से अमूर्त ही होना होगा क्योंकि बच्चा किसी विचार को अच्छी तरह तभी अपना सकेगा जब उसके सामने ठोस छवि अथवा चित्र रखा हो। उदाहरण के लिए, मान लो कि गणित में बच्चे को संख्याओं का विभाजन सिखाया जा रहा है, आधे और चौथाई की अवधारणा ज्यादा अच्छी तरह से समझी जा सकेगी यदि उसे कागज का एक टुकड़ा दे दिया जाये और इसे दो बराबर भागों अथवा चार बराबर भागों में काटने को कहा जाये और फिर बताया जाये कि आधे और चौथाई का क्या अर्थ है। इसके अतिरिक्त उसे दस पत्थर भी दिये जा सकते हैं और दो बराबर भाग बनाने को कहा जा सकता है। ठोस अथवा मूर्त सामग्रियों को इस तरह स्वयं अपनी तरह से व्यवस्थित करने से उसे विचारों को अधिक सार्थक रूप से समझने में मदद मिलेगी। विज्ञान, सामाजिक ज्ञान और यहाँ तक कि भाषा के शिक्षण में भी उदाहरण अवश्य दिये जाने चाहिए। बच्चे से किसी विचार को समझ जाने की अपेक्षा से पहले, चित्रों का उपयोग होना चाहिए, आरेखों/चित्रों से समझाना चाहिए, प्रयोगों और प्रदर्शनों को दिया जाना चाहिए। परिभाषायें, विचार, नियम और सिद्धांत भलीभांति समझ में आते हैं यदि उनसे पहले स्पष्ट मूर्त उदाहरण अथवा वर्णन दिये जायें।

बच्चों की अन्य विशेषता जो उनकी तार्किक क्षमता से जुड़ी है उसका सम्बन्ध शिक्षण अधिगम से भी है। प्रायः ऐसा देखा गया है कि प्राथमिक शाला अवस्था के बच्चे आगमनात्मक तर्क (Inductive reasoning) अथवा विशिष्ट उदाहरणों से सामान्य नियमों को समझने में अधिक कुशल होते हैं। इस कारण से, आवश्यक है कि छात्रों को दिये जाने वाले अनुदेशन की दिशा विशिष्ट से सामान्य की ओर हो। उदाहरण के लिए, बच्चों को एक चार्ट दिखाया जाये जिसमें बच्चे कई तरह की गतिविधियाँ करते हुए नजर आ रहे हैं, बच्चों से फिर उन गतिविधियों का नाम पूछा जाये। इसके बाद, उनसे पूछा जा सकता है कि इन सारे चित्रों में समान विशेषता क्या है और इससे क्रिया की अवधारणा और यह तथ्य कि वह क्रिया शब्द पढ़ रहे हैं, समझाया जा सकता है।

इसी प्रकार से, बच्चों को वाष्पीकरण समझाने के लिए एक सरल प्रयोग दिखाया जा सकता है जिसमें दो अथवा तीन तरल पदार्थों को भाप में बदलने तक गर्म किया जाये।

विशिष्ट प्रदर्शनों से यह सामान्य नियम सामने आता है कि गर्म करने पर द्रव्य भाप या वाष्प में बदल जाता है। बाद में, जब वह भाषा में अधिक कुशल हो जाते हैं तो प्रभावी वर्णन के माध्यम से उन्हें मुख्य चित्र के विभिन्न भागों को देखकर अथवा उप विचारों पर चर्चा के माध्यम से सिखाया जा सकता है। ऐसा इसलिए संभव है क्योंकि बच्चे जब बड़े हो जाते हैं, तो वह बिना किसी वस्तु अथवा परिस्थिति को स्वयं महसूस किये, देखे अथवा बदले बिना उसके बारे में समझने और कल्पना करने में सक्षम हो जाते हैं। उदाहरण के लिए, यदि शिक्षक ग्यारह वर्ष के बच्चों को गुरुत्वाकर्षण बल के बारे में सिखाना चाहते हैं तो उन्हें उपर की ओर एक वस्तु उछाल कर बच्चों से यह पूछने की जरूरत नहीं है कि देखो यह क्या हो रहा है। वह उन्हें संपूर्ण परिस्थिति की कल्पना करने के लिए कह सकते हैं।

यह आवश्यक है कि कारण-प्रभाव सम्बन्धों को समझने की बच्चों की इच्छा को विद्यालय प्रोत्साहन अथवा बढ़ावा दें। इसके लिए समस्या समाधान प्रणाली, शोध आधारित (Heuristics) अधिगम और स्वानुभविक / खोजबीन अधिगम (Problem Solving Approach, Discovery Learning and Heuristic Learning) का उपयोग किया जा सकता है। बच्चों को स्वयं भी समाधान खोजने के लिए कहना चाहिए। इससे सम्मिलित विचारों अथवा अंतर्निहित सिद्धांतों की समझ सुनिश्चित होती है। इस प्रयोजन के लिए विशिष्ट कार्यों अथवा समस्याओं की योजना बनाई जा सकती है। दिशा-निर्देश और अनुदेशन भी दिया जा सकता है लेकिन निष्कर्ष अथवा अंतर्दृष्टि तक पहुँचने को विद्यार्थी पर ही छोड़ देना चाहिए। ऐसा लगता है कि बच्चे दूसरों के अधिगम अनुभवों का आनन्द उठाते हैं और इसी का फायदा उठाना चाहिए। अधिगम कार्यों में वास्तविक अनुभव जैसी आनन्दमयी स्थिति बनाने के लिए किताबें, संवाद, फिल्में, व्याख्यान और प्रदर्शन इत्यादि का उपयोग करना चाहिए।

समस्या समाधान अथवा खोजबीन अधिगम प्रणाली का उपयोग करते समय शिक्षक अथवा निरीक्षणकर्ता व्यक्ति को कुछ सावधानियां बरतनी चाहिए। पहली यह कि, व्यक्ति को यह याद रखना चाहिए कि जो इस समस्या समाधान के काम को करने वाला है वह बच्चा है और इस प्रकार से समस्या और समाधान दोनों को ही बच्चे की दृष्टिकोण से ना कि वयस्क के तर्क के आधार पर सोचना चाहिए। दूसरी महत्वपूर्ण बात यह याद रखनी चाहिए कि सामान्य रूप से बच्चे गतिविधियों के अपने दायरे में कारण और प्रभाव सम्बन्धों की व्यवहारिक समझ भलीभांति रखते हैं, यद्यपि वह इन विचारों को अक्सर

तार्किक अर्थों में व्यक्त नहीं कर पाते हैं और अंततः अपने स्वयं के दायरे के भीतर समस्याओं के साथ बच्चा क्या करता है, इसके परीक्षण के बदले यदि हम उसे ऐसी समस्याओं का समाधान करने के लिए कहेंगे जिनकी खोजबीन करने का अवसर उसे अभी तक नहीं मिला है अथवा हम उसे किसी परिस्थिति का वर्णन अमूर्त शब्दों में करने को कहेंगे तो हम बच्चों से अवास्तविक और अनुचित उम्मीद रख रहे हैं। हमारे लिए यह याद रखना आवश्यक है कि बच्चा उन घटनाओं को अधिक अच्छी तरह से समझ सकता है जो वास्तविक वातावरण में घटती है और इसीलिए हमारी अनुदेशन तकनीकों को भी यही यथार्थवादी-रूप-रंग देना चाहिए।

बच्चे के बौद्धिक क्षितिज के विस्तार को उद्वेलित करने के लिए शिक्षक उसे लोगों के बारे में अपनी जागरूकता बढ़ाने के लिए और अपने दिन-प्रतिदिन के तात्कालिक अस्तित्व से अलग बाहर के संसार में घट रही घटनाओं में गहन रुचि के लिए प्रोत्साहित कर सकते हैं। बौद्धिक दलीय कार्य की उसकी क्षमता को संबोधित करने के लिए समूह आधारित शिक्षण तकनीकों का प्रयोग किया जा सकता है। सामूहिक चर्चा, वाद-विवाद और साझा-कार्य योजनायें जो बच्चों को विचारों के आदान-प्रदान में सक्षम बनाते हैं, का आयोजन करना चाहिए। यह विशेषकर बच्चों की प्राथमिक अवस्था में लाभदायक है। यह शिक्षक पर निर्भर है कि वह वर्तमान परिस्थितियों में अधिगम प्रोत्साहित करने के लिए अपनी कल्पना और नवोन्मेष का प्रयोग करें। शिक्षक अधिकतर शिकायत करते हैं कि सामग्रियाँ, सुविधायें और संसाधनों की कमी है, लेकिन यह याद रखना अवश्यक है कि इन सबसे मदद अवश्य मिलती है, परन्तु ये सब अनिवार्य नहीं हैं। विद्यालय परिसर में स्वयं बच्चे में, शिक्षक के भीतर, प्रकृति के रूप में अन्य बालकों में और उस समाज में भी जहाँ बच्चा रहता है बहुत से संसाधन हैं, जहाँ से उदाहरण लिये जा सकते हैं, चित्र या दृश्य दिखाए जा सकते हैं, विचार इत्यादि प्राप्त किये जा सकते हैं। बच्चों की आंतरिक उत्सुकता, उनकी जांच-पड़ताल की प्रकृति और उनके जिज्ञासु मस्तिष्क स्वयं में ऐसे संसाधन हैं जिनका शिक्षण अधिगम प्रक्रिया में शिक्षक को संपूर्णतयाः उपयोग करना चाहिए। यह नये और अत्यावश्यक अनुभवों के निर्माण का आधार बन सकते हैं।

इस अवस्था की एक अन्य महत्वपूर्ण विशेषता स्वच्छंद रचनात्मक कार्य के लिये बच्चों की क्षमता है। यदि बच्चे को वयस्कों के अनावश्यक प्रतिबन्ध और वयस्क मानकों से मुक्त, अभिव्यक्ति की स्वतंत्रता दे दी जाये तो वह बहुत अधिक रचनात्मक कार्य कर सकता है। कहानियाँ, कवितायें और कलाकृतियाँ उसकी कलम से स्वतः ही निकलती प्रतीत होंगी। अंत में हम कह सकते हैं कि अपने स्वयं के बौद्धिक विकास को बढ़ावा देने के लिए बच्चे को अधिक सक्रिय बनने देना होगा। विद्यालय अथवा शिक्षक इस प्रक्रिया को सुकारक बनाने में मदद कर सकते हैं लेकिन वास्तविक अधिगम अथवा विकास का उत्तरदायित्व बच्चे पर ही है।

ग्रामीण इलाकों और वंचित क्षेत्रों के बालकों की विशेष शैक्षणिक आवश्यकतायें (Special Education Needs of Children in Rural Areas and Deprived Areas)

बहुत से बच्चे ऐसे हैं जो सुदूर ग्रामीण क्षेत्रों और आंतरिक इलाकों में रहते हैं और जो बहुत पिछड़े हैं। इनमें से बहुत से बच्चे जो विद्यालय नहीं जाते हैं और जो जाते हैं वह

विद्यालय के माध्यम से बहुत कम योग्यता प्राप्त करते हैं। यह दर्शाने के लिए बहुत से प्रमाण कि इन बच्चों की बौद्धिक विशेषतायें और जरूरतें उन बच्चों के समान ही होती हैं जो शहरों अथवा अधिक उन्नत गांवों में रहते हैं। वह भी संज्ञानात्मक विकास के समान क्रम से गुजरते हैं। कहा जा सकता है कि विद्यालयी प्रक्रिया अथवा इससे मिलने वाला बौद्धिक उद्दीपन इन संज्ञानात्मक विशेषताओं को प्रोत्साहित अथवा उच्चतम सीमा प्राप्ति में बहुत मदद करता है। इस प्रकार से अच्छे विद्यालय बच्चे के अंतिम निर्माण में अंतर उत्पन्न कर उसे प्रभावित करते हैं। इसीलिए इन पिछड़े इलाकों की आवश्यकता है, एकदम आदर्श, बहुत अच्छे ऐसे प्राथमिक विद्यालय जो ऐसे अनुभवों से पूर्ण हैं जिनसे सभी प्रकार के बच्चे फायदा उठा सकते हैं। यह आवश्यक है कि शिक्षक लगातार इस बात को ध्यान में रखें कि विद्यालयी सम्बन्धों, मूल्यों और विचारों का द्वंद्व घरों के मूल्यों एवं संबंधों से हो सकता है, और यह भी कि जो संसार शिक्षकों और विद्यालयों की किताबों से बना है वह शायद बच्चों के लिए उपयुक्त न हो। यदि अभिभावकों और विद्यालय के बीच निरंतर संवाद कायम करना है तो विद्यालय के उद्देश्यों को पूरी तरह समझना होगा। सुदूर क्षेत्र अथवा यहाँ तक कि निम्न पृष्ठभूमि के बच्चे का जीवन भी शायद सामान्य, भावनात्मक रूप से संतोषपूर्ण हो सकता है। वस्तुतः उसे जिसका अभाव होता है वह बौद्धिक विकास की रुचियों का अवसर है, जहाँ उसे अधिगम सामग्री सार्थक रूप से नहीं प्रदान की जाती है। यह अजनबी एवं बाहरी स्मृति आधारित, गैर नवोन्मेषी, जानकारी उसकी उत्सुकता को संतुष्ट नहीं करती है और ना ही उसे अधिगम के लिए प्रोत्साहित ही करती है। बच्चा अक्सर निम्न समझ और निम्न भाषा कौशल का भी प्रदर्शन करता है। यद्यपि ऐसा नहीं हो सकता कि विद्यालय शिक्षण की शुरुआत शब्द भंडार सिखाने से हो। जरूरी है कि शुरुआत अनुभव प्रदान करने और ऐसे सम्बन्धों की स्थापना से हो जो बच्चों को तर्क करना, विविधता पहचाना और स्वः अभिव्यक्ति में सक्षम बनाये।

यदि इन बच्चों को अतिरिक्त अधिगम की सही दिशा दिखाई जाये तो निस्संदेह इनकी तीव्र प्रगति होगी। बच्चे उत्सुक होते हैं, वह अपने वातावरण की हर वस्तु और घटना को समझना और जानना चाहते हैं, उनका मस्तिष्क जिज्ञासु होता है जो उन्हें स्वाभाविक रूप से सीखने के लिए प्रोत्साहित करता है। परिवेश में उपस्थित अन्य सीमित संसाधनों के साथ शिक्षक इनका उपयोग अधिगम उद्वेलित या प्रोत्साहित करने में कर सकते हैं। बच्चों की मानसिक प्रवृत्तियों के अनुरूप अवधारणाओं को अनूकूलित करने और इन्हें बच्चों के भौतिक और मनोवैज्ञानिक वातावरण में अधिक सार्थक बनाने की अपेक्षा एक शिक्षक से की जाती है। शिक्षण में सरल नवोन्मेष, स्वदेशी सामग्रियों का प्रयोग, प्राकृतिक परिवेश से लिये गये नमूने और शिक्षण पद्धतियों में भिन्नता, बच्चों की बौद्धिक आवश्यकताओं की पूर्ति में सहायक होती है। इस उद्देश्य के लिए विस्तृत उपकरण अथवा सामग्रियों की आवश्यकता नहीं है। अनुदेशन तकनीकों के विकास के लिए सबसे बड़े संसाधन के रूप में बच्चों की स्वाभाविक उत्सुकता और उसके अधिगम में बच्चों की रुचि है जिससे बच्चों के प्रश्नों को सुनने से पाठ की दिशा-निर्देश में भी सहायता मिलती है। इससे बच्चे का संज्ञानात्मक स्तर और आवश्यकता विकसित होती है। इस प्रकार से निम्न प्रयास और चिंता से बच्चों की बौद्धिक क्षमताओं में अधिक सुधार किया जा सकता है।

बच्चों के संज्ञानात्मक विकास के अन्य महत्वपूर्ण मुद्दे (Other Significant Issues in Children's Cognitive Development)

शिक्षण अधिगम कार्यक्रम पर अन्य कई महत्वपूर्ण मुद्दों जैसे कि बुद्धिमत्ता, शैक्षणिक प्रदर्शन और अधिगम की तैयारी इत्यादि का प्रभाव पड़ता है और इस कारण से इन पर यहाँ चर्चा करना अति आवश्यक है। बहुत से शिक्षक अक्सर इन्हें गलत भी समझ लेते हैं और इनका उपयोग विवेकपूर्ण रूप से नहीं कर पाते हैं। वह बच्चे के बौद्धिक स्तर को हानि पहुँचा देते हैं जिसका उनमें शारीरिक क्षति भी हो सकती है।

बुद्धिमत्ता *(Intelligence)*

इस सदी की शुरुआत से ही बुद्धिमत्ता का विषय निरंतर मनोवैज्ञानिकों की मुख्य रुचि का विषय रहा है। इस पूरे प्रकरण में विचित्र परन्तु ध्यान देने वाली बात यह है कि अज्ञानता और गलत जानकारी इस विषय को अपने लपेटे में लिये हुए है।

बुद्धिमत्ता महत्वपूर्ण है क्योंकि यह एक बच्चे की सीखने अथवा अनुभव से फायदा उठाने की क्षमता के बारे में बताती है। इसे बुद्धिलब्धि (IQ-Intelligence Quotient) के रूप में मापा अथवा मात्रा में जाना जाता है जिसके बारे में ख्याल था कि यह अपरिवर्तनीय, बदलावों से परे, बच्चे की संपूर्ण भावी जीवन का सूचक है। अक्सर विद्यालय के लोग इसका गलत उपयोग करते हैं।

एक बच्चे में बुद्धिमत्ता सामान्य योग्यता और निजी, अनमोल वैयक्तिक नमूना अथवा विशिष्ट क्षमतायें दोनों ही दर्शाती हैं। संज्ञान, स्मृति, वैयक्तिक रचनात्मकता, सामाजिक प्रभावशीलता ये सभी विशिष्ट योग्यतायें बच्चे की बुद्धिमत्ता की ओर इशारा करती हैं। यहाँ महत्वपूर्ण बात यह है कि बच्चे में इन क्षमताओं की व्यवस्था कैसे होती है अथवा उसमें किन दायरों की क्षमतायें दिखाई देती हैं। यह वह सब है जो शिक्षक के दृष्टिकोण से महत्वपूर्ण है, और इसीलिए बच्चे पर IQ श्रेणी का ठप्पा लगाना अनुचित है। बौद्धिक स्तर मानक (IQ) बुद्धिमत्ता का कोई अंतिम और पूर्ण सूचक नहीं है। बच्चे का पुराना ब्यौरा, उसका प्रतिदिन का समायोजनशील व्यवहार, उसकी पसंद, उसकी पसंद का कार्य, उसकी संज्ञानात्मक प्रणालियाँ और व्यवहार, यह सभी मिलकर शिक्षक को उसकी बुद्धिमत्ता के बारे में बताते हैं।

यह आवश्यक है कि शिक्षक याद रखें और इस तथ्य के प्रति जागरूक हों कि IQ परीक्षण अंततः बच्चों के प्रदर्शन को मापता है। यह क्षमता अथवा कुशलताओं का मात्रक नहीं है। यह हमें बताता है कि बच्चा परीक्षण के समय और परीक्षा के वातावरण में कितना अच्छा कार्य कर रहा था। क्योंकि बच्चों में दिन-प्रतिदिन के आधार पर बहुत अधिक बदलाव नहीं होते, अतः संभावना है कि परीक्षा परिणाम दर्शाये कि वह समान परिस्थिति, जैसे कि विद्यालय में कैसा प्रदर्शन करेगा। लेकिन यह हमें बहुत कुछ नहीं बता सकता जैसे कि आज से दो वर्ष के बाद बच्चा कितना अच्छा करेगा अथवा यदि उसे अलग परिवेश में पाला जाये तो वह कितना अच्छा कर पायेगा।

बौद्धिक स्तर मानक परीक्षण (Standardised IQ test) बच्चे के संज्ञानात्मक विकास के सभी आयामों, जिनका शायद कुछ महत्व है, को नहीं माप सकते। वह एक नियम के आधार पर हमें नहीं बता सकते कि तार्किक विकास के क्रम में बच्चा कहाँ पर है। यह बच्चे के द्वारा प्रयोग किये गये विचार/चिंतन अथवा तर्क कौशलों की ओर

इशारा नहीं करते। लेकिन यह हमें बच्चे के प्रदर्शन के बारे में ऐसा कुछ जिसकी उसके हमजोलियों से तुलना की जा सके, अवश्य ही बताते हैं। यद्यपि परीक्षण अंकों पर बच्चे के अनुवांशिक कारकों का प्रभाव पड़ता है लेकिन हम अभी सटीक रूप से नहीं कह सकते कि उसका प्रदर्शन किन अनुवांशिक कारकों से प्रभावित हुआ है। इसके अतिरिक्त वातावरण भी इसमें मुख्य भूमिका निभाता है। यद्यपि बच्चे को संभावित योग्यतायें विरासत में मिली हैं लेकिन वह इनका वास्तविक उपयोग इस रूप में कहाँ कर पायेगा, यह इस बात पर निर्भर करता है कि वह किस वातावरण में पला-बढ़ा है। कुछ वातावरण पोषक संवर्धनशील तो कुछ पोषण अवरोधी होते हैं। अंततः किसी विशेष बालक द्वारा किसी विशेष दिन के परीक्षण के प्राप्तांकों पर बच्चे के स्वास्थ्य और परीक्षण परिस्थिति का भी प्रभाव पड़ेगा।

अधिगम की तैयारी ***(Readiness to Learn)***

यह अधिगम-शिक्षण प्रक्रिया की एक महत्वपूर्ण अवधारणा है। जैसा कि शीर्षक से सुझाव मिलता है, कि किसी बच्चे के लिए कोई विशिष्ट चीज़ सरलता, कुशलतापूर्वक और शीघ्रता से सीखने के लिए, एक उचित अथवा सर्वोतम समय होता है। यह उचित समय तब आता है जब उसकी शारीरिक, तंत्रिका सम्बन्धी, बौद्धिक, सामाजिक और भावनात्मक विकास में पर्याप्त उन्नति हो चुकी होती है और वह समस्या को समझने और सरलता से उसे हल करने में सक्षम होता है। उसकी प्रायोगिक पृष्ठभूमि और शिक्षण पद्धति भी इसमें सम्मिलित रहती है। अधिगम की तैयारी का एक अन्य विशिष्ट आयाम संज्ञानात्मक तैयारी है। इसका निहितार्थ है कि बच्चे के लिए बनाई गई किसी समस्या के समाधान अथवा कार्य की पूर्णता के लिए उसके पास संज्ञानात्मक कौशलों का आवश्यक स्तर होना चाहिए। उदाहरण के लिए, यदि हम किसी 6 वर्ष के बच्चे को वातावरणीय तबाही अथवा जंगलों की कटाई पर निबंध लिखने के लिए कहें तो यह उसकी क्षमता से अधिक अपेक्षा होगी। 6 वर्ष का बच्चा अभी इसके लिए तैयार नहीं है—तबाही अथवा जंगल कटाई की अवधारणा उसके लिए अज्ञात है और एक निबंध का क्या अर्थ है यह भी उसके लिए अपरिचित ही है।

इस प्रकार से यह स्पष्ट है कि तैयारी के पर्याप्त स्तर के बिना कुछ सिखाने का प्रयास अर्थहीन और असंगत ही है। लिखित रूप से तैयारी बहुत सरल प्रतीत होती है लेकिन वास्तव में इसके क्रियान्वयन में बहुत सी समस्यायें आती हैं क्योंकि समान उम्र के समान परिवेश से आये बालकों में भी बहुत सी वैयक्तिक विभिन्नतायें होती हैं। इस पूरी प्रक्रिया में शिक्षक की भूमिका भी अधिक प्रभावी और महत्वपूर्ण हो जाती है क्योंकि उसे एक जैसे शिक्षण पाठ्यक्रम में तैयारी के विभिन्न स्तरों को संतुलित करना होता है। यद्यपि शिक्षण पद्धति को अनुकूलित करके और वैयक्तिकरण के माध्यम से इस समस्या को कुछ हद तक हल किया जा सकता है फिर भी शिक्षक के लिए यह मुश्किल कार्य है।

अधिगम की तैयारी की बुनियादी अवधारणा को समझना एक शिक्षक के लिए अत्यधिक महत्वपूर्ण भी हो जाता है। कुछ विद्यार्थी जो प्रदर्शन नहीं कर पाते अथवा उनके लिए बनाये कार्य अथवा अवधारणा उपलब्धि में असफल रहते हैं, उनको पर्याप्त अधिगम तैयारी के अभाव की शब्दावली में शिक्षकों की सामान्य आदत, उपलब्धि हासिल नहीं कर पाने वालों को गैर बुद्धिमान और नीरस इत्यादि कहकर भर्त्सना करने के बजाए इनको पर्याप्त अधिगम तैयारी के अभाव की शब्दावली द्वारा समझाया जा सकता है।

वास्तविकता यह है कि हमारे कई ग्रामीण विद्यालयों में उपलब्धि मानक बहुत कम हैं क्योंकि पर्याप्त परिवेशीय उद्दीपन, और अधिगम की तैयारी के उपयुक्त कार्यों का ग्रामीण परिवेश में अभाव है, मुख्यतया इन्हें समकालीन शहरी बालक के लिए बनाया जाता है। ऐसा नहीं है कि ग्रामीण बालकों में कम बुद्धिमता अथवा संज्ञानात्मक कौशलों का अभाव होता है बल्कि जो कार्य उनके लिए बनाये जाते हैं वह उनके लिए पूर्णतया अजनबी होते हैं और इसलिए अर्थहीन हो जाते हैं। इस प्रकार से अधिगम की तैयारी शिक्षण अधिगम प्रक्रिया का एक महत्वपूर्ण आयाम है।

शैक्षणिक उपलब्धि ***(Academic Achievement)***

अधिगम के लिए क्षमता और अभिवृत्ति से बढ़कर कुछ और भी आवश्यक है। प्रत्येक शिक्षक अपनी कक्षा में उस स्थिति का सामना करता है जब अच्छी अथवा यहाँ तक कि असाधारण योग्यता वाले छात्र भी औसत अथवा कभी-कभी तो असफलता से ऊपर नहीं उठ पाते हैं। सामान्य रूप से बहुत से ऐसे बच्चे भी हैं जो सीमित योग्यताओं के साथ भी बहुत अच्छा प्रदर्शन करते हैं और उपलब्धि परीक्षणों में ऊँचे अंक प्राप्त करते हैं। ''ऐसा क्यों होता है'', यह शिक्षक के लिए बहुत महत्वपूर्ण प्रश्न है। शिक्षकों को याद रखना आवश्यक है कि बुद्धिमता और उपलब्धि दो भिन्न बातें हैं। जबकि इन दोनों के बीच में सह-सम्बन्धों की अपेक्षा करना कुछ हद तक सही है, फिर भी बुद्धिमत्ता के अतिरिक्त और भी कई अन्य कारक हैं जिनका बच्चे की उपलब्धि पर सीधा प्रभाव पड़ता है। उपलब्धि एक प्रकार से योग्यता, प्रोत्साहन, तैयारी, आकांक्षाओं का स्तर और उचित अधिगम अनुभवों के मेल से बनती है। सामान्यतः हमें उम्मीद होती है कि सामान्य से अधिक योग्यता अथवा बुद्धिमत्ता वाला बालक यही क्रम अपनी उपलब्धि में भी दर्शायेगा। यद्यपि यदि वह अपने अपेक्षित स्तर से नीचे गिर जाता है तो हमें उत्तर जानने के लिए उसके प्रोत्साहन स्तर अथवा उसकी तैयारी की सीमा अथवा अपने अनुदेशन कार्यक्रम की खामियों और उसकी आकांक्षा के स्तर का परीक्षण करना होगा। इसी प्रकार से हो सकता है कि अत्यधिक उपलब्धि वाला बच्चा शायद अधिक प्रोत्साहित हो अथवा उसने अपने लिए बनाये कार्य का अभ्यास पहले कर रखा हो, कि उसे इस तरह से ऊँचे अंक प्राप्त हो। इस प्रकार से उपलब्धि को एक समग्र अवधारणा के रूप में समझना शिक्षक के लिए बहुत आवश्यक है।

रचनात्मकता ***(Creativity)***

एक अन्य अवधारणा जिसका सीधा प्रभाव शिक्षण अधिगम प्रक्रिया पर पड़ता है और जिसे अक्सर बौद्धिक क्षमता के साथ भ्रमित कर दिया जाता है, वह है रचनात्मकता। बौद्धिक स्तर मापन के आरंभिक वर्षों के दौरान, यह माना जाता था कि रचनात्मक लोग वही है जिनकी बौद्धिक स्तर उच्चतम है। यद्यपि, जैसे-जैसे बुद्धिमता अनुसंधान में बढ़ोतरी हुई, यह स्पष्ट हो गया कि असाधारण रूप से योग्य होना अलग बात है और रचनात्मक होना कुछ और ही है। कभी-कभी दोनों एक साथ हो सकती है लेकिन यह आवश्यक नहीं है। एक बच्चा बिना रचनात्मक अथवा मौलिकता के भी शायद अति-योग्यता वाला हो सकता है और इसका विपरीत भी इतनी ही सरलता से सही हो सकता है।

वस्तुतः इस पाठ में हमारी चर्चा का मुख्य विषय बौद्धिक विकास है तो हम रचनात्मकता पर बच्चे की विचार प्रक्रिया में मौलिकता अथवा अनमोलपन के रूप में विमर्श करेंगे। विशिष्ट प्रतिभा के रूप में रचनात्मकता पर बातचीत अन्य पाठ में की

जायेगी। शिक्षण अधिगम स्थिति में रचनात्मकता का वर्णन मौलिकता, अनमोलपन अथवा समस्या समाधान अथवा किसी कार्य को करने के विलक्षण तरीके के रूप में किया जा सकता है। यह संज्ञानात्मक शैली और प्रणाली में विविधता अथवा विकेन्द्रीकरण की ओर इशारा करता है जो समाधान अथवा उत्तर में मौलिकता की ओर ले जाती है। विद्यालयी व्यवस्था में बुद्धिमत्ता को पुस्तक अधिगम, अंक प्राप्ति और शैक्षणिक कुशलता से जोड़ा जाता है। बुद्धिमत्ता और रचनात्मकता का आपसी सम्बन्ध कुछ-कुछ घुला-मिला सा है। एक छोटा बच्चा शायद अत्यधिक कुशल, नियम पालक और पढ़े हुए को शीघ्रता से समझ सकने वाला हो सकता है लेकिन वह शायद स्वयं अपने आपसे नये विचारों अथवा समाधान अथवा उत्पाद पैदा करने में तुलनात्मक रूप से उतना अच्छा ना हो। यह मान लेना निरापद होगा कि रचनात्मकता के लिए औसत बुद्धिमत्ता आवश्यक है लेकिन एक हद के बाद बुद्धिमत्ता का कोई अर्थ नहीं रह जाता।

संज्ञानात्मक शैली की रचनात्मकता का ज्ञान शिक्षकों के लिए महत्वपूर्ण है क्योंकि शिक्षक इस प्रकार के बच्चों को अधिकतर अपनी कक्षा में पायेंगे। मौलिक विचारक अथवा विकेन्द्रीकृत विचारक प्रत्येक कक्षा में उपस्थित होता है। शिक्षक आदर्श उत्तर प्रणालियों, समरसता और जो समकालीन है उसमें बह जाते हैं और इस प्रक्रिया में इन बच्चों को उनकी लीक से हटकर चलने की प्रवृत्ति के कारण दंड दे देते हैं। ऐसा विशेषकर ग्रामीण क्षेत्रों और वंचित इलाकों में होता है। इस प्रकार से शैक्षणिक प्रक्रिया में इस तथ्य की जागरूकता का अधिक महत्व है कि रचनात्मकता एक ऐसा संसाधन है जिसका दोहन करने और बालकों की बुद्धिमत्ता विकास में बढ़ोतरी हेतु उचित तरीके से दिशा निर्देशित करने की आवश्यकता है, ना कि यह दंड देने, डांटने अथवा मज़ाक उड़ाने की चीज़ है।

संज्ञानात्मक विकास का सिद्धांत (Theory of Cognitive Development)

जीन पियाज़े *(Jean Piaget)*

जीन पियाज़े (1896-1980) स्विटजरलैड के मनोवैज्ञानिक थे जो मूल रूप से प्राणि विज्ञान (Zoology) में प्रशिक्षित थे। प्रतिभाशाली पर्यवेक्षक, वैज्ञानिक और विद्वान पियाज़े ने अपने क्षेत्र के आरंभिक वर्षों मे ही अपनी रुचि को दर्शन और ज्ञान मीमांसा (Epistemology) यानी कि ज्ञान की उत्पत्ति, पद्धति, प्रकृति और सीमाओं के विज्ञान की ओर मोड़ लिया था। ज्ञान की उत्पत्ति में उनकी व्यस्तता ने, बाल विकास के क्षेत्र में उनके प्रवेश की भविष्यवाणी पहले ही कर दी थी। यूरोप के कई मनोरोग चिकित्सालयों और प्रयोगशालाओं में मनोविज्ञान में थोड़ा बहुत प्रशिक्षण प्राप्त कर, पियाज़े ने पेरिस में अलफ्रेड बिनेट के साथ प्रयोगशाला में कार्य करना शुरू कर दिया था। यहाँ पियाज़े ने बच्चों के साथ कार्य किया, बौद्धिक स्तर के प्रारंभिक परीक्षणों पर उनके प्रदर्शनों का अध्ययन किया। इन परीक्षणों के प्रश्नों पर बच्चों को उत्तर देता देखकर उन्होंने पाया कि बड़े बच्चे प्रश्नों का तुलनात्मक रूप से अच्छी तरह से सामना कर पा रहे थे। उनके अवलोकन उन्हें इस निष्कर्ष पर कि बड़े बच्चे, छोटे बच्चों से अधिक जानते हैं के सरल तथ्य तक ले जाने की बजाए, यह समझने कि ओर ले गये कि वास्तव में समस्याओं के बारे में बड़े बच्चे भिन्न तरीके से सोचते हैं। इस प्रकार से विभिन्न उम्र समूहों के बच्चों की तर्क करने, अवधारणा निर्माण, समस्या समाधान और विचार प्रक्रिया में जीन पियाजे की रुचि बहुत बढ़ गई और उन्होंने इन्हें अपने व्यापक शोध का केन्द्र बना लिया। उनके प्रयास सफल हुए और वह संज्ञानात्मक विकास की एक व्यवस्थित और ब्योरेवार थ्योरी/सिद्धांत को प्रदर्शित कर पाये।

पियाज़े के विचार में, दिमाग एवं तंत्रिका प्रणाली के विकास और उन अनुभवों के सम्मिश्रण का परिणाम संज्ञानात्मक विकास है, जो किसी व्यक्ति को उसके वातावरण में समायोजन में मदद करते हैं। उनका विश्वास था कि मानव अनुवांशिक रूप से समान हैं और यदि वह कई परिवेशीय अनुभवों को साझा करते हैं, तो उनसे यह अपेक्षा की जा सकती है कि वह अपने संज्ञानात्मक विकास में ध्यान देने योग्य समरसता का प्रदर्शन करेंगे।

संज्ञानात्मकता की प्रक्रिया का वर्णन करने के लिए पियाज़े ने जीव विज्ञान की अपनी पृष्ठभूमि से कई शब्दांश/उपशीर्षक छांट कर, उनका उपयोग किया जैसे कि स्कीमा (योजना), एसीमिलेशन (आत्म-सात्करण), एकोमोडेशन (समंजन), एडेपेटेशन (अनुकूलन) और इक्वीलिब्रियम (संतुलीकरण)। अब हम इनमें से प्रत्येक का निहितार्थ समझने की कोशिश करेंगे।

योजना *(Schema)*

संज्ञानात्मक ढांचा या अवधारणा–बच्चे जैसे-जैसे अपने संसार का अनुभव करते हैं, इससे उनमें संसार और संसार की कार्यप्रणाली के प्रति एक समझ विकसित हो जाती है। पियाज़े ने शब्दांश "स्कीमा" का उपयोग उस बोध क्षमता को बताने के लिए किया जो शायद एक वयस्क, बच्चे अथवा शिशु में अपने संसार के भिन्न आयामों के बारे में होती है। स्कीमा एक ग्रीक शब्द है जिसका अर्थ है "रूप या आकार"। स्कीमा किसी नक्शे अथवा बाह्यरेखा चित्र (Outline) जैसा प्रतीत होता है। पियाज़े को विश्वास था कि बच्चे स्कीमेटा अथवा अपने आसपास के संसार का स्कीमेटिक बाह्य रेखाचित्र विकसित कर लेते हैं और स्कीमेटा का रखरखाव स्मृति में होता है। उनका विश्वास था कि बच्चे का अनुभव कम होता है और क्योंकि बच्चे का दिमाग जीव विज्ञानी तौर पर पूर्णतया विकसित नहीं हुआ होता, अतः संसार के बारे में बच्चे का स्कीमा वयस्कों से गुणात्मक रूप से भिन्न होता है। इस प्रकार से बच्चे ऐसे वयस्क मात्र नहीं हैं जो कम जानते हैं या विपरीत शब्दों में वयस्क सरल रूप से अधिक ज्ञानवान बच्चे नहीं हैं।

अनुकूलन *(Adaptation)*

संज्ञानात्मक वृद्धि के दौरान बच्चे अपने स्कीमेटा का विकास करते हैं और इन्हें परिवेश के अनुसार अनुकूलित करते रहते हैं। अनुकूलन का अर्थ है परिवेश के बदलावों के अनुसार व्यवस्थित हो जाना अथवा किसी के आसपास के वातावरण को समझ कर उसके अनुसार ढल जाने की योग्यता। गिरगिट अपने वातावरण में "ढल" जाते हैं और वह अपना रंग बदल कर परिवेश में घुल-मिल जाते हैं। हम गर्म कार्डिगन पहन कर सर्दी की ठंडक से अनुकूलित हो जाते हैं या हम जिस व्यक्ति से बात करते हैं उसके अनुसार अपनी आवाज और बोलचाल की शैली में परिवर्तन कर लेते है। इस प्रकार से समस्त मानव गतिविधि की आधार प्रक्रिया अनुकूलन है। यह समंजन और आत्म-सात्करण (Assimilation) की जुड़वा प्रक्रिया से बना है।

आत्मसात्करण *(Assimilation)*–आत्मसात्करण जानकारी प्राप्त करने और इसे उस तरीके से समझने की प्रक्रिया की ओर इशारा करता है जो किसी व्यक्ति को संसार की उसकी वर्तमान स्कीमा से संगत/तालमेल बिठाने में मदद करती है। दूसरे शब्दों में इसका अर्थ है, "वास्तविकता का सही ढंग से निर्माण" करना। एक शिशु आत्मसात

करता है जब वह किसी खिलौने की ओर हाथ बढ़ाता है। पियाज़े की भाषा में, वह खिलौने को अपनी स्कीमा (मानसिक प्रक्रिया) से आत्मसात करता है। एक बच्चा आत्मसात करता है जब वह एक नई वस्तु को सूटकेस (अटैची) अथवा फूलदान में वर्गीकृत करता है। खटका (बटन) दबाकर पंखा चलाना ताकि अधिक गर्मी में ठंडक पा सके, यह भी आत्मसात्करण का ही एक कार्य है। किसी व्यक्ति को नेतृत्व क्षमता वाले के रूप में वर्गीकृत करना भी आत्मसात्करण की ओर इंगित करता है।

समंजन *(Accomodation)*–समंजन उस प्रक्रिया की ओर इशारा करता है जिसके द्वारा व्यक्ति अपने स्कीमा को समंजित अथवा उसमें परिवर्तन करता है जिससे वह अनुभव के उन आयामों को सम्मिलित कर सके जो उसकी वर्तमान बौद्धिक संरचना का प्रतिनिधित्व नहीं करता। अन्य शब्दों में, इसका अर्थ है किसी की तकनीकों अथवा संपत्ययों (Concepts) में नये अनुभवों अथवा नई जानकारियों के आत्मसात्करण के परिणामस्वरूप परिवर्तन करना। अतः जब बच्चा अपने हाथ की मुद्रा में बदलाव करता है तब वह चौकोर की अपेक्षा गोल वस्तुओं की ओर बढ़ता है, अतः उसने समंजन कर लिया होता है। नेतृत्व क्षमता की संभावना वाले कई व्यक्तियों से बात करने के बाद किसी एक के नेतृत्व की अवधारणा अथवा संप्रत्यय में बदलाव भी समंजन का ही कार्य है। इस तरह से स्कीमा में बदलाव और आत्मसात्करण की प्रक्रिया से समंजन का अतिरिक्त विकास हो जाता है।

संतुलीकरण *(Equilibration)*

समंजन, आत्मसात्करण, और संतुलन की प्रक्रिया को संतुलीकरण के नाम से जाना जाता है। संतुलीकरण के संदर्भ में पियाज़े की कल्पना का अर्थ अपने स्वयं के स्कीमा और संसार से मिली जानकारी के बीच में संतुलन बनाये रखने में था। एक बच्चा संतुलीकरण का प्रदर्शन करता है जब वह उस अधिगम तकनीक, जो ठीक से कार्य कर रही थी, को उसके लिए छोड़ देता है जो इससे भी अच्छी तरह से कार्य करेगी, जैसे कि–परीक्षा के लिए पढ़ते समय रट कर याद करने को छोड़ कर संप्रत्यय/अवधारणा अधिगम (Concept attainment) की ओर बढ़ना, एक शोधकर्त्ता संतुलीकरण का प्रदर्शन तब करता है जब वह पुराने सिद्धांत/थ्योरी को छोड़ देता है, क्योंकि प्रमाण उसका साथ नहीं देते और एक ऐसी नई थ्योरी का निर्माण करता है जो प्रमाणों के ज्यादा अनुरूप है।

पियाज़े का विश्वास था कि एक आंतरिक बल है जो बच्चों को सक्रिय रूप से बौद्धिक अनुकूलन की ओर ले जाता है, इसे ही संतुलीकरण कहा जाता है। यही वह बल है जो बच्चे को बौद्धिक विकास की अवस्थाओं से आगे की ओर अग्रसर करता है।

बौद्धिक विकास की अवस्थाएँ (Stages of Cognitive Development)

पियाज़े द्वारा प्रस्तावित अवस्थाओं पर विमर्श से पहले, उचित होगा कि हम कुछ अंतः निर्मित उन पूर्व-धारणाओं के बारे में बात कर लें जो अवस्था थ्योरी की पृष्ठभूमि में हैं–

1. प्रत्येक समय और अवस्था के लिए दी गई उम्र केवल अनुमान अनुसार ही हैं। उदाहरण के लिए, किसी विशिष्ट उम्र तक पहुँचने पर बच्चा अचानक से एक अवस्था से दूसरी में उन्नति नहीं कर लेता।
2. सभी बच्चे, प्रगति की प्रत्येक अवस्था में उसी क्रम में गुजरते हैं जैसा कि वर्णन किया गया है। क्योंकि प्रत्येक अवस्था पहली से बनी है, अतः बच्चे किसी भी अवस्था को नजरअंदाज नहीं करते।

3. वस्तुतः कभी-कभी, एक समय अथवा अवस्था को पीछे छोड़ते हुए दूसरी में प्रवेश करते समय बच्चा शायद दोनों अवस्थाओं अथवा समयों के विशेष बौद्धिक आयामों का प्रदर्शन कर सकते हैं।
4. ये अवस्थाएँ सर्वमान्य हैं और यह संसार भर के मानव प्राणियों के जीवन में घटित होते हुए देखी जा सकती हैं।

पियाज़े द्वारा बताई गई बौद्धिक विकास की अवस्थाओं को निम्न सारणी द्वारा दर्शाया जा सकता हैः

बौद्धिक विकास की पियाज़े की अवस्थाएँ
(Piaget's Stages of Cognitive Development)

	अवस्था	*उम्र वर्षों में*	*बौद्धिक विशेषतायें*
(i)	संवेदी पेशीय अथवा इन्द्रिय गतिक अवस्था (Sensory Motor Stage)	0-2 वर्ष	प्रतिवर्ती गतिविधि
	उप-अवस्था 1	0-1 माह	आत्म छानबीन
	उप-अवस्था 2	1-4 माह	संयोजन
	उप-अवस्था 3	4-8 माह	बाहर की ओर पहुँच
	उप-अवस्था 4	8-12 माह	लक्ष्य निर्देशित व्यवहार
	उप-अवस्था 5	12-18 माह	प्रयोगशीलता
	उप-अवस्था 6	18-24 माह	मानसिक मेल और समस्या समाधान
(ii)	संक्रिय पूर्व अवस्था (Pre operational Stage)	2-7 वर्ष	प्रतिवर्ती गतिविधि
	सप्रत्यय पूर्व अवस्था	2-4 वर्ष	प्रतीकात्मक कार्यों, स्व-समान और एक-दूसरे की ओर गतिमान तर्क प्रणाली, सजीवशास्त्र
	आभासी अवस्था	4-7 वर्ष	स्वकेन्द्रीकरण (एक समय में एक ही आयाम पर ध्यान देना)
(iii)	मूर्त संक्रिय समय (Concrete Operational Stage)	7-11 वर्ष	मूर्त समस्याओं पर तार्किक संक्रियाएँ लागू करना, विकेन्द्रीकरण, संरक्षण, क्रमानुसार, संख्याकरण
(iv)	अमूर्त संक्रिय समय (Formal Operational Stage)	11 + वर्ष से वयस्कता तक	कल्पनाधारित निगमनात्मक तर्क, अमूर्त चिंतन, तर्क कौशलों में भिन्नता

उपरोक्त सारणी एक झलक में समझा देती है कि संज्ञानात्मक विकास की चार मुख्य अवस्थाएँ हैं, और प्रत्येक की अतिरिक्त उप अवस्थाएँ भी हैं। प्रत्येक अवस्था किसी संज्ञानात्मक उपलब्धि को दर्शाती है। यद्यपि हम प्रत्येक अवस्था पर एक-एक करके चर्चा करेंगे, फिर भी इस बात का ध्यान रखना आवश्यक है कि प्रत्येक उप-अवस्था पर विस्तृत चर्चा करना संभव नहीं होगा क्योंकि यह बहुत गहन कार्य है जो कि इस पाठ की सीमा से बाहर है इस पाठ का उद्देश्य पाठकों को पियाज़े के सिद्धांत से परिचित मात्र करना है। इस प्रकार से हमारा ध्यान प्रत्येक अवस्था की मुख्य विशेषताओं पर प्रकाश डालना होगा।

संवेदी पेशीय अथवा इन्द्रिय गतिक अवस्था (Sensorimotor Stage)

यह अवस्था जन्म से दो वर्ष की उम्र तक रहती है। पियाज़े ने शब्दांश संवेदी पेशीय का प्रयोग किया क्योंकि लगता है कि बच्चे का अधिकतम व्यवहार उद्दीपन-प्रत्युत्तर (संवेदी त्रैगतिक $= k$ (Motor) $= k$) प्रबंधनों से निर्धारित होता है। यह छः उप-अवस्थाओं से बनी है जिनका उल्लेख तालिका में किया गया है। इस अवस्था में उपलब्धि के सर्वोत्तम शिखर में शामिल है—आसानी से और अधिक संयोजित गतिविधियाँ, महत्वपूर्ण स्व छानबीन व्यवहार, बाहरी पहुँच क्रियायें और अधिक लक्ष्य निर्देशित व्यवहार का उभार। इसके अतिरिक्त इस अवस्था में बच्चों के प्रयोगशील व्यवहार का प्रमाण भी मिलता है। वह वस्तुओं के साथ अपना लक्ष्य प्राप्त करने हेतु गहन प्रयोग करते हैं और अंततः छठी उप-अवस्था तक अंतःदृष्टि एवं मानसिक चिन्हों पर आधारित समस्या समाधान योग्यता विदित हो जाती है। उदाहरण के लिए, एक बच्चा शायद अपना दूध का गिलास जमीन पर रख दे जिससे दरवाजा खोलने के लिए उसके दोनों हाथ खाली हो जायें और बाद में दरवाज़े व गिलास की ओर देखने से वह दरवाजा खुलने की मानसिक छवि से जान जाये कि गिलास रास्ते में आयेगा। इसके बाद बच्चा शायद दरवाजा खोलने का प्रयास करने से पहले गिलास को सुरक्षित जगह रखने का निश्चय कर सकता है।

पेशीय गतिक अवस्था के अंत से पहले बच्चा उसे विकसित कर लेता है जिसे पियाज़े ने "वस्तु स्थायित्व" (Object permanance) कहा है। वस्तु स्थायित्व यह जान लेना है कि वस्तुओं का अस्तित्व बना रहता है, तब भी जब हम उन्हें देख नहीं पाते हैं। इस प्रकार से वास्तविक वस्तु की अनुपस्थिति में भी बच्चा उसकी उपस्थिति की मानसिक छवियों का निर्माण कर लेता है। वस्तु स्थायित्व की प्राप्ति बच्चे का संज्ञानात्मक विकास की अगली अवस्था में पहुँचना चिह्नित करता है।

संक्रिया-पूर्व अवस्था (Pre-operational Stage)

यह अवस्था लगभग 2 से 7 वर्ष की उम्र तक रहती है। इसे संक्रिया पूर्व अवस्था कहते हैं क्योंकि बच्चों के बौद्धिक विकास ने तार्किक संक्रियाओं अथवा बौद्धिक विकास की बाद की अवस्थाओं की विशेषता, चिंतन के नियमों को प्राप्त नहीं किया है। अन्य शब्दों में, बच्चे कारण-प्रभाव सम्बन्धों की वैज्ञानिक व्याख्या को समझ नहीं पाते हैं। संक्रिया-पूर्व अवस्था को दो उप-अवस्थाओं में बांटा गया है:

अवधारणा/संप्रत्यय पूर्व अवस्था और आभासी अवस्था *(Pre-conceptuall Stage)*

अवधारणा/संप्रत्यय पूर्व अवस्था लगभग 2 से 4 वर्ष तक रहती है। इसे यह नाम इसलिए दिया गया है क्योंकि पियाज़े का विश्वास था कि बच्चे अवधारणा निर्माण का प्रमाण देते हैं और वस्तुओं को कुछ समूहों और श्रेणियों में बांट भी सकते हैं, यह क्षमता

अभी भी कुछ-कुछ अविकसित ही है। इस प्रकार से बनाई गई अवधारणायें ध्यानपूर्वक सोची-समझी संपूर्ण अवधारणाओं से अलग ज्यादातर आरंभिक संप्रत्यय ही होते हैं। उदाहरण के लिए, बच्चा शायद कार को कार की तरह वर्गीकृत कर पायेगा क्योंकि वह जानता है कि सभी कारों में पहिये, दरवाज़े होते हैं और वह सड़क पर चलती है। यद्यपि वह कारों के भिन्न प्रकारों में अंतर स्पष्ट नहीं कर पायेगा अथवा वह सभी कारों को अपने पापा की कार ही बतायेगा। इस प्रकार से वह किसी वस्तु के अनमोलपन को समझने योग्य नहीं होता है।

संक्रिया-पूर्व अवस्था के दौरान, बच्चों की तार्किक प्रक्रिया दो तरह के तर्क तक सीमित रहती हैः स्वसमान/समन्वयात्मक तथा पारक्रमणन अथवा एक से दूसरे की ओर गतिमान।

स्वसमान तर्क प्रणाली अथवा समन्वयात्मक तर्क प्रणाली ***(Syncretic Reasoning)***– यह एक ऐसी तर्क प्रणाली है जिसका उपयोग संक्रिया-पूर्व के बच्चे करते हैं, जिसमें वस्तुओं को सीमित और परिवर्तनशील मानक/कसौटी समुच्चय के अनुसार वर्गीकृत किया जाता है। उदाहरण के लिए, मान लो कि तीन साल के एक बच्चे को कुछ गुड़ियाँ, कुछ ब्लॉक्स, कुछ खिलौना कारें और एक डिब्बा दिखाया जाता है जिसमें वह सारी चीज़ें रखी हुई हैं तो वह अपनी उम्र के अनुसार समन्वयात्मक तर्क प्रणाली का प्रदर्शन करेगा। वह तत्काल सारी गुड़ियों को एक साथ रखेगा और इसी तरह से कारें, क्योंकि गुड़िया, गुड़ियों से मेल खाती हैं और कारें कारों के साथ। वह शायद हरे कपड़े पहने हुई गुड़िया को हरी गाड़ी के साथ रख दे क्योंकि दोनों ही हरी वस्तुयें हैं। बच्चा शायद डिब्बे और ब्लॉक्स को इकट्ठा रख दें क्योंकि ब्लॉक्स डिब्बे में आ जाते हैं। लेकिन यदि बच्चे से पूछा जाये कि क्या डिब्बे को ब्लॉक्स के साथ रखा जा सकता है तो शायद वह मना करेगा, ब्लॉक्स को डिब्बे के साथ रख सकते हैं क्योंकि वह उसमें समा जाते हैं। आवश्यक नहीं है कि जब बच्चा कह रहा है कि ब्लॉक्स डिब्बे के साथ रखे जा सकते हैं तो वह गलत ही हो, क्योंकि उसने इनका वर्गीकरण अपने सीमित अथवा परिवर्तनशील मानकों/कसौटी (क्योंकि ब्लॉक्स डिब्बे के अंदर आ जाते हैं) के आधार पर किया है। संपूर्ण रूप से विकसित संज्ञानात्मक समझ वाला वयस्क व्यक्ति भी शायद सरलता से डिब्बे और ब्लॉक्स को एक साथ रख दे क्योंकि दोनों ही लकड़ी की वस्तुएं हैं अथवा मानवनिर्मित है। यद्यपि, इस प्रकार की उन्नत वर्गीकरण योजना अति व्यवस्थित और अवधारणा मानकों के निश्चित समुच्चय पर निर्भर करती है।

पराक्रमणीय अथवा एक से दूसरी ओर गतिमान तर्क प्रणाली ***(Transductive Reasoning)***–इस प्रणाली में एक विशेषता या गुण के आधार पर दो वस्तुओं के बीच के सम्बन्धों के बारे में निष्कर्ष निकालना शामिल है। उदाहरण के लिए, बच्चे कुत्ते और बिल्लियों को लगभग एक जैसा ही समझते हैं क्योंकि उनके तर्क का आधार है कि दोनों की एक पूंछ अथवा चार पैर होते हैं। सामान्यतया, पराक्रमणीय तर्क गलत निष्कर्षों तक ले जाते हैं। एक से दूसरी ओर गतिमान तर्क प्रणाली भी सजीव-शास्त्रीय चिंतन की ओर ले जाती है जो संक्रिया-पूर्व अवस्था के दौरान सामान्य है।

सजीवशास्त्रीय चिंतन ***(Animistic Thinking)***–धारणा यह है कि निर्जीव वस्तुयें भी जीवित होती हैं। उदाहरण के लिए, एक बच्चा सूरज को जीवित समझ सकता है क्योंकि यह रोशनी देता है। एक भट्टी (Oven) को भी जीवित वस्तु के रूप में देखा जा

सकता है क्योंकि यह हमें केक और बिस्कुट देता है। जब आम का पेड़ आम नहीं देता तो उसे मृत समझ लिया जाता है।

आभासी अवस्था *(Intuitive Stage)*–संक्रिय पूर्व अवस्था के आखिरी खंड को आभासी अवस्था कहा जाता है क्योंकि बच्चों के विश्वास का सामान्यतया आधार इस पर होता है कि वह सच जिसे वह महसूस करते हैं बजाए उसके तर्क अथवा विवेकपूर्ण चिंतन के जो दिशा दिखलाता है। आभासी अवस्था की समयावधि लगभग चार से सात वर्ष होती है। इस प्रकार से यदि उन्हें किसी समस्या का समाधान करने को कहा जाए तो जो वे सोचते हैं उस आधार पर उत्तर खोजेंगे बजाए आधारणाओं का सही विश्लेषण कर उत्तर तक पहुँचने के।

स्वकेन्द्रीकरण/आत्मकेन्द्रीकरण *(Egocentricism)*–यह इस अवस्था की एक अन्य विशेषता है। इसका अर्थ है "स्वयं में केन्द्रित" होना अथवा संसार को केवल अपने संदर्भ में समझना। इस अवस्था में बच्चे दूसरों का दृष्टिकोण नहीं समझ पाते हैं। एक बच्चा जिसे चॉकलेट चाहिए वह इसकी मांग करेगा बिना इस बात की परवाह किए कि शायद दुकान बंद हो। यदि वह किसी ऐसे जानवर के बारे में जानना चाहता है जिसे उसने कहीं देखा है तो वह अपनी माँ से उसके बारे में अधिक जानकारी की मांग करेगा, फिर चाहे माँ ने उसे देखा भी न हो। वह नहीं समझ सकता कि माँ ने उसे देखा नहीं है।

संक्रिया पूर्व बच्चों की सोच दृढ़ होती है। वे चीज़ों को सही-गलत तथा अच्छे और बुरे के संदर्भ में देखते हैं। खेल के नियम पत्थर पर लकीर के समान होते हैं और उनमें बदलाव की गुंजाइश न के बराबर होती है। जितने ज्यादा खिलौने तोड़ोगे उतना ही ज्यादा बड़ा दंड, फिर चाहे आपने जान-बूझकर किया है या नहीं। महत्वपूर्ण यह है कि उनमें अभी तक अपने स्वयं के विचारों, निष्कर्षों अथवा तकनीकों के परीक्षण की योग्यता नहीं आई है।

मूर्त संक्रियाओं का समय (Period of Concrete Operations (7-9 years)

संचालन तर्कसंगत नियम है। जैसा कि पहले बताया जा चुका है (संक्रिया-पूर्व) बच्चे अवधारणाओं अथवा निष्कर्ष निकालने के लिए तर्क अथवा मानसिक संचालन प्रयोग में सक्षम नहीं होते हैं। मूर्त संक्रियाओं की अवस्था बच्चों में समस्याओं से जूझने के लिए तार्किक नियमों के उपयोग की क्षमता की शुरुआत को चिन्हित करती है। यद्यपि, यह योग्यता सीमित रहती है, उन ठोस विचारों तक जिसे वह प्रत्यक्ष रूप से अनुभव करते हैं। जो पूरी तरह से काल्पनिक है उसे वे समझ नहीं पाते और इसकी तुलना नहीं कर पाते कि क्या है या क्या हो सकता था। ये मूर्त संक्रियाएँ विशिष्ट आंतरिक कुशलताएँ अथवा मानसिक/हस्त कौशल हैं जैसे कि जोड़ना, घटाना, गुणा करना, भाग करना और क्रमानुसार व्यवस्था। अब बच्चा इस नियम को समझने लगता है कि किसी में कुछ जोड़ने से वह बढ़ जाता है और घटाने से कम। वह समझ जाता है कि वस्तुएं अथवा व्यक्ति एक साथ, एक से अधिक समूह में रखे जा सकते हैं और समूहों में तर्काधारित सम्बन्ध (logical connection), होता है। इस प्रकार से प्रीति एक लड़की है, वह मानव प्राणी है, वह भारतीय है इत्यादि का अर्थ बच्चा समझने लगता है।

परावर्तनीयता *(Reversibility)*– इस अवस्था की यह एक महत्वपूर्ण अर्जित योग्यता है। बच्चा समझने लगता है कि कार्य का एक बुनियादी गुण है कि उसे भौतिक अथवा मानसिक रूप से पलटा अथवा मिटाया जा सकता है और फिर वह वापिस अपने मूल

स्थिति में पहुँच जाता है। गीली मिट्टी की मूर्ति को वापिस मिट्टी के गोले में भी बदला जा सकता है, पानी को गिलास से वापिस उसी जग में डाला जा सकता है जिसमें से उसे लिया गया था इत्यादि।

विकेन्द्रीकरण ***(Decentration)***—विकेन्द्रीकरण अथवा किसी निर्दिष्ट समय पर परिवर्तनशील व्यवस्था के किसी एक आयाम पर ध्यान केन्द्रित करने की प्रवृत्ति से उबरने की योग्यता, बौद्धिक विकास का एक अन्य महत्वपूर्ण आयाम है जो इस अवस्था में घटता है जिससे बच्चों की चिंतन प्रक्रियायें अधिक लचीली, योग्य और शक्तिशाली बन जाती हैं।

संरक्षण की कुशलता ***(Skills of Conservation)***—इस अवस्था की संज्ञानात्मक उपलब्धि का सर्वोत्तम स्तर यद्यपि संरक्षण की कुशलता है, लेकिन बच्चों को संरक्षण करने के योग्य तब कहा जाता है जब वे इस तथ्य को समझ पाते हैं कि राशि बदलती नहीं है, फिर चाहे राशियों/सामग्रियों के वितरण के प्रकार में बदलाव हो तो भी जब तक कुछ घटाया अथवा जोड़ा ना जाए तब तक मूल राशि बदलती नहीं है। इस प्रकार से यदि समान मात्रा का पानी दो भिन्न आकारों वाले बर्तनों में डाला जाये, जिससे बर्तनों में पानी के स्तर में अंतर दिखे, तो जिस बच्चे ने संरक्षण समझ लिया है वह अभी भी कहेगा कि मात्रा समान है। इसी प्रकार से बच्चे में संरक्षण स्पष्ट है यदि वह समझ पाता है कि मिट्टी का गोला अपने मूल रूप में और उसे बेलकर चपाती का आकार देने के बावजूद भी मात्रा के संदर्भ में मिट्टी उतनी ही है। मूर्त संक्रिया अवस्था में बच्चे भार, आयतन और द्रव्यमान संरक्षण पर महारत हासिल कर लेते हैं।

संरक्षण के अतिरिक्त इस अवस्था में बच्चे तीन अन्य महत्वपूर्ण तार्किक संक्रियाओं—क्रमबद्धता, वर्गीकरण और संख्याकरण में संलिप्तता योग्य हो जाते हैं।

क्रमबद्धता *(Seriation)*—वस्तुओं की श्रेणियों से व्यवहार करने की योग्यता की ओर इशारा करती है। उदाहरण के लिए, यदि आठ वर्ष के बालक को छः लाल गुलाब और दो सफेद कुमुदनी (Lily) का गुच्छा दिखाया जाए और पूछा जाए कि क्या गुलाब अथवा फूलों की संख्या ज्यादा है तो वह सही उत्तर दे पाएगा। मौलिक वर्ग से उप-वर्गों में छांटने की इस नई पाई योग्यता और यह समझ कि यह दो समान सामग्रियाँ नहीं केवल एक-दूसरे का ही भाग है, एक महत्वपूर्ण बौद्धिक उन्नति है।

संख्याकरण *(Numeration)*—एक बार बच्चों को जब क्रम व्यवस्था और वर्गीकरण की समझ आ जाती है तो वह संख्याओं का क्रम, और उसके साथ-साथ वह संख्याओं के समूहों और उप-समूहों को भी समझने लगते हैं। उदाहरण के लिए, एक बच्चा यह समझने लग जाता है कि छः का एक समूह दो के तीन उपसमूहों से बना है। यह समझ वह बुनियाद बनाती है जिस पर गुणा और भाग की अवधारणाओं का निर्माण किया जा सकता है।

तर्क *(Logic)* : मूर्त संक्रियाओं की अवस्था में तर्क आगमनात्मक प्रकृति का होता है। बच्चा अपने स्वयं के अनुभव से सामान्य नियम तक पहुँच सकता है। उदाहरण के लिए, वह समझ पाता है कि जब उसके खिलौनों के वर्तमान ढेर में एक खिलौना और डाल कर गिना जायेगा, तो ढेर में हमेशा एक ज्यादा ही होगा। इस प्रकार से वह यह सामान्य सिद्धांत सिखता है कि जोड़ने से हमेशा संख्या/मात्रा बढ़ जाती है।

अमूर्त संक्रियाओं की अवस्था (Formal Operations Stage)

पियाज़े द्वारा सुझाए बौद्धिक विकास का अंतिम चरण, किशोरावस्था के दौरान होता है जिसकी शुरुआत होती है लगभग 12 वर्ष की आयु से और जो वयस्कता तक जारी रहता है। इस समय का मुख्य कार्य है, पहले से भी ज्यादा शक्तिशाली एक नए संज्ञानात्मक कौशलों (अमूर्त संक्रियायें) के समूह का विकास जो ऐसी संरचना में व्यवस्थित हो कि किशोर विचारों के साथ-साथ वस्तुओं के बारे में भी सोच सके।

पियाज़े ने यह नहीं कहा कि इस नए स्तर की अमूर्तता की प्राप्ति अचानक से उस क्षण हो जाएगी जब बच्चा 12 वर्ष का होगा। इसके कुछ चरण और कुछ उप-चरण हैं जिनकी पूर्णतया संघटित संक्रियाएं हैं जो शायद 15 वर्ष अथवा बाद तक पूरी नहीं होती हैं। लेकिन उनका विश्वास था कि यहाँ कई वर्षों के समय में विकास की गति में अच्छी खासी तीव्रता आती है जब इस नई तरह की अमूर्त चिंतन के मुख्य तत्वों की प्राप्ति होती है। अमूर्त संक्रियाओं के समय के दौरान व्यक्ति जटिल निगमनात्मक निष्कर्षों की प्राप्ति, तर्क से तरीकों के विश्लेषण और व्यवस्थित रूप से काल्पनिक समाधानों के परीक्षण से समस्या समाधान की योग्यता प्राप्त करते हैं। वयस्क और किशोर वास्तविक और मूर्त के परे अमूर्त सम्बन्धों को समझने योग्य होते हैं। चिंतन में वास्तविक से संभावित की ओर परिवर्तन होता है। आदर्शवादी चिंतन भी संभव है।

व्यवस्थित समस्या समाधान इस अवस्था की एक और विशेषता है। यद्यपि, सोचना और किसी समस्या के संभावित समाधानों को व्यवस्थित करना कभी भी समस्या समाधान के बराबर नहीं हो सकता है। ऐसा कर पाने के लिए, बच्चे को प्रत्येक संभावित समाधानों का मानसिक रूप से तब तक परीक्षण करना सीखना होगा, जब तक कि वह पूर्ण समाधान तक ना पहुँच जाए। इस तरह से, अमूर्त संक्रियाओं की अवस्था का एक अन्य महत्वपूर्ण कारक है व्यवस्थित और पद्धतिबद्ध तरीके से समस्या के उत्तर तक पहुँचने की योग्यता। अब बच्चे की कुशलताओं की पोटली में है निगमनात्मक तर्क का दर्शन। वास्तव में बच्चा निगमनात्मक निष्कर्षों के आधार पर काल्पनिक समाधान बना कर उसे सिद्ध अथवा खंडित कर सकता है। अब बच्चा निगमनात्मक-काल्पनिक चिंतन में सक्षम हो गया है।

किशोर या वयस्क जिसने अमूर्त संक्रियाओं को प्राप्त कर लिया है वह अब विश्लेषणात्मक, निगमनात्मक तुलना और मूल्यांकन चिंतन कुशलताओं से परिपूर्ण है।

वाइगोत्सकी का सामाजिक-सांस्कृतिक सिद्धांत (Vygotsky's Socio-Cultural Theory)

वाइगोत्सकी एक रूसी विद्वान थे जिनके पास अपने विचारों के निर्माण के लिए एक दशक से जरा सा अधिक समय था क्योंकि वह 37 वर्ष की कम उम्र में मर गये थे। यद्यपि इसके बावजूद, बच्चों के संज्ञान पर उनका दृष्टिकोण बहुत सार्थक और यह समझाने में कि बच्चे कैसे सोचते और ज्ञान प्राप्त करते हैं, में अति योगदान देता है।

पियाज़े की ही तरह, वाइगोत्सकी का भी मानना था कि बच्चे ज्ञान के सक्रिय खोजी होते हैं लेकिन उनको अहसास था कि संज्ञान, बच्चे और सामाजिक-सांस्कृतिक वातावरण के साझे प्रयास से होता है। उनके अनुसार, शिशु, बुनियादी स्वीकृति, एकाग्रता और इन्द्रिय, और स्व बोध प्रक्रियाओं से परिपूर्ण होते हैं जो कि अन्य जानवरों में भी पाई जाती हैं। यह स्वाभाविक रूप से जीवन के शुरुआती दो वर्षों तक विकसित होती हैं। यद्यपि

एक बार यह बच्चा भाषायी कुशलताओं को प्राप्त कर लेता है और मानसिक प्रतिनिधित्व पाने के योग्य हो जाता है तो सांस्कृतिक रूप से महत्वपूर्ण कार्यों के घेरे में सामाजिक संवाद की उसकी क्षमता बढ़ जाती है और यह बच्चे को उस योग्यता के विकास की ओर ले जाता है जहाँ बच्चा स्वयं से उसी तरह संवाद करने की क्षमता रखता है जैसे कि वह अन्यों से बातचीत करने में। इसके परिणामस्वरूप बच्चे की बुनियादी मानसिक क्षमताएं बेजोड़ उच्चतम संज्ञानात्मक प्रक्रियाओं में बदल जाती हैं।

वाइगोत्सकी के अनुसार, बच्चे निजी भाषण का प्रयोग स्व-निर्देशन और स्वयं को दिशा देने में करते हैं। यद्यपि उम्र के साथ, निजी भाषण, मूक आंतरिक भाषण अथवा मुखर विचार में बदल जाते हैं। निजी भाषण के उद्‌भव को बच्चे और अधिक वयस्क सामाजिक सदस्यों के बीच सामाजिक संवाद में पाया जा सकता है। वाइगोत्सकी को अहसास था कि समाज के अति वयस्क सदस्यों के साथ साझी गतिविधियों से बच्चे गतिविधियों पर महारत हासिल करते हैं और उन तरीकों से सोचते हैं जिनका उनकी संस्कृति में अर्थ होता है। एक विशेष अवधारणा, संभावित सर्वाधिक विकास दायरा (Zone of Proximal Development) का प्रयोग इसी व्यवस्था के लिए किया गया था।

सर्वाधिक विकास दायरा इशारा करता है कार्यों की उस विविध शृंखला का जिसे बच्चा केवल वयस्कों की और अधिक कुशल साथियों की मदद से ही उपलब्ध कर सकता है। इन व्यक्तियों के साथ जैसे बच्चा सहयोगी वार्ता के माध्यम से संवाद करता है, वही भाषा बच्चे की निजी भाषा/वक्तव्य का भाग बन जाती है जिसके बाद बच्चा इसी तरह से निजी संदर्भ में भी व्यवहार करता है। इस प्रकार से बच्चे एकाकी प्रतिनिधि होते हैं लेकिन उन्हें संज्ञानात्मक विकास प्रक्रिया में महत्वपूर्ण अन्य लोगों से भी मदद मिलती है।

दो अत्यावश्यक शिक्षण शास्त्रीय तकनीकें जो वाइगोत्सकी के दृष्टिकोण से उभरती हैं, वे हैं सहायतापूर्ण खोज और साझेदारी भरा अधिगम।

सहायतापूर्ण खोज़ में शिक्षक की भूमिका होगी कि वह प्रत्येक बच्चे के सर्वाधिक विकास दायरे के आधार पर, व्याख्याओं, प्रदर्शनों और मौखिक सहायता से बच्चों के अधिगम को दिशा दें। साझेदारीपूर्ण अधिगम में, साथियों की साझेदारी बच्चे के अधिगम को दिशा देती है।

सारांश (Summary)

1. बच्चों के संज्ञानात्मक विकास का सम्बन्ध उनके सोचने, तर्क करने और अवधारणाओं के निर्माण प्रक्रिया से है कि वह ऐसा कैसे करते हैं।
2. प्राथमिक शाला वर्षों में बच्चे की संज्ञानात्मक क्षमता में महत्वपूर्ण उन्नति होती है। अपने परिवेश की घटनाओं और वस्तुओं को समझने के लिए उसमें स्वाभाविक उत्सुकता होती है। वह अनगिनत प्रश्न पूछता है और अपने बौद्धिक क्षितिज का विस्तार करता है। वह कारण-प्रभाव भूमिकाओं की पड़ताल करता है।
3. उसकी तर्क प्रणाली मुख्यतया अगमनात्मक होती है। वह ठोस/मूर्त अनुभवों को समझता है और बेहतर अवधारणाओं का निर्माण करता है जब वे उसके वास्तविक वातावरण से होते हैं अथवा उसे उन्हें अनुभव करने का मौका मिलता है।
4. वह वस्तुओं के विकेन्द्रीकरण की धारणा को समझता है, संरक्षण की कुशलताओं को विकसित करता है और क्रमबद्धता एवं संख्याकरण को समझता है।

5. उसकी भाषा कुशलताओं में तीव्र विस्तार होता है और शब्द भंडार में निरंतर बढ़त के साथ उसकी अवधारणा योग्यता एवं अवधारणाओं के संग्रह में भी बढ़ोतरी होती है।
6. बच्चा व्यापक दायरे की मानसिक संक्रियाओं में सक्षम हो जाता है। वह जमा, घटा, गुणा, भाग, विश्लेषण, चयन, वर्गीकरण इत्यादि कर पाता है, इन सबके पाठ्यचर्या योजना प्रक्रिया के लिए महत्वपूर्ण निहितार्थ हैं।
7. बच्चे की बौद्धिक विशेषताओं का पाठ्यचर्या निर्माण/योजना प्रक्रिया, पाठ्यक्रम निर्माण, शिक्षण पद्धतियों और अनुदेशन तकनीक रचना में अत्यधिक सार्थकता है।
8. जैसे बच्चा बड़ा होता है उसकी समस्या समाधान कुशलताओं में सुधार होता है और वह अधिगम की भिन्न पद्धतियों जैसे जांच-पड़ताल, खोजबीन, स्वयं करके सीखना और कार्य योजना का आनन्द लेने लगता है। वह संज्ञानात्मक दलीय कार्य के साथ-साथ अधिगम की सामूहिक पद्धतियों का भी आदर करने लगता है।
9. प्राथमिक शाला बालकों को पढ़ाते समय शिक्षकों को अनुदेशन सम्बन्धी कुछ नीति वाक्यों/सिद्धांतों का पालन करना चाहिए—अनुदेश सरल से जटिल, विशिष्ट से सामान्य और मूर्त से अमूर्त की ओर हों। अधिगम की प्रभावशीलता और इसे सुदृढ़ करने के लिए उदाहरण, व्याख्या, प्रदर्शन और सामग्रियों के हस्त संचालन को व्यापक स्तर पर अपनाना चाहिए।
10. अधिगमकर्ताओं की विविध बौद्धिक विशेषताओं को संभाषित करने के लिए शिक्षण पद्धतियों में भी भिन्नता होनी चाहिए।
11. बच्चे के अधिगम पर बुद्धिमत्ता, अधिगम की तैयारी, शैक्षणिक उपलब्धि और रचनात्मकता का प्रभाव पड़ता है। इन सबका उत्तरदायित्व संज्ञानात्मक विकास के लिए भी है।
12. पियाज़े का संज्ञानात्मक विकास का सिद्धांत संज्ञान और अनुकूलन को विशेष तरह से देखता है, जिसमें बच्चे चार अवस्थाओं से गुजरते हैं और जिसमें बाहरी वास्तविकता के साथ आंतरिक संरचनाएं बेहतर समायोजित हो जाती हैं।
13. वाइगोत्सकी का सिद्धांत संज्ञान में सामाजिक-सांस्कृतिक परिप्रेक्ष्य पर जोर देता है जिसमें निजी भाषण/वक्तव्य पैदा होता है, जब बच्चा अपने ही समाज के अधिक वयस्क सदस्यों से संवाद करता है। इस प्रकार से भाषा को समस्त उच्च संज्ञानात्मक प्रक्रियाओं की बुनियाद माना जाता है।

6

नैतिक विकास

Moral Development

परिचय (Introduction)

''नैतिकता'' और इसका विकास सदियों से दार्शनिक अवधारणा रही है लेकिन पिछले तीन दशकों से इसने मनोविज्ञान में भी महत्वपूर्ण स्थान प्राप्त कर लिया है। बच्चों में नैतिकता का अर्थ है क्या सही और क्या गलत है, की उनकी अवधारणा से कौन-सा व्यवहार अच्छा है और कौन-सा खराब, उनकी चेतना का विकास और मूल्यों का पैमाना जो मूल रूप से उन्हें बताता है कि क्या मूल्यवान है और क्या नहीं।

नैतिक विकास का सम्बन्ध उन प्रक्रियाओं से है जिनसे बच्चे सही एवं गलत अथवा अच्छा और बुरा व्यवहार, नैतिक तर्कशक्ति और नैतिक आचरण के नियम को सीखते हैं। नैतिक तर्कशक्ति में शामिल है कि कैसे बच्चा उन नियमों और मानकों को सीखता और अपनाता है जिनसे नैतिक निर्णय और कदम उठाए जाते हैं। नैतिक आचरण से आशय उस वास्तविक व्यवहार से है जो उन परिस्थितियों में दर्शाया जाता है जिनमें कुछ नैतिक अथवा आचार-व्यवहार संबंधित कदम उठाए जाने की आवश्यकता होती है। जहाँ नैतिक तर्कशास्त्र का सम्बन्ध है निर्णय और तर्क करने की संज्ञानात्मक प्रक्रियाओं से, वहीं नैतिक आचरण का सम्बन्ध है विभिन्न परिस्थितियों में प्रदर्शित विशिष्ट नैतिक व्यवहार से।

नैतिक व्यवहार का एक महत्वपूर्ण आयाम है नैतिक निर्णय की समझ जो बनती है, खुद की एवं दूसरों की जिम्मेदारी स्वीकारने से, वैयक्तिक अधिकारों को दूसरों के अधिकारों के साथ स्पष्ट संदर्भ में देखने से, और खुद के वर्तमान के व्यवहार को भविष्य में खुद की भलाई के साथ जोड़कर देखने से। अभ्यास में लाए गए आत्म-जागरूकता एवं आत्म-नियंत्रण का स्तर, अन्यों की कुशलताओं एवं अंतःदृष्टि और समस्त अधिकार प्रतिमूर्तियों जैसे अभिभावक, शिक्षक और सामाजिक मानकों पर प्रतिक्रियाएं, किसी व्यक्ति के नैतिक निर्णयों का निर्धारण करते हैं। ऐसा लगता है कि नैतिक व्यवहार व्यक्ति के सामान्य सामाजिक अनुभव के कार्य से उभरता है।

बच्चों में नैतिक वृद्धि (Moral Growth in Children)

जिस तरह से बच्चे की लम्बाई बढ़ती है, वह अपनी गतिविधियों में अधिक संयोजन लाता है, सामाजिक रूप से अधिक सक्रिय एवं दक्ष और संज्ञानात्मक रूप से अधिक जिज्ञासु एवं कुशल हो जाता है, उसी तरह से उसकी चेतना और सही एवं गलत व्यवहार की

उसकी धारणा की समझ भी विकसित होती है। बच्चों में नैतिक विकास कई कारकों पर निर्भर करता है। शुरुआत में कहा जा सकता है कि यदि बच्चे का शारीरिक स्वास्थ्य अच्छा है तो उसकी नैतिक वृद्धि में भी अच्छी बढ़त होगी। नियम के तौर पर जो बच्चे सशक्त होते हैं उनमें अपने पैरों पर खड़ा होने और लालच में ना फंसने का साहस होता है। वे जितना संभव हो उतना, प्रतिशोध की इच्छा और कड़वाहट से मुक्त रहते हैं। वे स्वस्थ, हृष्ट-पुष्ट और खुश रहते हैं।

संवेदनात्मक सुरक्षा अथवा स्वयं को वांछनीय मानना और यह समझ कि हमें कोई प्यार करता है, भी नैतिक वृद्धि को प्रभावित करती है। संवेदनात्मक रूप से सुरक्षित बच्चे में दूसरों को प्यार करने की योग्यता होती है क्योंकि वह खुद इसका प्राप्तकर्त्ता/पानेवाला है। उसे "देखभाल", "साझेदारी" और साथीपन की समझ होती है। उसे एकाकीपन के अहसास की पूर्ति और प्रतिशोधपूर्ण अथवा कड़वा होने की ज़रूरत नहीं होती जो अक्सर अनैतिक और समाज विरोधी व्यवहार की जड़ बनते हैं।

वे बच्चे जिन्हें रोमांच और उत्साह की अभिव्यक्ति के पर्याप्त अवसर और उपाय प्रदान किए जाते हैं, वे भी बेहतर नैतिक वृद्धि दर्शाते हैं। ऐसा इसलिए है क्योंकि वे ऊबे हुए नहीं होते हैं, इसके अतिरिक्त उत्साह की उनकी आवश्यकताएं उचित रूप से सम्बन्धित होती हैं। इन बच्चों को उत्साहित होने के लिए "बुरा" अथवा "अवज्ञाकारी/ढीठ" होने की आवश्यकता नहीं होती। ये बच्चे अक्सर जान-बूझकर गलत काम भी नहीं करते जैसा कि अक्सर ऊबे हुए बच्चे के करने की संभावना होती है।

बच्चों को अनुशासन पालन करने और भिन्न आवेगों को संभालने में आत्म-नियंत्रण के लिए प्रोत्साहित करना भी नैतिक वृद्धि में सहायक होता है। इसका यह अर्थ बिलकुल भी नहीं है कि बच्चों की स्वाभाविक गतिविधियों पर रोक लगा दी जाए अथवा हम बच्चों से वयस्कों जैसे आत्म-नियंत्रण की अपेक्षा रखें।

ऐसा सामाजिक जीवन, जिसमें बच्चा खुद को भिन्न समूहों से संबद्ध करता है और बहुत से लोगों को जान जाता है, भी नैतिक वृद्धि में मददगार है। इससे बच्चे के सामाजिक आकाश के विस्तार में मदद मिलती है ताकि उसे जानने, बर्दाश्त करने, सहानुभूति देने, समझने और इसलिए, सही अर्थों में अन्य लोगों के अधिकारों और विशेषाधिकारों पर ध्यान देने की निरंतर, प्रगतिशील योग्यता प्राप्त हो। अंततः "सही" करने की इच्छा फिर चाहे वह, सपनों, धार्मिक विश्वासों अथवा अभिभावकों के पुनर्बलन या प्रोत्साहन अथवा सांस्कृतिक धरोहर के दोहन से, मिले, भी नैतिक वृद्धि को अत्यधिक सुकारक बनाती है।

नैतिक वृद्धि के अध्ययन में तीन महत्वपूर्ण मुद्दे हैं–

(1) बच्चा कैसे सही और गलत के अंगीकृत (Internalised) मानकों के समूह का विकास करता है।

(2) वह कैसे आत्म-नियंत्रण के लिए आवश्यक कुशलताओं का विकास करता है जो कि परिणामतः मानकों का पालन करने के लिए आवश्यक हैं।

(3) बच्चा कैसे नैतिक निर्णय विकसित करता है।

मनोविश्लेषणात्मक सिद्धांतों को मानने वाले विचारकों, विशेषकर फ्रायड (Freud) ने इन प्रश्नों में से मुख्यतया अहम-शक्ति के विकास पर, जो कि दूसरे के उत्तर की ओर ले जाती है, पर अपना ध्यान केन्द्रित किया।

सामाजिक अधिगम सिद्धांत ने नैतिक मानकों और आत्म-नियंत्रण दोनों ही के विकास में दूसरों को देख कर नकल करने अथवा आदर्श मान कर अपनाने की भूमिका पर जोर देते हुए, पहले और दूसरे दोनों ही मुद्दों पर ध्यान केन्द्रित किया।

संज्ञान विकासात्मक सिद्धांतकों ने लगभग संपूर्णतया अपना ध्यान तीसरे मुद्दे पर केन्द्रित किया था। पियाज़े और कोहलबर्ग, इस प्रकार के दो सिद्धांतक थे जो विशेष रुचि रखते थे कि बच्चे किस प्रकार के नियम और तर्क का प्रयोग करते हैं, ये कैसे बदलते हैं और उनका उपयोग भी कैसे बदल जाता है। कोहलबर्ग ने नैतिकता में विकासात्मक अवस्था सिद्धांत का सुझाव दिया था, जिस पर चर्चा इस पाठ के आखिरी खंड में की जाएगी।

चूंकि तीनों मुख्य बिंदुओं को अलग-अलग संभाषित किया गया है, अतः खोज परिणामों को एक एकीकृत सिद्धांत में समझाना मुश्किल है। ऐसा लगता है कि शिशु, सही और गलत, अच्छा एवं बुरा, उचित एवं अनुचित, नैतिक और अनैतिक, की समझ के बिना ही पैदा होता है। ऐसा प्रतीत होता है कि उसकी नैतिकता की चेतना और मूल्यों का पैमाना, उसके घर, विद्यालय और हमजोली समूह से संवाद के माध्यम से विकसित होता है। तो इस सबके बाद प्रबल संभावना इसी बात की लगती है कि बच्चा अपना पहला बुनियादी नैतिक मानक किसी सीमा अथवा पहचान प्रक्रिया से पाता है और यह प्रक्रिया मुख्यतया पांच अथवा छः वर्ष तक संपूर्ण हो जाती है। इस बिन्दु से आगे, मुख्य बदलाव उस तरीके में होते हैं जिनसे बच्चा इन मानकों का उपयोग करता है और निर्णय लेता है।

नैतिकता का विकास (Development of Morality)

क्या ''सही'' अथवा क्या ''गलत'' है, की बच्चे की पहली अवधारणा सरल रूप से वह है जिसके लिए उसके अभिभावक अनुमति अथवा निषेध (मना) करते हैं। आरंभिक बचपन में वह शासित होता है उससे जिसे पियाज़े कहते हैं। ''नैतिक वास्तविकता'' जिसमें संसार को दर्शनीय मान अथवा जैसे वह दिखाई दे रहा है वैसा ही मान लिया जाता है। बच्चा किसी दृष्टिकोण को नहीं जानता, वह प्ररिप्रेक्ष्यानुसार (perspectivewise) सोच अथवा निर्णय नहीं कर सकता और उसका बोध सरल है—चीज़ें या तो सही अथवा गलत या काली अथवा सफ़ेद होती हैं। सभी आनन्ददायी अनुभवों अथवा उन सभी घटनाओं और वस्तुओं को सही समझा जाता है जो बच्चे को पुरस्कृत करती हैं जबकि जिनसे बच्चा दंडित होता है अथवा जिनसे बच्चे को दर्द मिलता है उन्हें गलत माना जाता है। अभिभावकों को अधिकार की उच्चतम मूर्ति के रूप में देखा जाता है जिसे सबसे ज्यादा मालूम है। अभिभावक के कथन अनुसार जो सही है और जिसे वह गलत मानते हैं उससे बच्चा पूरी तरह से मार्गदर्शित होता है। अक्सर जब बच्चे एक-दूसरे के साथ गहन संवाद में लिप्त होते हैं तो वे इशारा करते हैं कि उनके ''मम्मी अथवा पापा उन्हें कहते हैं कि उन्हें क्या करना चाहिए''। जो बच्चे शाला पूर्व अथवा नर्सरी में जाते हैं, वे अपने शिक्षक को भी एक ऐसी अधिकारशील मूर्ति मानना शुरू कर देते हैं जिसे सुनना अथवा जिसकी बात पर ध्यान देना आवश्यक है। हकीकत में शिक्षक स्थानापन्न अभिभावक की भूमिका अपना लेते हैं। जिसे शिक्षक कहता है कि सही है, वही सही माना जाता है और जिसे शिक्षक गलत मानता है, उसे बच्चा भी गलत मानता है। बच्चों के नैतिक निर्णय का एक अन्य आकर्षक आयाम यह है कि आरंभिक बचपन में वह व्यवहार का

विश्लेषण उभयनिष्ठ (Objectivity) होकर करते हैं और किसी कार्य की परिस्थिति अथवा प्रयोजन पर ध्यान नहीं देते हैं। जैसे, यदि एक चार वर्ष के बच्चे से पूछा जाए कि उसकी बड़ी बहन को क्या दंड मिलना चाहिए जिसने गर्मी के एक दिन अपने माता-पिता को पानी पिलाने के प्रयास में गलती से ट्रे गिरा दी और गिलास तोड़ दिए, तो वह कहेगा कि उसकी पिटाई और डांटना अथवा बाथरूम में बंद कर देना चाहिए—चयन का आधार होगा कि वह किसे दंड का सर्वोत्तम प्रकार मानता है। उसका नैतिक निर्णय किए गए नुकसान की मात्रा तक सीमित है। यह तथ्य कि उसकी बहन वास्तव में कुछ आदरणीय और भलमनसाहत से कर रही थी उसकी तर्कशक्ति तक बिलकुल भी नहीं पहुँचता है।

आरंभिक प्राथमिक वर्षों में भी बच्चे दंड को एक आवश्यकता के रूप में देखते हैं और महसूस करते हैं कि इसे संभावित परिस्थितियों की गंभीरता के संदर्भ की बजाय मात्रा के बराबर होना चाहिए। इसके अलावा इस अवस्था में अधिकार रखने वाले भी परम होते हैं, इस प्रकार से आरंभिक प्राथमिक वर्षों में लगभग आठ से नौ वर्ष के आसपास, जैसा कि कोहलबर्ग ने अपने सिद्धांत में भी सुझाया है, बच्चों की सही और गलत की समझ बाहरी शक्तिशाली अधिकारों एवं अधिकारियों से परिभाषित होती है। कार्यों को उनके परिणामों से परखा जाता है और सामान्यतया बच्चे अपनी आवश्यकताओं की पूर्ति करते हुए दंड से बचने की कोशिश करते हैं।

जैसे बच्चा बड़ा होता है और उच्च प्राथमिक अवस्था में प्रवेश करता है, वह सीखना शुरू कर देता है कि नियम उभयनिष्ठ रूप से सच नहीं होते हैं, बल्कि इन्हें लोगों ने बनाया है और परिस्थितियों के अनुसार इनमें बदलाव किया जा सकता है। क्या सही और क्या गलत है, को परखने की शुरुआत अब प्रचलित नैतिकता के अर्थ में होने लगती है। समाज के नियम और कानून होते हैं और व्यक्तियों में इनको मानने की योग्यता के आधार पर उन्हें अच्छे अथवा बुरे के रूप में परखा जाता है। सामाजिक अनुमोदन की इच्छा और सामूहिक सहमति के मूल्यों से बच्चा प्रोत्साहित होता है। कार्यों पर निर्णय लेने में परिणामों के बजाय इच्छा का महत्व है। परिणामों की नैतिकता से इच्छाओं की नैतिकता की ओर यह बदलाव इस अवस्था के नैतिक विकास का सबसे आकर्षक आयाम है। पहले बताए जा चुके उदाहरण में नौ अथवा दस वर्ष का बालक निश्चित ही अपनी बहन की इच्छा पर ध्यान देगा और तर्क करेगा कि आखिरकार उसकी इच्छा तो आदर या सराहना योग्य थी।

बड़े बच्चे के नैतिकता के नियम काफी हद तक उसके साथी समूह के नैतिकता के नियमों से निर्धारित होते हैं। वह वैसे ही व्यवहार करना सीखता है जैसे कि उसका समूह उससे अपेक्षा करता है और वह पक्की तरह से, निश्चित बल से, इसके सही और और गलत के मानक पर चलता है। हकीकत तो यह है कि जब उसे अपने अभिभावकों के नैतिक मानकों और अपने मित्र समूह के मानकों में से किसी एक को चुनने की आवश्यकता पड़े तो सामान्यतया वह बाद वाले को ही चुनेगा। जब वह लगभग दस वर्ष का होता है तो वह नियमों, तर्कों के पीछे के सिद्धांतों और कारणों को समझने लगता है। अब उसमें नैतिक तौर पर सही, गलत पहचानने की योग्यता है और उसके पास मौखिक नैतिकता का बड़ा भंडार होता है अथवा वह सीख चुका होता है, सही और गलत की अवधारणाओं को उसी रूप में जिसमें वह विभिन्न परिस्थितियों से जुड़ी होती हैं। उसमें सच्ची नैतिकता का अभाव होता है क्योंकि वह खुद से यह परखने में असमर्थ होता है

कि कौन सा कदम सही अथवा गलत है, बल्कि इसके लिए वह निर्भर होता है इस पर कि उसने इस संदर्भ में क्या सीखा है। यदि बच्चे की नैतिक वृद्धि सही दिशा में अग्रसर है तो प्राथमिक अवस्था तक पहुँचने पर उसकी न्याय और आदर-सम्मान की समझ काफी मज़बूत हो जाती है। वह मानने लगता है कि झूठ बोलना, बहाने बनाना, कायरता दर्शाना, छोटे अथवा कमजोर प्राणियों के साथ बुरा बर्ताव करना, दूसरों की चीज़ें ले लेना अथवा अपने दोस्तों को धोखा देना, गलत हैं। नैतिक साहस, संपत्ति के प्रति आदर और ईमानदारी के बारे में उसकी नैतिक अवधारणाएं भलीभांति विकसित हो जाती हैं।

बचपन के अंतिम पड़ाव पर घर, विद्यालय, हमउम्र समूहों के अनुभवों और संचार माध्यम विशेषकर टी.वी. पर प्रदर्शित के परिणामस्वरूप बच्चे के नैतिक मूल्यों की स्थापना हो रही होती है। इनमें से कुछ मूल्य शायद जीवनपर्यंत बदलते नहीं हैं और वयस्कावस्था में भी उसके व्यवहार को प्रभावित करते रहेंगे।

यह जानकारी कि दूसरे लोग विभिन्न प्रकार के व्यवहारों को कितना मूल्यवान मानते हैं, बच्चे के नैतिक निर्णयों की प्रक्रिया पर प्रभाव डालती है। उदाहरण के लिए, बच्चा झूठ बोलने, चोरी अथवा छल-कपट करने वालों से घृणा करेगा। यदि उसका समूह मानता है कि ऐसा करना गलत है और सम्मान सम्बन्धी उसके अपने मानक भी कुछ ऐसे ही हैं। वह मजबूती से उन सबकी भर्त्सना करेगा जिनका व्यवहार उसके नैतिकता के मानकों पर खरा नहीं उतरता और गलती करने वालों के लिए उसकी भावनाओं की अभिव्यक्ति भी उसी मजबूती से होती है। उन लोगों के प्रति जो नियम पालन नहीं करते हैं, उसकी अभिवृत्ति मुखरित असहनशीलता की होती है। बड़ा बच्चा न केवल दूसरों के ही उस व्यवहार की भर्त्सना करता है जो अनुमोदित सामाजिक मानकों का पालन नहीं करते, बल्कि वह खुद को भी इसी प्रकार प्रताड़ित करता है, यदि उसका खुद भी इसी तरह का व्यवहार हो।

जैसा कि पहले कहा जा चुका है, इस अवस्था में, सामाजिक नियम पालन के प्रति कर्तव्यनिष्ठ होने के बावजूद भी बच्चा उन नैतिक नियमों को संग्रहीत मात्र नहीं करता है जो पूर्व-निर्मित सिद्धांतों के रूप में एक से दूसरी पीढ़ी को सौंप दिए जाते हैं। आवश्यक है कि प्रत्येक बच्चा इन सिद्धांतों पर ''पुनःकार्य'' कर किसी और रूप में बदले ताकि वह अपनी खुद की वैयक्तिक आवश्यकताओं और अपने परिवेश के अन्य लोगों के लिए आदर और इनके साथ स्वयं की पहचान के रूप में इसे अपने जीवन में एकीकृत कर सके। अब तक वह यह जान चुका होता है कि गरीब लोगों का मज़ाक नहीं उड़ाना चाहिए, विकलांग बालकों को शारीरिक कार्य करने के लिए नहीं कहना चाहिए, परीक्षा में फेल हो रहे छात्र का मज़ाक नहीं बनाना चाहिए, उस दोस्त का जो हकलाता है उसकी निंदा नहीं करनी चाहिए इत्यादि। वह अपने माली और अपने बावर्ची की इज्जत करता है क्योंकि वह मेहनती और निष्ठावान है, शायद इसलिए वह उनसे सम्मान से बात करना पसंद करता है। अपने अवलोकनों के आधार पर वह लोगों के बारे में अपने खुद के नैतिक निर्णयों पर पहुँचता है। परिणाम अक्सर यह होता है कि बड़े बच्चे के नैतिक निर्णय का अपने अभिभावकों के निर्णयों से द्वंद्व होता है। शाला पूर्व और आरंभिक प्राथमिक वर्षों के असमान, बड़े बच्चे की खुद को दूसरों के साथ पहचानने की और दूसरों में रुचि लेने की क्षमता बढ़ चुकी होती है और व्यापक परिप्रेक्ष्य में परिस्थितियों को परखने की क्षमता भी विकसित हो चुकी होती है। वयस्क अधिकारशील व्यक्तियों

पर उसकी निर्भरता कम हो जाती है और यहाँ तक कि समय के साथ वह अपने हमउम्र समूहों के ज्यादातर नियमों पर भी कम निर्भर रहता है—उसमें परिस्थितियों को खुद के लिए स्वयं परखने की क्षमता विकसित हो जाती है। इस प्रकार से बच्चा नैतिकता की स्वयं की अवधारणा की रचना करता है।

नैतिक व्यवहार के घटक (Constituents of Moral Behaviour)

हमने नैतिक व्यवहार के बारे में लंबी चर्चा कर ली है लेकिन नैतिक व्यवहार वास्तव में क्या होता है, इस पर चर्चा अभी बाकी है। सच्चाई यह है कि नैतिक व्यवहार एक ऐसा व्यापक शब्दांश है जिसमें कई विशिष्ट मनोवृत्तियाँ, मूल्य और कार्य समाहित हैं। सबसे पहले, यह दर्शाता है कि उस समाज़ के नैतिक मानकों के बारे में, जिसमें वह रहता है, बच्चे को क्या सीखना आवश्यक है। अपनी संस्कृति के सार्वभौमिक मूल्यों जैसे कि ईमानदारी, दूसरों के लिए आदर इत्यादि के बारे में जानना चाहिए। उसे यह भी जानना और समझना जरूरी है कि वे कौन से मूल्य हैं जिनकी उसकी संस्कृति निंदा करती है—अपराध, अन्याय, छल-कपट इत्यादि। उनके दिन-प्रतिदिन के व्यवहार में इस समझ की झलक मिलनी चाहिए। अन्य शब्दों में ये सब उसके भीतर आत्मसात हुए मूल्य बन जाने चाहिएं।

दूसरी आवश्यक बात है कि वह आत्म-नियंत्रण और अन्यों के लिए सहानुभूति विकसित करे। इसके लिए यह पहचान/जान लेना आवश्यक है कि लंबे दौर में वह दूसरों के साथ ही खुश रह सकता है और इसलिए उसका अन्यों के प्रति विश्वास का विकास अति आवश्यक है। उसकी समझ के अनुसार उसका खुद का क्या देय है और अन्य लोगों की उसके लिए क्या देनदारी है, के बीच के संतुलन की उत्कृष्ट समझ का विकास उसके लिए जरूरी है। धीरे-धीरे उसे अपने अविकसित अथवा आत्मकेन्द्रित आवेगों पर नियंत्रण करना और अन्यों की आवश्यकताओं को सहजता से स्वीकारना सीखना होगा। इससे उसे समूह में समरसतापूर्ण जीने में मदद मिलेगी। इन आत्मकेन्द्रित आवेगों पर नियंत्रण करने का स्वस्थ तरीका दमन से नहीं निकलता, बल्कि इनको सामाजिक रूप से उपयोगी राह पर दिशा-निर्देशित करने से आता है।

नैतिक व्यवहार का प्रमाण तब भी मिलता है जब बच्चे प्रलोभन का प्रतिरोध करना सीख जाते हैं। उदाहरण के लिए, परीक्षा देते समय यदि बच्चे को कहा जाए कि शिक्षक उस पर विश्वास करते हैं और इस तरह से कोई निरीक्षक परीक्षा समय के दौरान उपस्थित ना हो तो, बच्चे के समक्ष दो संभावनाएं हैंः वह अपनी किताब खोल कर, उत्तरों की नकल कर ले और अच्छे अंक ले आए अथवा वह परीक्षा को परीक्षा की वास्तविक भावना के साथ दे। उस बच्चे को, जिसने दूसरा विकल्प चुना है, को नैतिक रूप से अधिक विकसित माना जाएगा क्योंकि उसने लालच का प्रतिरोध किया है। बच्चे लालच का विरोध तब सीखते हैं, जब उन्हें लगातार बढ़ते लालच का क्रमशः सामना करने का अवसर दिया जाए, न कि तब जब उन्हें समस्त लालच से बचा कर रखा जाए।

चेतना का विकास, नैतिक व्यवहार का एक और महत्वपूर्ण आयाम है। चेतना व्यक्तित्व का वह पहलू प्रतीत होता है जिसमें अभिभावकों और उस समाज के मानक होते हैं जिनसे बच्चे का सम्बन्ध है। बच्चे की चेतना का वर्णन उसके "स्व-आदर्श" अथवा उन विचारों, मूल्यों और वर्जनाओं के जोड़ के रूप में भी किया जा सकता है जिसका

बच्चा पालन करना चाहता है और जिन तक वह पहुँचना चाहता है। घर, विद्यालय, हमजोली समूह और मोटे तौर पर समाज से मिले उद्दीपन के प्रत्युत्तर के रूप में चेतना का विकास होता है। शुरुआत में जब बच्चा बेहद छोटा होता है, तो वह केवल अपने शरीर और बुनियादी आवश्यकताओं के प्रति ही जागरूक होता है। जैसे-जैसे उसकी इन्द्रिय तंत्र व्यवस्था विकसित होती है उसकी जागरूकता भी बढ़ जाती है और वह धीरे-धीरे अवरोधों पर स्वामित्व और सहज़ प्रवृत्तियों पर नियंत्रण पा लेता है। इन अवरोधों और नियंत्रणों के समूह में से, समय आने पर निकलती है एक आंतरिक अभिचेतन व्यवस्था (Censorsip) अथवा चेतना जो कि पहले-पहल संपूर्णतया निर्भर होती है उन मानकों और मानव व्यवहार के उचित एवं अनुचित नीतिशास्त्र पर जो अभिभावक बताते हैं और जिसे वे बच्चे पर लागू करते हैं। जैसे बच्चा परिवार से बाहर निकलता है उसका सामना होता है शिक्षक और अन्य बच्चों व उनके परिवारों के अनुमोदनों और अस्वीकृतियों से। अब क्योंकि उसके व्यवहार के मानक और उन मानकों के बारे में वह क्या महसूस करता है, यह सब प्रभावित होता है अन्यों से, तो उसकी चेतना भी प्रभावित हो जाती है। इस प्रकार से, बचपन के वर्षों के दौरान चेतना विकसित होती है। यदि विकास सामान्य होता है तो यह व्यवहार को सामाजिक रचनात्मक राह का मार्गदर्शन देने वाला आधिकारिक प्रभावी उपकरण और अवांछित अथवा विध्वंसात्मक व्यवहार का अधिक प्रभावी विरोधकर्ता बन जाता है।

नैतिक व्यवहार का एक अन्य आयाम है सहनशक्ति का विकास। बच्चों में इसकी शुरुआत होती है इस सीख से कि उनके जैसे बहुत से अन्य बच्चे हैं उनके भी अभिभावक, घर, रुचियाँ और भावनाएं हैं। यह उनका सहनशक्ति का पहला पाठ है। जैसे वे बड़े होते हैं और उनके सामाजिक क्षितिज का विस्तार होता है, उनमें सामाजिक सहनशीलता की भावना का भी विकास होना शुरू हो जाता है। आरंभिक प्राथमिक स्तर पर सामाजिक सहनशीलता आपसी स्वीकृति और एक-दूसरे के लिए दया को प्रतिबिंबित करती है। समता के सिद्धांत पर आधारित सामाजिक सहनशीलता जिसमें सभी समस्त जातियों, समुदायों और धार्मिक समूहों को एक-दूसरे के बराबर समझा जाता है, काफी बाद में आती है।

प्राथमिक शाला बालक के नैतिक व्यवहार का एक महत्वपूर्ण पहलू सम्पत्ति के आदर की समझ भी है। पहले-पहल, बच्चों का यही भाव होता है कि वह जिस चीज़ का प्रयोग करते हैं वह उन्हीं की है। यहाँ तक कि विद्यालय में भी वह यही सोचते हैं कि उनका डेस्क और कुर्सी उन्हीं की है, झूले भी उन्हीं के हैं, शिक्षक भी उन्हीं के हैं इत्यादि। जैसे-जैसे उनमें सामाजिक सम्बन्धों और दोस्ती का विकास होने लगता है, वह साझेदारी और बांटने की अवधारणा सीखने लगते हैं और यह समझना शुरू कर देते हैं कि चीज़ें सभी के लिए हैं। वे जान जाते हैं कि सार्वजनिक संपत्ति का उपयोग सभी लोग करते हैं। धीरे-धीरे उनमें बोध आता है कि सार्वजनिक संपत्ति से अच्छा व्यवहार अथवा इसका आदर करना चाहिए और इसे नुकसान अथवा हानि नहीं पहुँचानी चाहिए क्योंकि यह सभी के लिए एक सुविधा है। हालांकि संपत्ति के आदर की चरम अवस्था तब उभरती है जब उच्च प्राथमिक अवस्था में, बच्चे में इस अभिवृत्ति का विकास होता है कि सभी जिस संपत्ति का उपयोग अथवा जिस पर स्वामित्व रखते हैं वह किसी एक की

न होकर सभी के लिए है। जब बच्चा इस समझ को आत्मसात कर लेता है तब नैतिक वृद्धि उसके व्यवहार में झलकती है।

नैतिक व्यवहार का प्रमाण बच्चे द्वारा प्रदर्शित गुणों और मूल्यों से भी मिलता है। अपने संवादों के माध्यम से बच्चे अच्छी और बुरी दोनों विशेषताएं दर्शाते हैं। वांछनीय (Desirable qualities) विशेषताओं/गुणों में शामिल हैं आत्म-नियंत्रण, बेईमानी रहित खेल, साहस, न्याय, निष्ठा, किसी कार्य के लिए समर्पण और सभी के लिए सम्मान एवं प्रतिष्ठा। अवांछनीय गुण हैंः गलत भाषा और अभद्र भाषा का उपयोग, अश्लील कहानियाँ सुनाना, पलायनशीलता, नियम और अधिकरणों के प्रति अनादर और झूठा एवं धोखाधड़ी युक्त व्यवहार। बच्चे का परिचय दोनों ही तरह के व्यवहारों से होता है विशेषकर दलीय/गैंग अवस्था में । हालांकि इस समय बच्चा दस अथवा बारह वर्ष का हो जाता है और एक विशिष्ट क्रम दिखाई देने लगता है और वे गुण जिन्हें बच्चा अपनाना अथवा पालन करना चाहता है वे स्पष्ट हो जाते हैं। इस प्रकार से बच्चे का नैतिक व्यवहार भी उसके चयन से प्रभावित होता है।

नैतिक व्यवहार के विकास में अभिभावकों और शिक्षक की अनुशासन शैली का भी महत्वपूर्ण योगदान होता है। विद्यालय और घरों में जहाँ कारणों और स्पष्टीकरणों पर जोर देती नियंत्रण की अनुगमत्मिक (Inductive) शैलियों का प्रयोग होता है, वहाँ संभावना अधिक होती है कि बच्चे लालच का प्रतिरोध करने में सक्षम और रेखा पार अथवा अनुशासनहीनता के बाद अपराधबोध महसूस करेंगे, तुलनात्मक रूप में वहाँ से जहाँ कार्य आधारित अथवा शक्ति आधारित अनुशासन शैलियों का प्रयोग होता है।

सामान्य रूप से बच्चों द्वारा प्रयोग किए जा रहे नैतिक निर्णयों और उनके प्रदर्शित नैतिक व्यवहारों में अत्यधिक तालमेल एवं एकरसता होती है। उदाहरण के लिए, आरंभिक बचपन में बच्चे की सही और गलत की समझ वही है जो उसके अभिभावकों ने उसे बताया है। यदि उन्होंने उसे बताया है कि चोरी अथवा छल-कपट गलत/बुरा है तो धरती पर ऐसा कुछ भी नहीं है जो उसे चोरी/छल-कपट करवा ले। हालांकि, जैसे बच्चा बड़ा होता है कभी-कभी परिस्थितियों का प्रभाव उसके नैतिक व्यवहार और निर्णयों में विसंगति उत्पन्न कर देता है। उदाहरण के लिए, हालांकि वह जानता है कि किसी और के उत्तर की नकल करना गलत बात है लेकिन काम अधूरा छोड़ने पर शिक्षक की पिटाई का डर शायद उससे ऐसा करवा ले। वह जानता है कि हमें हमेशा सच बोलना चाहिए लेकिन डांट से बचने के लिए वह शिक्षक को किसी चीज़ के बारे में बताते समय शायद सच को तोड़ मरोड़ दे। संक्षेप में हम कह सकते हैं कि नैतिक व्यवहार पर अत्याधिक प्रभाव नैतिक निर्णय का पड़ता है अथवा नैतिक निर्णय, नैतिक व्यवहार का एक महत्वपूर्ण घटक है।

नैतिक विकास के लिए शिक्षा (Education for Moral Development)

जैसा कि पहले देखा जा चुका है, कि समाज में कई शक्तियाँ, बल अथवा प्रभाव हैं जो बच्चे की वृद्धि और विकास प्रक्रिया के दौरान कार्यशील रहते हैं। प्रत्येक बल बच्चे पर अपना प्रभाव छोड़ता है। बच्चों का विकास इन बलों के साझे प्रभाव का उत्पाद होता है। नैतिक दायरे में भी, अभिभावक, विद्यालय, हमउम्र, मीडिया और समुदाय ही हैं जो सामूहिक रूप से बच्चे के विकास को प्रभावित करते हैं। इसलिए नैतिक विकास के लिए शिक्षा में इन सभी प्रतिनिधियों को शामिल करना जरूरी है।

हालांकि जीवन में नैतिक वयस्कता बाद में आती है, नैतिक विकास के लिए शिक्षा

की शुरुआत जल्दी ही कर देनी चाहिए। यह शैशवावस्था से भी शुरू की जा सकती है। उदाहरण के लिए, एक शिशु को वयस्क के समस्त ध्यान पर एकाधिकार की अनुमति नहीं देनी चाहिए। उसकी अनावश्यक सजा को प्रोत्साहित नहीं करना चाहिए और सबको अत्यधिक लाड़-प्यार और चिंता से परहेज़ करना चाहिए। प्यार और स्नेह देना चाहिए लेकिन इसकी अति नहीं होनी चाहिए। शिशु को यह सीखना चाहिए कि संसार केवल उसकी इच्छाओं और जरूरतों के आसपास ही नहीं घूमता है।

पूर्व वर्षों के दौरान, घर और खेल-विद्यालय; दोनों ही में, बच्चों को आत्मनिर्भरता और अनुशासन के पाठ अथवा दिशा दी जा सकती है। आत्मनिर्भरता का अर्थ हो सकता है कि उसे खुद की देखभाल की जिम्मेदारी दे दी जाए। उसे खुद से खाना खाने के लिए प्रोत्साहित, शौचालय में खुद इंतजार करना और अपने खिलौनों और किताबों की स्वयं देखभाल के लिए प्रोत्साहित किया जाना चाहिए। बच्चों को समयानुरूप व्यवहार और साफ-सफाई एवं स्वच्छता का पाठ पढ़ा कर, अनुशासन शिक्षण की शुरुआत की जा सकती है। बच्चे को ''अन्यों'' की भावनाओं को समझने योग्य बनाने के लिए उससे दूसरों के लिए कुछ काम करवाने चाहिए, जैसे वह घर में अभिभावकों के लिए और विद्यालय में शिक्षक के लिए कुछ छोटे-मोटे काम कर सकता है। उदाहरण के लिए, घर में उसे सरल घरेलू कार्य जैसे छोटे बर्तन वापिस रसोई घर में रखने को, अपने कपड़े अलमारी में रखने, सुबह का अखबार उठाने, पत्र पेटिका (Letter box) से पत्र निकाल कर लाने इत्यादि के लिए कहा जा सकता है। विद्यालय में शिक्षक के लिए छोटे-छोटे कार्य जैसे चॉक ले आना, ब्लैक बोर्ड पर लिखा हुआ मिटाना, बच्चों की कॉपियां इकट्ठी करना, रजिस्टर ऑफिस में रखना इत्यादि करने के लिए कहा जा सकता है। ये गतिविधियाँ बच्चों में, यह अभिवृत्ति कि अपने परिवार और कक्षा के कल्याण अथवा खैरियत के लिए मेरी भी कुछ जिम्मेदारी है, के अलावा आत्म-अनुशासन की भावना को भी आत्मसात करने में मदद करती है।

किसी के खिलौने नहीं छीनना अथवा अन्य बालकों को नहीं मारना और वास्तव में उसके समांतर खेलना, अपने सामाजिक सम्बन्धों में उसे सीख जाना चाहिए। इसके अलावा उसे अपने कक्षा साथियों और व्यापक तौर पर विद्यालय के साथ अपनेपन की समझ के विकास हेतु प्रोत्साहित करना चाहिए। इससे उसे दूसरों के अधिकार और उनके महत्व को पहचानने में मदद मिलेगी। बच्चों को अपने अभिभावकों, उनकी जीवन-शैलियों और रुचियों के बारे में एक-दूसरे से बातचीत के लिए प्रोत्साहित करना चाहिए, इससे उनकी समझ और सहानुभूति के विस्तार में सहायता मिलती है। इस समस्त अनुभवों से बच्चे के ''नैतिक यथार्थ'' में प्रवेश और उसकी अवधारणाओं और दूसरों को शामिल करने की पहचान/परिचय में अत्यावश्यक विस्तार होता है।

कभी-कभी पांच वर्ष की उम्र में, बच्चे दूसरों की चोरी अथवा धोखाधड़ी के प्रति जागरूक हो जाते हैं और ऐसा व्यवहार खुद भी करने का प्रयास करते हैं। ऐसी स्थिति में बच्चे की अभिवृत्ति की अभिभावकों और शिक्षकों द्वारा देखभाल अत्यंत महत्वपूर्ण हो जाता है। बच्चे को कैसे नियंत्रित अथवा समझाया गया, इसका अत्यधिक प्रभाव पड़ता है उस तरीके पर जिससे बच्चा ईमानदारी के बारे में अनुकूल अथवा प्रतिकूल विचारों का निर्माण करता है। यदि शिक्षक और अभिभावक इस व्यवहार की अनदेखी अथवा उपेक्षा यह कहकर करते हैं कि कितना आकर्षक और वास्तव में मासूम है तो बच्चा इस राह पर

चलना और इन तरीकों का प्रयोग जारी रखेगा। यदि बच्चे को समय रहते समझाया जाए और उसके व्यवहार की निंदा की जाए तो वह धोखाधड़ी का व्यवहार छोड़ देगा। यदि सब कुछ करने के बावजूद भी व्यवहार जारी रहता है तो बच्चे के भावनात्मक जीवन में उतर कर, इस प्रकार के व्यवहार के संभावित कारणों को समझकर समाधान ढूंढ़ना होगा।

जैसे बच्चा प्राथमिक विद्यालय में प्रवेश करता है, नैतिक विकास के लिए शिक्षा ज्यादातर विद्यालय की जिम्मेदारी बन जाती है। वह संपूर्ण जीवन अथवा कार्य सम्बन्धी विचार, धारणाएं एवं वातावरण जो विद्यालय दर्शाता है, की महत्वपूर्ण संबद्धता बच्चे के नैतिक मूल्यों और अभिवृत्तियों से होती है। सच्चाई यह है कि विद्यालय में, बच्चे ऐसे कार्य करते हैं जो कई तरीकों से उस कार्य के समदर्श है जो उन्हें वयस्क होकर करने होंगे। सबसे पहली चीज़ जो प्राप्त करनी होगी वह है खुद की जिम्मेदारी लेने की शुरुआत, तभी उसका विकास सामान्य होगा। किसी भी कार्य के प्रति उसकी अभिवृत्ति प्रयासों की सार्थकता की समझ के साथ-साथ, विद्यालयी संपत्ति में साझेदारी, अपने शिक्षक के समय एवं ध्यान को बांटना और अपने हमउम्र साथियों के साथ सहयोग और "दल बनाना" सीखना, इस सबके निर्माण की शुरुआत उसी दिन से हो जाती है जब से वह शाला में प्रवेश करता है। शाला का समय, यह सीखने का कालांश भी है कि असफलताओं पर क्या प्रतिक्रिया होनी चाहिए। चुनौतियों को कैसे स्वीकारें, खेलों में खिलाड़ियों की भांति हार को कैसे स्वीकारें, खेल अथवा कार्य में नकल न करना सीखना और समूह प्रतिभागिता को विस्तार और जिम्मेदारियों को कैसे साझा करें। हालांकि, इन पाठों में से अधिकतर, विद्यालय में संपूर्ण कालांश/वर्षों के दौरान जारी रहते हैं, फिर भी प्राथमिक विद्यालय के पहले तीन वर्षों में ही सामान्यतया बच्चे की विद्यालय के प्रति अभिवृत्ति और उन लाभों का जो वह विद्यालय से अपने बाकी के विद्यालयी जीवन के दौरान पाएगा और शायद यहाँ तक कि उसके बाकी के जीवन में कार्य के प्रति उसकी अभिवृत्ति का भी निर्धारण हो जाता है।

अन्य अभिवृत्ति जो महत्वपूर्ण है वह है ईमानदारी-उद्देश्य, कार्य और सिद्धांत के प्रति ईमानदारी। बच्चों में इस मूल्य के आत्मसातीकरण में विद्यालय मुख्य भूमिका निभाता है। यह सुनिश्चित करने के लिए कि बच्चे ईमानदार होने के मूल्य और उपयोगिता को पहचानें, विद्यालयों को चेतन प्रयास करने पड़ेंगे। शुरू करने के लिए, विद्यालय में गुणों/खूबियों और अवगुणों/बुराइयों की झूठी व्यवस्था की जरूरत नहीं है जो बच्चों को केवल अंतिम परिणामों के लिए कार्य करना सिखाती है। उद्देश्य के प्रति ईमानदारी का विकास इस प्रकार की व्यवस्था में होना मुश्किल ही होता है। शिक्षकों और अभिभावकों के लिए यह भी समझना जरूरी है कि आरंभिक प्राथमिक उम्र का शायद ही कोई ऐसा बच्चा होगा जिसका एक भी ऐसा अनुभव न हो जहाँ उसने कोई ऐसी वस्तु ले ली हो जो उसकी नहीं थी। ऐसा इसलिए है क्योंकि बच्चे की आवश्यकताएं सशक्त होती हैं और स्वामित्व की सीमाओं की उसकी समझ कमजोर। इस प्रकार से उसमें वह चीज़/वस्तु ले लेने का रूझान होता है जो वह देखना और पाना चाहता है, बिना इसकी परवाह किए कि इसका स्वामी कौन है या फिर वह किसकी है। वह शायद अन्य बच्चों की पेन्सिलें अथवा रबर, कक्षा-कक्ष से कुछ चॉक उठा कर और यहाँ तक कि शायद कभी-कभार वह पैसे भी जो उसे यूंही पड़े मिले उठाकर घर ले आए। इस समस्या को अंकुरण अवस्था में ही खत्म करना होगा, पर बेहद ध्यानपूर्वक और समझदारी के साथ। बच्चे की चोरी की

पहली घटनाओं को शिक्षक एवं अभिभावकों को ''गलती'' ही समझकर वैसा ही व्यवहार करना चाहिए। बच्चे से कहा जा सकता हैः ''मुझे लगता है कि तुम यह पेन्सिल गलती से उठा कर लाए हो'' अथवा ''तुम शायद किसी और की पेन्सिल ले आए हो'', लेकिन, कोई बात नहीं, तुम इसे कल वापिस कर देना''।

इस प्रकार के आपत्तिहीन तरीकों से बच्चे को गंभीर निहितार्थ समझाया जा सकता है, उसे गलती स्वीकार करने अथवा जो उसने किया है उसे मानने को मजबूर किए बिना। कोई अपराध भावना अथवा नकरात्मक भावनाओं को समाहित किए बिना। बच्चों को चोर कहना और यह घोषणा कर देना कि अब बच्चे पर विश्वास नहीं किया जा सकता, ऐसा कभी नहीं करना चाहिए।

ईमानदारी युक्त व्यवहार के लिए बच्चों की योग्यताओं और क्षमताओं को सावधानीपूर्वक बनाना और निरंतर देखभाल से सींचना चाहिए। आत्म-नियंत्रण के उद्भव के साथ ही, लालच का प्रतिरोध स्वयं अपने आप ही आ जाता है। इसके बावजूद भी शिक्षकों एवं अभिभावकों को सावधान किया जाना आवश्यक है ताकि बच्चों में लालच के प्रतिरोध की क्षमता का विकास हो सके जिसके लिए उन्हें इससे बचाने की जरूरत नहीं है, इसके बजाय वह इसे केवल तब ही सीख पाएंगे जब उनका क्रमशः बढ़ते हुए सशक्त लालचों से सामना होगा। लालच पर नियंत्रण के उचित विकास के लिए इनाम एवं पुरस्कार का प्रयोग किया जा सकता है। इसके अलावा, उदारता का अभ्यास, मौज-मस्ती के वातावरण में कार्य की साझेदारी, प्रशंसा पाना और भरोसेमंद बालक के रूप में उसकी ठोस प्रतिष्ठा का निर्माण, ये सब बेहद प्रभावी हैं। यह सुनिश्चित करने में कि बच्चा लालच का प्रतिरोध करना सीख जाएगा और यह भी कि उसमें अपने दोस्तों के लिए प्रेम और अपनेपन का अहसास भी विकसित हो जाएगा, अंततः यह सभी बच्चों के लिए आदर और सम्मान की अभिवृत्ति के निर्माण की ओर ले जाएगा।

नैतिकता की सीख देने वाली कहानियों के प्रति बच्चे अत्यधिक संवेदनशील होते हैं। उनमें वांछनीय गुणों के आत्मसातीकरण के लिए इनका व्यापक प्रयोग किया जा सकता है। यदि इन कहानियों का चयन इस प्रकार से किया जाए जिससे कि बच्चा इनके मुख्य किरदार से अपनापन महसूस करे तो शायद और भी अच्छे परिणाम प्राप्त किए जा सकते हैं। उदाहरण के लिए, बच्चे प्रहलाद की तरह आज्ञाकारी, हरिश्चंद्र की तरह ईमानदार और सिन्ड्रेला की तरह ही भाग्यशाली होना चाहेंगे।

बच्चों में जिम्मेदारी की समझ का संचार और उनमें मानवों के प्रति चिंता की भावना जगाने के लिए, विद्यालय में छोटी-छोटी कार्य योजनाएं शुरू की जा सकती हैं। बारी-बारी से बच्चों को विभिन्न चीज़ों जैसे कि भवन की साफ-सफाई, सभी की विद्यालयी पोशाक की जांच सुनिश्चित करना, अभ्यास पुस्तिकाओं का वितरण, चार्ट लगाना, श्यामपट्ट साफ करना, शिक्षक की अनुपस्थिति में कक्षा की देखभाल इत्यादि के लिए संचालक के तौर पर नियुक्ति दी जा सकती है। महत्वपूर्ण बिन्दु यह है कि भूमिकाओं और जिम्मेदारियों को क्रम से बदलना ताकि सभी बच्चों को जिम्मेदारी का अवसर मिले और परिणामस्वरूप वे इसके महत्व को समझ पाएं। पारिस्थितिक नेतृत्व इस प्रयोजन को सिद्ध करता है।

इसके अलावा बड़े बच्चों को छोटे बच्चों के लिए जिम्मेदार बनाया जा सकता है। उनको यह सुनिश्चित करने के लिए कहा जा सकता है कि छोटे बच्चों को अल्पावकाश के दौरान झूले और अन्य सामान मिले। वह उनकी खाना खाने में, बस्ता उठाने में, उन्हें

खेल के मैदान, कला कक्ष इत्यादि तक लाने, ले जाने में मदद कर सकते हैं। इससे उनमें विकसित होगी आंतरिक संवेदनशीलता, समूह का भाग होने की भावना, आत्मानुशासन एवं जिम्मेदारी और बच्चा सीख सकेगा समरसतापूर्ण जीवन का मूल्य।

ईमानदारी के मूल्य पर जोर तो हालांकि एकदम शुरुआत से ही दिया जाता है तो भी बच्चे अक्सर झूठ बोलते हैं। झूठ बोलने के उनके इस व्यवहार को सख्ती से किंतु बिना कोई नुकसान पहुँचाए संभालना चाहिए। सबसे पहले तो वयस्क को यह समझना चाहिए कि बच्चे कई कारणों से झूठ बोलते हैं। शाला पूर्व के वर्षों में बच्चे वास्तविक और काल्पनिक स्थितियों में भ्रमित हो जाते हैं। वास्तव में ''सच'' के साथ शाला पूर्व बच्चे के कई समझौते : क्या हुआ था और उसने कल्पना की कि क्या हुआ होगा में भेद कर पाने की उसकी असली अक्षमता से उपजते हैं। कई बच्चे झूठ बोलते हैं। क्योंकि हालांकि सच, झूठ से कहीं अधिक स्पष्ट है, इसके बावजूद भी वे देखते हैं कि वयस्क और अन्य बच्चे कभी-कभी झूठ बोलते हैं। जब अभिभावक चेतन अथवा अचेतन रूप से अन्यों से अथवा बच्चे से झूठ बोलते हैं तो वह अपेक्षा कर सकते हैं कि बच्चे उनके उदाहरण का अनुकरण करेंगे। चोरी और अन्य दुर्व्यवहारों का स्वाभाविक परिणाम है झूठ बोलना। बहुत से बच्चे दंड से बचने के लिए झूठ बोलते हैं, विशेषकर तब जब मिलने वाला दंड बेहद कड़ा हो। जब अभिभावक और शिक्षक किसी बच्चे को ऐसा करते हुए पाएं तो उन्हें उसके साथ इस्तेमाल किए जा रहे दंड का मूल्यांकन करना चाहिए। यदि दंड अति सख्त है तो उसमें बदलाव कर देने चाहिए। हालांकि यदि उसे विवेकपूर्ण पाया जाए तो बच्चे को अधिक साहसपूर्ण व्यवहार सीखने की आवश्यकता है। महत्वपूर्ण बात यहाँ यह है कि बच्चे के लिए भय से मुक्ति पाना आवश्यक है। पकड़े जाने अथवा कुछ गलत कर जाने पर दंड का यही भय, वह है जो बच्चों को झूठ अथवा ''ढंकने छुपाने'' के व्यवहार का सहारा लेने पर मजबूर करता है। शिक्षकों और अभिभावकों को यह याद रखने की जरूरत है कि प्रत्येक बालक को असत्य के विशेष अनुभवों की आवश्यकता होती है ताकि वह, क्या सही है और क्यों महत्वपूर्ण है, के अपने विचारों का स्पष्टीकरण कर सके।

इस प्रकार से उनकी ऐसी अभिवृत्ति जो यह समझ प्रतिबिंबित कर सके, बच्चे के लिए उपयोगी होगी। सच बोलने के प्रयोगों से बुद्धिमत्तापूर्वक व्यवहार करना महत्वपूर्ण है। बेहद जल्दी से इस दोषारोपण तक पहुँच जाना कि ''तुम झूठ बोल रहे हो-मैं कभी तुम पर दुबारा विश्वास नहीं कर सकता/ती'' के उतने ही गंभीर परिणाम हो सकते हैं जितने की ''चोर'' कह देने के दोषारोपण के। कोई और चीज़ झूठ को उतना प्रोत्साहित नहीं करती जितना कि यह अहसास कि ''सच कहने के लिए तो मेरी कोई प्रतिष्ठा ही नहीं है''। इसी समय, हालांकि बच्चे को पूरी तरह खुली छूट भी नहीं देनी चाहिए, क्योंकि ईमानदारी के मानकों को बनाए रखना ज़रूरी है और बच्चे के लिए झूठ बोलने की गंभीरता और उसके परिणामों को समझना अत्यावश्यक है।

चिढ़ाना और दबंगई उदाहरण हैं अन्य प्रकार के व्यवहारों के जो प्राथमिक विद्यालयों में सामान्यतः पाए जाते हैं। यदि इन बालकों का नैतिक विकास वांछनीय है तो इन्हें बुद्धि मत्ता से संभालना जरूरी है। शाला पूर्व के बच्चे अक्सर रोते-चिल्लाते, आवेश प्रदर्शन करते हैं, और अपने अभिभावकों पर अपनी इच्छा पालन के लिए इन सबकी सहायता से दबाव बनाते हैं। इस सबको हतोत्साहित करना जरूरी है और इस प्रकार के रोने-झींकने और

दबाव बनाने की अनदेखी करनी चाहिए जब तक कि यह बच्चे को किसी भी तरह का कोई भी लाभ पहुँचाए बिना स्वतः समाप्त न हो जाए। बच्चों को कभी-कभी लाड़-प्यार, दुलार और वह जो चाहे वह दे देना चाहिए ताकि उन्हें पता चले कि बिना बेतुकी हरकतें और व्यवहारों के भी उनकी इच्छापूर्ति हो सकती है। प्राथमिक शाला के बालकों में, अन्य बालकों को चिढ़ाना और उन पर दबंगई करना शायद वयस्कों अथवा हमउम्रों के उदाहरण का परिणाम है। कभी-कभी बीमारी अथवा थकान भी बच्चे की स्ववृत्तियों में खटास उत्पन्न कर देती है। अक्सर यह खाली होने के खतरे का चिह्न मात्र होता है। अन्य बच्चों अथवा जानवरों के प्रति क्रूरता के अधिकांश व्यवहार शायद सरल रूप से वस्तुओं के साथ उत्सुकता अथवा प्रयोगशीलता ही है वह भी तब जब उचित रचनात्मक गतिविधियों/व्यवसाय का अभाव होता है। दबंगता तो शायद ईर्ष्या के कारण भी अथवा हीनता के अहसासों को राहत प्रदान करने के माध्यम के रूप में भी व्यवहार को प्रभावित करती है। शिक्षकों और अभिभावकों के लिए इस प्रकार के बालकों के व्यवहार को उचित दिशा-निर्देश और उन्हें रचनात्मक रूप से कार्यरत रखना, आवश्यक है। उनकी ऊर्जा का उपयोग पालतू जानवरों एवं विद्यालय संपत्ति की देखभाल अथवा अन्य किसी सरल कार्ययोजना में किया जा सकता है जिससे उनमें उत्कृष्ट और अधिक स्वीकार्य गुणों का विकास हो सकेगा। इसके अलावा, कहानियों का उपयोग भी बेहद प्रभावी तरीके से दबंगई और छेड़छाड़ की समस्याओं को सुलझाने में किया जा सकता है। लेकिन यहाँ शिक्षकों और अभिभावकों को कहानी सुनाने के माध्यम से भी अति नैतिकता से बचने के लिए समाधान करने की आवश्यकता है। अधिकांशतः यह देखा गया है कि बहुत से वयस्क चोरी, झूठ बोलना, क्रूरता और दबंगई की समस्याओं को सतत नैतिकता के माध्यम से निबटाने का प्रयास करते हैं। वह ऐसी कोई भी कहानी नहीं सुनाते हैं जिसमें नैतिक सीख न हो। अच्छे बच्चे इनाम जीतते हैं और बुरे बच्चे भयावह परिणाम भुगतते हैं। परिणामस्वरूप कुछ बच्चे कहानियों और इनको पढ़ने से घृणा करने लगते हैं क्योंकि कोई भी कहानी स्वयं में अच्छी नहीं होती है, बल्कि इसका उपयोग अतिचैतन्य वयस्क द्वारा सदाचार शिक्षण में होता है। इस व्यवहार के परिणामस्वरूप कुछ बच्चे अनिवार्य रूप से स्वयं से अत्यधिक प्रश्न पूछने लग जाते हैं कि जो कुछ उन्होंने किया वह सही अथवा गलत, अच्छा अथवा बुरा था। अक्सर कुछ बच्चे, इस कारण से खुद को गंभीर संवेदनात्मक अवस्था में घेर लेते हैं। इस कारण से अत्यधिक नैतिकता खतरनाक परिणामों की ओर ले जाती है और इसका अति उपयोग नहीं करना चाहिए। ऐसा लगता है कि समस्या है कि बच्चों को खुद से आदर-सम्मान की समझ सिखाना है वह भी बिना किसी पुलिस अथवा बाहरी शक्ति के डर से, और जिससे अंधविश्वासों का भय अथवा अपने खुद के प्रत्येक व्यवहार की अतिचेतना अतिविश्लेषण की भावना पैदा होने की अनदेखी हो सके।

अधिगम प्रक्रिया को क्रमशः और समानुभूतिक वयस्क अभिवृत्तियों से अति सहायता प्राप्त होना चाहिए। यदि विद्यालय नैतिकता शिक्षण के वास्तविक उद्देश्यों का निर्माण इस रूप में करें कि उन्हें बच्चों को, अपने पड़ोसी से प्रेम और अपने ''भीतर शांति'' लाने में मदद करनी है तो बच्चे के नैतिक विकास में अत्यधिक सुविधा होगी। इन अभिवृत्तियों का पोषण पाठ्यचर्या और पाठ्यचर्या सहगामी गतिविधियों के द्वारा किया जा सकता है। दोनों ही मामलों में समस्त मानव प्रजाति के लिए सहनशीलता एवं सम्मान की भावना और सर्वमान्य नैतिक मूल्यों के विकास पर जोर देना चाहिए।

विद्यालयी अनुभव इस तरह की अभिवृत्ति के विकास के लिए अपने आप में ही एक तरीका है क्योंकि विद्यालय में ही बच्चा सीखता है कि उसकी कक्षा में एक बच्चा है जो अन्य सामाजिक समूह से है, जिसके साथ उसे मित्रता करनी चाहिए बिना इस बात की परवाह किए कि उसके घर के बड़ों ने उसे क्या सिखाया है। इसके अलावा बच्चा दूसरी जातियों, क्षेत्रों, धर्मों यहाँ तक कि दूसरे देशों के बालकों से भी सांस्कृतिक तौर-तरीकों और जीवन के बारे में सीखता है। उसकी पाठ्यपुस्तकों और परिवेशीय सच्चाई के माध्यम से इस सबका अनुभव उसे प्रदान किया जाता है। टेलीविजन जो कि बच्चों के जीवन में बेहद शक्तिशाली प्रभाव छोड़ता है, वह भी समय-समय पर इन विषयों पर चलचित्र दिखाता है। इन विषयों पर प्रातः सभा में लघुवाचन और इस प्रकार के विषयों से संबंधित दिन का विचार पढ़ने के लिए प्रोत्साहित करने से उन्हें इन मूल्यों को आत्मसात करने में बेहद मदद मिलती है।

संक्षेप में हम कह सकते हैं कि बच्चे के नैतिक क्रमों का निर्माण, कई प्रभावों—घर, विद्यालय, हमउम्रों, चलचित्रों, रेडियो और टेलीविजन पर निर्भर करता है। इन प्रभावों में अक्सर आपसी द्वंद्व और मानकों के निर्माण के लिए आपसी प्रतियोगिता रहती है। भ्रमों से बचाव के लिए घर, विद्यालय और समुदाय का एक-दूसरे के साथ आना आवश्यक है ताकि यह पता चल सके कि कौन क्या कर रहा है और यदि आवश्यक हो तो एक-दूसरे के प्रशिक्षण बिन्दुओं को स्वयं में समाहित किया जा सके।

हमारे देश में नैतिक शिक्षा धार्मिक शिक्षा से भ्रमित होती दिखाई देती है। नैतिकता और धर्म में एक काल्पनिक सम्बन्ध बना लिया गया है और अक्सर जो नैतिक शिक्षा के रूप में पढ़ाया जाता है वह है "भगवान का भय", रीति-रिवाज़, धर्म विशेष के सिद्धांत इत्यादि। प्राथमिक शाला बालक की भगवान की समझ यही है कि "वह" अधिकार की चरम प्रतिमूर्ति है जिसका कभी विरोध अथवा जिस पर कभी प्रश्न नहीं उठाने चाहिए और अधिकांश बच्चे इस भगवान को जाने-अनजाने नाराज़ कर देने के निरंतर भय में जीते हैं। वे विश्वास करते हैं कि रीतियों को और प्रार्थनाओं को रोज़ नियम से करना चाहिए। बच्चों को उसके अपने संसार की संस्कृति से पहचान कराने और आत्मानुशासन के अभ्यास के रूप में भी धार्मिक अनुदेशन देने में कोई बुराई/हानि नहीं है, लेकिन धर्म के नाम पर, असत्य तार्किक विश्वासों और भयों को बच्चों में नहीं डालना चाहिए और न ही सिखाना चाहिए। बच्चों के सामने भगवान की ऐसी छवि प्रदर्शित करनी चाहिए जो पर्यावरण की विभिन्न घटनाओं को समझने में उनकी मदद करे बजाय इसके कि वह कोई ऐसा है जो हमेशा उन पर नज़र रखे है और मारने के लिए सदा तैयार है। नैतिकता और धर्म का अंतर भी बनाए रखना चाहिए। नैतिक अनुदेशन के माध्यम से व्यापक मूल्यों जैसे कि धर्मनिरपेक्षता, सभी धर्मों का आदर, एक भगवान का अस्तित्व और अन्य इसी प्रकार के मुद्दे पर भी चर्चा होनी चाहिए। इसी प्रकार से धर्म के कुछ विशिष्ट पहलुओं का प्रयोग सर्वमान्य सदाचारी मूल्यों जैसे ईमानदारी, सहनशीलता और सार्वभौमिक भाईचारा इत्यादि के आत्मसातीकरण के लिए करना चाहिए। नैतिक विज्ञान के कालांश जैसे कि कई विद्यालयों में रखे जाते हैं, को धार्मिक अनुदेशन तक सीमित नहीं रखना चाहिए, बल्कि ऐसी व्यवस्था करनी चाहिए ताकि सामान्यतयाः सभी बालकों का नैतिक विकास प्रोत्साहित हो सके।

कोहलबर्ग का नैतिक विकास का सिद्धांत (Kohlberg's Theory of Moral Development)

कोहलबर्ग का प्रायोगिक कार्य अथवा नैतिक तार्किकता और परख उन्हें इस विश्वास तक ले गई कि वयस्कों की नैतिकता की अवधारणा गुणात्मक रूप से बच्चों से भिन्न होती है और जैसे कि संज्ञान विकास की अवस्थाओं से गुजरता है वैसे ही नैतिकता भी। वास्तव में कोहलबर्ग का सिद्धांत पियाज़े के ही कार्य का विस्तार था, जिसमें उन्होंने बच्चों में नैतिक परख एवं निर्णय पर कुछ रुचिकर प्रयोग किए। पियाज़े ने 13 वर्ष के बालकों के चिकित्सकीय साक्षात्कार किए, यह समझने के लिए कि वह सही और गलत व्यवहार का निर्णय कैसे करते हैं। उन्होंने बच्चों की कहानियों का उपयोग किया जिसमें किरदारों के सही अथवा गलत कार्यों के इरादों और उनके व्यवहार के परिणामों में बदलाव कर दिया गया था। इन कहानियों से बेहद अच्छी तरह से पता चलता है कि दोनों में से कौन–भले इरादों वाला है। 'जोन', जिसने रात्रिभोज के दौरान 15 कप तोड़े, अथवा हेनरी जिसने जैम चुराते समय एक कप तोड़ा, ज्यादा शरारती था और क्यों।

प्राप्त उत्तर पियाज़े को, बच्चों की नैतिक समझ को दो श्रेणियों में विभाजित करने की ओर ले गए–आत्मोन्मुखी नैतिकता (Heteronomous morality) और अन्योन्मुखी नैतिकता (Autonomous morality)।

पियाज़े के अनुसार अन्योन्मुखी नैतिकता है नैतिकता का सुझाया प्रकार जहाँ अधिकारियों अथवा अधिकार प्राप्त लोगों द्वारा सिखाया, नैतिक भूमिका का पर्याय बन जाता है। इसका प्रदर्शन 5 से 10 वर्ष समूह में होता है। पियाज़े का विश्वास था कि इस उम्र में बच्चों में न्याय की एक अंतनिर्हित समझ होती है और वह मानते हैं कि गलत कार्यों पर दंड मिलना चाहिए।

जैसे बच्चे बड़े होते हैं, वे हालांकि स्वयं सोच-विचार शुरू कर देते हैं और परिवर्तन अन्यों के नियंत्रण से अधिक स्वायत्ततापूर्ण अथवा आत्मोन्मुखी नैतिकता की और हो जाता है। आत्मोन्मुखी/स्वायत्ततापूर्ण नैतिकता में कार्यों के प्रयोजन महत्वपूर्ण स्थान पा लेते हैं। वह परिणाम से ज्यादा महत्वपूर्ण हो जाते हैं। व्यवहार परखने में, पारस्परिक अदला-बदली अति ध्यान देने योग्य मुद्दा बन जाता है।

कोहलबर्ग का सिद्धांत जो कि पियाज़े के कार्य की बुनियाद पर बना है, कहता है कि नैतिक मुद्दों पर चिंतन मनोवैज्ञानिक अवस्थाओं की निश्चित शृंखलाओं से गुजरता है जो व्यक्ति के संज्ञानात्मक विकास के सामान्य स्तर पर प्रतिनिधित्व और उस पर निर्भर होता है। इसके अतिरिक्त उन्होंने सुझाया कि अवस्थाओं की शृंखला में एक "सांस्कृतिक सार्वभौमीकरण" है हालांकि कालानुक्रमिक उम्र जिसमें विशिष्ट अवस्थाएं दिखाई देती हैं, भिन्न संस्कृतियों में भिन्न हो सकती हैं और ये शायद सामाजिक अनुभव और संज्ञानात्मक वृद्धि पर निर्भर करती हैं।

कोहलबर्ग ने नैतिक विकास के तीन स्तरों का प्रस्ताव रखाः रूढ़िवादी से पूर्व, रूढ़िवादी और रूढ़िवादी उपरांत, प्रत्येक स्तर में भी दो अवस्थाएं हैं। उनके अनुसार नैतिकता के विकास की शुरुआत होती है पूर्व रूढ़िवादी चिंतन से जिसमें बच्चे दंड से बचने के लिए आज्ञापालन करते हैं और सार्वभौमिक न्याय की समझ के विकास के साथ

खत्म करते हैं। नैतिक विकास की जिन अवस्थाओं का कोहलबर्ग ने समर्थन किया उन्हें निम्न तालिका में दर्शाया जा सकता है।

नैतिक विकास की कोहलबर्ग की अवस्थाएं
Kohlberg's Stages of Moral Development

स्तर		*नैतिक अवस्था*	*विवरण*
रूढ़िवादी-पूर्व स्तर (Pre-Conventional)	(i)	दंड और आज्ञापालन परिचायन	अधिकार प्राप्त का भय और दंड से बचाव ही नैतिकतापूर्ण व्यवहार के कारण।
	(ii)	लक्ष्य प्राप्ति प्रयोजन परिचायन	निजी आवश्यकताओं की संतुष्टि नैतिक चयन निर्धारित करती है।
रूढ़िवादी स्तर (Conventaionl)	(iii)	भला लड़का-भली लड़की परिचायन	संबंधियों और मित्रों का अनुमोदन और स्नेह को बनाए रखना अच्छे व्यवहार को प्रोत्साहित करता है।
	(iv)	नियम-कानून और व्यवस्था परिचायन	नियमों और कानूनों को उनके स्वयं के लिए बनाए रखना नैतिक नियम पालन का औचित्य निर्धारित करता है।
रूढ़िवादी उपरांत स्तर (Post conventional)	(v)	समाजिक इकरार परिचायन	वैयक्तिक अधिकारों की सुरक्षा के लिए नियमों में बदलाव की भेदभाव रहित प्रक्रिया और अधिसंख्यों की आवश्यकतओं पर ज़ोर।
	(vi)	सदाचारी सार्वभौमिक सिद्धांत परिचायन	अमूर्त सार्वभौमिक सिद्धांत जो समस्त मानव जाति पर लागू होते हैं और नैतिक निर्णय की प्रक्रिया का मार्गदर्शन करते हैं।

स्तर 1 (Level 1) : रूढ़िवादीपूर्व स्तर (Pre-Conventional Level)–रूढ़िवादी पूर्व स्तर वह है जहाँ क्या अच्छा अथवा बुरा है, का निर्धारण नियमों की अवज्ञा अथवा आज्ञापालन के भौतिक अथवा भोगवादी परिणामों से होता है। यह दो उप-अवस्थाओं से बनी है:

अवस्था 1 : दंड और आज्ञापालन परिचायन (Stage 1: Punishment and Obedience-Orientation)–इस अवस्था में बच्चा क्या गलत है, का निर्धारण इस आधार पर करता है कि किस बात पर दंड मिलेगा। आज्ञापालन को इसके स्वयं के लिए मूल्यवान माना जाता है लेकिन वह आज्ञापालन करता है क्योंकि वयस्कों में उच्च इच्छाशक्ति होती है। समझा जाता है कि नियम सर्वोच्च हैं। कार्यों को परखने के लिए प्रयोजनों अथवा इरादों पर ध्यान नहीं दिया जाता है।

अवस्था II : लक्ष्य प्राप्ति प्रयोजन परिचायन (Stage 2: Instrumental Purpose-Orientation)–यहाँ सही व्यवहार वह है जो व्यक्ति की स्वयं की आवश्यकताओं और कभी-कभी दूसरों की आवश्यकताओं की संतुष्टि करता है। पारस्परिक अदला-बदली,

भेदभाव रहित और सबके साथ बांटने की अवधारणाओं का प्रयोग इस अवस्था की नैतिक तार्किकता में होता तो है लेकिन यह संपूर्णतया व्यावहारिक आधार (मैं आपकी मदद करूं, आप मेरी मदद करो) और निष्ठा अथवा कृतज्ञता की वयस्क समझदारी से नहीं बनता।

स्तर 2 : रूढ़िवादी स्तर (Level 2: Conventional Level)–इस स्तर पर व्यक्ति परिवार, समूह अथवा देश की अपेक्षाओं को बनाए रखने की कोशिश, परिणाम की परवाह किए बिना करता है। इसे नैतिक स्तर के नाम से भी जाना जाता है और यह निम्न दो अवस्थाओं से बना है।

अवस्था III: भला लड़का-भली लड़की परिचायन अथवा परस्पर सहयोग परिचायन (Stage 3: Interpersonal Cooperation-Orientation or 'Good boy'-'Nice girl' Orientation)–अच्छा व्यवहार वह है जो दूसरों को खुश और उनकी मदद करे और उनसे अनुमोदित हो। परिवार अथवा वह छोटा समूह जिससे बच्चे का सम्बन्ध है, वह महत्वपूर्ण हो जाता है। भला बनना अपने स्वयं के लिए महत्वपूर्ण हो जाता है और सामान्य रूप से बच्चा विश्वास, निष्ठा, आदर, कृतज्ञता और आपसी सम्बन्ध बनाने को मूल्य देता है।

अवस्था IV : नियम और व्यवस्था परिचायन (Stage 4: Law and Order Orientation)–अपने नैतिक निर्णयों के लिए निश्चित नियमों और अधिकारियों एवं विशेषज्ञों पर ध्यान दिया जाता है। अधिकारी वर्ग के लिए आदर प्रदर्शन और अपने कर्तव्य पालन से सही व्यवहार बनता है। ध्यान के केन्द्र में व्यक्ति के परिवार और करीबी समूह के छोटे दायरे से वृहद समाज पर बदलाव हो जाता है। समस्त में योगदान को भी अच्छे रूप में देखा जाता है।

स्तर 3: रूढ़िवादी उपरांत स्तर (Level 3: Post-Conventional Level)–यहाँ, कोहलबर्ग के अनुसार नैतिक विकास की विशेषता है स्वाचयनित सदाचारी सिद्धांत जो कि सार्वभौमिक, स्थायी और समग्र हैं। इस स्तर की नैतिक तार्किकता के लिए आवश्यक है संपूर्ण अमूर्त औपचारिक संक्रियात्मक चिंतन की। यह स्तर भी दो उप-अवस्थाओं से बना है।

अवस्था V: सामाजिक इकरार परिचायन (Stage 5: The Social-Contract Orientation)–इस अवस्था में व्यक्ति समझते हैं कि नियम व कानून मानव प्रयोजनों को बढ़ाने और सिद्ध करने के लचीले उपकरण हैं। वे वर्तमान सामाजिक कूट-भाषा और व्यवहारों के विकल्प को देख सकते हैं और जहाँ जरूरत हो वहां बदलाव ला सकते हैं। इसके बावजूद भी जब वह समझते हैं कि नियम वैयक्तिक अधिकारों के अनुकूल हैं और अधिसंख्यों की रुचियों का समर्थन करते हैं तो वह इनका पालन करते हैं क्योंकि वह महसूस करते हैं कि व्यवस्था को इसकी जरूरत है।

अवस्था VI: सार्वभौमिक सदाचार सिद्धांत परिचायन (Stage 6: Universal-Ethical Principles-Orientation)–यहाँ स्व-चयनित सदाचारी सिद्धांतों के अनुरूप चेतना के निर्णय के रूप में सही व्यवहार को पारिभाषित किया जाता है। क्या सही है के निर्धारण में किशोर व्यक्ति स्व चयनित सदाचारी सिद्धांतों का पालन और इनको विकसित करता है। क्योंकि नियम सामान्यतः इन सिद्धांतों के अनुरूप होते हैं तो इनका पालन होता है। लेकिन जब कहीं नियम और चेतना में अंतर होता है तो चेतना अधिक प्रभावशाली हो जाती है। कोहलबर्ग ने महसूस किया कि बहुत ही कम लोग हैं जो इस

छठी अवस्था तक पहुँच पाते हैं। उन्होंने मार्टिन लूथर किंग और गांधी का नाम नैतिक विकास की इस अवस्था को चरितार्थ कर सकने वाले व्यक्तियों के उदाहरणस्वरूप लिया। वास्तव में, कोहलबर्ग का विश्वास था कि अधिकांश वयस्क तो नैतिक विकास की रूढ़िवादी उपरांत अवस्था तक प्रगति ही नहीं कर पाते हैं। ज्यादा से ज्यादा वह रूढ़िवादी स्तर पर ही व्यवहार करते हैं। जैसा कि पियाज़े के संज्ञानात्मक सिद्धांत के साथ है जिसमें कोई आश्वासन नहीं है कि अमूर्त संक्रियाओं की अवस्था तक पहुँच ही जाएंगे, कोहलबर्ग ने भी तर्क दिया कि बहुत से बच्चे शायद अंतिम अवस्था तक कभी ही न पहुँचें।

सारांश (Summary)

1. बच्चों के नैतिक विकास का सम्बन्ध उनकी चेतना, सही गलत की उनकी समझ, उनके नैतिक व्यवहार और नैतिक निर्णय से है।
2. बच्चों का नैतिक विकास महत्वपूर्ण रूप से संबंधित है उनके शारीरिक, संज्ञानात्मक, सामाजिक और भावनात्मक विकास से।
3. क्या सही है और क्या गलत है, की बच्चे की शुरुआती समझ निर्भर करती है कि अभिभावकों का अधिकार बोध और बाद में विद्यालयी अधिकारी वर्ग किसका समर्थन और किसकी भर्त्सना करते हैं।
4. आरंभिक प्राथमिक अवस्था में कार्य की परख उसके प्रयोजन अथवा इरादों से अधिक उससे हुए नुकसान के आधार पर होती है। हालांकि बाद के प्राथमिक वर्षों में पहले की ओर बदलाव हो जाता है।
5. जैसे-जैसे बच्चा प्राथमिक वर्षों से गुजरता है उसमें वह मूल्य और अभिवृत्तियाँ विकसित हो जाती हैं जो उसे अधिकाधिक समूह और अन्योन्मुखी बनाती हैं। वह साझे और एकतापूर्ण व्यवहार और कार्य की अहमियत समझने लगता है।
6. नैतिक व्यवहार जैसा कि प्राथमिक वर्षों में प्रतिबिंबित होता है, वह है उन गुणों, मूल्यों और अभिवृत्तियों का संग्रह जिनका बच्चा प्रदर्शन करता है। इनमें से मुख्य हैं नैतिक कूट-भाषा की समझ, संपत्ति और व्यक्तियों का आदर, चेतना का विकास सार्वभौमिक सदाचारी मूल्य जैसे कि सच बोलना, चोरी न करना और सबके साथ अच्छे से पेश आना।
7. नैतिक विकास के लिए शिक्षा, घर, विद्यालय, हमउम्र और मुख्य रूप से समाज़ की साझी जिम्मेदारी है क्योंकि यह सभी संयुक्त रूप में बच्चे के नैतिक क्रमों को प्रभावित करते हैं।
8. सामाजिक-संवेदनात्मक परिवेश और पाठ्यचर्या एवं पाठ्यचर्या सहगामी कार्यक्रमों के माध्यम से बच्चों के नैतिक विकास में विद्यालय मुख्य भूमिका निभाते हैं।
9. नैतिक विकास के अपने सिद्धांत में कोहलबर्ग ने नैतिक तार्किकता और निर्णय की कालक्रमानुसार विकास प्रक्रिया को अवस्थाओं की श्रृंखला के माध्यम से समझाया और विस्तारपूर्वक वर्णन किया कि नैतिकता वास्तव में कैसे कार्य करती है।

7

'स्व' का विकास

Development of Self

परिचय (Introduction)

जैसे बच्चे बढ़ते और विकसित होते हैं और उस संसार का अनुभव करना शुरू करते हैं जिसमें वह रहते हैं, वे खुद के बारे में धारणाएं बनानी शुरू कर देते हैं—अपनी क्षमताएं, अपनी प्रतिभाएं, अपनी संभावनाएं और अपनी कमजोरियों के बारे में। वह समझना शुरू कर देते हैं कि वह किसमें अच्छे हैं इसके साथ-साथ यह भी कि वह किसमें इतने अच्छे नहीं हैं। प्राथमिक शाला बच्चों की बातचीत अक्सर आत्माकलन दर्शाती है अक्सर जैसे कि "मैं चित्रकारी में अच्छी/अच्छा हूँ", मैं फुटबॉल अच्छी तरह से खेल सकता/सकती हूँ," "मेरा गणित आशाविहीन है," "मैं मंच पर जाने के लिए अति शर्मीला हूँ", "मैं जानता/जानती हूँ कि मैं कक्षा कक्ष-मॉनीटर बनने योग्य हूँ" इत्यादि। ये कुछ धारणाएं हैं जो बच्चों की खुद अपनी क्षमताओं के बारे में हैं। खुद के बारे में विचारों अथवा धारणाओं के इस तंत्र को ही मनोवैज्ञानिकों ने "स्व-धारणा" अथवा "आत्म-धारणा" अथवा "आत्म-संप्रत्यय" (Self concept) कहा है। प्रत्येक बच्चे के पास खुद के बारे में धारणाओं का या विचारों का एक निश्चित समूह होता है, जो वह हमेशा साथ रखता है—वह क्या कर और क्या नहीं कर सकता है, वह कैसा दिखता और महसूस करता है। और वह दूसरों की तुलना में कैसा है, यह सब संयुक्त रूप से बच्चे की अपने बारे में धारणा और छवि अथवा उसकी आत्म-अवधारणा बनाते हैं। औपचारिक परिभाषा है, "स्व" अथवा "आत्म" जो बच्चा समझता है वह उसकी एक व्यक्ति के रूप में खुद के बारे में खुद की समझ यानी कि एक ऐसा व्यक्ति जिसके पास विचारों, अभिवृत्तियों, मूल्यों और निष्ठाओं की एक व्यवस्था है। आत्म-अवधारणा का निर्माण एक संज्ञानात्मक उपलब्धि के साथ-साथ खुद के प्रति "समझदारी" दोनों ही है। इस प्रकार से आत्म-अवधारणा में भावनात्मक अथवा संवेदनात्मक घटक और बौद्धिक दोनों ही शामिल हैं। हम क्या सोचते और क्या महसूस करते हैं, दोनों ही समान रूप से महत्वपूर्ण हैं।

बच्चों की आत्म-अवधारणा एक महत्वपूर्ण मुद्दा है चूंकि उनका व्यवहार, अन्य लोगों के साथ सम्बन्ध और व्यक्तित्व का विकास सभी इससे प्रभावित होते हैं। बच्चे का खुद के और अपनी योग्यताओं के बारे में विश्वास उसके लगभग सभी कार्यों और संवादों एवं व्यवहारों पर अपना रंग छोड़ता है। उदाहरण के लिए, एक बच्चा जिसका विश्वास है कि वह तेज नहीं भाग सकता है उसका व्यवहार उससे बेहद भिन्न होगा जो विश्वास करता

है कि वह भाग सकता है। संभावना है कि वह सारे दौड़ने-भागने वाले खेलों, खेल के मैदानों और अन्य ऐसे बच्चे जिन्हें दौड़ने में आनन्द आता है, की अनदेखी करेगा अथवा उनसे बचेगा। यदि विद्यालय में खेल के मैदान में उसे दौड़ने के लिए मजबूर किया जाए तो वह शायद आत्मनिंदा के कथन कहेगा जैसे कि "आप जानते हैं कि मैं दौड़ नहीं सकता" अथवा वह शायद बिना किसी प्रयत्न के खड़ा मात्र रहेगा, खुद को पकड़ा जाने देगा और फिर खेल से बाहर हो जाएगा। इसी प्रकार से वह बच्चा जिसे विश्वास है कि वह गणित में लंबे भाग नहीं कर सकता वह कक्षा कक्ष के उस बालक से भिन्न व्यवहार करेगा जिसकी आत्म-अवधारणा में यह विचार शामिल है, "मैं गणित में अच्छा हूँ"। वह शायद लंबे भाग वाली समस्याओं के हल की चेष्टा ही यह सोच कर न करे कि इनकी अनदेखी कर वह खुद को दर्द भरे अनुभव से बचा रहा है अथवा शायद असफलता के बारे में चिंतित रह कर वह शायद अत्यधिक प्रयत्न करे। महत्वपूर्ण मुद्दा यह है कि खुद के बारे में बच्चों की धारणाएं सर्वव्यापक और शुरुआत में ही बन जाती हैं और इस तरह से अत्यावश्यक है कि वयस्क इसे समझें।

आत्म-अवधारणा का विकास (Development of Self-Concept)

बच्चों में "आत्म/स्व" के निर्माण की शुरुआत बेहद आरंभ में ही यानी कि शैशवावस्था में ही हो जाती है जब वह खुद की देखभाल करने वाले लोगों के साथ अपने अनुभवों से सीखता है कि वह अपने वातावरण से भिन्न है। जब वह रोता है, कोई उसे गोदी उठा लेता है, जब वह खिलौना गिरा देता है कोई उसे उठा कर वापिस दे देता है, जब उसकी माँ मुस्कुराती है वह वापिस मुस्कुरा देता है। इस प्रक्रिया से शिशु धीरे-धीरे "स्व" और "अन्य" में बुनियादी अंतर को समझने लगता है। एक बार जब शिशु स्पष्ट रूप से समझ लेता है कि वह अन्यों से अलग और भिन्न है तब आत्म/स्व को पारिभाषित करने की प्रक्रिया का आरंभ हो जाता है। यह एक तुलनात्मक प्रक्रिया है। आवश्यक है कि बच्चा ध्यान दे कि वह कौन से आयाम हैं जिन पर लोग एक-दूसरे से भिन्न होते हैं। और खुद को प्रत्येक आयाम में कहीं न कहीं रखें। छोटा बच्चा सामान्यतया उम्र, आकार, और लिंग के आयाम पर ध्यान देता है। शारीरिक नयन-नक्श और कार्य के आधार पर बनी आत्म-परिभाषाएं प्राथमिक शाला वर्षों तक भी जारी रहती हैं पर इसके साथ ही इसमें कुछ नए तत्व भी प्रवेश कर जाते हैं। हालांकि इस अवस्था में, जिस तरीके से बच्चा समझता है कि वह दिखाई देता है वह उसकी आत्मछवि पर प्रभाव डालने का एक अति महत्वपूर्ण कारक है। "क्या मैं अपने कक्षा साथी जितना लंबा हूँ", "क्या मेरे बाल लंबे और सुंदर हैं?" "क्या मैं ताकतवर नजर आता हूँ?" और इस प्रकार के अन्य प्रश्न छोटे बच्चे को चिंतित करते हैं। छः से बारह वर्ष के बच्चे खुद को क्या उन्हें पसंद अथवा नापसंद के आधार पर पारिभाषित करना शुरू कर देते हैं। वह कैसा महसूस करते हैं यह भी उनकी "आत्म-छवि" से झलकता है। जैसे बच्चा मूर्त से संक्रियाओं के कालांश से गुजरता है उसकी आत्म-परिभाषा अधिक जटिल हो जाती है, बाह्य कारकों से कम बंधी और विचारों एवं अहसासों पर अति केन्द्रित। यदि एक ग्यारह वर्ष के बच्चे को खुद पर निबंध लिखने को कहा जाए तो शायद इस तरह के कथन शामिल होंगे, "मुझे लगता है कि मैं कक्षा का ख्याल रख सकता हूँ," "मैं अच्छी चित्रकारी कर सकता हूँ", "मैं बिल्कुल गाना नहीं गा सकता", "लगता है कि मेरे शिक्षक मुझे चाहते हैं", "मेरे कक्षा

साथी कहते हैं कि मैं अच्छा हूँ'', इत्यादि। यह दिखाता है कि ''आत्म'' छवि में शामिल हैं बच्चे के व्यवहार सम्बन्धी अनुभव। यह व्यावहारिक अनुभव बच्चे के अपने भौतिक और सामाजिक वातावरण के साथ सफल और असफल दोनों ही तरह के प्रभाव एवं क्रियाओं का ही परिणाम हैं। ''स्व'' की अवधारणा नए अनुभवों और अंतर्दृष्टियों के साथ धीरे-धीरे समायोजित होते हुए, जीवन-पर्यन्त बदलती व विकसित होती रहती है। जबकि ''आत्म-समझ'' एक जीवन-पर्यन्त जारी रहने वाली प्रक्रिया है, शाला शुरुआत करने वाले के पास खुद की एक अवधारणा होती है जो उसके व्यवहार को निर्देशित करने में अहम है। वह खुद को देखता है कि वह एक लिंग अथवा दूसरे से संबंधित, शारीरिक रूप से योग्य अथवा अयोग्य, दूसरों के लिए अति अथवा कम मूल्यवान, अच्छा अथवा खराब अधिगमकर्त्ता और ऐसा ही बहुत कुछ और के रूप में। खुद के बारे में खुद की धारणों की वास्तविकता की परवाह किए बिना वह इनके अनुरूप ही व्यवहार करता है। अन्य संप्रत्यय जो आत्म-अवधारणा के बेहद करीब है, वह है आत्म-प्रतिष्ठा। आत्म-प्रतिष्ठा इशारा करती है आत्म-अवधारणा के मूल्यांकृत विचार की ओर। इसका अर्थ है मूल्य, जो बच्चे, खुद का वर्णन करते हुए स्वयं के साथ संबंद्ध करते अथवा देते हैं अर्थात् वह क्या समझते हैं कि उनके पास क्या अधिक हैः नकारात्मक अथवा सकारात्मक गुण। बच्चे, जिनकी उच्च आत्म-प्रतिष्ठा है, वह वे हैं जिनकी खुद की परिभाषायें मुख्यतया सकारात्मक हैं जबकि जो खुद को मुख्यतया नकारात्मक अर्थों में परिभाषित करते हैं, उन्हें निम्न आत्म-प्रतिष्ठा वाला कहा जा सकता है। आत्म-प्रतिष्ठा महत्वपूर्ण है क्योंकि यह बच्चों के संपूर्ण व्यवहार को प्रभावित करती है—वह कैसा प्रदर्शन करेगा विद्यालय में, उसके कितने दोस्त होंगे, किस हद तक वह विद्यालय गतिविधियों में भागीदारी करेगा, इत्यादि।

जबकि प्रत्येक बच्चे की आत्म-अवधारणा और आत्म-प्रतिष्ठा होती है जो अतुल्य और निजी है, इसका बेहद बड़ा घटक सामाजिक अनुभवों और अंतःपारस्परिक निजी सम्बन्धों की प्रकृति से विकसित होता है। एक बच्चा दूसरों के साथ अपने अनुभवों अथवा इन अनुभवों की उसके लिए की गई व्यवस्था के सम्बन्ध में ही केवल खुद को सफल अथवा असफल के रूप में देखता है। इस प्रकार से बच्चे का परिवार, विद्यालय और हमउम्र बेहद प्रभावी होते हैं उसकी आत्म-अवधारणा और आत्म-प्रतिष्ठा को निर्धारित करने में। आइये इनमें से प्रत्येक पर चर्चा करते हैं।

''घर'' एक ऐसी जगह है जहाँ बच्चे की शारीरिक और मानसिक आवश्यकताओं की पूर्ति होती है। यह उसे खाना, कपड़े और आश्रय देता है। यह बच्चे को देता है स्नेह, जुड़ाव का अहसास, अनुशासन का संतोष, परिवार की पहचान से बंधी निजी पहचान बनाने का अवसर और अच्छे कार्यवाही मनोवैज्ञानिक और भौतिक आदतों व अभिवृत्तियों का समूह। बच्चे के नैतिक और सदाचार के मानकों, उसकी शारीरिक भलाई, सुन्दरता के लिए उसका प्रशंसा का भाव, पारिवारिक जीवन की उसकी अवधारणा और सामान्य रूप से उसके जीवन के दर्शन के लिए परिवार, एक वातावरण की व्यवस्था करता है। संसार के बारे में, लोगों के बारे में और मौटे तौर पर जीवन के बारे में सीखने की जगह है परिवार। घर ही वह स्थान भी है जहाँ बच्चे को बाँटने और पाने के अनुभव होते हैं, और प्यार व स्नेह के, निर्णय लेने के, अपने और दूसरों पर नियंत्रण करने के भी। वह जैसे बड़ा होता है, समझदार अभिभावकों के निर्देशन में उसके अनुभव भी ऐसे होंगे जो उसकी. योग्यता के साथ समरस हों और उसे समूह का, पहले परिवार का और फिर

बाद में विद्यालय और समुदाय का सक्रिय भागीदार सदस्य बनाने की ओर ले जाए। इस प्रकार से घर से उसके वर्तमान और भावी स्वास्थ्य-भौतिक और मनोवैज्ञानिक दोनों की ही नींव पड़ जाती है। अन्य शब्दों में, उसकी आत्म-अवधारणा और व्यक्तित्व की बुनियाद स्थापित हो जाती है।

अभिभावक अपने बच्चों के साथ अपने लेन-देन, संवाद व व्यवहार से, फिर चाहे वह प्रजातांत्रिक, अधिकारवादी या उदासीनतापूर्वक ही क्यों न हो, अपने बच्चों की आत्म-अवधारणा को प्रभावित करते हैं। अभिभावक जो संसार को अपने बच्चों के स्तर के साथ-साथ अपने खुद के स्तर से भी देख पाते हैं, जो बच्चों के साथ अपने सम्बन्धों में बच्चे की वयस्कता के साथ समायोजन करने हेतु पर्याप्त लचीले होते हैं, वह अपने खुद के और बच्चों के दृष्टिकोण से भी संतोषी अभिभावक होंगे। वे सकारात्मक ''स्वयं'' का अहसास जगा पाएंगे।

इसके अतिरिक्त, जिस हद तक अभिभावक अपने बच्चों को बिना किसी शर्त प्यार और स्वीकृति प्रदान कर पाएंगे उससे ही बच्चे की आत्म-अवधारणा की प्रकृति ज्यादातर निर्धारित होगी। बिना किसी शर्त के प्यार अथवा स्नेह और सुरक्षा से तात्पर्य है, बिना इस बात की परवाह किए कि बच्चों का व्यवहार कैसा है। हालांकि, इसका यह अर्थ कदापि नहीं है कि अभिभावक उस सबकी, जो बच्चा कर रहा है, अनदेखी कर दें। अनुशासन बनाए रखना आवश्यक है और सीमाओं का आदर करना भी अत्यावश्यक है लेकिन बिना किसी आलोचना के बच्चे को स्वीकार कर लेना उसमें स्वस्थ आत्म-अवधारणा के विकास को बढ़ावा देगा। जिस हद तक बच्चा घर में स्वतंत्र, खुश, अभय और आराम महसूस करता है वह उसकी खुद की खुद के बारे में भावनाओं में भी झलकेगा।

मानववादी मनोवैज्ञानिक कार्ल रोज़र ने आत्म-अवधारणा पर महत्वपूर्ण शोध किया था। उन्होंने इस दृष्टिकोण का आधिकारिक रूप से समर्थन किया था कि परिवार और परिवार से मिला वातावरण बच्चे के खुद के बारे में खुद की समझ के निर्माण में अत्यंत अहम है। बच्चों में ''स्व'' अथवा ''आत्म'' के विकास को उन्होंने निम्न तरीके से समझा। शैशवावस्था में बच्चा अनुभव के एक पहलू को बाकियों से अलग अथवा उसमें अंतर करना शुरू कर देता है। यह पहलू ''स्व'' अथवा ''आत्म'' है और इसे शब्दों ''मैं'' और ''मेरा'' के अधिकाधिक उपयोग से दर्शाया जाता है। क्या उसका है अथवा क्या उसका ही हिस्सा है और अन्य उन सभी वस्तुओं में जो वह देखता, सुनता, छूता और सूंघता है, में अंतर करने की योग्यता का शिशु में विकास होता है, जैसे ही वह एक चित्र और छवि की रचना की शुरुआत करता है कि वह कौन है। यह आत्म-अवधारणा के निर्माण की शुरुआत को दर्शाता है।

आत्म-अवधारणा के भाग के रूप में, बच्चा यह चित्र भी बना लेता है कि उसे क्या होना चाहिए अथवा वह किसके जैसा होना चाहेगा। वह विशेष तरीके जिनसे स्व/आत्म का विकास होता है और वह स्वस्थ अथवा भलीभांति विकसित होगी कि नहीं, यह निर्भर करता है उस प्यार पर जो बच्चे के शैशवावस्था में उसे मिलता है। उस समय जब स्व/आत्मा के विकास की शुरुआत हो रही होती है, शिशु प्रेम की आवश्यकता को भी सीखता है। रोज़र ने इस आवश्यकता को, ''सकारात्मक आदर'' कहा है। क्या बच्चा बड़ा होकर स्वस्थ व्यक्तित्व का स्वामी होगा, यह निर्भर करता है कि कितनी अच्छी तरह से उसकी सकारात्मक आदर की आवश्यकता की पूर्ति हुई है। ''माँ'' इसमें मुख्य

भूमिका निभाती है। यदि माँ बच्चों को केवल कुछ विशिष्ट स्थितियों में ही प्रेम करती है तो बच्चे में "सशर्त सकारात्मक आदर" विकसित होगा। इसका अर्थ है कि बच्चा केवल कुछ विशेष स्थितियों में ही आत्म-मूल्य/सार्थकता का अनुभव करेगा। यह उसे मजबूर करेगा उन व्यवहारों अथवा सोच-विचार के तरीकों से बचने का जिनमें अस्वीकृति और असमर्थन मिलता है। निषेध व्यवहार बच्चे में अपराधबोध और नाकारा होने की भावना लाते हैं, ऐसी परिस्थितियाँ जिनको समझना और उससे खुद का बचाव करना जरूरी होता है। परिणामस्वरूप सुरक्षात्मकता बच्चे के व्यवहार का हिस्सा बन जाती है। इस सुरक्षात्मकता का परिणाम बच्चे की स्वतंत्रता को सीमित और उसके वास्तविक स्वभाव अथवा प्रकृति की संपूर्ण अभिव्यक्ति को अवरुद्ध करने के रूप में होता है। आत्म/स्व को पूर्णतया विकसित नहीं होने दिया जाता क्योंकि इसके कुछ आयामों को हमेशा ही बंदिशों में रखा जाता है। इस प्रकार से महत्व अथवा मूल्य अथवा सार्थकता की स्थितियाँ अंधकार/अलगाव पैदा करने वाले, उपलब्ध अनुभवों के एक हिस्से को काट देने वाले की तरह काम करती हैं। सशर्त सकारात्मक आदर के साथ "आत्म" अथवा "स्व" के सभी पहलू उचित रूप से सामने नहीं आ पाते हैं और इस प्रकार से अपने आप की वास्तविक अथवा स्वस्थ छवि नहीं बन पाती है। स्वस्थ स्व-धारणा के सामने आने की प्राथमिक शर्त है कि बच्चे शैशवावस्था में बिना किसी शर्त के सकारात्मक आदर पाएं। यह विकसित होता है जब माँ प्यार और स्नेह की वर्षा करती है बिना इसकी परवाह किए कि बच्चा कैसा व्यवहार कर रहा है। हकीकत यह है कि वह सभी अन्य व्यक्तियों जो उसके साथ खेलते अथवा उसकी देखभाल करते हैं, उसके साथ व्यवहार एवं संवाद के तौर-तरीके उसकी अपने आप के बारे में भावनाओं को प्रभावित करते हैं। हालांकि बिना शर्त सकारात्मक आदर देने का अर्थ यह कदापि नहीं है कि माँ और अन्य महत्वपूर्ण लोग बच्चे पर रोकथाम नहीं कर सकते। रोज़र का विश्वास था कि अस्वीकृति एवं असमर्थन को मुखरित और बच्चे को दंड दिया जा सकता है। जो महत्वपूर्ण है, वह है तरीका और शैली जिसमें इसे दिया और कहा जाना है—इससे बच्चे की आत्म-मूल्य की भावना को हानि नहीं पहुँचना चाहिए। यह सिद्धांत बचपन-पर्यन्त कार्य करता है।

व्यावहारिक तौर पर बच्चे की संपूर्ण जीवन-शैली को परिवार प्रभावित करता है और इस प्रकार से अपने बच्चों के साथ अभिभावकों का व्यवहार एवं संवाद, फिर चाहे संदर्भ खाना खाने, सोने, पढ़ने, खेलने, रुचियों अथवा पसंदीदा गतिविधियों का समय देने का हो—अपने आप के बारे में बच्चे के विचारों के अहम निर्धारणकर्त्ता होते हैं। अपने बच्चों के बारे में अभिभावकों की आकांक्षाएं, वे मूल्य जो वह प्रचारित करते हैं, अनुकरण के जो आदर्श वे प्रदान करते हैं—सबका अपने आप के बारे में बच्चे की अवधारणा पर असर पड़ता है। कुछ अनुशासन और नियंत्रण के साथ निरंतर समझदारी, स्वतंत्रता और बच्चे को स्वीकार लेना स्वस्थ आत्म-अवधारणा के निर्माण को प्रोत्साहित करने में मदद करेगा।

महत्व की पंक्ति में घर और परिवार के बाद आता है "विद्यालय"। विद्यालय में बच्चे के अनुभव अपने आप के बारे में उसके विचारों में रंग भरते हैं। विद्यालय या तो बच्चे के स्वस्थ सकारात्मक दिशा में विकसित और बढ़ने में मदद करते हैं, या फिर वह बच्चों में अपने आप के बारे में अति नकारात्मक विचारों और भावनाओं का विकास करने में सफल रहते हैं। पहले तो बच्चे का व्यवहार अभिभावकों के अनुमोदन के चारों ओर घूमता रहता था, अब बच्चे का संसार विस्तार पा रहा है। ज्यादातर समय घर से

दूर उन लोगों की संगत में व्यतीत होता है जो परिवार के सदस्य नहीं हैं। इन अन्य लोगों के विचार, अनुमोदन और माँगें अब लगातार महत्वपूर्ण और अधिक महत्वपूर्ण बन जाती हैं। सच है कि बच्चे के विद्यालयी जीवन में सबसे खास व्यक्ति तो शिक्षक ही है। प्रत्येक बच्चा अपने शिक्षक के साथ आदर्श सम्बन्ध चाहता है और उन्हें खुश रखने के लिए अत्यधिक प्रयास करता है। सामान्यतया वह शिक्षक जो पक्षपात रहित होते हैं जो प्रत्येक बच्चे की वैयक्तिकता का सम्मान करते हैं, जो अपनेपन से परिपूर्ण और सौहार्दपूर्ण कक्षा कक्ष वातावरण प्रदान करते हैं, जो मित्रवत और पहुँच की सीमा के भीतर होते हैं, वह अति स्वस्थ बच्चे यानी ऐसे बच्चे जो भलीभांति समायोजित हैं के विकास में मदद करते हैं। अति-अधिकारवादी शिक्षक जो मजबूत अनुशासन और नियंत्रण में यकीन रखते हैं, बच्चों को अपनी प्रतिभाओं की छानबीन और खुद की योग्यताओं की खोज की स्वतंत्रता नहीं देते हैं। इस प्रकार के कक्षा कक्षों में बच्चों की आत्म-अवधारणा उनकी क्षमताओं का सच्चा प्रतिबिंब नहीं होती। वास्तव में अधिक भीरू और शर्मीले बच्चों में "आत्म" की कुछ-कुछ विकृत-सी अवधारणा बना लेने की संभावना होती है। शिक्षक का अपने विद्यार्थियों के साथ मौखिक संवाद भी अत्यंत महत्वपूर्ण है। शिक्षक द्वारा की गई प्रशंसा, इनाम, असमर्थन और दंड अटल रूप से बच्चों की आत्म-अवधारणा और भावनात्मक समंजन को प्रभावित करता है। शिक्षक से मिला सतत निरुत्साहजनक वातावरण, मज़ाक अथवा असफलता के सुझाव बच्चे में अपूर्णता की भावना अथवा पक्की आस्था पैदा कर देते हैं जो उसकी सामान्य आत्म-अवधारणा के साथ-साथ सवालिया क्षेत्र में उसकी योग्यता की परख पर भी अतिरिक्त रंग लगा देती है। हालांकि, इसका अर्थ यह कदापि नहीं है कि इनाम और प्रशंसा का निरंतर प्रयोग किया जाए ताकि बच्चों में खुद की सकारात्मक छवि का विकास हो सके। अवास्तविक अथवा बेजा प्रशंसा के दीर्घकालिक प्रभाव होते हैं क्योंकि यह बच्चे की वास्तविक आत्म-छवि को विकृत करती है। आखिरकार एक स्वस्थ आत्म-अवधारणा का निर्माण सच्चाई के आधार पर होता है यानी कि बच्चा भावनात्मक, शारीरिक और मानसिक रूप से वास्तव में कैसा है। सामाजिक और भौतिक संसार में बच्चे के अनुभवों से इसे आकार मिलता है और इसकी गढ़ाई होती है। व्यक्ति के "अपने आप" तक पहुँचने के प्रयासों से इसका रख-रखाव होता है। बच्चा उसे स्वीकार करता है जो उसकी आत्म-छवि से संगत होता है और उसे छोड़ देता है जो असंगत या बेमेल होता है। यही बात विद्यालय पर भी लागू होती प्रतीत होती है। बच्चों को जो कुछ भी विद्यालय से मिलता है वह उसे अपने भीतर की आत्म-व्यवस्था के प्रकाश में समझना, व्याख्या, स्वीकार, प्रतिरोध अथवा अस्वीकार करता है। बदले में यह आत्म-व्यवस्था, स्वयं ही उसके अपने पर्यावरण के साथ उसके अनुभवों का उत्पाद है।

चूँकि बच्चों का आत्म-मूल्यांकन अथवा खुद की कमजोरियों और शक्तियों का विश्लेषण उनकी आत्म-अवधारणा का एक महत्वपूर्ण भाग है, अतः अपेक्षित है कि विद्यालय द्वारा अपनाई मूल्यांकन व्यवस्था का उस पर अहम प्रभाव पड़ेगा। बड़े बच्चों के लिए उनकी आत्म-प्रतिष्ठा अधिकतर उनके बारे में अन्य गणमान्यों, विशेषकर विद्यालय द्वारा लिए गए विवेकपूर्ण निर्णयों से बंधी होती है। हमारे समाज में इस प्रकार के दो मूल्यांकन सम्बन्धी मूल्य हैं प्रतियोगिता और प्रतिद्वंद्विता (rivalry)। आमतौर

पर प्रतियोगिता का अर्थ है संघर्ष अथवा मुकाबला, जिसमें एक व्यक्ति दूसरे के बराबर अथवा उससे श्रेष्ठ अथवा वस्तुओं, प्रतिष्ठा, उपलब्धि अथवा ऐसे सम्मान को पाने के लिए उतरता है जिसे दूसरे भी पाना चाहते हैं। प्रतियोगिता का ही चरम स्वरूप है प्रतिद्वंद्विता, जिसमें एक छोर की उपलब्धि को हर कीमत पर पाने की इच्छा होती है। यहाँ तक कि फिर इसके लिए चाहे किसी व्यक्ति अथवा वस्तुओं का ही नुकसान अथवा हानि क्यों न पहुँचाई जाए।

हमारी संस्कृति में, प्राथमिक शाला में प्रवेश के पहले कदम के साथ ही बच्चों का प्रतियोगिता से परिचय एवं सामना हो जाता है। जबकि विद्यालय, प्रतियोगी-भावना का प्राथमिक स्त्रोत अथवा कारण नहीं है। ऐसा लगता है कि अधिकतर विद्यालय प्रतियोगिता को प्रोत्साहित और इसका उपयोग बच्चों को सीखने और प्रदर्शन के लिए प्रोत्साहित करने में करते हैं। हकीकत में कई विद्यालयों में उपलब्धि और प्रतियोगिता संयुक्त मुद्दे हैं और इनका उपयोग एक-दूसरे के लिए होता है। यह केवल शैक्षणिक अधिगम तक ही सीमित नहीं है, बल्कि विद्यालय के संपूर्ण कार्यक्रम से जुड़ा हुआ है। यह संयोजन वांछनीय है तब, जब यह अधिगम के लिए आनंदमयी जोश पैदा करता है लेकिन तब नहीं जब यह अत्यधिक फायदा उपलब्धि में देखता है बिना इस बात की परवाह किए कि क्या सीखा गया और इसकी भी कि बच्चे ने जो कुछ भी सीखा है उससे उसका कुछ लाभ भी हुआ है कि नहीं। प्रतियोगी भावना मजबूती से जोर देती है उस गति पर भी जिससे किसी कार्य का प्रदर्शन और उपलब्धि होती है, मानो विद्यालय का उद्देश्य ही है बच्चों को दौड़ के लिए तैयार करना। इस अफरा-तफरी में बच्चा तो जैसे खो ही जाता है और वह अपनी योग्यताओं अथवा प्रतिभाओं पर किसी भी तरह से अंतर्दृष्टि पाने में असमर्थ रह जाता है। आत्म-खोज अथवा रोमांच जो बच्चों के लिए उपयोगी हो सकता है, को प्रोत्साहित करने के बजाय प्रतियोगिता एक ऐसे शक्तिशाली बल की तरह कार्य करती है जो कि अनिवार्य है।

अस्वास्थ्यकर प्रतियोगिता बच्चे की अपने आप के बारे में भावनाओं और आत्म-अवधारणा को नकारात्मक रूप से प्रभावित करती है। यदि उसका आत्म-सम्मान अथवा मूल्यवान होने की भावनाएं मुख्यतया निर्भर करती हैं उसकी दूसरों से आगे निकलने की योग्यता पर तो उसकी आत्म-अवधारणा अस्वास्थ्यकर ही होगी । यह एक बार फिर से अस्वास्थ्यकर ही होगा यदि बच्चे में खुद को तब तक हीन समझने की प्रवृत्ति है जब तक कि वह अपनी श्रेष्ठता अपने आसपास के लोगों में साबित न कर दे। यह आत्म-अवधारणा की सच्चाई-उन्मुखता को विकृत करता है।

इसके अतिरिक्त, प्रतियोगिता का भाव अति अवांछनीय है यदि वह बच्चे को अत्यधिक निराश अथवा उदास और अकारण दूसरों को प्रताड़ित करने का प्रयास करने वाला बनाती है। यदि बच्चे के मन में अपने एवं दूसरों के प्रति कड़वाहट की भावना है, और वह कमतर और अस्वीकृत महसूस करता है और जीतने एवं उपलब्धि पाने की कोशिश करता है, तब भी जब वह किसी विशेष कार्य को पसंद नहीं करता है तो उसके लिए प्रतियोगिता नकारात्मक रूप से कार्य करती है। प्रतियोगी व्यवस्था में मूल्यांकन के लिए प्रयुक्त मानदण्ड, सामान्यतया संकरे और बेतुके होते हैं। केवल कुछ चयनित विद्यार्थी ही बार-बार मंच पर अपने प्रति अति जागरूक हो पुरस्कार एवं इनाम लेते आते हैं जबकि अन्य बालकों से अपेक्षा होती है कि वह विनम्रतापूर्वक ताली बजाएंगे। काफी विद्यालयों

के शैक्षणिक कार्यक्रमों में सफलता अथवा असफलता की राह मुख्यतया बेहद मुखरित होती है। यहाँ तक कि वह बच्चा जिसकी चित्रकारी संगीत अथवा तकनीकी में अभिरुचि एवं अभिवृत्ति सर्वोत्तम होती है उसे भी कम अंक मिलने की संभावना होती है, यदि वह "सही" शब्द नहीं जानता है। जब हम अत्यावश्यक रूप से मौखिक प्रणाली का प्रयोग करते हैं तो संभावना है कि हम बच्चे पर असफलता का तमगा लगा रहे हैं, उस पर, जिसे यदि किसी अन्य कसौटियों पर परखा जाएगा तो शायद उसे सफल की श्रेणी मिलेगी। हम बच्चे की आत्म-प्रतिष्ठा से खेल रहे हैं। संकरे प्रतियोगी मानदण्डों के अनुसार बच्चों को परख कर हम उनकी योग्यताओं और प्रतिभाओं का सम्मान नहीं करते हैं—हम मात्र यह देखने की कोशिश कर रहे हैं कि वह कितनी अच्छी तरह और शीघ्रता से अन्यों से आगे निकलते हैं। उन्हे "आत्म" सकारात्मक भावना निर्माण का अवसर देने के बजाय हम उन्हें मजबूर करते हैं कि वह खुद को दंडित अथवा दोषी माने। प्रतियोगी मानदण्ड उस बच्चे को, यदि देते भी हैं तो बेहद कम अहमियत देते हैं प्रथम तो नहीं आया लेकिन दौड़ में अति विकलांगता के साथ उसने भागीदारी की, लेकिन कम से कम उसने कोशिश तो की। आत्म-विश्वास और आत्म-प्रतिष्ठा के निर्माण का बच्चे का अवसर, एक बार फिर प्रतियोगिता के सामने बलि चढ़ा दिया गया। प्रतियोगिता के मानकों के आधार पर जीतने वाले को चित्रकारी प्रतियोगिता में पदक तो मिल जाता है लेकिन उसकी अनदेखी हो जाती है, जिसने किसी और के कौशल को हालांकि नहीं पछाड़ा लेकिन फिर भी भागीदारी करके वह अपने शर्मीलेपन से तो बाहर निकल सका। इस प्रकार से प्रतियोगिता का जब संकरे तौर पर उपयोग करते हैं तो हम बच्चे को उसकी अपनी क्षमताओं और योग्यता के बारे में और भी अधिक उलझन और असहज़ बना देते हैं। अक्सर यह उसकी आत्म-छवि और आत्म-प्रतिष्ठा को धीरे-धीरे क्षीण कर देता है। हालांकि जब इसका सकारात्मक अथवा लाभदायक विवेकपूर्ण तरीके से प्रयोग करते हैं तो प्रतियोगिता बच्चों को अपने आपको बेहतर समझने, अपनी प्रतिभाओं और योग्यताओं को खोजने, अपने आत्म-विश्वास के निर्माण, अपनी उपलब्धि में सुधार और मोटे तौर पर आत्म-अवधारणा के स्वस्थ विकास का अवसर प्रदान करती है। प्रतियोगिता आत्म-खोज की प्रक्रिया में सहायक हो सकती हैं। अन्यों द्वारा स्थापित गति और प्रदर्शन के मानदण्ड बच्चों को वहाँ तक पहुँचने की प्रेरणा, अथवा उस तरह की योग्यता विकसित करने के लिए श्रम करने को उकसाते हैं। उदाहरण के लिए, बच्चा गृहकार्य प्रबंधन के प्रभावी तरीके, संगीत अथवा किसी अन्य खेल में अपनी प्रतिभा की खोज, उसका आनंद और उसे बनाए रखना सीखता है जिसकी शायद उसने पहले कभी कोशिश नहीं की है। प्रतियोगिता मदद करती है कि उसका उत्साह बना रहे, सीखने, समायोजन, नई कुशलताओं की प्राप्ति, उसके अनुभवों के दायरे को बढ़ाने और उसकी आत्म-छवि प्रतिष्ठा के निर्माण के अवसरों के लिए। घर के बाहर अन्य लोगों से प्रतियोगिता से, शायद उसे अपनी कुछ विशेषताओं एवं गुणों का वास्तविक स्वरूप दिखाई दे जो शायद उसने पहले कभी सोचा न हो। वह विशेषकर और भी मूल्यवान हो जाता है जब उसने पहले कभी अपने बड़े भाई-बहन की तुलना में खुद को हीन माना हो अथवा यदि महत्वाकांक्षी अभिभावकों ने उसके सामने ऐसे मानक/अपेक्षाएं रखी हैं जिन्हें पूरा करना शायद उसके लिए संभव ही नहीं हो पाया।

प्राथमिक शाला वर्षों में, हमजोली प्रभाव भी बेहद आवश्यक होता है। बच्चा हमउम्र समूह में अपनी सदस्यता को लेकर चिंतित रहता है। उसकी आत्म-अवधारणा काफी हद

तक हमउम्र से मिली स्वीकृति और वह कितनी भलीभांति अपने समूह के मानदण्ड को बनाए रख पाता है, पर निर्भर होती है। यदि वह समझता है कि उसका इनमें से किसी में भी अभाव है तो उसकी आत्म-अवधारणा को बड़ा झटका लगता है। जिन बच्चों को उनका हमउम्र समूह स्वीकार नहीं करता अथवा वह जिनका मज़ाक उड़ाया जाता है, सामान्यतया उनकी खुद के बारे में काफी खराब धारणा और परिणामस्वरूप अल्प आत्म-अवधारणा होती है। इस प्रकार से बच्चे की आत्म-अवधारणा के मूल्यांकन में, उस पूरे वातावरण को जिससे बच्चे का सम्बन्ध है यानि कि घर, विद्यालय और हमउम्र समूह, को देखा जाना चाहिए।

बच्चों की आत्म-अवधारणा निर्माण में विद्यालय की भूमिका (Role of the School in the Development of Children's Self-Concept)

हमने पहले ही विद्यालय की उन विभिन्न शक्तियों पर चर्चा की है जो बच्चे पर असर कर उसकी खुद के बारे में भावनाओं को प्रभावित करती हैं। प्राथमिक वर्षों में, बच्चा अपने सर्वोत्तम उत्पादक समय को विद्यालय में व्यतीत करता है और इसलिए उसके विकास तथा वृद्धि की जिम्मेदारी मुख्यतया विद्यालय की है, उसकी आत्म-अवधारणा में भी विद्यालय की मुख्य भूमिका होती है।

इस संदर्भ में प्रत्येक विद्यालय का उद्देश्य होना चाहिए, प्रत्येक बच्चे में स्वस्थ एवं वास्तविक आत्म-अवधारणा को सुकारक बनाना। शुरुआत करते हुए इसे अभिवृत्ति के रूप में पाया जा सकता है। जब बच्चे विद्यालय से अपनेपन का अहसास और स्वीकृति के अनुभव पाएंगे तो समझो कि आधी लड़ाई तो जीत ली गई। इसके अतिरिक्त वे शिक्षक, जो बच्चों की वैयक्तिक्ता का सम्मान करते हैं, जो वैयक्तिक विविधताओं के साथ सामान्य घटनाओं-सा व्यवहार करते हैं, जो बच्चों में विश्वास की प्रेरणा देते हैं और जो बच्चों को खुद की संभावना और गरिमा के प्रति जागरूक बनाते हैं, वे अपने बच्चों में स्वस्थ आत्म-अवधारणा के निर्माण को प्रोत्साहित करने के लिए काफी कुछ कर सकते हैं। इसका निहितार्थ यह नहीं है कि शिक्षक को निजी रूप से प्रत्येक बच्चे के साथ घंटों बिताने होंगे। स्पष्ट है कि ऐसा संभव नहीं है। इसका अर्थ केवल यही है कि जिन मूल्यों पर वह विश्वास करते हैं उसके माध्यम से, शिक्षण एवं मूल्यांकन की भेदभाव रहित शैली के द्वारा और सही एवं गलत के चरम मानक न बना कर अथवा अपेक्षाओं के लचीलेपन से वह अपनी कक्षा के सभी बच्चों तक पहुँच पाएंगे। सामूहिक रूप से बच्चों की देखभाल करने का मतलब यह नहीं है कि अपेक्षाओं का मानकीकरण कर दिया जाए। प्रत्येक बच्चा विविधताओं का प्रदर्शन करेगा जिन्हें स्वीकार करना और उनकी देखभाल करना आवश्यक है। कुछ बच्चों की स्मृति अच्छी होगी, कुछ अन्य रचनात्मक होंगे तो कुछ और पर्यावरण संरक्षक होंगे-और यह सभी सकारात्मक गुण हैं। सहयोगी, पोषण अभिवृत्ति के अलावा शिक्षक अपने बच्चों को उनकी खुद की प्रतिभाओं और संभावनाओं को खोजने का अवसर प्रदान करने के लिए भी जिम्मेदार हैं। कक्षा कक्ष की गतिविधियां और अन्य पाठ्यचर्या सहगामी गतिविधियों दोनों को ही समान महत्व दे कर और इन्हें समय सारिणी में भी यथोचित स्थान देकर इसे प्राप्त किया जा सकता है। इसके अलावा विद्यालयों को पहचानना होगा कि प्रत्येक के पास विविध प्रतिभाएं, योग्यताएं और कुशलताएं होती हैं,

बस अवसर प्रदान करने से ही, अधिकांश बच्चे अपनी प्रतिभाओं और कुशलताओं को खोज पाएंगे। प्राथमिक शाला अवस्था में, बच्चों के अनुभवों को ज्यादातर कक्षा कक्ष अधिगम तक सीमित रखकर हम केवल कुछ बच्चों को ही लाभान्वित कर पाएंगे—उनको जिनके पास अच्छी स्मरणशक्ति और संज्ञानात्मक कुशलताएं हैं। वे बच्चे जो अच्छे गायक, चित्रकार हैं, जो समय पालक, आज्ञाकारी, अच्छे प्रबंधक इत्यादि हैं उन्हें शायद ही खुद में इन गुणों और अभिवृत्तियों को खोजने का अवसर मिलता है। इसलिए, यदि इन पहुलओं को अहमियत दी जाए और समयपालक, आज्ञाकारी, अच्छा, साफ-सुथरा इत्यादि के लिए बच्चों की प्रशंसा की जाए तो उनकी खुद के बारे में सकारात्मक भावनाओं में वृद्धि होगी और उनकी आत्म-छवि में भी सुधार होगा। पर्याप्त व्यवस्थित पाठ्यचर्या अनुभव का प्रावधान हालांकि स्थिति का केवल एक ही पहलू है। बच्चों के कौशलों और योग्यताओं की, उचित मूल्यांकन व्यवस्था के माध्यम से औपचारिक पहचान अथवा प्रतिपुष्टि भी एक महत्वपूर्ण आयाम है। जरूरी है कि शिक्षक बच्चे की प्रशंसा और उसे मान्यता दे उन कुशलताओं के लिए जिनका वह प्रदर्शन करता है, फिर चाहे माध्यम मौखिक प्रशंसा हो अथवा लिखित टिप्पणी अथवा उसे कुछ विशेषधिकार देकर अथवा कोई इनाम दे कर। केवल तभी बच्चे की आत्म-मूल्य की भावनाओं का संवर्धन होगा और उसकी आत्म-प्रतिष्ठा को सकारात्मक आयाम मिलेगा।

जैसा कि पहले चर्चा की जा चुकी है विद्यालयी व्यवस्था का प्रयोग ''आत्म'' की स्वस्थ अवधारणा को प्रोत्साहित करने के लिए किया जा सकता है। हालांकि बच्चों को मुख्यतया अपने खुद के मानदण्डों अथवा अपनी खुद के प्रदर्शन में सुधार अथवा अपने आप से प्रतियोगिता के लिए ही उत्साहित किया जाना चाहिए। अपने आप से प्रतियोगिता करके बच्चा न केवल धीरे-धीरे अपने कौशलों को ही सुधारता है, बल्कि यह भी समझ लेता है कि उसमें सुधार हो रहा है। इसके साथ ही उसकी अपने बारे में राय भी सुधरती है। उदाहरण के लिए—यदि एक बच्चा है जो स्पैलिंग में गलतियाँ करता है और उसने 2/10 अंक प्राप्त किए हैं तो वास्तविकता से कोसों दूर की यह अपेक्षा कि वह दंड और निरंतर कड़े अभ्यास के बाद वह अगली बार 9/10 प्राप्त कर लेगा, के बजाय शिक्षक उसकी मदद कर सकते हैं, उसे प्रोत्साहित करके कि वह धीरे-धीरे अपने पिछले प्राप्तांक में सुधार लाए। वह मदद कर सकते हैं उसे 5/10 तक पहुँचने और फिर इससे आगे बढ़ने में। उससे यह कहने का कोई अर्थ ही नहीं है कि वह कक्षा में एकदम निचले स्तर पर है क्योंकि इससे उसमें आत्म-संदेह और हीनता की भावना पैदा हो जाएगी। आत्म-प्रतियोगिता की पद्धति के माध्यम से बच्चा कभी भी हतोत्साहित महसूस नहीं करेगा, इसके बजाय वह प्रदर्शन के प्रति उत्साहित रहेगा और इस पूरी प्रक्रिया में ''खुद को'' खोज लेगा।

मूल्यांकन का एक अन्य महत्वपूर्ण पहलू है ''निर्भरता'' कारक। समस्त मूल्यांकन फिर चाहे वह शैक्षणिक अथवा बच्चे के व्यक्तित्व के अन्य आयाम पर हो, को निरंतर होना चाहिए ताकि बच्चे की अल्पतम वृद्धि को दर्ज किया जा सके, इसके अलावा यह बच्चे को अपनी प्रतिभाओं और योग्यताओं का निरंतर विस्तार करने के अवसर प्रदान करने और उन पर नियमित प्रतिपुष्टि पाने में मददगार होता है। मूल्यांकन को छमाही अथवा वार्षिक औपचारिक घटना के रूप में सीमित कर देने से बच्चों पर प्रदर्शन का दबाव पड़ता है और यह उन पर योग्यता और सामाजिक प्रतिष्ठा का अमिट निशान लगा

देता है। एक बच्चा जो वैसे तो हस्तकला में प्रतिभाशाली है लेकिन किसी कारणवश कला की परीक्षा में अच्छा नहीं कर पाया, तो वह शायद जीवन भर उस चीज़ के लिए असमर्थ महसूस करेगा जिसमें उसकी असली प्रतिभा है। यह उसकी खुद की समझ को अत्यधिक प्रभावित करेगा और उसे उसकी वास्तविक योग्यता के बारे में सकारात्मक भावनाओं के विकास के अवसर से भी वंचित करेगा। एक ऐसा बच्चा भी है जो ज्यादातर अस्त-व्यस्त और लापरवाही से रहता है लेकिन निरीक्षण के दौरान व्यवस्थित एवं भलीभांति जिल्द एवं कवर चढ़ी पुस्तकें विद्यालय में लाता है, वह शायद इस एक अवसर पर लिखी सकारात्मक प्रतिपुष्टि के आधार पर खुद के बारे में अवास्तविक राय बना सकता है। वास्तविकता उन्मुखीकरण इस प्रकार से आत्म-अवधारणा का एक महत्वपूर्ण आयाम है और इसे केवल मूल्यांकन की निरंतरता के माध्यम से बनाए रखा जा सकता है यानी कि गुण को हर समय बच्चे में उपस्थित होना आवश्यक है, न कि केवल एक इकलौते समय पर। इस प्रकार से बच्चे को हस्तकला अथवा साफ-सफाई की योग्यता हर अवसर पर दर्शाना चाहिए।

विद्यालयों के लिए ध्यान देने योग्य एक महत्वपूर्ण आयाम है कि यदि वे चाहते हैं कि बच्चे सकारात्मक मानसिक स्वास्थ्य का आनन्द उठाएं और स्वस्थ आत्म-अवधारणा विकसित करें तो बच्चों को स्वतंत्रता की आवश्यकता होगी। स्वतंत्रता का अर्थ है खुद की इच्छाओं और भावनाओं को बाहर निकालने का मौका अथवा अवसर। इस स्वतंत्रता का परिणाम होता है आत्म-खोज और अभिनय अथवा कार्य करके बाहर निकालना और अपनी भावनाओं पर नियंत्रण रखना। सबसे पहले तो बच्चे को हर प्रकार की गतिविधियों के लिए स्वतंत्रता चाहिए क्योंकि केवल खोजबीन और प्रयोगों के द्वारा ही जीवन में समायोजना में उसकी मदद करने वाले कौशलों के अलावा खुद की कमजोरियों और शक्तियों के बारे में राय बना सकता है। उसे स्वतंत्रता चाहिए अपने स्वाभाविक आवेगों और संवेदनाओं के लिए जैसे कि प्रेम, भय, स्पष्टता और दृढ़ता के साथ अपनी बात रखना इत्यादि, क्योंकि ये सहजवृतियाँ (instinct) और भावनाएं उस शक्ति का स्रोत हैं जो प्रकृति ने बच्चों के लिए बनाई हैं ताकि उसे जीवन की कठिनाइयों और अवरोधों को पार करने में मदद मिल सके। यह उसकी आत्म-मूल्य और प्रतिष्ठा की भावनाओं के संवर्धन में भी मदद करती हैं।

प्रकृति ने भी बच्चे को बुद्धिमत्ता, कल्पनाशीलता और तार्किक क्षमता के रूप में वे साधन दिए हैं जिनसे उसकी योग्यता की संभावनाओं का सर्वोत्तम लाभदायक रूप में उपयोग किया जा सके। विद्यालय को यह सुनिश्चित करना चाहिए कि बच्चे के पास इन योग्यताओं के अभ्यास की स्वतंत्रता हो। स्वतंत्रता को प्राप्त कर, वह न केवल चीज़ों की तकनीक, कारण-प्रभाव सम्बन्धों इत्यादि को ही समझ पाएगा बल्कि संतोष का भाव भी आएगा जो उसे उसकी आत्म-छवि और प्रतिष्ठा सुधारने के योग्य बनाएगा।

बच्चे को खेलने की स्वतंत्रता, अपनी प्रतिभाओं के धीमे विकास की स्वतंत्रता और अपने बारे में सोचने की स्वतंत्रता भी चाहिए। यह उसके आत्म-मूल्य निरूपण के लिए अत्यावश्यक है।

अन्य महत्वपूर्ण मुद्दा है अनुशासन का। वह अनुशासन जो सत्तापरक, दंडाभिमुख और चरम (extreme) होता है उसका बच्चे की आत्म-अवधारणा पर बेहद नकारात्मक प्रभाव पड़ता है। प्रत्येक बच्चा, सहज, उत्सुक और प्रोत्साहन से भरा होता है और

परिणामतः अपने उत्साह के कारण अक्सर शायद थोड़ा बहुत अनुशासनहीन दिखाई दे सकता है। हालांकि इस उत्साह को अनुशासनहीनता के रूप में नहीं देखा जाना चाहिए। इसके बजाय शिक्षक को मदद करनी चाहिए कि बच्चे अपने उत्साह को दिशा-निर्देशित करें जिससे उनके ज्ञान में वृद्धि और आत्म-समझ में सुधार होगा। आत्म-नियंत्रण और रोकथाम का अभ्यास करना चाहिए लेकिन दमन अथवा अति नियंत्रण का नहीं क्योंकि यह ''आत्म'' की विकृति की ओर ले जाता है।

अंततः शिक्षक को याद रखना जरूरी है कि प्रत्येक बच्चा चाहता है उसका ध्यान, प्रत्येक बच्चे को उसके प्यार और पहचान की इच्छा है और कक्षा कक्ष में विद्यार्थियों के परस्पर व्यवहार के सिद्धांतों का उपयोग कर उसे सुनिश्चित करना होगा कि शांत, अकेला, शरारती, शोर मचाने वाला, कुछ न करने वाला, नीरस, विवेकपूर्ण इत्यादि सभी बालकों को समान रूप से उसका ध्यान, स्नेह और कक्षा कक्ष में प्रतिभागिता के अवसर मिलें।

लिंग-भूमिका पहचान की अनुभूति (Acquisition of a Gender-Role Identity)

आत्म-अवधारणा का एक अति अहम घटक है बच्चों का लिंग पहचान। लिंग पहचान दर्शाती है, बच्चे की अपने लिंग को उचित रूप से पहचानने की और अन्य लोगों को आदमी अथवा औरत, लड़का अथवा लड़की के रूप में पहचानने की योग्यता। लगता है कि बच्चे उन पहचान चिन्हों को काफी शुरुआत, बेहद जल्दी, लगभग 15 से 18 महीनों, की पहली अवस्था में ही पहचानने लगते हैं जो आदमी को औरत से भिन्न करते हैं।

ढाई से तीन वर्षों की द्वितीय अवस्था तक तो वह दोनों को सटीकता से पहचानने लगते हैं। सटीकता से चिन्हित करना हालांकि इस संपूर्ण समझ को नहीं दर्शाता कि आप पूरे जीवन इसी लिंगाधारित भूमिका में रहेंगे। लिंगाधारित स्थायित्व सामान्यतया लगभग चार वर्ष की उम्र तक आ जाता है।

जब लड़कियाँ जान जाती हैं कि चाहे वे शर्ट और पैन्ट पहन लें लेकिन फिर भी वे लड़की ही रहेंगी और इसी तरह से लड़के समझ जाते हैं कि फ्रॉक पहनने से वे लड़की नहीं बन जाएंगे, तब ''लिंगाधारित स्थायित्व विकसित'' हो जाता है। यह तीसरी अवस्था है जहाँ लिंग का ''संरक्षण'' होता है। अब इस तथ्य की पहचान और समझ आ जाती है कि व्यक्ति का लिंग वही रहता है फिर चाहे उसने अपनी पोशाक अथवा रहन-सहन का तरीका ही क्यों न बदल दिया हो। लिंगाधारित स्थायित्व लगभग छः वर्ष तक पूरा हो जाता है।

आदमी है क्या और औरत क्या है, की समझदारी विकसित कर लेना ही पर्याप्त नहीं है, अधिक महत्वपूर्ण पहलू है इस बात की समझ विकसित करना कि इन ''पहचानों'' के साथ जुड़ी विशेषताएं क्या हैं। हमारा समाज रूढ़िवादी है जिसमें लड़के-लड़कियों की भूमिका स्पष्टता से पारिभाषित है। हालांकि प्रयास जारी है कि इन भूमिकाओं को विभाजित करने वाली रेखा को मिटा दिया जाए और लिंग भूमिका रूढ़िवादिता से परे हट जाए लेकिन अधिकतर जनसंख्या चेतन अथवा अवचेतन रूप से लड़कियों को सामाजिक रूप से अनुमोदित महिला भूमिका और लड़कों को पुरुष भूमिका सिखा ही देती है। हकीकत तो यह है कि महिलाओं और पुरुषों को क्या करना और क्या नहीं करना चाहिए, के विचार बच्चों में विद्यालयी उम्र से पहले ही विकसित होना शुरू हो जाते हैं और लगभग छः से सात वर्ष के बच्चों में कठोर लिंग-भूमिका अवधारणाएं और सशक्त

रूढ़िवादिता का दर्शन होता है। यही समय औपचारिक प्राथमिक शिक्षा का प्रवेश बिन्दु और वह समय है जब बच्चे बेहद मजबूती से रूढ़िवादी मान्यताओं पर विश्वास करते हैं कि एक लड़की को और एक लड़के को क्या करना चाहिए। अन्य बच्चे अभी भी उन्हें समझाई गई लिंगाधारित भूमिकाओं का पालन करना जारी रखते हैं, लेकिन इस उम्र में वह समझने लगते हैं कि वह क्या कर रहे हैं और क्यों।

वह सामाजिक रीतियों, मान्यताओं के प्रति जागरूक हो जाते है लेकिन पत्थर की लकीर/अपरिवर्तनीय नियम के तौर पर पर इनका व्यवहार/अभ्यास नहीं करते हैं।

कई भिन्न प्रथाओं के सिद्धांतकों ने लिंगाधारित भूमिकाओं के उद्भव का वर्णन करने का प्रयास किया है। इनमें सर्वप्रथम हैं वॉल्टर मिशेल जिन्होंने सामाजिक अधिगम सिद्धांत सुझाया। उन्होंने तर्क दिया कि बच्चे अपनी लिंगाधारित भूमिका, लिंगानुसार उचित चीज़ें करने पर प्रत्यक्ष प्रतिपुष्टि पाकर और समान लिंग आदर्शों, विशेषकर समान लिंग अभिभावक, की नकल करके सीखते हैं। मिशेल ने माना कि जब बच्चे "सही" लिंग के व्यक्ति की नकल करते है तब अभिभावक उन पर ज्यादा ध्यान देते हैं। इस तरह से, बच्चे उचित लिंगाधारित भूमिका सीख जाते हैं।

लिंग भूमिका विकास के मनोविश्लेषणात्मक सिद्धांतों के केन्द्र में "पहचान" है। फ्रॉयड ने देखा कि बच्चों में लिंग-भूमिका अवधारणाओं और व्यवहार की प्राप्ति के लिये मुख्य साधन है पहचान की प्रक्रिया। लगभग चार वर्ष की उम्र में पहचान, ओडिपल (Oedipal) संकट का परिणाम है। इस संकट के समाधान के लिए बच्चा समान लिंग अभिभावक के साथ अपनी पहचान ज्यादा रूप से जुड़ी समझता और उसके गुणों को समाहित करने की कोशिश करता है।

लॉरेन्स कोहलबर्ग के संज्ञानात्मक विकास उपागम ने तीसरा स्पष्टीकरण दिया है। कोहलबर्ग का तर्क है कि हमें लिंग पर बच्चे की समझदारी के संज्ञानात्मक भाग को देखना होगा। जब तक कि बच्चा लिंग स्थायित्व को पूरी तरह से न समझ लें, तब तक हम बहुत ज्यादा लिंगानुरूप व्यवहार नहीं देखेंगे और न ही हम निश्चित रूप से समान लिंग आदर्शों का अनुकरण ही देखेंगे। बच्चा जब एक बार लिंग की अवधारणा को समझ जाता है, हालांकि तब वह जान जाता है कि वह हमेशा के लिए लड़का अथवा लड़की है और तब यह सीखना अत्यधिक महत्वपूर्ण हो जाता है कि उस तरह से कैसे व्यवहार करना चाहिए जो उस वर्ग के अनुसार है जिसका वह सदस्य है। इस तरह से कोहलबर्ग ने समझाया कि हम व्यवस्थित समान लिंग नकल केवल तब ही देख पाएंगे जब बच्चा संपूर्ण लिंग स्थायित्व प्रदर्शित करेगा।

अंत में, सूचना तंत्र प्रक्रिया सिद्धांतक मार्टिन और हलवरशन ने एक योजना अथवा मॉडल का प्रस्ताव रखा। बच्चे जैसे ही अंतर समझने लगते हैं वैसे ही वे नियम प्राप्त कर लेते हैं कि लड़के क्या करते हैं और लड़कियाँ क्या करती हैं। लिंग स्थायित्व के विकास के बाद यह मुद्दा और अधिक स्पष्ट एवं स्थापित हो जाता है।

आत्म-अवधारणा की व्यापक संरचना के अंतर्गत लिंग भूमिका का अध्ययन महत्वपूर्ण है क्योंकि यह बच्चे के अपने आप के मूल्यांकन को अत्यधिक प्रभावित करता है। यह खुद के बारे में सकारात्मक अथवा नकारात्मक भावनाओं में योगदान देता है तथा काफी हद तक व्यवहार को भी निर्धारित करता है। आत्म-छवि के साथ मिलकर यह बाद

के वर्षों में आत्म-समझ और पहचान बनाता है। इस प्रकार से आत्म-अवधारणा पर कोई भी चर्चा लिंग-भूमिका पहचान के संदर्भ के बना संपूर्ण नहीं हो सकती।

समसामयिक रुझान है कि बच्चों में उभयलिंगी पहचान, जो कि पुरुषोचित और स्त्रियोचित गुणों दोनों का सम्मिश्रण है, के पोषण का प्रयास करना। उभयलिंग की अवधारणा पर सैंड्रा बेम ने 1981 में चर्चा की थी। उन्होंने महसूस किया कि लिंग पहचान को चार संभावित प्रतिफलों की शब्दावली—पुरुषोचित, स्त्रियोचित, गैर-विभेदकारी लिंग पहचान और उभयलिंग पहचान, के अंतर्गत समझा जा सकता है। जहाँ पुरुषोचित और स्त्रियोचित, आदमी और औरत की प्रचलित भूमिकाओं को दर्शाते हैं, उभयलिंग दोनों के सम्मिश्रण का प्रतिनिधित्व करता है, यानी कि मान्यता-प्राप्त "पुरुषोचित" गुण जैसे कि साहस, योग्यता, आकांक्षा, आत्म-निर्भरता इत्यादि; तो दूसरी ओर मान्यता-प्राप्त "स्त्रियोचित" गुण जैसे कि संवेदनशीलता, दया, समानुभूति इत्यादि। हालांकि इनका क्रम काफी बाद तक ही स्पष्ट आकार लेता है, फिर भी प्राथमिक शाला विद्यार्थियों के लिए इसका महत्व इसलिए है कि उन्हें इस प्रकार के उद्दीपनों से भरा वातावरण प्रदान करना चाहिए कि उनकी अंततः उभयलिंगी पहचान विकसित करने में मदद हो सके। इसमें विद्यालय की बेहद नाजुक मगर अत्यावश्यक भूमिका है। समस्त लिंगाधारित मान्यताएं एवं घिसी-पिटी लिंग सम्बन्धी प्रथाओं को विद्यालय के व्यवस्थित पाठ्यचर्या व्यवहारों जैसे कि विषयों का चयन, कार्य अनुभवों का विकल्प, कर्तव्यों का विभाजन और जिम्मेदारियाँ इत्यादि में इस तरह से समाहित करना चाहिए कि वह लड़के और लड़कियों में समानता प्रतिबिंबित करें।

सारांश (Summary)

1. बच्चे के व्यक्तित्व का एक महत्वपूर्ण घटक है आत्म-अवधारणा। यह बुनियादी रूप से वह छवि दर्शाता है जो बच्चों की अपने आप के बारे में है—उनकी दुर्बलताएं एवं शक्तियाँ।
2. बच्चों की आत्म-अवधारणा को समझना और अध्ययन करना आवश्यक है क्योंकि वह उनके व्यवहार के समस्त आयामों को और बच्चे किसी घटना अथवा गतिविधि का किस हद तक आनन्द उठाएंगे, को भी प्रभावित करता है।
3. शैशवावस्था से ही बच्चों में आत्म-अवधारणा के विकास की शुरुआत हो जाती है। छोटे बच्चे में अपने खुद के अलगाव की प्राथमिक समझ सबसे पहले विकसित होती है। इसके बाद आती है भौतिक गुणों पर आधारित परिभाषाएं। बाद में जैसे-जैसे बच्चा बड़ा होता है, उसकी भावनाएं और विचार भी उसकी आत्म-छवि में दिखाई देने लगते हैं।
4. आत्म-प्रतिष्ठा का एक महत्वपूर्ण घटक है—आत्म-अवधारणा। आत्म-प्रतिष्ठा दर्शाती है उन मूल्यों को जो बच्चे खुद का वर्णन करते हुए अपने आप को देते हैं अर्थात् क्या वह खुद को अधिक सकारात्मक गुणों अथवा अधिक नकारात्मक गुणों वाले के रूप में देखते हैं, आत्म-प्रतिष्ठा अहम है क्योंकि यह बच्चे के संपूर्ण व्यवहार को प्रभावित करती है।

5. बच्चे की आत्म-अवधारणा का विकास वातावरण में उसके अनुभवों से होता है। घर, परिवार और हमउम्र समूह तीन शक्तिशाली प्रभावी कारक हैं जो बच्चे पर सुस्पष्ट प्रभाव डालते हैं और उसकी अपने आप के बारे में भावनाओं को प्रभावित करते हैं।
6. घर में बच्चा जिस हद तक अपने अभिभावकों के साथ अपने व्यवहार एवं संवाद में सहज, मुक्त और खुश महसूस करता है वह खुद के बारे में उसकी अपनी भावनाओं में प्रतिबिंबित होता है। विद्यालय में शिक्षक की अभिवृत्ति और सफलता और असफलता के बच्चे के अनुभव उसकी आत्म-अवधारणा को प्रभावित करते हैं। हमउम्रों की स्वीकृति और अस्वीकृति भी बच्चे की आत्म-अवधारणा पर सीधा प्रभाव डालती है।
7. बच्चे की आत्म-अवधारणा की रचना में विद्यालय को अहम भूमिका निभानी होती है। उस संपूर्ण अनुभव–पाठ्यचर्या और पाठ्यचर्या सहगामी दोनों ही, अपनी मूल्यांकन व्यवस्था और शिक्षक के शिक्षा प्रयत्न इत्यादि, में जो यह प्रदान करता है बच्चों की अपने आप के बारे में सकारात्मक एवं वास्तविक छवि निर्माण एवं प्राप्ति में मदद हो सकती है।
8. आत्म-अवधारणा का एक महत्वपूर्ण घटक लिंग भूमिका पहचान भी है। पुरुष और स्त्री की भूमिकाएं दर्शाती हैं कि बच्चा लगभग छः अथवा सात वर्ष की आयु में लिंग भूमिका पहचान को समझना शुरू कर देता है। इस प्रकार से प्राथमिक शाला वर्ष बेहद खास है उन अनुभवों के संदर्भ में जो यह बच्चों को देता है क्योंकि यही अनुभव बाद के वर्षों में अंततः लिंग भूमिका पहचान निर्माण में मददगार होंगे।
9. समसामयिक समय में लड़के और लड़कियों में अधिक उभयलिंगी पहचान के विकास पोषण की ओर हलचल है। इस संदर्भ में विद्यालय को महत्वपूर्ण भूमिका निभानी है।

8

बच्चों की आवश्यकताएं
Children's Needs

परिचय (Introduction)

साहित्य और कल्पना अक्सर बच्चे की "निश्छल मासूमियत" की ओर इशारा करते हैं, इस निहितार्थ के साथ कि उसके व्यवहार के सदृश्य ही उसकी आवश्यकताएं भी सरल और स्पष्ट होती हैं। हालांकि, बच्चों के व्यवहार में विषमताओं के भी कई संदर्भ मिलते हैं। उदाहरण के लिए, कौन सा वयस्क समझ सकता है कि एक नौ वर्ष के बालक ने क्यों अपनी जेबें पत्थरों से भर रखी हैं जिनकी वह शाही खज़ाने की तरह सुरक्षा करता है? कौन समझ सकता है कि क्यों एक बच्चा सीमा दीवार (boundary wall) के साथ-साथ चलने के बजाय उस पर चल रहा है? बच्चों के व्यवहार का यह सरल किंतु विषम प्रकटीकरण सर्वसुलभ मान्यता की ओर इशारा करता है—ये बच्चों की किसी आवश्यकता की पूर्ति करते हैं। मुख्य शब्द है "आवश्यकता"।

आवश्यकता एक आंतरिक प्रबल इच्छा अथवा चाहत है जो व्यवहार को दिशा अथवा ऊर्जा देती है एवं प्रोत्साहित करती है। यह कोई आवश्यकता है किसी मानव की, किसी चीज़ के लिए—यह चीज़ कोई वस्तु, व्यक्ति अथवा घटना हो सकती है। 9 वर्ष वाले बच्चे द्वारा एकत्रित पत्थर रोमांच और काल्पनिकता की उसकी आवश्यकता को स्पष्टतया संतुष्ट करते हैं। चारदीवारी के ऊपर चलने वाला बच्चा निस्संदेह गतिविधि और रोमांच की अपनी आवश्यकता की संतुष्टि कर रहा है। इस प्रकार से यह स्पष्ट है कि बच्चे जो कर रहे हैं, वे ऐसा क्यों कर रहे हैं, कि मुद्दा रुचिकर और महत्वपूर्ण है। क्या वे कुछ आंतरिक आवश्यकताओं के साथ पैदा हुए हैं? क्या इन आवश्यकताओं की संरचना क्रमशः बढ़ते क्रम में है? क्या होता है, जब बच्चे की आवश्यकताओं की पूर्ति नहीं होती? बच्चे की आवश्यकताओं की पूर्ति का उसके व्यक्तित्व पर क्या प्रभाव पड़ता है? इस प्रकार के प्रश्न बच्चों की आवश्यकताओं के संदर्भ में उठते हैं और इन पर वृहद चर्चा की आवश्यकता है।

बच्चों की आवश्यकताओं का वर्गीकरण (Classification of Children's Needs)

आवश्यकताओं को कैसे व्यवस्थित किया जाता है अथवा वे कैसे उत्पन्न होती हैं और व्यवहार को कैसे ऊर्जा देती हैं, इसको कई मनोवैज्ञानिकों ने समझाया है। इनका वर्गीकरण

कैसे होता है, पर भी शोध हुआ है। यहाँ हम प्रेसकोट और मेसलों के सिद्धांत पर चर्चा करेंगे क्योंकि इनका सम्बन्ध वयस्कों की आवश्यकताओं के अतिरिक्त बच्चों से भी है।

1938 में प्रेसकोट ने बच्चों की आवश्यकताओं के तीन वर्गों को पहचाना–

1. *शारीरिक संरचना सम्बन्धी आवश्यकताएं (Physiological Needs)*–वे आवश्यकतायें जो बुनियादी रूप से गतिमान शारीरिक विशेषताओं और संरचना में आती हैं।
2. *सामाजिक अथवा प्रतिष्ठा की आवश्यकताएं (Social or Status Needs)*–वे आवश्यकतायें जिनका सम्बन्ध है समाज के गणमान्य अन्यों के साथ सम्बन्ध से, और
3. *अहम (मैं) अथवा एकीकरण की आवश्यकताएं (Ego or Integrative Needs)*–वे आवश्यकतायें जो उन अनुभवों की ज़रूरतों को दर्शाती हैं जिनसे बच्चा सीखेगा और जीवन में अपनी पहचान भूमिका के बारे में जानेगा और सकारात्मक आत्म-छवि का विकास करेगा।

शिशुओं और बेहद छोटे बच्चों की शारीरिक संरचना सम्बन्धी आवश्यकताओं पर विशेष रूप से ध्यान जाता है क्योंकि इस कालांश में इनका प्रभुत्व होता है। खाना, शारीरिक व्यायाम, मल विसर्जन और आराम शिशु के जीवन का केन्द्र हैं। यह आवश्यकताएं जीवनपर्यंत जारी रहती हैं और प्राथमिक शाला अवस्था में भी महत्वपूर्ण बनी रहती हैं। प्राथमिक शाला बालक के लिए, गतिविधियों और आराम के उचित संतुलन की आवश्यकता का विशेष महत्व है। अलाभान्वित (disadvantaged) एवं अल्पलाभांवित घरों से सम्बन्ध रखने वाले कई बच्चों के लिए खाना ऐसी आवश्यकता है जिसकी पूर्ति अपर्याप्त रूप से होती है, क्योंकि हमारे देश में कुपोषण एवं अल्पपोषण ज्वलंत समस्याएं हैं। इनका प्राथमिक विद्यालय अवस्था के बालकों पर बेहद हानिकारक प्रभाव पड़ता है क्योंकि इससे शारीरिक विकास और बौद्धिक, सामाजिक एवं भावनात्मक विकास विकृत अथवा अवरुद्ध हो जाता है। यदि एक बच्चा भूखा अथवा अल्पपोषित रहता है, तो उससे भलीभांति अध्ययन अथवा जिम्मेदार और खुश रहने की अपेक्षा नहीं की जा सकती है। जब शारीरिक अथवा जीवन कायम रखने वाली जरूरतों की संतुष्टि नहीं होती है तो अन्य आवश्यकताओं पर तो ध्यान कम ही जाएगा। कोई आश्चर्य नहीं है कि हमारे कई भारतीय गांव जो दूरदराज एवं पिछड़े इलाकों में हैं और जहाँ लोग अल्पपोषित परिस्थितियों में रहते हैं, विद्यालयों की शाला-त्याग दर अति उच्च है और बच्चों की निरंतर अनुपस्थिति एक विषम एवं अत्यंत गंभीर समस्या है। ये बच्चे भुखमरी के आसपास की दशा में ऐसे घरों में रहते हैं जहाँ एकदम बुनियादी सुविधाओं का अभाव है, गर्मी, सर्दी और छालों से पैरों को बचाने के लिए जूते-चप्पल नहीं हैं, पीने का पानी सहज उपलब्ध नहीं है। भूख, प्यास एवं आश्रय सभी अपूर्ण रहते हैं। फिर कैसे उनसे बैठने और पढ़ने की अपेक्षा की जा सकती है। स्पष्ट है कि यदि बच्चे का संतोषपरक विकास करना है तो इस तरह की बुनियादी आवश्यकताओं को पूरा करना आवश्यक है।

प्राथमिक शाला बालकों की सामाजिक आवश्यकताएं भी काफी सशक्त होती हैं। उच्चतम संभव विकास के लिए बच्चे में सुरक्षा और स्नेह का अहसास आवश्यक है। बच्चों में एक के बाद एक व्यवहारगत समस्याएं और व्यक्तित्व कुसमायोजन, जो वयस्क वर्षों में भी बना रहता है, को इन आवश्यकताओं की पूर्ति करने वाली स्थितियों की

अनुपस्थिति से जोड़ा जा सकता है। दो परिस्थितियाँ असुरक्षा में विशेष योगदान देती हैं, पहली वह स्थिति है जिसमें लगता है कि बच्चे के पास कोई जगह नहीं है अथवा उसमें वाँछित लाड़-प्यार की भावना का अभाव दिखता है। यह दुर्दशा शायद उन घरों में होती है जहाँ बच्चे महसूस करते हैं कि घर के मामलों में उनका कोई वास्तविक स्थान नहीं है और शायद अभिभावकों में भी उनके लिए कोई स्नेह नहीं है। यह शायद उन विद्यालयों में भी होता है जहाँ बच्चा केवल एक संख्या मात्र है और उसके साथ मूल्यवान मानव के रूप में व्यवहार नहीं होता है। अभिभावक-अभिभावक सम्बन्धी अथवा अभिभावक बच्चे में अस्थिरता अथवा सामाजिक-आर्थिक अभाव के कारण घरेलू जीवन में पैदा हुई समस्याओं के परिणामस्वरूप भी बच्चे असुरक्षा महसूस करते हैं। इनका उनके व्यक्तित्व विकास पर नकारात्मक असर पड़ता है।

अत्यधिक महत्व की एक अन्य सामाजिक जरूरत है समूह से अपनेपन का अहसास। नियमानुसार जब बच्चे प्राथमिक शाला में प्रवेश करते हैं तो समूहों के प्रति उनकी भावनाएं अधिक महत्वपूर्ण होती जाती हैं। जब वह इस कालांश के मध्य और बाद के वर्षों में प्रवेश करते हैं तो समूह के साथ एक होने की उनकी जरूरत और भी महत्वपूर्ण हो जाती है। इस समय किसी समूह का सदस्य न होना बेहद दुःखद स्थिति होती है और अपने हमउम्रों से जरा भी हट कर कुछ करना अक्सर मुख्य मुद्दा बन जाता है।

एकीकरण की आवश्यकताएं, व्यक्ति के रूप में पहचाने जाने की और खुद के प्रयोजन और पहचान की खोज की बच्चे की इच्छा से उपजती है। इनकी खोज बच्चे में अखंडता और आत्म-पूर्णता के अहसास की ओर ले जाती है।

मैसलों एक अमेरिकन मनोवैज्ञानिक था जिन्होंने आवश्यकताओं के क्रम की व्यवस्था की और मानव जरूरतों के अंतनिर्हित बुनियादी सिद्धांतों की समझ में योगदान दिया। उन्होंने आवश्यकताओं के सिद्धांत का प्रस्ताव रखा और इनके क्रमागत महत्व का वर्णन किया।

मैसलों का आवश्यकता का सिद्धांत महत्वपूर्ण है क्योंकि यह बच्चों की आवश्यकताएं और व्यवहार का वर्णन भी करता है। इनके अनुसार, व्यक्तियों में आवश्यकताओं के छः मुख्य समूह होते हैं। उन्होंने इनका वर्गीकरण, व्यक्ति के लिए इनके महत्व के क्रम में किया हैः

1. शारीरिक आवश्यकताएं
2. सुरक्षा की आवश्यकताएं
3. प्रेम और जुड़ाव की आवश्यकताएं
4. प्रतिष्ठा की आवश्यकताएं
5. आत्म-परिपूर्णता की आवश्यकताएं और
6. समझने और जानने की इच्छा।

खाना, ऑक्सीजन, स्नेह, गतिविधि और आराम की शारीरिक आवश्यकताएं जीवन संरक्षण एवं जीवनदायिनी बुनियादी जरूरतें हैं। यह बचपन के वर्षों में विशेषकर महत्वपूर्ण है क्योंकि इन आवश्यकताओं में से किसी की भी पूर्ति में कमी से, बच्चे के विकास पर नकारात्मक प्रभाव पड़ते हैं। जब बच्चों में इन आवश्यकताओं की पूर्ति हो जाती है तो जरूरतों के अगले समूह की ओर प्रगति होती है।

प्राथमिक शाला बच्चे में सुरक्षा सम्बन्धी जरूरतों का प्रदर्शन होता है उनकी अव्यवस्था के बजाय किसी प्रकार के नियमित व्यवहार अथवा लय की प्राथमिकता से, इनके द्वारा समझी गई भिन्न प्रकार की खतरों भरी स्थितियों से बचने की चेष्टा से और

उन विचित्र एवं अपरिचित स्थितियों से पीछे हटने से, जिनके लिए वयस्कों से अनुमोदन नहीं मिलने की संभावना है।

प्रेम एवं जुड़ाव की आवश्यकताओं का वर्णन होता है, सामान्यतया लोगों के साथ स्नेहपूर्ण सम्बन्धों और समूह में स्थान की इच्छा के रूप में। प्राथमिक शाला के बच्चे अक्सर इन आवश्यकताओं का प्रदर्शन अपने अभिभावकों, शिक्षकों और हमउम्रों से जोड़ कर करते हैं।

प्रतिष्ठा की आवश्यकताओं में स्पष्ट रूप से शामिल है मूल्यवान व्यक्ति के रूप में पहचान पाना। इनकी संतुष्टि के साथ आता है विश्वास, मूल्य और शक्ति का अहसास और आवश्यक एवं उपयोगी होने की भावना। इनमें अड़चन आने से हीनता, कमजोरी और असहायता का भाव पैदा होता है। प्राथमिक शाला के बच्चे इस आवश्यकता को दर्शाते हैं और इसकी संतुष्टि के लिए अभिभावकों, शिक्षकों एवं हमउम्रों की ओर देखते हैं।

स्व-परिपूर्णता अथवा आत्म-परिपूर्णता की आवश्यकता है 'वह' व्यक्ति होने अथवा उस जैसा बन जाने की जरूरत, जैसा कोई व्यक्ति बनने की इच्छा रखता है। एक व्यक्ति शिक्षक बनता है, अन्य एक संतुष्ट माँ, कोई अन्य खिलाड़ी, अन्य कोई संगीतकार और ऐसे ही बाकी भी। बच्चों के मामले में, यह बता पाना मुश्किल है कि उनके वयस्क हो जाने पर किस रूप में, इस ज़रूरत की अभिव्यक्ति होगी। स्पष्ट रूप से इस जरूरत को पहचान कर योग्य रूप से दर्शा पाने के लिए प्राथमिक शाला का बच्चा बेहद छोटा है।

समझने एवं ज्ञान की जरूरत, ज्ञान को खोजने, व्यवस्थित करने और समझने की उनकी इच्छा के रूप में बच्चों में दिखाई देती है। पहली पांच जरूरतों का क्रम महत्वपूर्ण है क्योंकि इनका इसी विशेष क्रम में पूरा होना अहम है। इस प्रकार से सुरक्षा की आवश्यकताओं से पहले शारीरिक जरूरतों का पूरा होना आवश्यक है, इसी प्रकार से प्रेम एवं अपनेपन की जरूरतों के पूरा होने से पहले सुरक्षा की आवश्यकता की पूर्ति अहम है और बाकी भी इसी प्रकार से। इन विचारों के महत्वपूर्ण शैक्षणिक निहितार्थ हैं। उदाहरण के लिए, विज्ञान का शिक्षक बच्चों में विज्ञान अधिगम के प्रति उत्साह एवं इच्छा जगाने में केवल तभी सफल हो पाएगा, जब उनकी अन्य जरूरतें पूरी हो जाएंगी। मान लीजिए कि कुछ बच्चों ने अस्वीकृति और इसके परिणामस्वरूप प्रेम एवं अपनेपन की जरूरत की पूर्ति के अभाव का सामना किया है तो वह प्रभावी अधिगम के लिए मनोवैज्ञानिक अवस्था में तो नहीं ही होंगे। इसी प्रकार से यदि शिक्षक ने शारीरिक अथवा सुरक्षा की अपूर्ण आवश्यकताओं को अपने विद्यार्थियों में नहीं पहचाना है तो संभावना है कि उन्हें अनुशासन की समस्या हो सकती है क्योंकि बच्चे इन आवश्यकताओं की संतुष्टि पहले करना चाहेंगे। हालांकि यदि शारीरिक आवश्यकताओं की जरा सी भी, यहाँ तक की अस्थायी पूर्ति भी हो जाती है तो शायद समझने और जानने की इच्छा जाग्रत होने की संभावना है।

प्रेसकोट एवं मैसलों द्वारा जरूरतों पर की गई चर्चा के अलावा भी प्राथमिक विद्यालय के बालकों में कुछ अन्य आवश्यकताएं भी पाई जाती हैं। ये आवश्यकताएं प्रत्यक्ष रूप से विकासात्मक विशेषताओं से निकलती हैं। उदाहरण के लिए, शारीरिक ऊर्जा और गव्यात्मक योग्यताओं में वृद्धि बच्चों में गतिविधि की बेहद तीव्र आवश्यकता की शुरुआत दर्शाती है। वह खेलना, दौड़ना, कूदना, पेड़ पर चलना, तैरना इत्यादि करना

चाहते हैं। सामाजिक और संज्ञानात्मक कौशलों में वृद्धि के साथ जुड़कर, यह बच्चों में रोमांच की सशक्त ज़रूरत को सामने लाती है। बच्चे अत्यधिक सुझावग्राही और रोमांचक कथाओं, रहस्यमयी, भयावह कहानियों इत्यादि से गहन रूप से प्रभावित होते हैं। अपनी राह में आने वाली वस्तुओं और स्थितियों को समझने की खोज में वह नई चीजों की जांच-पड़ताल भी करना चाहते हैं। इन सबका उनकी रोमांच सम्बन्धी आवश्यकताओं में योगदान है।

संबद्धता की ज़रूरत ही है अपनेपन एवं जुड़ाव की आवश्यकता। उचित सामाजिक व्यवहार की शुरुआत से ही, बच्चों में प्रभुता एवं संबद्धता की मज़बूत आवश्यकताओं का विकास हो जाता है। संबद्ध होने का निहितार्थ है "जुड़ाव" अथवा "का सदस्य होना"। प्रत्येक मानव की यह आवश्यकता होती है। ऐसा कोई भी व्यक्ति संपूर्ण व्यक्ति नहीं होता है जो अपने आस-पास के लोगों से अलग-थलग हो। बच्चे में संबद्धता की जरूरत कई प्रकार ले सकती है—प्रेम और प्रेम किए जाने की आवश्यकता, स्वीकार किए जाने की चाह अथवा प्रतिष्ठा की इच्छा।

प्रभुता की इच्छा दर्शाती है, दूसरों पर नियंत्रण अथवा हावी होने की ज़रूरत। प्राथमिक शाला के बच्चे अपने हमउम्रों को आदेश देना, कक्षा का मॉनीटर बनना अथवा केवल उनके द्वारा सुझाए खेल खेलना ही पसंद करते हैं।

एक अहम भावनात्मक आवश्यकता जो बच्चों की खुशी और सुरक्षा महसूस कराती है, वह है अनुमोदन की ज़रूरत। बच्चे स्वीकृति अथवा अनुमोदन के लिए शिक्षकों, अभिभावकों एवं हमउम्रों की ओर देखते हैं। क्योंकि वह अब भी अपने कुछ विचारों और कार्यों के प्रति अनिश्चित होते हैं तो उनमें अनुमोदन की आवश्यकताएं बेहद सशक्त रूप से प्रमाणित होती हैं।

इनके अलावा, अभी भी प्राथमिक शाला के बच्चे कुछ-कुछ कल्पना की दुनिया में रहते हैं, इसलिए सात और आठ वर्ष के बालकों को परियों, शैतानों, राक्षसों के सपने देखते हुए और काल्पनिक संसार के साथ खुद को जोड़ कर देखना आश्चर्यचकित नहीं करता है। यह उनमें कल्पना की ज़रूरत को दर्शाता है।

बच्चों में रचनात्मकता की आवश्यकताओं का भी प्रदर्शन होता है। प्रत्येक बालक को कला, चित्रकारी, काटना, चिपकाना, सिलना इत्यादि पसंद होता है, यह सब दर्शाता है कि बच्चे इन गतिविधियों और इनसे मिलने वाले अंतिम उत्पादों, दोनों का ही आनंद उठाते हैं।

महत्वपूर्ण संज्ञानात्मक आवश्यकताओं में उत्सुकता और जांच-पड़ताल की आवश्यकताओं में उत्सुकता और जांच-पड़ताल की आवश्यकताएं भी शामिल हैं। प्रत्येक बालक एक छोटा खोजी अथवा जांच-पड़ताल करने वाला होता है। उसे चीज़ों को अपने हिसाब से व्यवस्थित करना, अपने खुद के छोटे-छोटे प्रयोग करना और अपने स्वयं के निष्कर्षों पर पहुँचना पसंद है।

बच्चों की आवश्यकता पूर्ति में विद्यालय की भूमिका (Role of the School in Need Satisfaction of Children)

जब कोई बच्चा पहली बार विद्यालय जाना शुरू करता है तो निश्चित है कि वह थोड़ा असहज, थोड़ा अनिश्चित होगा कि उसे कैसा लगेगा। वह उम्मीद करता है कि उसे कोई

शारीरिक क्षति नहीं पहुँचेगी, वह सोचता है कि शायद उसके शिक्षक उसके साथ अच्छा व्यवहार करेंगे और उसे डाटेंगे अथवा दंडित नहीं करेंगे। वह दिन की गतिविधियों के बारे में भी उत्सुक होता है। क्या वह आनंददायी होंगी? वह क्या करना सीखेगा? क्या अन्य बच्चे उसके साथ खेलेंगे? इस प्रकार से, संभावना है कि बच्चा जो कुछ भी अपेक्षाएं और भय अपने साथ लाता है वह उसके शाला-पूर्व के अनुभवों के चहुँ ओर ही केन्द्रित होते हैं। बाद में जब इन सारी और अन्य शारीरिक एवं स्नेहपूर्ण वातावरण की आवश्यकताओं की पूर्ति हो जाती है तब वह अपनी ऊर्जा को नए और अनूठे कार्यों में लगा पाता है। प्राथमिक शाला वर्षों में, सामग्रियों का प्रदर्शन और शिक्षण के तौर-तरीके ही निर्धारित करते हैं कि बच्चा कितना प्रोत्साहित है। बच्चे को सामग्री की जाँच-पड़ताल और अपनी तरह से व्यवस्था की अनुमति देना, उसे नाटकों में भाग लेने के लिए, कहानियाँ सुनने में, काटने, चिपकाने इत्यादि के लिए, प्रोत्साहित करना उसके लिए अत्यधिक संतोषजनक होता है क्योंकि यह उसकी उत्सुकता, खोजबीन और गतिविधि की आवश्यकताओं की पूर्ति करता है। उसकी प्रतिष्ठा, अनुमोदन और संबद्धता की आवश्यकताएं उसके अपने हमउम्रों और शिक्षकों के साथ अंतः परस्पर सम्बन्धों पर निर्भर होती हैं। गैर पक्षपातपूर्ण अभिवृत्तियों वाले ऐसे शिक्षक जो प्रत्येक बालक के अनमोलपन का आदर करते हैं, उसकी प्रतिभाओं को पहचानते हैं, वे उसे इनकी अभिव्यक्ति का अवसर देते हैं और उनका अच्छे बुरे प्रदर्शन का कोई परम मानदण्ड भी नहीं होता है। वह बच्चे को सुरक्षा और स्वीकृति की समझ प्रदान करने में भी मदद करते हैं। हकीकत तो यह है कि उन बच्चों के लिए जो संवेदनात्मक रूप से परेशान, सामाजिक रूप से पिछड़े, अथवा अधिगम अक्षमताओं वाले हैं उनके लिए शिक्षकों की अभिवृत्ति ही है जो निर्धारित करती है कि उनकी आवश्यकताओं की कितनी पूर्ति होगी। उनकी संबद्धता और स्वीकृति की आवश्यकताएं भी होती हैं जिन्हें काफी हद तक केवल एक सहानुभूति वाला शिक्षक ही पूरा कर सकता है। इस प्रकार से शिक्षकों का दिन-प्रतिदिन का बच्चों के साथ व्यवहार उनके सुरक्षा अथवा असुरक्षा की भावना के विकास में योगदान देता है। ये उन्हें "अपनेपन" और "उससे प्रेम है" अथवा "वह स्वीकार नहीं है" की भावना का अहसास कराते हैं। यह निश्चित रूप से सीमित कर देने वाला कारक है जब विद्यालय के शिक्षक और अन्य महत्वपूर्ण वयस्क एक पल तो बेहद सहनशील एवं बात कर सकने योग्य और दूसरे ही पल क्रोधित एवं नाराज़ नजर आते हैं। व्यवहार के प्रति एकसार अभिवृत्ति न रखना भी समान रूप से बुरा है जैसे कि किसी अवसर पर उसी आचरण पर हंस देना जबकि किसी अन्य अवसर पर उसी आचरण पर दंड मिला हो। वह शिक्षक जो स्वयं असुरक्षित है और जो बच्चों के साथ अपने सम्बन्धों के दौरान सत्तावाद और अराज़कता के बीच झूलते रहते हैं, वह बच्चों को अत्यधिक भ्रमित कर देते हैं। उन शिक्षकों द्वारा दी गई सुरक्षा अथवा प्यार भी बच्चों की कोई मदद नहीं करते जो बच्चों से दूरी पैदा कर देने अथवा उन्हें अजनबी बना अथवा उनकी स्वतंत्रता को आवश्यक रूप से कतर देने के भय से, किसी मानक का पालन नहीं करते हैं। बच्चों में सुरक्षा की भावना का अहसास जगाने के लिए, शिक्षकों को इकसार मिज़ाज वाला और तटस्थ रूप से स्नेहशील एवं सख्त होना अत्यावश्यक है। आचरण के मानकों का होना और बच्चों के लिए आदर और प्रजातंत्र का पोषण आवश्यक है। शिक्षक को खुद भी आचरण के मानकों का पालन, प्रजातांत्रिक रूप से कार्य और प्रत्येक बच्चों का अतुल्य व्यक्ति के रूप में आदर करना आवश्यक है।

प्राथमिक शाला वर्षों में हमउम्रों के साथ जुड़ाव व अपनेपन की आवश्यकता बेहद बड़ी होती है। अपनी कक्षा के सामाजिक परस्पर सम्बन्धों की लयात्मकता (Rhythm) के लिए शिक्षक ही जिम्मेदार है और उसे विशेष ख्याल रखना पड़ेगा कि इससे संबंधित आवश्यकताएं पूरी हो जाएं। ऐसे शिक्षक जो बच्चे की मदद करते हैं—शैक्षणिक और अन्य दोनों ही तरह की समस्याओं का समाधान ढूंढ़ने में, वह उसकी वास्तविक सेवा कर रहे हैं क्योंकि वह उसे उसकी शक्तियों और योग्यताओं का अनुमान लगाने और आत्मविश्वास का विकास करने में सक्षम बनाते हैं और उसकी एकीकरण की आवश्यकताओं की पूर्ति करते हैं।

हमारे देश में प्राथमिक शाला कार्यक्रम को बनाते समय अक्सर बच्चों की बेहद बुनियादी आवश्यकताओं का ख्याल भी नहीं रखा जाता। अधिकतर, गतिविधि एवं आराम के बीच में तालमेल व संतुलन नहीं बनाया जाता। बच्चों पर एक के बाद एक कार्यों से आक्रमण होता है, जिसमें से अधिकतर संज्ञानात्मक प्रकृति के हैं और बच्चों को सफलता का अवसर न के बराबर मिलता है। बच्चों की आवश्यकता पूर्ति में वातावरण के महत्व पर बहुत कम जोर दिया जाता है और बच्चे के लिए हमउम्र समूह के अनुमोदन के महत्व की तो अनदेखी ही कर दी जाती है। शिक्षक स्वामित्व व अधिकार की, दूर खड़ी मूर्ति है और बच्चा, पंजीकृत, एक और संख्या मात्र ही है। इसके अलावा ग्रामीण क्षेत्रों से आने वाले बच्चे का, जो शायद सामाजिक, आर्थिक अथवा सांस्कृतिक रूप से अलाभान्वित (disadvantaged) है को भी समान शहरीकृत किताबें पढ़ने के लिए दी जाती हैं और वही शाला कार्यक्रम अपनाने के लिए दिया जाता है। सार्वजनिक पार्कों में साफ-सुथरे, खुश दिखते बालकों, जहाजों, हवाई जहाजों, स्नेहशील अभिभावकों, प्रेमपरिपूर्ण घर इत्यादि के चित्र पाठ्य पुस्तकों में होते हैं—ये छोटी झोपड़ी में रहने वाले उस बच्चे से क्या संवाद करते हैं, जिसका भविष्य अज्ञात हैं और जो शायद दिन में दो वक्त का भोजन भी सही से नहीं कर पाता है? उसकी आवश्यकताओं की संरचना पूर्णतया भिन्न है लेकिन वातावरण उसे अति हताशकारी एवं लाभहीन एवं वंचनापूर्ण जीवन की ओर धकेल रहा है।

शहरी मध्यम वर्ग का बच्चा समस्याओं के एक अलग समूह का सामना करता है। प्रेम और जुड़ाव की उसकी आवश्यकताओं को परे धकेल अथवा नजरअंदाज कर दिया जाता है क्योंकि उपलब्धि पर हमारी संस्कृति में अत्यधिक ध्यान दिया जाता है। लगता है कि हमारे देश में प्यार पाने की शर्त शायद उपलब्धि है। केवल वही बच्चे अपने शिक्षकों एवं हमउम्रों से प्रेम अथवा पहचान पाने के पात्र प्रतीत होते हैं जो सफल हैं और अपने काम में अच्छे हैं। क्या हर कोई उपलब्धिधारक हो सकता है? उन अनगिनत बच्चों का क्या जो अच्छे नागरिक, कला क्षेत्र में प्रतिभाशाली, संगीत और अन्य इसी प्रकार के क्षेत्र में कुशल व धनी हैं, अथवा जिनमें सहनशीलता और दूसरों के लिए चिंता, जैसे गुण हैं—वे कहाँ जाएं? क्या वे अपनेपन का भाव और प्यार अनुभव करने के पात्र नहीं हैं?

इन सभी प्रश्नों का उत्तर निहित है प्राथमिक शाला कार्यक्रम की चरणाधारित योजना एवं व्यवस्था में, जो इस तरह से होनी चाहिए कि जिससे बच्चों की शारीरिक, सामाजिक और एकीकरण की बुनियादी आवश्यकताओं की पूर्ति हो जाए। प्रत्येक विद्यालय को, अपने यहाँ पंजीकृत बच्चों की आवश्यकताओं का गहन अध्ययन करना होगा, न केवल उनकी वैयक्तिक योग्यताओं के रूप में, बल्कि उस वातावरण के बृहद

सामाजिक-सांस्कृतिक परिप्रेक्ष्य में भी, जिसमें बच्चा रहता है। तत्पश्चात् विद्यालयी जीवन की व्यवस्था इस तरह से करनी होगी जिससे कम से कम अधिकांश बच्चों की आवश्यकताओं की सर्वोत्तम पूर्ति हो सके। मानदण्डों की समरसता पर आग्रह करना और ग्रामीण बालकों को मुख्यतया शहरी शिक्षा देना, बच्चों के विविधता भरे जीवन की परवाह किए बिना उनसे सार्वभौमिक सर्वमान्य (universally accepted) अपेक्षाएं रखना अर्थहीन है। एक समाज जो असमान है और जहाँ विद्यालय असमानताओं को प्रतिबिंबित करते हैं, वह सर्वमान्य सिद्धांतों अथवा व्यवहार के नियमों पर फल-फूल नहीं सकता है। यदि बच्चों की मुख्य आवश्यकताओं की देखभाल एक-एक करके की जाए, तो सभी बच्चों के लिए "जीवन में समान अवसर" के अधिक दार्शनिक मुद्दे पर समझौता कर पाठ्यचर्या के माध्यम से पर्याप्त प्रावधान किए जा सकते हैं।

विद्यालय कार्यक्रम में आवश्यकता पूर्ति हेतु कुछ विशिष्ट सुझाव (Some Specific Suggestions for Need Fulfillment in the School Programme)

विद्यालय कार्यक्रम जो उद्देश्यों के समूह, शिक्षकों, विद्यार्थियों, पाठ्यचर्या, सामग्री एवं साधनों, गतिविधियों के प्रावधान, समय-सारिणी, कार्य योजनाओं, मूल्यांकन व्यवस्था और शिक्षण पद्धतियों, से बना है, का उपयोग बच्चों की आवश्यकताओं को प्रभावी रूप से संतुष्ट करने में किया जा सकता है।

बच्चे की कार्य योजना में खेलों एवं व्यायाम, प्रकृति भ्रमण, पिकनिक का पर्याप्त प्रावधान करके और जहाँ तक संभव हो विद्यालय के बाहर कैम्प इत्यादि की भी व्यवस्था करके, गतिविधि और रोमांच की आवश्यकता को संबोधित किया जा सकता है। इसके अलावा, कुछ रोमांचक क्लब भी हैं जहाँ इस तरह की गतिविधियाँ बनावटी वातावरण में आयोजित की जा सकती हैं। बच्चे रोमांचक कहानियाँ और रहस्यमयी अनुभव साझा कर सकते हैं। वे खुद को जासूस समझ सकते हैं और इसी तरह से अन्य कई खेल और गतिविधियाँ कर सकते हैं। खेलकूद के उपकरण भी उन्हें उपलब्ध करवाने चाहिए। इन दिनों कई शहरी विद्यालय विद्यार्थियों को कई प्रकार की सामरिक कलायें सिखाते हैं जो बच्चों में गतिविधि और रोमांच की आवश्यकताओं की पूर्ति करती हैं। विद्यालय में अपनाये सामाजिक-संवेदनात्मक वातावरण से प्रेम, अपनेपन, पहचान एवं प्रतिष्ठा की आवश्यकताओं की पूर्ति हो सकती है। बुनियादी विद्यालयी विचारधारा प्रत्येक बच्चे की प्रतिष्ठा एवं मूल्य की पहचान बन सकती है। एक बार इसकी प्राप्ति हो जाए तो विद्यालय, प्रत्येक बच्चे को आदरणीय और मूल्यवान महसूस कराने के अवसर प्रदान कराने में स्वतः ही सफल हो जाएगा। पाठ्यचर्या, मूल्यांकन व्यवस्था और शिक्षकों की अभिवृत्ति यह सब प्रत्येक बच्चे को सुरक्षा का अहसास दिलाने के चारों ओर ही केन्द्रित होगा। मूल्यांकन में, यदि अधिक व्यापक उपागमों का प्रयोग हो और बच्चों का केवल उसकी शैक्षणिक योग्यताओं के लिए ही नहीं, बल्कि अन्य गुणों के लिए भी मूल्यांकन किया जाए तो कोई कारण नहीं है कि वह इन्हें क्यों विकसित नहीं कर पायेगा। इस तरीके से बच्चों में एकीकरण की आवश्यकताओं के संबोधन में भी मदद होगी, क्योंकि इससे स्व-मूल्यों की भावना का भी अहसास होगा।

उत्सुकता और खोजबीन की बच्चों की आवश्यकताओं की पूर्ति शिक्षकों द्वारा प्रयोग की जा रही शिक्षण विधियों और सामग्री में परिवर्तन करके भी की जा सकती है। अधिकाधिक स्व-अधिगम (self learning) तकनीकें और करके सीखने की विधियों को अपनाया जा सकता है। समस्या समाधान तकनीकें और खोज आधारित अधिगम पद्धतियों, जिनके लिए जटिल अधिगम केन्द्रों अथवा सामग्रियों की आवश्यकता नहीं होती है, का उपयोग भी बच्चे की उत्सुकता बनाए रखने में किया जा सकता है।

बच्चों को पर्याप्त सामाजिक अवसर प्रदान कर स्वीकृति, स्नेह ओर प्रभुता की आवश्यकताओं की पूर्ति की जा सकती है। उन्हें विद्यार्थी निकायों की अनुमति, चक्रीय आधार पर नेतृत्व के अवसर देकर, समूह कार्य योजना के लिए प्रोत्साहित करना और साझे लक्ष्य के लिए एक साथ काम करने की अनुमति एवं अवसर देने चाहिए। यह उन्हें आवश्यक सामाजिक कुशलताएं सिखाने के साथ-साथ उनमें समूह स्नेह और स्वीकृति की भावना भी भरेगा।

कला, हस्तकौशल, रचनात्मक लेखन, ड्रामा, नाटक, संगीत, वाद-विवाद इत्यादि गतिविधियों के आयोजन से रचनात्मक आवश्यकताओं की पूर्ति की जा सकती है। इस आवश्यकता की संतुष्टि में शिक्षण के नाटक आधारित तरीकों और कार्य योजना के प्रयोग से भी मदद मिलेगी। एक बार फिर से ध्यान दिला दें कि ये तरीके सरल हैं और इन्हें सरलता से कार्यान्वित किया जा सकता है। इनके लिए औपचारिक अथवा विस्तृत उपकरणों की आवश्यकता नहीं होती है।

संसार देखने, नर्स बनने, अंतरिक्ष यात्री बनने इत्यादि की बच्चों की काल्पनिक आवश्यकताओं की पूर्ति, उचित दिशा-निर्देश से की जा सकती है। बच्चों को इन मुद्दों पर कार्य योजना एवं चार्ट बनाने को कहा जा सकता है।

इससे उन्हें अपनी वास्तविकता की अभिव्यक्ति में मदद मिलेगी। ऐसी किताबें व पत्रिकाएं जो बच्चों की रुचियों के व्यापक दायरे से जुड़ी हों, उन्हें भी विद्यालय में बच्चों के पढ़ने हेतु रखना चाहिए। परियों, राक्षसों इत्यादि के बारे में पढ़ने से भी कुछ हद तक बच्चों की फैंटसी (fantasy) आधारित आवश्यकताओं की पूर्ति हो जाती है।

इस प्रकार से बिना किसी व्यापक उपकरण अथवा आधिकारिक परिवर्तनों के बिना भी प्रत्येक विद्यालय में कुछ न कुछ प्रावधान तो किए ही जा सकते हैं ताकि बच्चों की जरूरतों की न्यूनतम पूर्ति हो सके।

सारांश (Summary)

1. बच्चों का प्रदर्शित व्यवहार ज्यादातर उनकी जरूरतों पर आधारित होता है। आवश्यकता, एक आंतरिक आवेग इच्छा अथवा चाह है जो व्यवहार को प्रोत्साहित, उर्जित अथवा निर्देशित करती है।
2. बच्चे विभिन्न आवश्यकताओं का प्रदर्शन करते हैं। प्रेसकोट ने इन्हें शारीरिक, सामाजिक और एकीकरण की आवश्यकताओं में बांटा है। मैसलों ने बच्चों की जरूरतों को शारीरिक, सुरक्षा, प्रेम एवं अपनेपन, प्रतिष्ठा, आत्म-जागरूकता और ज्ञान एवं समझदारी की क्रमागत बढ़ती संरचना में व्यवस्थित किया।
3. इनके अलावा, बच्चों में पाई जाने वाली अन्य महत्वपूर्ण आवश्यकताएं हैं संबद्धता, स्नेह, प्रभुता, रचनात्मकता, कल्पनाशीलता, उत्सुकता, खोजबीन एवं गतिविधि और रोमांच की ज़रूरतें।

4. आवश्यकताओं की पूर्ति अथवा इसके अभाव में विद्यालय को मुख्य भूमिका निभानी है। बच्चों के प्रति शिक्षकों की अभिवृत्ति, उपयोग की जा रही शिक्षण पद्धतियों और सामाजिक भावनात्मक परिवेश, बच्चे की सुरक्षा और खुशी के अहसास को अति प्रभावित करते हैं।
5. बच्चों की आवश्यकताओं की पूर्ति के लिए विद्यालय को कोई विशाल व अतिकाय प्रयास करने की आवश्यकता नहीं है। सीमित संसाधनों के बावजूद, विद्यालयी कार्यक्रम के प्रावधानों और अवसरों का विवेकपूर्ण उपयोग बच्चों की आवश्यकताओं की देखभाल की राह दिखा सकता है।
6. आवश्यकताओं की पूर्ति का कोई सार्वभौमिक/सर्वमान्य नियम नहीं है क्योंकि बच्चों की आवश्यकताएं निर्धारित होती हैं उनकी जीवन की विशिष्ट स्थितियों से। इस प्रकार से प्रत्येक विद्यालय को पंजीकृत बच्चों की आवश्यकताओं का आकलन करके आवश्यकतानुसार अपने कार्यक्रम में बदलाव करना होगा।

9

बच्चों की रुचियाँ

Children's Interests

परिचय (Introduction)

बच्चे क्या करना चाहते हैं, वे किसमें खुद को व्यस्त रखते हैं, वे अपना समय स्वेच्छा से किस पर व्यतीत करते हैं और उनकी गतिविधियों का चयन, ये सब एक ही घटना की ओर इंगित करते हैं—उनकी रुचियाँ। बच्चों की रुचियाँ उनके संसार के बारे में बतलाने वाले महत्वपूर्ण मानक की तरह कार्य करती हैं। वे बच्चों के बारे में वयस्कों की समझ को बढ़ावा देती हैं और बच्चे की शैक्षणिक प्रक्रिया में क्या, कब और कैसे का निर्धारण करने में उपयोगी व अहम जानकारी देती हैं।

जब व्यक्ति के पास चयन की स्वतंत्रता हो तब किसी गतिविधि में उसकी संलिप्तता का नाम रुचि है। इस प्रकार से, यदि बच्चा किताब पढ़ने, टी.वी. देखने अथवा दोस्तों के साथ लुका-छिपी खेलने में से, किसी का चयन करने के लिए स्वतंत्र है और वह किताब पढ़ना चुनता है तो हम निष्कर्ष निकाल सकते हैं कि बच्चा पढ़ने में रुचि रखता है। जब तक बच्चे को किसी गतिविधि में संतुष्टि मिलती है उनमें उसकी रुचि जारी रहती है। इस प्रकार से जब तक बच्चा किताब पढ़ने का आनन्द उठाता है पढ़ने में उसकी रुचि बनी रहेगी, अन्यथा यह धीमे-धीमे हल्की हो जाएगी और कोई अन्य गतिविधि इसकी जगह ले लेगी।

ऐसा लगता है कि रुचियों का निर्धारण बच्चों की आवश्यकताओं की संरचना से होता है। उदाहरण के लिए, वह बच्चा जिसे साथी की तीव्र इच्छा है वह अपनी ऊर्जा ऐसी गतिविधियों में लगाएगा जिनसे उसका संपर्क दूसरों से होगा। वह समूह खेलों, क्लब में जाने, दोस्तों के साथ भ्रमण, बातचीत इत्यादि में सदैव अपनी रुचि दर्शाएगा। एक बच्चा जिसे पहचान बनाने की आवश्यकता है वह शायद ऐसी किसी गतिविधि में अपनी रुचि प्रदर्शित करेगा जो उसे इस पहचान को पाने में मदद करेगी जिसकी उसे इच्छा है। इस प्रकार से वह शायद चित्र बनवाने, अथवा रंग भरने अथवा हस्त कुशलता से भिन्न वस्तुएं बनाने का प्रयास करेगा, जिससे दूसरे लोग उसे उसकी प्रतिभा के लिए पहचानने लगेंगे।

इस प्रकार से ऐसा लगता है कि बच्चे की किसी आवश्यकता के कारण सीखा गया अथवा प्राप्त प्रयोजन रुचि है, जो उसे इस तरह से काम करने को प्रेरित करता है कि उसकी रुचि या तो बनी रहे, या फिर उसकी संतुष्टि हो जाए।

रुचियों का विकास–कुछ निर्धारक कारक (Development of Interests—Some Determinants)

बच्चों में रुचियों का विकास मुख्यतः उनके शारीरिक और मानसिक विकास के स्तर से संबद्ध होता है। उदाहरण के लिए, बच्चे की गत्यात्मक योग्यता निर्धारित करेगी कि वह दौड़ने, भागने इत्यादि की शारीरिक गतिविधियों का आनन्द उठाता है कि नहीं, अथवा क्या क्रिकेट जैसा सटीक व उत्कृष्ट खेल उसकी रुचि बनता है। स्पष्ट है कि यदि उसकी सूक्ष्म मांसपेशियों का विकास हो गया है और वह गेंदबाजी के योग्य हो गया है तभी उसकी रुचि क्रिकेट में जारी रहेगी। इसी प्रकार से, बच्चे की रुचि पढ़ने में तब तक नहीं हो सकती है जब तक कि वह हिन्दी अथवा अंग्रेज़ी या फिर कोई भी अन्य भाषा के कूट संकेतों को कुशलतापूर्वक समझना न शुरू कर दे। इसी तरह से चित्रकारी में तब तक रुचि विकसित नहीं हो सकती जब तक बच्चा रंगों के मिश्रण, आकार, प्रकार, ब्रुश का उपयोग इत्यादि के महत्व को न समझ ले। इन रुचियों के विकास और इनको बनाए रखने की ये कुछ अत्यावश्यक शर्तें हैं। किसी बच्चे का पेन्सिल और कागज़ को बार-बार लेकर चित्र बनाने का प्रयास करना दर्शाता है कि उसका कला की ओर रुझान है लेकिन रुचि के तौर पर इसके विकास के लिए उसे शारीरिक व भौतिक रूप से इस गतिविधि को जारी रखने योग्य होना होगा। इन क्षेत्रों की सीमाएं उसकी इन रुचियों को भी सीमित कर देंगी। इस प्रकार से बच्चों की रुचियाँ उनकी तैयारी पर निर्भर होती हैं।

जैसे-जैसे बच्चा विकसित और परिपक्व होता है और उसके संग्रह की शारीरिक एवं मानसिक कुशलताओं में वृद्धि होती है, उसकी रुचियां भी परिवर्तित होने लगती हैं। उदाहरण के लिए, जो पहले कला में सरल रुचि मात्र थी, वह शायद अब आरेखों (ग्राफिक्स) अथवा कपड़े पर चित्रकारी की सक्रिय रुचि बन जाए। एक बच्चा शायद अचानक से फिल्में देखने अथवा किताबें पढ़ने में रुचि लेने लगे क्योंकि उसकी मानसिक तैयारी हो चुकी है, उसकी संज्ञानात्मक योग्यताओं का विकास हो गया है और उसका ध्यान-कालांश भी अब बढ़ चला है। वास्तव में, बचपन से किशोरावस्था तक रुचियों में महत्वपूर्ण बदलाव आते हैं। यहाँ तक कि उच्च एवं शुरुआती प्राथमिक वर्षों में भी रुचियों में महत्वपूर्ण बदलाव अथवा कुछ रुचियों की प्रकृति बदल जाती है। छः अथवा सात वर्ष का बालक शायद परियों की कहानियाँ अथवा रोमांचक कहानियाँ पढ़ने को प्राथमिकता दे।

रुचियों का विकास भी बच्चे के वातावरण पर निर्भर होता है। यदि वातावरण उसे नए कौशलों की प्राप्ति और नई चीजें सीखने का अवसर देता है तो यह उसकी रुचियों में भी दिखाई देगा। इस संदर्भ में यदि बच्चे के घर और विद्यालय का वातावरण उसके विकास और वृद्धि में सहायक है तो उसी मात्रा में उसकी रुचियाँ भी विकसित हो जाएंगी। जो अभिभावक अपने बच्चों को पढ़ने, खेल खेलने, कोई वाद्ययंत्र बजाना सीखने, संगीत सुनने इत्यादि के लिए प्रोत्साहित करते हैं, वे अपने बच्चों में इन रुचियों के निर्माण हेतु निरंतर प्रयास करते हैं और ध्यानपूर्वक ऐसे अवसर खोजते हैं जिनसे इनको और अधिक बढ़ाया जा सके। इस प्रकार से बच्चे का मनोवैज्ञानिक वातावरण उसे अपनी रुचियों के विकास के लिए आवश्यक सहयोगी व्यवस्था प्रदान करेगा। यही मामला विद्यालय के साथ भी है। बच्चे को अपने विद्यालयी वातावरण की समझ उसकी रुचियों के क्रम को अत्यधिक प्रभावित करेगी।

रुचियों के विकास पर सामाजिक-सांस्कृतिक प्रथाओं का भी अहम प्रभाव पड़ता है। कुछ समाजों में यह स्वीकृत मानक है कि लड़कियों की रुचि सिलाई, कढ़ाई, खाना बनाने, चित्रकारी इत्यादि में होनी च.ाहिए जबकि लड़कों को चारदीवारी के बाहर के खेलकूद, धन-संपत्ति के मामले, बढ़ईगीरी इत्यादि में ध्यान लगाना चाहिए। इसी कारण से लड़के और लड़कियों को भिन्न अवसर प्रदान किए जाते हैं और परिणामतः उनमें विकसित रुचियाँ सामाजिक-सांस्कृतिक कारक को प्रतिबिंबित करती हैं। कुछ सामाजिक उप-समूहों में लिंग-आधारित भूमिका निर्धारण नहीं होता है। सभी बच्चों को अपनी रुचियों को पहचानने एवं इनके विकास के समान अवसर दिए जाते हैं। ऐसी स्थिति में बच्चों में उभरने वाली रुचियाँ, समाज द्वारा सही मानी जाने वाली के बजाय वास्तविक/असली होती हैं।

बच्चे अक्सर अपनी रुचियों को अपने हमउम्रों एवं अभिभावक के अनुसार विकसित करते हैं। उदाहरण के लिए, वे अभिभावक जो पढ़ने अथवा खेलों में रुचि रखते हैं, वे अनजाने में अपनी रुचियाँ अपने बच्चों को भी देते हैं। इसी प्रकार से वह हमउम्र समूह जो पॉप संगीत को मूल्यवान मानता है, वह बहुत से उन बच्चों को जो इस समूह की सदस्यता बनाए रखना चाहते हैं उनको इस रुचि के पोषण की ओर ले जाएगा।

उचित उपकरण एवं सुविधाओं तक पहुँच भी बच्चों के विकास को प्रभावित करती है। उदाहरण के लिए, वे बच्चे जिनकी बगीचों, किताबों और पार्कों तक सहज पहुँच है उनमें क्रमशः बागवानी, पढ़ने और बाहरी गतिविधियों में रुचि की अधिक संभावना है। वह जो किसी क्लब के सदस्य हैं उनमें तैराकी, बिलियर्ड्स, टेनिस इत्यादि में रुचि विकसित होने की संभावना बढ़ जाती है, लेकिन यह निर्भर करता है कि क्लब में किस चीज़ की सुविधा उपलब्ध है।

अंततः जैसा कि शुरुआती खंड में बताया गया है कि बच्चे की आवश्यकताओं की संरचना भी मुख्यतया निर्धारित करेगी उसकी रुचियों की प्रकृति और यह भी कि वह किस हद तक उनका विकास करता है। अधिक संज्ञानात्मक आवश्यकताओं वाला बच्चा अपना समय पढ़ने, स्क्रेबल (scrabble) खेलने अथवा शब्द-निर्माण अथवा इसी प्रकार की अन्य संज्ञानात्मक योग्यताओं को प्रभावित करने वाले खेलों में व्यतीत करेगा। गतिविधि की अधिक आवश्यकता वाला बच्चा अपना समय बाहरी खेल खेलने में लगाएगा।

बच्चों की रुचियों का निर्धारण
(Determination of Children's Interests)

बच्चों की रुचियों का निर्धारण किया जा सकता है—

1. उनके व्यवहार का अवलोकन करके
2. उनके साथ साक्षात्कार अथवा बातचीत करके, अथवा
3. औपचारिक उपकरणों के माध्यम से उनका रुचि परीक्षण करके।

अवलोकन में शामिल है बच्चे पर दृष्टि रखना। ध्यान देना कि बच्चा क्या करता है, कौन सी वस्तु संग्रहीत अथवा उपयोग करना चाहता है। यह सब उसकी रुचियों की ओर इंगित करते हैं। उसकी रुचियों की गंभीरता का पता लगाया जा सकता है उस समय से जब वह उस गतिविधि में लगता है, यह जान कर कि वह गतिविधि को कितनी दृढ़ता के साथ करता है। बच्चे की रुचियों के अन्य सूचक हैं, उनके द्वारा पूछे

गए प्रश्न, वह अपने दोस्तों से क्या बात करता है। जब वह किताब के चयन के लिए स्वतंत्र है तो वह किसके बारे में पढ़ता है अथवा वह स्वाभाविक रूप से क्या बनाता अथवा कैसे रंग भरता है।

बच्चों से बातचीत अथवा साक्षात्कार करके हम मौखिक रूप से जान सकते हैं कि उन्हें क्या पसंद है, किन गतिविधियों में वे समय व्यतीत करना चाहते हैं, उन्हें किन खिलौनों से खेलना पसंद है, उनकी रुचियों का क्रमागत क्रम क्या है, उनकी इच्छाएं और सपने क्या हैं, यदि अवसर मिलता है तो वे क्या करना चाहेंगे, इत्यादि। यह सब बच्चे के स्वभाव और उसकी रुचियों के दायरे को दर्शाता है।

रुचि प्रश्नावलियाँ और रिक्त स्थान, सामान्यतया काग़ज-पेन्सिल परीक्षण हैं जिनमें बच्चों को उन गतिविधियों की प्राथमिकता दर्शानी होती है जिन्हें वे करना चाहते हैं। ये बच्चों की रुचियों का स्वभाव और प्रत्येक रुचि का संबंधित महत्व बतलाते हैं। यह परीक्षण सामान्यतया सांस्कृतिक प्रभाव-शून्य होते हैं और इस प्रकार से इनका प्रयोग सभी बच्चों पर किया जा सकता है।

बच्चों की रुचियों के प्रकार (Types of Interests which Children have)

जब बच्चों से उनकी रुचियों की अभिव्यक्ति करने को कहा जाता है तो वे अक्सर न केवल उन्हीं चीज़ों की बात करते हैं जो वह करना चाहते हैं, बल्कि उन सब गतिविधियों की ओर भी इशारा कर देते हैं जिसमें उन्हें बोरियत होती है, पर शायद उन्हें रुचिकर माना जाता है।

लेखिका ने छह से 11 वर्ष की उम्र समूह के लगभग 6000 प्राथमिक शाला के बच्चों की रुचियों का सर्वेक्षण किया था। बच्चों को शहरी और ग्रामीण क्षेत्रों से संयोगतः (या एच्छिक) रूप से चुना गया, और इसमें लड़के और लड़कियाँ शामिल थे। बच्चों की गतिविधियों का अवलोकन किया गया और उनकी रुचियाँ जानने के लिए उनका साक्षात्कार भी लिया गया। सर्वेक्षण ने दर्शाया कि बच्चों की बुनियादी रुचियाँ थीं पढ़ना, खेलना, टी.वी. और चलचित्र देखना, संगीत सुनना, खुद गाना गाना, चित्रकारी, रंगकारी एवं रंग भरना, बढ़गीरी, पालतू जानवरों की देखभाल, बागवानी, नाचना, कविताएं, कहानियाँ लिखना, सिक्कों, डाक टिकटों इत्यादि का संग्रह करना। कुछ बच्चों ने कहा कि उनकी रुचि पढ़ाई लिखाई, पहेलियों एवं समस्याओं को सुलझाने में है। उम्र और लिंग के आधार पर इन रुचियों में अत्यधिक विविधता पाई गई थी। वह वातावरण जिसमें बच्चा रहता है, उसे प्राप्त सुविधाएं और क्या वह ग्रामीण अथवा शहरी क्षेत्र से है, इन सबका भी उनकी रुचियों पर प्रभाव देखा गया।

हालांकि अधिकांश बच्चों ने बताया कि उनकी रुचि पढ़ने में है, बच्चों में इसकी प्रकृति में अत्यधिक विविधता पाई गई। बच्चों की बुद्धिमत्ता, पठन सामग्री तक पहुँच, वयस्कों और अन्य महत्वपूर्ण बड़ों से मिला प्रोत्साहन और उपलब्ध खाली समय, ने बच्चों के लिए इस रुचि की अहमियत को प्रभावित किया। मौटे तौर पर, निचली प्राथमिक अवस्था में बच्चे अपनी स्थानीय भाषा के साथ-साथ अंग्रेजी में भी किताबें पढ़ना चाहते हैं। उन्हें बहुत से रंगीन चित्रों वाली बड़ी किताबें पसंद आती हैं। परियों, जानवरों, भगवान, बच्चे और विद्यालय की विषयवस्तु वाली कहानियों को प्राथमिकता दी गई।

बढ़ती उम्र के साथ, जैसे उनकी प्रगति उच्च प्राथमिक अवस्था तक हुई, पढ़ने में रुचि का केन्द्र भी पहले से बदलकर अब—रोमांच, उत्तेजना, उत्साह, रहस्य, गोपनीयता, हंसी-मजाक, आवासीय विद्यालय, जानवरों का जीवन, प्रकृति, खिलाड़ी भावना, साहस और नैतिक कथाएं इत्यादि हो गया। परियों की कहानियों में काफी कम रुचि दिखाई गई, हालांकि कुछ लड़कों ने विज्ञान की फंतासी (Fantasy) या काल्पनिक कहानियाँ पसंद करने की बात कही। कई बच्चों ने "बताओ ऐसा क्यों" (Tell me Why) किताबों और बच्चों के चित्र सज्जित एनसाइक्लोपीडिया (Encyclopedia) में रुचि दिखाई। ग्रामीण क्षेत्रों में बच्चों ने ऐसी किताबों में रुचि दिखाई जिनमें कारों, हवाई जहाज़ों और हेलीकाप्टरों की तस्वीरें थीं। हालांकि इनके मामले में भी पठन-सामग्री चयन में उम्रानुसार समान रुझान देखे गये।

रुचि के रूप में "खेलना" ने भी विशेष रुझान दर्शाया। छोटे बच्चे मात्र खेलने के लिए ही खेलना चाहते हैं। भागना और अन्य शारीरिक गतिविधियों वाले खेल जैसे लुका-छिपी, कल्पनाधारित खेल जैसे घर-घर, शिक्षक-शिक्षक, डॉक्टर-डॉक्टर इत्यादि मुख्य खेल गतिविधियाँ थीं जिनमें इन बच्चों की रुचि देखी गई। बड़े बच्चों ने क्रिकेट, बैडमिंटन, वॉलीबॉल, बॉस्केटबॉल इत्यादि खेलों की प्राथमिकता दर्शाई और उनकी सूची में पहाड़ चढ़ना, प्रकृति भ्रमण कैम्प पर जाना भी शामिल था। ग्रामीण क्षेत्रों में बड़े लड़के गिल्ली-डंडा और गुलेल का आनन्द उठाते हैं।

"रचानात्मक कलाओं" जैसे कि चित्र बनाना, रंग भरना, काटना, चिपकाना, सब्जियों के ठप्पे बनाना इत्यादि में छोटे बच्चों ने रुचि दिखाई। बच्चों के बड़े होने पर यह रुचियां जारी तो रहती हैं पर अब बच्चे कहने लगते हैं कि वह शुभेच्छा पत्र (कार्ड), चार्ट, चित्र व कतरन संग्रह पुस्तक (Scrapbook) और कैलेंडर बनाने में अधिक रुचि रखते हैं। उन्हें कलाकारी के लिए सफेद पन्नों वाला पैड और रंगीन चित्र को सहेजने वाली फाइल पसन्द आने लगती हैं। गांव की लड़कियों ने बताया कि उन्हें गाय के गोबर से पुते फर्श पर "चूने" और "गेरू" से "रंगोली" बनाना अच्छा लगता है।

बहुत से लड़कों ने कहा कि वह लकड़ी का काम, बढ़ईगीरी और मिट्टी से कलाकारी करना पसंद करते हैं। लड़कियों ने कहा कि उन्हें गुड़ियों के कपड़े बनाना अच्छा लगता है। ऐसा लगता है कि ग्रामीण क्षेत्रों में बच्चे सामान्यतया चित्र बनाने में तो रुचि रखते हैं लेकिन उन्हें अपनी स्थानीय हस्तकलाओं में भी रुचि है। इस तरह से टोकरी बुनना, "चटाई" बनाना, बीड़ी बनाना, पेपर मेशी इत्यादि यह सब उनका पसंदीदा काम था।

डाक टिकटों, सिक्कों, लिफाफों, माचिस की डिब्बियों इत्यादि का "संग्रह" करना एक ऐसी रुचि थी जिसे शहरी क्षेत्रों के उच्च प्राथमिक उम्र समूह के लड़कों ने अधिक पसंद किया, बहुत कम लड़कियों ने कहा कि उन्हें इन चीज़ों को संग्रहीत करना पसंद है।

सभी बच्चों ने सार्वभौमिक रूप से बताया कि उन्हें पालतू पशुओं की देखभाल करना पसंद हैः कुत्ते, खरगोश, चिड़िया, मछलियाँ और चूहे पसंदीदा पालतू पशु थे। जानवरों में अपनी रुचि दर्शाते हुइ कई बच्चों ने माना कि उन्हें उनसे डर भी लगता है।

शहरी क्षेत्र के उच्च प्राथमिक उम्र समूह के बच्चों ने कहानियाँ व कविताएं लिखना, पहेलियाँ सुलझाना, कंप्यूटर पर खेलना और समस्या-समाधान जैसे अधिक संज्ञानात्मक एवं साहित्यक रुचियों को दर्शाया।

टी.वी. और वीडियो में रुचि भी शहरी स्वभाव था। छोटे बच्चों को कार्टून देखना पसंद था और कुछ को धार्मिक कार्यक्रम भी। बड़े बच्चों को हिन्दी चलचित्र देखने के अलावा टी.वी. धारावाहिक, फिल्में और गाने देखना पसंद था। सभी बच्चों ने विज्ञापन देखने में रुचि दिखाई।

शहरी क्षेत्रों के अधिकांश बच्चों ने गीत गाना, नाचना, और सामाजिक कला सीखने को भी रुचि के रूप में दर्शाया।

बच्चों के लिए बागवानी का अर्थ था पौधे लगाना और उन्हें पानी देना। इसे काफी बड़े प्रतिशत में लड़कियों ने पसंद किया, विशेषकर बड़ी लड़कियों ने। किशोरावस्था-पूर्व की शहरी क्षेत्रों की लड़कियों ने घरेलू कामों जैसे खाना बनाना, साफ-सफाई इत्यादि के अलावा कपड़ों और बाल-सज्जा में भी रुचि दिखाई।

हालाँकि बेहद आकर्षक सार्वभौमिक रुचि थी "पाठशाला जाना"। समस्त प्राथमिक शाला के बच्चे, फिर चाहे वे शहरों अथवा गांवों के हों, ने कहा कि उन्हें विद्यालय बेहद पसंद है और संसार में ऐसा कुछ नहीं है जिसके लिए वह विद्यालय जाना छोड़ दें। वह विद्यालय की समस्त गतिविधियों-पाठ्यचर्या और पाठ्यचर्या सहगामी को पसंद करते थे। वास्तव में, अधिकांश ने कहा कि अपनी छुट्टियों के दौरान वह लगातार चाहते रहते हैं कि उनके विद्यालय जल्दी खुलें।

विभिन्न बच्चों ने विद्यालय को पसंद करने के भिन्न कारण दिए। छोटे बच्चों ने कहा कि उन्हें विद्यालय पसंद है क्योंकि यहाँ वह अपने दोस्तों से मिलते हैं, पढ़ाई करते हैं और अपनी प्रार्थना करते हैं। बड़े बच्चों ने कहा कि वह आनंद उठाते हैं, अपने कक्षा साथियों के साथ रहने का, विद्यालय कैंटीन (जलपान गृह) में खाने का, विशेष प्रातः सभा व अन्य सभाओं की व्यवस्था करने का और अपने विद्यालयों के संपूर्ण गतिविधि कार्यक्रम का। गांव के बच्चों ने कहा कि उन्हें विद्यालय में नई चीज़ें सीखने में मज़ा आता है, उन्हें पढ़ना, लिखना, चित्र बनाना और संसार में हो रही घटनाओं के बारे में जानना पसंद है, बुनियादी रूप से विद्यालय उनके अन्यथा निरुत्साहित जीवन में एक बदलाव की तरह था। कुछ छोटे बच्चों ने कहा कि उन्हें खिलौने से खेलना और साथ खाना (मध्यान्ह भोजन) जो कि केवल विद्यालय में ही संभव था, बेहद पसंद है।

अनुसंधान का एक अन्य दिलचस्प क्षेत्र था बच्चों की "व्यावसायिक रुचियाँ"। शहरी क्षेत्रों के बच्चों ने ग्रामीण क्षेत्रों के बच्चों से भिन्न रुचियाँ दर्शाईं।

शहरी क्षेत्रों के छोटे बच्चों में से लड़कियों ने नर्स, एयर होस्टेस, ब्यूटीशियन, शिक्षिका और अभिनेत्री; तो दूसरे हाथ पर लड़कों ने विमान चालक, सैनिक और पुलिसवाला बनने को प्राथमिकता दी। उच्च प्राथमिक अवस्था में व्यावसायिक पसंदों में मुख्य लिंगाधारित अंतर नहीं था। लड़के और लड़कियाँ दोनों ही डॉक्टर, इंजीनियर, वैज्ञानिक, जासूस और कंम्पयूटर के साथ काम करना चाहते थे।

ग्रामीण क्षेत्रों में, छोटे बच्चे तो कुछ जवाब ही नहीं दे पाए थे। बड़े बच्चों ने कहा कि वह शहर में जाकर किसी फैक्ट्री अथवा दफ़्तर में काम करना चाहते हैं। ऐसा लगता था कि सरकारी नौकरी पाने के प्रति बेहद आकर्षण था। कुछ ने दुकानदारी को भी व्यावसायिक रुचि के रूप में बताया। कुछ लड़कियों ने कहा कि उनको घर से बाहर जा कर कुछ काम करने की इच्छा नहीं है और वे टोकरी बुनकर, चटाई बनाकर और बीड़ी

बनाकर बेहद संतुष्ट हैं जिनसे उन्हें कुछ पैसे मिल जाते हैं। उन्होंने स्वीकार किया कि यह उनके गांव का भी सामाजिक रूप से स्वीकृत रिवाज़ है।

बच्चों की व्यावसायिक रुचियों ने दर्शाया कि वे अभी भी अनिश्चित थे कि वह क्या करना चाहते हैं। शायद इसकी सुस्पष्टता काफी बाद में आएगी, संभवतया किशोरावस्था के खत्म होने के बाद। फिर भी प्राथमिक वर्षों में एक रुझान तो दिखाई ही दिया। हमने यह भी देखा कि कैसे सामाजीकरण और लिंगाधारित भूमिकायें उनकी रुचियों और आकांक्षाओं को आकार देते हैं।

विद्यालय की भूमिका (Role of the School)

विद्यालय की प्राथमिक भूमिका बच्चों को ऐसा आश्रय देना है जिससे वे अपनी रुचियों का विकास कर सकें। यह आश्रय दो तरीकों से दिया जा सकता है। पहला तो यह कि बच्चों को अपनी रुचियों के लिए पर्याप्त सुविधाएं और समय दिया जाए और दूसरा यह कि शिक्षकों एवं विद्यालय के अन्य व्यक्तियों/अधिकारियों की सहयोगात्मक अभिवृत्ति होनी चाहिए।

पाठ्यचर्या में भी उन गतिविधियों के लिए पर्याप्त कालांश निर्धारित किये जाने चाहिए जिनमें बच्चों की रुचि है। कार्य अनुभव अथवा समाज उपयोग एवं उत्पादक कार्य, के विद्यालयी कार्यक्रम को कुशलता व गंभीरता से चलाना चाहिए क्योंकि यह विद्यार्थियों को उनकी रुचियों का काम करने का बेहद सार्थक अवसर देता है। इसका साथ देने के लिए गहन पाठ्यचर्या सहगामी कार्यक्रम भी होना चाहिए। इसके अतिरिक्त, उन सीमित संसाधनों जो कि अधिकांश विद्यालयों में होते हैं, विशेषकर ग्रामीण क्षेत्रों में, के बावजूद भी बच्चों को जहाँ तक संभव हो गतिविधियों के चयन की स्वतंत्रता दी जानी चाहिए। चारदीवारी बाहर के खेलकूद, प्रकृति की प्रशंसा व निहारना, चर्चाएं, वाद-विवाद, नाटक, संगीत, कहानी सुनाना और यहाँ तक कि चित्र बनाना कुछ ऐसी गतिविधियाँ हैं जिनको किसी संरचनात्मक आवश्यकता के बिना भी आयोजित किया जा सकता है। ग्रामीण क्षेत्रों में बच्चे लोक संगीत, नौटंकी और रामलीला मंचन का अत्यधिक आनंद उठाते हैं। इस तरह से हम कह सकते हैं कि उनमें आवश्यक आंतरिक क्षमता तो है जिसको उचित प्रोत्साहन और विकसित किए जाने की जरूरत है। जहाँ भी गतिविधियाँ और धन अनुदान उपलब्ध हों वहाँ नियमित शौक-आधारित क्लबों की स्थापना की जानी चाहिए, जहाँ जा कर बच्चे अपनी रुचि का काम कर सकें। बहुत से विद्यालयों में साहित्यिक समुदाय, जंगली जीवन क्लब, फोटोग्राफी क्लब, नाटकों का समुदाय, प्रश्नोत्तरी समूह और रचनात्मक कलाओं के समुदाय होते हैं। ये बच्चों के लिए अति लाभदायक हैं क्योंकि ये उनकी रुचियों के पोषण में सहायता करते हैं। इन क्लबों तथा समुदायों के माध्यम से बच्चे शायद नई रुचियाँ भी सीखते हैं।

भलीभांति बच्चों की रुचि की किताबों में सज्जित लाईब्रेरी बच्चों में पढ़ने संबंधी रुचियों को प्रोत्साहित करती हैं। बच्चों की शैक्षणिक रुचियों और विषय-विशेष संबंधी रुचियों को भिन्न कार्य योजनाएं, व्यावहारिक कार्य, कतरन पुस्तक (Scrap book) बनाना, बाह्य भ्रमण इत्यादि के माध्यम से भी उद्वेलित तथा विकसित किया जा सकता है। उदाहरण के लिए, भाषा क्लब, विज्ञान क्लब, सामाजिक विज्ञान क्लब इत्यादि का प्रावधान हो सकता है।

बच्चों द्वारा किये गये सभी रचनात्मक कला व हस्तकौशल कार्यों की, अभिभावकों के लिए प्रदर्शनी लगाने से उन्हें इन गतिविधियों में अपनी रुचियों को बनाए रखने में मदद मिलेगी। प्रत्येक विद्यालय की पाठ्यचर्या में खेलकूद का प्रावधान होता है। यदि इन्हें उचित रूप से आयोजित किया जाए तो प्रत्येक बालक-बालिका को खेलों अथवा चारदीवारी के बाहर (Outdoor) के किसी खेल में रुचि विकसित करने का अवसर मिलेगा।

अभिवृत्ति आधारित सहयोग, जो बच्चों को दिया जाना चाहिए, की भी अत्यधिक अहमियत है। इस अभिवृत्ति की प्रकृति पोषक होनी चाहिए और यह बच्चे को वास्तविक चिंता, ख्याल व दिलचस्पी की ओर ले जाये। अभिवृत्ति से बच्चे को पता चलना चाहिए कि उसकी रुचियाँ भी उतनी ही महत्वपूर्ण हैं जितना कि उसकी पढ़ाई-लिखाई। सामान्यतया वयस्क अध्ययन पर अत्यधिक जोर देते हैं और बच्चों को लगातार खेलना अथवा ड्राईंग करने से मना करते हैं और पढ़ने के लिए कहते हैं। इससे बच्चे को यह संदेश मिलता है कि उसकी रुचियाँ संपूर्णतया महत्वहीन हैं। बच्चों के इस अहसास में सुधार की जरूरत है और इसके लिए बच्चों के शौक, खेलकूद और गतिविधियों के प्रति वयस्कों की अभिवृत्ति में महत्वपूर्ण बदलाव आना जरूरी है। उनको और अधिक प्रोत्साहन देने वाला और उनके चेतन सोच-समझकर आश्रय प्रदान करने वाला बनना होगा।

अभिवृत्तिपूर्ण सहयोग का एक अन्य आयाम है कि प्रत्येक बच्चे को अपने शिक्षक की अभिवृत्ति से यह समझ में आना चाहिए कि उसमें क्षमता है और वह मूल्यवान है। अन्य शब्दों में, शिक्षक की अभिवृत्ति से पता चलना चाहिए कि वह प्रत्येक बालक-बालिका के मूल्य और उपयोगिता को पहचानते हैं और उसकी योग्यता एवं संभावनाओं को देखते हैं। यह अपने आप बच्चों को उनकी रुचि निर्माण में मदद करेगा। यदि किसी बच्चे की रुचि अपने अन्य हमउम्रों से पूर्णतया भिन्न है तो शिक्षकों को उसे अहसास कराना चाहिए कि यह विचित्र व्यवहार नहीं है क्योंकि प्रत्येक को अधिकार है अपनी इच्छानुसार काम करने का। रुचियों के बारे में न तो कोई नियम-कानून पत्थर की लकीर है और न ही कुछ सही अथवा गलत है।

विद्यालयी अधिकारियों को जानने की जरूरत है कि बच्चों में रुचियों का पोषण कर वह उनके व्यक्तित्व के विकास को प्रोत्साहित कर रहे हैं। विशेषकर वह निम्न को प्राप्त कर रहे हैं:

1. बच्चों को अपनी रुचियों के अनुसार कार्य करने और उसमें खो जाने की अनुमति देकर असली प्रतिभा की पहचान की जा सकती है। उदाहरण के लिए, उनके साहित्यिक अथवा रचनात्मक कार्यों से बच्चों की रचनात्मक लेखन अथवा रेखाचित्र बनाने की प्रतिभा खोजी जा सकती है। इन प्रतिभाओं को फिर आगे विकसित किया जा सकता है। प्रत्येक बच्चे में छुपी हुई प्रतिभाएं होती हैं जो अवसर मिलने पर फलती-फूलती हैं। जब बच्चा अपनी प्रतिभाओं को खोज़ लेता है और उनसे संतुष्टि प्राप्त करता है अथवा जब उसकी प्रतिभा के लिए आमजन से पहचान व प्रशंसा मिलती है तो बच्चे की आत्म-प्रतिष्ठा और गरिमा के अहसास को पुनः बल प्राप्त होता है।
2. बच्चों को अपनी रुचियों के काम में लगे रहने में मदद करने से शिक्षक को एक और लाभ होता है। अक्सर वह बच्चे जिनका सामना शैक्षणिक कार्यों में

असफलता अथवा हताशा से होता है वह इन नकारात्मक भावनाओं अथवा संवेदनाओं से रुचियों के माध्यम से बाहर निकल सकते हैं। उदाहरण के लिए, वह बच्चा जो गणित अथवा श्रुतलेख में कक्षा के न्यूनतम स्तर पर है, उसे यदि गाने का अवसर दिया जा जाए तो शीघ्रता से उसका ध्यान भंग होगा और शायद वह कम से कम अस्थायी रूप से ही सही, अपने खराब शैक्षणिक प्रदर्शन को भुला सकेगा। इस प्रकार से रुचियाँ बच्चे को अपने अहसासों का सामना करने में मदद करती हैं।

3. यह स्थापित तथ्य है कि जैसे बच्चे शारीरिक रूप से विकसित होते हैं उनकी ऊर्जा के स्तर पर अत्यधिक बढ़ोतरी होती है। इस ऊर्जा को यदि उचित दिशा-निर्देश नहीं मिल पाए तो यह विनाशपूर्ण व्यवहार की ओर ले जा सकती है। ऊर्जा को दिशा दिखाई जा सकती है यदि बच्चों को अपनी रुचियों का काम करने की अनुमति मिले। इसके अतिरिक्त बच्चे इसे पसंद करेंगे क्योंकि जिसे कोई पसंद करता है उस कार्य को करना आनन्दायी अनुभव है और यह स्वतः स्फूर्त, स्व-प्रोत्साहन की प्रक्रिया भी है। इस प्रकार से वह बच्चे जो खेलकूद और बाहरी गतिविधियों में रुचि रखते हैं, वह खेलने में खुशी-खुशी अपना समय व्यतीत करेंगे, साहित्यिक रुचियों वाले खुश होकर कविताएं लिखेंगे और कहानियाँ पढ़ेंगे, इत्यादि। शिक्षक की नज़र से, ऊर्जा का रचनात्मक रूप से उपयोग और बच्चे के दृष्टिकोण से स्व-संतुष्टि अंतिम परिणाम होगा।

4. शैक्षणिक अधिगम को अधिक आनन्ददायी एवं सार्थक बनाने में भी शिक्षक, बच्चों की रुचियों का प्रयोग कर सकते हैं। खेल-आधारित तकनीकों, कहानी सुनाना, गतिविधि आधारित शिक्षण, कार्य योजना, चार्ट बनाना, कतरन संग्रहण, पुस्तक, और तात्कालिक नाटक का प्रयोग इस तथ्य की समझ को प्रतिबिंबित करता है कि बच्चे इनका आनंद उठाते हैं क्योंकि यह उनकी रुचियों को बाहर निकालने और उन्हें बनाए रखने में मदद करता है। यह बच्चे की अच्छी तरह से समझने में मदद करता है, जो अन्यथा अमूर्त अथवा अजनबी संप्रत्यय ही था। एक शिक्षक जो इन पद्धतियों का प्रयोग कर रहा है वह कुछ और नहीं, बल्कि बच्चे की रुचियों का फायदा ही उठा रहा है।

इस प्रकार से, यह तो प्रत्येक विद्यालय पर निर्भर करता है कि बच्चे की रुचियों का फायदा उठाए और बच्चों एवं संस्था दोनों की ही भलाई के लिए इनका रचनात्मक उपयोग करे।

सारांश (Summary)

1. चयन की स्वतंत्रता होने पर जब कोई व्यक्ति किसी गतिविधि में संलिप्त होता है तो इसे रुचि कहते हैं। ऐसा लगता है कि रुचि व्यक्तियों की आवश्यकता संरचना से निर्धारित होती है।
2. रुचियों का विकास बच्चे के शारीरिक और मानसिक विकास, वातावरणीय स्थितियों और घर एवं विद्यालय द्वारा दिए गए आश्रय पर निर्भर होता है।

3. बच्चों की रुचियों का दायरा व्यापक होता है। इसमें उम्र और लिंगाधारित अंतर दिखाई देते हैं। इसके अलावा शहरी और ग्रामीण बच्चों की रुचियों में भी अंतर प्रतिबिंबित होता है। पढ़ना, खेलना, वस्तुओं का संग्रह, पालतू जीवों की देखभाल और रचनात्मक कार्य बच्चों में सामान्यतया पाई जाने वाली रुचियाँ हैं। ऐसा लगता है कि सभी बच्चे विद्यालय और उसकी गतिविधियों में गहन रुचि लेते हैं।
4. बच्चों की व्यावसायिक रुचियों में भी उम्र समूहों और शहरी अथवा ग्रामीण क्षेत्रानुसार भिन्नता पाई गई थी। हालांकि प्राथमिक अवस्था में व्यावसायिक रुचियाँ सुस्पष्ट नहीं होती हैं।
5. बच्चों के व्यवहार का अवलोकन करके, उनका साक्षात्कार करके, अथवा उनमें रुचियों का रिक्त स्थान अथवा प्रश्नावली भरवा करके, उनकी रुचियों को मापा जा सकता है।
6. विद्यालयों के लिए आवश्यक है कि वह बच्चों की रुचियों के महत्व को पहचानें और इसमें आवश्यक अभिवृत्ति सहयोग दें और बच्चों को अपनी रुचि में संलिप्त होने के अवसर तथा सुविधाएं भी प्रदान करें।
7. बच्चों की रुचियों के क्रियाकलाप, शिक्षक की मदद करते हैं कि वह अनुदेशन को आनन्दमयी बना सके और बच्चों में हताशा को कम और उनकी अतिरिक्त ऊर्जा को रचनात्मक दिशा-निर्देश दे सकें। ये बच्चों को अपनी प्रतिभाएं पहचानने और अपनी आत्म-छवि में बढ़ोतरी करने में भी मदद करते हैं।

10

बच्चों के खेल
Children's Play

परिचय (Introduction)

शब्दांश ''खेल'' एक ऐसा संप्रत्यय है जिसे पर्याप्त उत्सुकता के बावजूद भी उचित तरह से पारिभाषित नहीं किया जा सका है। इस शब्द के ऑक्सफोर्ड (Oxford) के शब्दकोश में विभिन्न अर्थ दिए हैं, जिसमें अत्यंत विविध व्यवहार जैसे कि किशोरों द्वारा कुछ प्रतिमान बनाए जाने से लेकर, बगीचे में कुत्तों के उछल-कूद मचाने तक शामिल हैं। इसके बावजूद भी अधिकांश वयस्क और बच्चे जानते हैं कि ''खेल'' किस ओर इशारा कर रहा है। ऐसा लगता है कि यह एक ऐसी गतिविधि है जिसमें केवल गतिविधि की ही खातिर संलिप्त हुआ जाता है, दिमाग में बिना किसी उपयोगी लक्ष्य अथवा कार्यकारी प्रयोजन के। अन्य शब्दों में, यह ऐसी गतिविधि से संबंधित है जिसे अंतिम परिणाम की परवाह किए बिना, केवल उस आनंद के लिए किया जाता है जो इससे मिलता है। ऐसा लगता है कि व्यक्ति इसे अपनी मर्जी से करता है और इसके लिए किसी बाहरी दबाव की आवश्यकता नहीं होती। संभवतयाः बच्चा केवल खेल के आनंद के लिए खेलता है और इससे मिलने वाले आनंद अथवा संतोष यह निर्धारित करते हैं कि बच्चा कितनी देर खेलेगा अथवा वह क्या खेलेगा।

खेल, कार्य से भिन्न है, क्योंकि इसमें गतिविधि के अपने आनंद के लिए संलिप्त होते हैं। जब बच्चे घर-घर अथवा लुका-छिपी अथवा यहाँ तक कि टेनिस एवं फुटबॉल भी खेलते हैं तो यह मात्र उस आनंद के लिए ही होता है जो उन्हें इन खेलों से मिलता है, इसके अलावा और कुछ नहीं। उनके आसपास के वयस्क शायद उन्हें यह कह कर खेलने के लिए प्रोत्साहित करें कि खेल खेलना बच्चों की सेहत के लिए अच्छा होता है अथवा इससे दोस्त बनते हैं और दलीय भावना का विकास होता है लेकिन बच्चों को तो इस प्रकार के प्रयोजनों से कोई मतलब नहीं है—वे तो बाहर निकलते हैं केवल खेल का आनंद लेने के लिए।

दूसरी ओर ''कार्य'' एक विशिष्ट वांछित अंतिम परिणामवाली एक गतिविधि है। कार्य में भी आनंद का एक घटक हो सकता है लेकिन सर्वोतम महत्व यहाँ वांछित अंतिम परिणाम का ही है। उदाहरण के लिए, रंग करना अथवा रचनात्मक बढ़ईगीरी बच्चों अथवा वयस्कों द्वारा शायद खाली समय में किए जाने वाले आनंदमय कार्य ही हैं। हालांकि, यदि उद्देश्य है अपनी कलाकृति अथवा लकड़ी के हस्तकौशल नमूने को किसी

प्रतियोगिता में इनाम हेतु शामिल करना अथवा कलाकार के रूप में या फिर रचनात्मक लकड़ी के कारीगर के रूप में जीविका अर्जन करना, तब यह खेल के बजाय कार्य का रूप ले लेता है।

शुरुआत में हमने कहा है कि खेल में मात्र इसकी खुद की खातिर संलिप्त होते हैं। खेल के दायरे में आती है क्रीड़ाएं, शौक एवं खेल-कूद और व्यायाम—इन सभी गतिविधियों में इनकी खुद के खातिर लगा जाता है। हालांकि, यहाँ हमें अंतर स्पष्ट करना होगा। क्रीड़ाओं (Sports) के विपरीत खेल, व्यवहार के आंतरिक नमूनों की स्वतःस्फूर्त अभिव्यक्ति है, जबकि क्रीड़ा में केन्द्रीय आयाम होता है उन नियमों का, जिनका पालन आवश्यक है। किसी भी क्रीड़ा में खेल के नियमों और खेल भावना का पालन आवश्यक है। शौक खेलों का वह प्रकार है जो विशेष रुचि अथवा गतिविधि की ओर निर्देशित है। इन्हें सिर्फ उस गतिविधि से मिलने वाले आनंद जैसे शंखों और डाक टिकटों का संग्रह अथवा अंतिम परिणाम, जैसे कि चित्र अथवा रचनात्मक लकड़ी की कलाकृति से मिलने वाली खुशी के लिए किया जाता है।

बच्चों के खेलों का वर्गीकरण (Classification of Children's Play)

बच्चों के खेल भिन्न तरह से वर्गीकृत किए गए हैं। इस प्रयोजन के लिए भिन्न कसौटियों का उपयोग किया गया है। उदाहरण के लिए, खेल की प्रकृति खेल में शामिल व्यक्तियों की संख्या तथा खेल का समय इत्यादि का प्रयोग वर्गीकरण सूचकों के तौर पर किया गया है।

बच्चों के खेल पर एक उत्कृष्ट शोध के दौरान परटन (1932) ने खेल-व्यवहार का प्रयोग खेल गतिविधियों को परखने के लिए किया। अपने अवलोकनों के आधार पर उन्होंने खेलों को पांच वर्गों में बांटा। इनमें शामिल थे—

1. एकाकी खेल जिसमें बच्चा अकेले खेलता है
2. दर्शक खेल जहाँ बच्चा अन्य बच्चों को खेलते हुए देखता है पर खेल गतिविधि में भागीदारी नहीं करता
3. समांतर खेल, यहाँ बच्चा बाकी बच्चों के साथ खेलता तो है पर उनसे संवाद नहीं करता
4. साथी खेल जिसमें बच्चा बाकी बच्चों के साथ खेलता है, और
5. साझेदारी खेल जहाँ बच्चा अन्य बच्चों के साथ नियमानुसार व्यवस्थित खेल खेलता है।

परटन ने पाया कि बड़े बच्चे सामाजिक खेल यानी कि साझेदारी खेल और संबद्ध खेल में अधिक समय लगाते हैं जबकि छोटे बच्चों में समांतर अथवा एकाकी खेल में संलिप्त होने की अधिक संभावना होती है।

जिसेल (1946) ने खेल वर्गीकरण का अन्य आधार प्रदान किया। उसने सम्मिलित खेल गतिविधि के स्वभाव पर ध्यान केन्द्रित किया। उनके अनुसार, खेलों का एक प्रकार "आवेग खेल (Impulse game)" अथवा भावनाओं का उल्हास प्रदर्शित करता हुआ खेल है। बच्चे अपनी ऊर्जा को खर्च मात्र कर रहे हैं। पूरी सुबह अनुशासित और नियंत्रित विद्यालयी व्यवस्था में व्यतीत करने के बाद वह खुद को अपने भीतर की समस्त ऊर्जा के कारण बस खुला छोड़ देना चाहते हैं। वह दौड़ना, भागना, उछलना-कूदना, लड़ना, एक-दूसरे को धकेलना आदि कुछ भी करेंगे मात्र अपनी ऊर्जा को खर्च करने के लिए।

खेल का अन्य वर्ग है "नकलची (Immitative) खेल" जिसमें खेल गतिविधियां बड़ों की नकल उतारने पर केन्द्रित रहती हैं। जैसे बच्चे घर-घर, विद्यालय-विद्यालय, अभिनेता-अभिनेत्री और इसी तरह के अन्य खेल खेलते हैं। नकलची खेल बच्चों को अपनी कुछ इच्छाओं एवं आकांक्षाओं को पूरा करने में मदद करता है। नकल करना एक आंतरिक व्यवहार है जो अधिगम प्रक्रिया में अत्यधिक मदद करता है।

नकलची खेल का ही विस्तारित रूप है प्रतीकात्मक खेल (Pretend play)। यहाँ कल्पना के विचारों के विकास के लिए दिशा दी जाती है। उदाहरण के लिए, बच्चे के पास थोड़ी सी मिट्टी है और उसे वह घर कहता है। वह एक डंडी लेता है और उसका उपयोग जहाज के प्रतीक के लिए करता है। इस तरह के खेल में महत्वपूर्ण बात यह है कि वस्तु व्यक्तियों के विचारों और अन्य महत्वपूर्ण चीजों का प्रतीक बन जाती है। शायद बच्चा वास्तविक जहाज को उतना मूल्य न दें जितना कि वह उस डंडी को देगा, जो जहाज़ की छवि के रूप में काम कर रही है। उसकी कल्पना उसकी पसंद के अनुसार जिस भी तरह का चाहे वैसा जहाज़ बना सकती है।

खेल का अधिक बुद्धिमतायुक्त प्रकार प्राथमिक अवस्था के अंत तक नज़र आता है जहाँ चर्चाएं, वाद-विवाद, नाटक, विद्यालय पत्रिकाएं और एथलेटिक्स इत्यादि खेल गतिविधियां बन जाती हैं।

हरलॉक (1986) ने खेल को तीन मुख्य वर्गों में बांटाः

I. मुक्त, स्वतः स्फूर्त खेल

II. मान-विश्वास खेल (प्रतीकात्मक Pretend play) और

III. रचनात्मक खेल

मुक्त, स्वतः स्फूर्त खेल उस स्वाभाविक खेल की ओर इशारा करता है जो दूसरों की प्रतिक्रिया की चिंता किए बिना अतिरिक्त ऊर्जा के उपयोग पर केन्द्रित है।

मान कर, विश्वास कर खेलना, काल्पनिक व प्रतिकात्मक खेल का ऐसा प्रकार है जिसमें बच्चे अपनी कल्पना और इच्छाओं का प्रयोग अपने खुद के संसार में घर, विद्यालय, परियाँ इत्यादि बनाने में करते हैं।

रचनात्मक खेल, निर्माणात्मक खेल का ही एक प्रकार है जिसमें बच्चे के लिए मूर्त अधिगम लाभ है। रचनात्मक खेल में गतिविधियों का व्यापक दायरा सम्मिलित है—

(i) चित्रकारी
(ii) रंगों से खेलना
(iii) संगीत
(iv) संग्रहण
(v) खेल व क्रीड़ाएं
(vi) पढ़ना
(vii) चलचित्र (फिल्में) देखना
(viii) रेडियो और
(ix) टेलीविजन

जैसे कि सोचा गया था, मुक्त स्वतः स्फूर्त खेल का प्रदर्शन छोटे बच्चों ने किया, मान कर, विश्वास करके खेलों में 8 से 10 साल के बच्चों ने रुचि दिखाई और इसके बाद अधिक संलिप्तता रचनात्मक खेलों में दिखाई दी। हालांकि, कभी-कभी इन वर्गों की सीमाएं धूमिल होती भी देखी गईं।

बच्चों के खेलों की विशेषतायें (Characteristics of Children's Play)

1. खेल, विकास का एक क्रम अपनाता है। विकास के अन्य पहलुओं की ही तरह, लगता है कि खेल का भी एक क्रम है। शुरुआती शैशवावस्था से परिपक्वता तक, कुछ विशेष खेल गतिविधियाँ एक उम्र अथवा अन्य में लोकप्रिय रहती हैं फिर चाहे बच्चे का आर्थिक स्तर अथवा राष्ट्रीयता अथवा वातावरण जो भी हो। ऐसा इसलिए है क्योंकि खेल का सम्बन्ध बच्चे की जैविक और शारीरिक मानसिक परिपक्वता से है।
2. उम्र के साथ खेल गतिविधियों की संख्या बढ़ जाती है। जैसे बच्चा बड़ा होता है, और वह प्रतीकात्मक और काल्पनिक खेल के योग्य हो जाता है, वैसे उसमें संज्ञानात्मक कौशलों का विकास होता है और उसका सामाजिक क्षितिज विस्तार पाता है, बच्चे की खेल गतिविधियों का दायरा भी उचित विस्तार पा जाता है। अब वह ऐसा खेल खेलने योग्य हो जाता है जो स्वतः स्फूर्त, कल्पनाधारित, समूहोन्मुखी अथवा रचनात्मक प्रकृति का है। वास्तव में, बचपन के बाद की अवस्था का अक्सर खेल उम्र के रूप में वर्णन होता है, ऐसा इसलिए नहीं कि खेल में अधिक समय व्यतीत होता है, बल्कि इसलिए कि अब अन्य किसी और समय से कहीं अधिक संलिप्तता खेल गतिविधियों में पाई जाती है।
3. उम्र बढ़ने के साथ खेलों में व्यतीत समय घटता जाता है। ऐसा इसलिए होता है, क्योंकि बच्चों में उम्र के साथ-साथ अन्य रुचियां तथा शौक विकसित हो जाते हैं। खेल की खातिर खेल अब अपर्याप्त लगने लगता है क्योंकि बच्चा अब अधिक उपलब्धि-उन्मुख हो जाता है और अपने लक्ष्यों की पूर्ति हेतु अन्य तरीके खोजता है।
4. विशेष गतिविधियों में व्यतीत किया जाने वाला समय उम्र के अनुसार बढ़ जाता है। ऐसा इसलिए होता है क्योंकि बढ़ती उम्र के साथ बच्चे अधिक विशिष्ट लक्ष्य-निर्देशित (specific goal directed) व्यवहार के योग्य हो जाते हैं। उनकी आवश्यकताओं का दायरा भी थोड़ा बढ़ जाता है जिससे विशिष्ट लक्ष्य-निर्देशित व्यवहार को ऊर्जा प्रदान करने में मदद मिलती है।
5. जैसे-जैसे बच्चा बड़ा होता जाता है, खेल सह शारीरिक हो जाता है। आरंभिक बचपन में, गत्यात्मक विकास के कार्य के रूप में बच्चों में अचानक अतिरिक्त ऊर्जा आ जाती है जिसका परिणाम बेहद अधिक सक्रिय शारीरिक खेल होता है। लेकिन जैसे बच्चे में संज्ञानात्मक कुशलताओं का विकास होता है और सामाजिक बंधनों का फैलाव होता है, यह शारीरिक गतिविधि अधिक रचनात्मक, उपयोगी अथवा प्रयोजनपूर्ण खेलों के प्रकार से अपना स्थान बदल लेती है। बच्चा अब अधिक समय तक खुद को अर्थहीन ऊर्जा खर्च करने वाले कार्यों में नहीं लगाए रखना चाहता अथवा इनका आनंद पहले की तरह नहीं उठा पाता है। वह कुछ लाभदायक करना चाहता है, कुछ ऐसा जिसका अंतिम परिणाम वह समझ सकता है।

खेल को प्रभावित करने वाले कारक (Factors Affecting Play)

1. *स्वास्थ्य (Health)*–उसके खिलाड़ीपन का स्तर और खेल का स्वभाव दोनों ही बच्चे के स्वास्थ्य से निर्धारित होंगे। वह बच्चे जो शारीरिक रूप से स्वस्थ हैं और जिनका

ऊर्जा स्तर ऊंचा होता है वह अधिक सशक्त शारीरिक खेलों में संलिप्त होते हैं और उनकी थकान की सीमा भी काफी ऊंची होती है।

2. *गत्यात्मक विकास (Motor Development)*–वह बच्चे जिनकी सकल (Gross) मांसपेशियां विकसित हो चुकी होती हैं, वे दौड़ने, कूदने, इत्यादि जैसी गतिविधियों में संलिप्त होते हैं जिनमें सकल मांसपेशियों का उपयोग शामिल हो। बाद में जब महीन (fine) मांसपेशियों में भिन्नता/अलगाव की शुरुआत हो जाती है तो बच्चे उत्कृष्ट व ऊंचे दर्जे की हरकतों के योग्य हो जाते हैं जो उनके खेल में भी प्रतिबिंबित होता है। उनका खेल अब अधिक सटीक कुशलताओं, जैसे लक्ष्य पर निशाना लगाना, नृत्य करना, मछली पकड़ना इत्यादि को दर्शाता है। इस प्रकार से गत्यात्मक विकास का स्तर बच्चों के खेल के विकास की दिशा को भी निर्धारित करता है।
3. *बुद्धिमत्ता (Intelligence)*–बच्चे की बुद्धिमत्ता का स्तर उसकी खेल गतिविधियों के स्वभाव को प्रभावित करेगा। अधिक बुद्धिमान बच्चे ऐसे खेल खेलना पसंद करते हैं जो उन्हें चुनौती का अहसास कराते हैं। शब्द-निर्माण, शब्द-बूझों एवं शब्द मिलान और वर्गीकरण, स्क्रेबल जैसे खेल उनके संज्ञानात्मक कौशलों के उपयोग के लिए रास्ता प्रदान करते हैं। कम बुद्धिमान बच्चे शारीरिक अथवा काल्पनिक खेल से संतुष्ट हो जाते हैं क्योंकि खुद खेलने का काम उनके लिए जीवन बनाए रखने वाले बल के रूप में काम करता है। प्राप्त शिक्षा के प्रकार की परवाह किए बिना, बुद्धिमान बच्चे हमेशा अधिक नवाचारी और रचनात्मक प्रकार की खेल गतिविधियों का प्रदर्शन करते हैं।
4. *लिंग (Sex)*–रूढ़िवादी लिंग भूमिका के सामाजिक-सांस्कृतिक व्यवहार के कारण, हमारे देश में खेल गतिविधियाँ भी "लड़के वाले खेलों" और "लड़कियों वाले खेलों" के प्रति विशेष अभिवृत्ति प्रतिबिंबित करते हैं। लड़के अधिक शारीरिक और रोमांच-उन्मुखी खेलों में संलिप्त पाए जाते हैं। दूसरी ओर लड़कियाँ ऐसे खेल खेलती हैं जिनका केन्द्र अधिक सामाजिक संवादों और संवेदनात्मक आयामों पर होता है। लेकिन यह रुझान आंतरिक न होकर सामाजिक रूप से निर्धारित होता है।
5. *प्रथा (Tradition)*–किसी जगह की सामाजिक और सांस्कृतिक प्रथाएं भी बच्चों की खेल गतिविधियों पर प्रभाव डालते हैं। यह प्रथाएं खेलों के स्वभाव को प्रभावित और खुद खेल में भी प्रतिबिंबित होती हैं। उदाहरण के लिए, एक ऐसी जगह जहाँ पितृसत्ता अथवा घर के सबसे उम्रदराज पुरुष सदस्य के अधिकार का प्रचलन है वहाँ बच्चों के घर-घर के सरल खेल में भी यही विचार प्रतिबिंबित होगा। ऐसी सामाजिक प्रथा, जो लड़कियों के लिए चारदीवारी के बाहर के स्वतःस्फूर्त और मुक्त खेल का समर्थन नहीं करती, भी लड़कियों के खेल के स्वभाव को प्रभावित करेगी, वह अधिक खेल चारदीवारी के भीतर ही खेलेंगी। दूसरी ओर, लड़के चारदीवारी के बाहर के खेल अधिक खेलेंगे क्योंकि उन्हें लड़ाकू, मज़बूत और हृष्ट-पुष्ट बनने के लिए प्रोत्साहित किया जाता है। चारदीवारी के बाहर के शारीरिक खेल इन विशेषताओं का पोषण करते हैं।
6. *मौसम (Season)*–मौसम का प्रकार और उसकी स्थितियाँ भी बच्चों के खेल की प्रकृति पर अत्यधिक प्रभाव डालते हैं। गर्मियों में बच्चों को घर के अंदर ही खेलने

के लिए मजबूर होना पड़ता है। इस चक्र के विपरीत सर्दी में देखा जाता है। मानसून में बच्चे घर के बाहर अथवा अंदर खेलेंगे, यह निर्भर करेगा कि बारिश कितनी और कैसी हो रही है।

7. *सामाजिक-आर्थिक दशा (Socio-economic status)*–बच्चे की सामाजिक-आर्थिक दशा का प्रभाव भी उसके खेल की प्रकृति पर पाया गया है। संपन्न घरों के बच्चों के पास बहुतायत में खेल उपकरण होते हैं और उनकी पहुँच कई खिलौनों और खेल तकनीकों तक होती है। उदाहरण के लिए, उनके पास इलेक्ट्रोनिक खिलौने, कम्प्यूटर खेल, वीडियो खेल, बोलने चलने वाली गुड़िया, रिमोट नियंत्रित कारें इत्यादि होती हैं। उनका घरेलू जीवन भी गरीब घरों के बच्चों से भिन्न होता है। इस प्रकार से उनकी काल्पनिक एवं स्वतःस्फूर्त, दोनों ही खेल गतिविधियाँ इस अंतर को दर्शाएंगी। गरीब घरों के बच्चे, जिनके पास कम खिलौने होते हैं, वह अधिक काल्पनिक और प्रतीकात्मक खेल में संलिप्त होंगे। इन बच्चों के घर-घर जैसे खेलों, में दर्शायी पिता की छवि संपन्न घरों के बच्चों द्वारा दर्शायी छवि से कुछ भिन्न होगी।

अन्य वास्तुनिष्ठ कारक जैसे कि बच्चों की रुचियां, प्रोत्साहन का स्तर एवं दैनिक कार्ययोजना भी बच्चों के जीवन में खेल का महत्व दर्शाती हैं।

खेल का महत्व (Importance of Play)

खेल का बुनियादी मूल्य यह है कि यह उन स्वाभाविक गतिविधियों को अभिव्यक्ति देते हैं जो जीवन के लिए मूल्यवान हैं। ''केवल काम और कोई खेल नहीं, से जैक नीरस लड़का बन जायेगा'' इस कथन का अत्यधिक महत्व है। कार्य उन गुणों को अभिव्यक्ति देता है जो हमारे अंदर ही है या जिनसे हम परिपूर्ण हैं। इस प्रकार से खेल और कार्य में एक आनंदपूर्ण संतुलन, स्वस्थ व्यक्तित्व विकास के लिए आवश्यक है।

बच्चे के उचित शारीरिक विकास के लिए खेल अत्यावश्यक है। यह जरूरी है कि प्रत्येक बालक दौड़े, कूदे, चढ़े, छलांग इत्यादि लगाए ताकि उसकी मांसपेशियों का उचित विकास हो सके और उसके समस्त शरीर की वर्जिश भी हो सके। खेल बच्चे की अतिरिक्त ऊर्जा की खपत अथवा उपयोग में भी मदद करता है। यदि यह ऊर्जा बच्चों में ही बंद रखी रहे तो यह शायद उन्हें अन्य तरह की नकारात्मक गतिविधियों की ओर ले जाए। यह उन्हें तनावपूर्ण, तुनक-मिजाज और चिंतित भी बना सकती है।

प्रत्येक बालक एक ऐसा वैज्ञानिक अथवा खोजी है जो लगातार अपने परिवेश में वस्तुओं, व्यक्तियों और स्थितियों से संवाद करता रहता है। खेल इस वातावरण को समझने में बच्चे की मदद करता है। यह उसे वातावरण के आयामों का परीक्षण और उसके साथ प्रयोग करने में सक्षम बनाता है। खेल के माध्यम से बच्चा कई नई अवधारणाएं और विचार सीखता है और वह कल्पना एवं सच्चाई में अंतर करना भी सीख जाता है।

बच्चे के लिए खेल के असाधारण सामाजिक लाभ हैं। बचपन की दो अति सशक्त आवश्यकताएं हैं समूह संबद्धता और स्वीकृति। प्राथमिक शाला अवस्था जो कि गैंग उम्र होती है, में अच्छे दोस्त होना एक अति महत्वपूर्ण आवश्यकता है। खेल के माध्यम से बच्चे को अन्य बालकों से संवाद और इन आवश्यकताओं की पूर्ति का अवसर मिलता है। दोस्तों का एक समूह होने की इच्छा की घर में ही पूर्ति हो जाना तब तक संभव नहीं

है जब तक कि घर की ही इमारत अथवा ब्लाक में बहुत-से बच्चे न हो। विद्यालय में, जहाँ ज्यादा जोर संज्ञानात्मक कार्य पर है, खेल स्वच्छंद, स्वतःस्फूर्त और मुक्त नहीं हो सकता। एक चेतन प्रयास करने की आवश्यकता, यह सुनिश्चित करने के लिए है कि बच्चों को अपनी उम्र समूह के खेल साथियों के साथ सामाजिक संपर्क का अवसर मिले। अन्य बच्चों के साथ खेल के बिना बच्चों के आत्म-केन्द्रित और आत्म-लीन हो जाने की संभावना रहती है। खेल उन्हें कई स्वस्थ सामाजिक गुण जैसे कि बांटना, अदला-बदली, सहयोग और एकता व समूह भावना बनाए रखना सिखाता है।

खेल बच्चों को कई संवेदनात्मक लाभ भी प्रदान करता है। हो सकता है कि घर के अंदर कई समस्याएं हों जिनका सामना बच्चा कर रहा हो और जिनका समाधान शायद उसे कल्पना-विश्वास आधारित खेल से मिल जाए। उदाहरण के लिए, कल्पना-विश्वास आधारित खेल शायद बड़े और छोटे भाई-बहनों में आपसी कठोर भावनाओं में कमी लाने में मददगार साबित हो। अन्य बच्चों के साथ खेलकर, बच्चा सामाजिक आचरण और किसी सम्बन्ध में भावनाओं का महत्व सीखता है। यह उसे व्यक्ति के रूप में विकसित होने में मदद करती है। साझेदारी भरे खेलों में बच्चा आपसी लेन-देन और दूसरों के साथ सहयोग करना सीखता है। यह उसे भावनात्मक रूप से स्वस्थ बनाता है। वह जीवन की राह में अच्छा विजेता और पराजित दोनों ही बनना सीखता है।

खेल से बच्चे को संज्ञानात्मक लाभ भी मिलते हैं। इसका यह अर्थ है कि खेल का शैक्षणिक निहितार्थ भी है। जब एक बच्चा सभी प्रकार के खिलौनों और वस्तुओं के साथ खेलता है तो वह कई अधिक संप्रत्ययों का निर्माण करता है। वस्तुओं का आकार, प्रकार, रंग व छुअन सभी उसकी मदद करते हैं संप्रत्ययों का परिष्कार करने में। उसकी निरंतर खेल गतिविधियों से प्रतिदिन कई नई कुशलताओं का उभार होता है। बचपन के उत्तरार्ध में खोजबीन, संग्रहण और अन्य तरह के रचनात्मक खेलों से बच्चे के अपने संसार के बारे में जितनी जानकारी मिलती है वह इतनी अच्छी तरह से कोई पाठ्यपुस्तक नहीं प्रदान कर सकती। बच्चे का ज्ञान और संसार की समझ पढ़ने, वाद-विवाद, नाटक, फिल्म देखने इत्यादि खेल गतिविधियों से अत्यधिक संवर्धित होती है।

खेल आत्म-छवि निर्माण में भी बच्चों की मदद करता है। खेल में वह अन्य बच्चों के साथ संवाद करता है, जिससे उसे अपने खुद के गुणों का स्पष्ट चित्रण मिलता है, समूह में उसकी स्वीकार्यता कितनी है इत्यादि का भी पता चलता है। इससे उसे वास्तविक आत्मछवि निर्माण में मदद मिलती है।

खेल का एक चिकित्सकीय प्रयोजन भी है। खेल चिकित्सा एक महत्वपूर्ण परामर्श (Counselling) तकनीक भी है जिसका उपयोग यह जानने में कि बच्चे के साथ कुछ मनोवैज्ञानिक रूप से गलत तो नहीं है और उसके इलाज, दोनों में ही होता है। प्रत्येक बच्चे को अभिव्यक्ति का कुछ रास्ता/साधन चाहिए होता है जिससे वह अपना प्रतिदिन के तनाव और बंधनों से बाहर निकल सके। बच्चा खेल के माध्यम से अपनी भावनाओं को बाहर निकालता है। खेल चिंता और तनाव से बाहर निकलने की राह दिखाता है। कई इच्छाएं और आवश्यकताएं जिनकी दैनिक जीवन में पूर्ति नहीं की जा सकती, खेल से इनकी देखभाल हो जाती है। इस प्रकार से दैनिक जीवन की हताशाओं का सामना बच्चा खेल के माध्यम से करता है।

बच्चों के खेल का उपचारत्मक मूल्य अति महत्वपूर्ण है। बच्चों के खेल को देखकर, वयस्क अपने खुद के बच्चों के बारे में कई खोज के अलावा वह उनकी छुपी भावनाओं तक पहुँच सकते हैं क्योंकि बच्चे खेल के माध्यम से इन्हें दर्शाते हैं। उदाहरण के लिए, घर-घर खेलते हुए कई बच्चे खेल में अपने खुद के घर के बारे में अपनी भावना प्रतिबिंबित करते हैं। एक बच्चा जो अपने पिता से डरता है अथवा महसूस करता है कि मां बहुत सख्त अथवा सत्ताकारी है वह इन भावनाओं को अपने खेल के दौरान वैसा ही बन कर दर्शाएगा। गुड़ियों से खेलना और ''विद्यालय-विद्यालय'' आरंभिक बचपन के दो खेल हैं जो बहुत बारीकी से दर्शाते हैं कि बच्चा इन दो संसारों को कैसे समझता-बूझता है जिनसे उसका अधिकांश जीवन बना है।

मानव आकारों का स्वतःस्फूर्त चित्र, अन्य लोगों के साथ बच्चे के समायोजन और अन्यों के सम्बन्ध में उसकी अपने बारे में समझ का पता लगाने या उजागर करने का सर्वोत्तम माध्यम सिद्ध हुआ है।

अंततः बच्चों में नैतिकता के संप्रत्यय को भी खेल संवर्द्धित करता है। हालांकि घर और विद्यालय दोनों उसे अच्छे और बुरे में अंतर करना सिखाते हैं, लेकिन यह खेल साथी समूह ही है जो बच्चे के नैतिक मानकों को पुनर्बल प्रदान करता है। बच्चा समझता है कि उसका ईमानदार, सत्यनिष्ठ और पक्षपातहीन होना आवश्यक है। यदि उसे अपने खेल समूह का स्वीकृत सदस्य बनना है तो उसको अच्छा खिलाड़ी, अच्छा हारने वाला, विनम्र, विजयी और आत्म-नियंत्रित होना चाहिए। वह यह भी जानता है कि उसके खेल साथी कपट अथवा शेखी बघारना अथवा इसी प्रकार के अन्य व्यवहार सहन नहीं करेंगे। इसलिए वह नैतिक रूप से सही और स्पष्ट होने की कोशिश करता है।

विद्यालय की भूमिका (Role of the School)

इससे पहले खंडों में, हमने चर्चा की थी खेल की बहुमुखी प्रकृति और बच्चे के जीवन के सभी विकासात्मक क्षेत्रों में इसके मूल्य की, क्योंकि विद्यालयों की मुख्य चिंता ''विद्यार्थियों का चौतरफा विकास'', है और खेल इस सर्वांगीण विकास का लाभ प्रदान करता है। तो स्पष्ट है कि एक अच्छा विद्यालय जो अपने विद्यार्थियों की भलाई में रुचि रखता है, वह विद्यार्थियों के ''खेल'' को प्राथमिक शाला पाठ्यक्रम का एकीकृत भाग बनाएगा। शैक्षणिक अधिगम और खेल के बीच में आनन्दमयी संतुलन ही वह है जिससे बच्चे की पाठ्यचर्या बनी होनी चाहिए। विद्यालय के खेल कार्यक्रम में स्वाभाविक खेलकूद और रुचि, क्लब को शामिल किया जा सकता है।

तैराकी, भागना, चलना, कैम्प लगाना, नौकायन इत्यादि कुछ ऐसी गतिविधियाँ हैं जो स्वाभाविक खेलकूद हैं जहाँ बच्चे अपनी प्राकृतिक कुशलताओं का उपयोग वातावरण में करना सीखते हैं। इन खेलकूदों को यदि व्यवस्थित तरीकों से आयोजित किया जाए तो यह बच्चों को मज़बूत और सशक्त बनाने, खतरों का सामना करने की, कुशलताओं का विकास और दलीय भावना, नेतृत्व, साथीपन एवं सहयोगी भावना के पोषण में भी मदद करते हैं। ये उनमें आत्म-अनुशासन की भावना भी भरते हैं। इसके अलावा, ये उनकी गतिविधियों और रोमांच की आवश्यकताओं को संतुष्ट करते हैं।

विद्यालय में खेलकूद, खेल-क्रीड़ा अथवा गतिविधि कार्यक्रम का भी एक महत्वपूर्ण घटक है। यह व्यवस्थित, नियमाधारित गतिविधि है जिसकी आवश्यकता है उचित नियमानुसार

आचरण। अपनी ऊर्जा का उत्पादक उपयोग करने में बच्चों को सक्षम बनाने के अलावा खेल बच्चों को नियमों का पालन करना और दूसरों के अधिकारों का आदर करना भी सिखाता है। यह नागरिकता का अच्छा प्रशिक्षण है और यह साथी भावना, अन्यों के लिए परवाह व चिंता और सामाजिक अनुशासन जैसे सामाजिक मूल्यों और चारित्रिक गुणों का विकास, विद्यालय अनुदेशन के किसी अन्य तरीके से कहीं बेहतर तरह से कर सकता है।

विद्यालयी पाठ्यचर्या में शौक का भी एक स्थान होना चाहिए। शौक का एक विशेष प्रयोजन है, बच्चे को अपनी वैयक्तिक्ता की अभिव्यक्ति का अवसर देना। ठीक है कि समूह भावना बहुत अच्छी है लेकिन हमें इसे खुद पर हावी नहीं होने देना चाहिए, क्योंकि प्रत्येक बच्चा चाहता है कि उसकी वैयक्तिकता का भी आदर हो। शौक उन बच्चों के लिए विशेष अहमियत रखता है जो समूह व्यवस्था में खेल भावना कार्य में अच्छा प्रदर्शन नहीं कर पाते हैं। कई बच्चों में शौक मदद करता है, जीवन के अधिक संवेदनशील मूल्यों जैसे प्रेम, स्नेह, दया इत्यादि का विकास करने में। इसके अलावा संगीत, नाटक, उत्कृष्ट कलायें, स्वतः वाचन और अन्य साहित्यिक गतिविधियों को भी खेल जैसी गतिविधियाँ मान कर इनको भी शाला गतिविधि कार्यक्रम में समाहित करना चाहिए।

सारांश (Summary)

1. खेल, किसी गतिविधि में किसी व्यक्ति की उस संलिप्तता को दर्शाता है जो उसे अंतिम परिणाम की परवाह किए बिना उस गतिविधि में शामिल होने मात्र से मिलती है।
2. खेल, एकाकी, समांतर, दर्शक, साझेदारी अथवा सहयोगी कार्यक्रम जैसा हो सकता है। इसका स्वभाव अनुकरणीय, नकलची, काल्पनिक, प्रतीकात्मक अथवा अधिक बुद्धिमत्ता वाला हो सकता है। इसके अलावा खेल स्वतःस्फूर्त, मान-विश्वास अथवा रचनात्मक भी हो सकता है।
3. विकास के अन्य क्रमों की ही तरह खेल का भी निश्चित क्रम होता है- शुरुआत में शारीरिक, जो बाद में अधिक रचनात्मक और बोधपूर्ण हो जाता है। बच्चा जैसे-जैसे किशोरावस्था तक पहुँचता है, खेल अधिक बौद्धिक स्वभाव अपना लेता है।
4. ऐसे बहुत से कारक हैं जो बच्चों के खेल को प्रभावित करते हैं। इनमें से कुछ हैं बच्चों का स्वास्थ्य, बुद्धिमत्ता, गत्यात्मक विकास और रुचियां। लिंग, सामाजिक रिवाज़, मौसम एवं सामाजिक सांस्कृतिक स्तर भी बच्चों के खेल को प्रभावित करते हैं।
5. बच्चों के खेल उनके व्यक्तित्व विकास के लिए अत्यंत महत्वपूर्ण हैं। खेल से बच्चे संज्ञानात्मक, सामाजिक, भावनात्मक और नैतिक कुशलताएं सीखते हैं। वास्तविक आत्म-छवि भी खेल गतिविधियों का ही परिणाम है।
6. खेल का चिकित्सकीय प्रयोजन भी है। यह बच्चों की समस्याओं को जानने और इनका निदान दोनों में ही मदद करता है।
7. आवश्यक है कि विद्यालयी पाठ्यचर्या खेल को अपना एक एकीकृत घटक बनाए और स्वाभाविक खेलकूदों, शौक और अन्य खेल गतिविधियों को अत्यधिक प्रोत्साहित करें।

11

विविधता एवं समावेशी शिक्षा
Diversity and Inclusive Education

"भिन्नताएँ, विविधताओं को जन्म देती हैं, एकजुटता विविधता को संरक्षित करती है।"

—रवीन्द्रनाथ टैगोर

परिचय (Introduction)

शिक्षा अधिकार अधिनियम, 2009 के पश्चात् समता और समानता पर आधारित वर्तमान शिक्षा के परिप्रेक्ष्य में हम अपने विद्यालयों को ऐसे रूप में परिलक्षित कर रहे हैं जहाँ विभिन्न सांस्कृतिक अनुभव, भाषा, जातीय और सामाजिक-आर्थिक पृष्ठभूमि, अधिगम क्षमता, दिव्यांगता के साथ बड़ी संख्या में बच्चे न केवल विद्यालयों में नामांकित हों, अपितु सभी बच्चों को साथ मिलकर सीखने के समतामूलक अवसर भी उपलबब्ध करवाएं जाएं ताकि सभी बच्चे आत्मविश्वास, आत्मसम्मान, सकारात्मक सोच, प्रभावी सम्प्रेषण, जीवन कौशल आदि मानवीय गुणों को स्वयं में आत्मसात् करते हुए सम्पूर्ण व्यक्तित्व विकास की ओर अग्रसर हो सकें। इसलिए शिक्षा अधिकार अधिनियम के पश्चात् शिक्षण अधिगम प्रक्रिया में विविधता को एक महत्वपूर्ण संसाधन के रूप में समझा जाने लगा है। राष्ट्रीय शिक्षा नीति, 2020 के उद्देश्यों के संदर्भ में विद्यालयों में विविधता के उचित प्रबंधन के द्वारा समावेशन को प्रोत्साहित करने तथा सतत विकास एजेंडा, 2030 के बिन्दु 4 के लक्ष्य, "सभी को गुणवत्तापूर्ण शिक्षा" प्रदान करने के अवसरों में बढ़ोतरी करना है।

समावेशी शिक्षा की ओर सभी प्रयासों को सफल बनाने के लिए शुरुआत प्राथमिक विद्यालयों से ही करनी होगी। शाला शिक्षा की नींव यानी कि प्राथमिक विद्यालयों को दिव्यांगता या विकलांगता, बहुभाषिकता, सामाजिक-आर्थिक स्थिति, लैंगिकता और विषम भौगोलिक परिस्थिति इत्यादि से उपजी विशेष आवश्यकताओं को पहचान कर उन्हें संबोधित करने की दिशा में चैतन्य प्रयास करने होंगे। विशेष आवश्यकताओं को प्राथमिक विद्यालयी कक्षाओं की पाठ्यचर्या से जोड़कर, मुख्यधारा समावेशी कक्षा कक्ष के भीतर ही संबोधित करने की योग्यता, प्रत्येक शिक्षक में विकसित करनी होगी। कक्षा में उपस्थित प्रत्येक छात्र, जिनमें विशेष आवश्यकता वाले भी सम्मिलित हैं, की शैक्षिक उपलब्धियों की जिम्मेदारी शाला शिक्षा के प्रत्येक हितधारक को संयुक्त रूप से लेनी होगी। विशेष आवश्यकता के क्षेत्र में आंतरिक विविधताएं हैं, और यह कभी-कभी इतनी विशाल हो सकती हैं कि समान प्रतीत होती चुनौती का सामना कर रहे दो बच्चे एक-दूसरे से पूर्णतः भिन्न हो सकते हैं।

विविधता की परिभाषा (Defining Diversity)

"विविधता" शब्द की उत्पत्ति फ्रांसीसी शब्द "डायवर्सिटी" से हुई है जिसका अर्थ है भिन्न। संदर्भों के अनुसार विविधता के अर्थ बदल जाते हैं, जैसे कि सामाजिक समूहों के संदर्भ में विविधता का अर्थ है कि लोग अलग-अलग जाति, भाषा, संवादों, संस्कृति, आर्थिक स्थितियों, क्षमता एवं अक्षमता से परिपूर्ण हो सकते हैं। गरशेल के अनुसार, विविधता का अर्थ योग्यता, लिंग, जाति, प्रजाति, भाषा, चिंता, स्तर, सामाजिक, आर्थिक स्तर, दिव्यांगता, लिंग, व्यवहार, या धर्म से सम्बन्धित होता है।

विविधता की उत्पत्ति के कारक दृश्य एवं अदृश्य हो सकते हैं। कारकों में वैयक्तिक विशेषताएं भी शामिल हैं। स्पष्ट है, विविधता की अवधारणा मतभेदों को स्वीकार करने और उनका सम्मान करने से जुड़ी है। शिक्षा के संदर्भ में विविधता को सामाजिक पृष्ठभूमि, योग्यता के स्तर, दिव्यांगता के कारण होने वाली चुनौतियों, लिंग पहचान, क्षेत्रीय कारकों, सांस्कृतिक प्रथाओं, सीखने की शैली, भाषा प्रवीणता, निर्देशों के माध्यम आदि के बारे में विचारों में अंतर के संदर्भ में समझा जा सकता है।

विविधता शब्द आमतौर पर बहुलता या अंतर या विविधताओं से जुड़ा है। यह मनुष्यों के लिए स्वाभाविक है क्योंकि मानव अस्तित्व का कोई भी आयाम विविधता से अछूता नहीं है। अपने जीवन के प्रत्येक क्षण में हम या तो विविधता का उत्सव मना रहे होते हैं, जैसे—हमारे अद्वितीय विचारों, विभिन्न कार्य शैलियों, कपड़ों में भिन्नता, भोजन की आदतों आदि के रूप में या अपने से अलग विशेषताओं जैसे परंपराओं, रीति-रिवाजों और विश्वासों में दोष खोज रहे होते हैं।

संक्षेप में कहा जा सकता है कि भिन्नताओं अथवा अतुल्य विशेषताओं के बिना किसी तरह के पूर्वाग्रहों के स्वीकृति ही विविधता का उत्सव है। विद्यालयों में विविधता की उपस्थिति, सुरक्षित, सकारात्मक और पोषक वातावरण में परस्पर अधिगम और अन्वेषण का अवसर प्रदान करती है। विविधता की समझ उन व्यक्तियों से संवाद स्थापित करने के लिए आवश्यक है जो हम से अलग सोचते अथवा व्यवहार करते हैं।

राष्ट्रीय शिक्षा नीति 2020, दिव्यांग जन अधिकार अधिनियम 2016 और समग्र शिक्षा में विविधता का चित्रण (Visualisation of Diversity in National Education Policy 2020] RPWD Act 2016 and Samagra Shiksha)

राष्ट्रीय शिक्षा नीति 2020 (National Education Policy 2020)

राष्ट्रीय शिक्षा नीति (एनईपी) 2020 जमीनी स्तर पर प्रभावी कार्यान्वयन की दिशा में हितधारकों का मार्गदर्शन करने वाले कई मूलभूत सिद्धांतों द्वारा शासित है। विविधता शिक्षा के प्रति प्रमुख महत्व रखने वाले मार्गदर्शक सिद्धांत हैं—

- प्रत्येक छात्र की अद्वितीय क्षमताओं को पहचानना और बढ़ावा देना
- सीखने-सिखाने की पद्धति में लचीलापन
- बहुविषयक और समग्र शिक्षा
- नैतिक, मानवीय और संवैधानिक मूल्य
- भारतीय सांकेतिक भाषा को सम्मिलित करते हुए बहुभाषावाद का आदर

- जीवन कौशल
- प्रौद्योगिकी का व्यापक उपयोग
- विविधता और स्थानीय संदर्भ का सम्मान
- संपूर्ण समता और समावेशन
- प्रगति की सतत समीक्षा।

राष्ट्रीय शिक्षा नीति 2020 ने इस तथ्य को स्वीकार किया कि शिक्षा में विविध आवश्यकताएँ केवल दिव्यांगता के कारण ही उत्पन्न नहीं हो सकती हैं, बल्कि अन्य कारक भी हो सकते हैं जैसे बहुभाषावाद, भौगोलिक परिस्थितियाँ, किसी विशेष समुदाय से संबंधित होना, जेंडर संबंधी पहचान आदि। यह शिक्षा की यात्रा में एक महत्वपूर्ण मील का पत्थर है। राष्ट्रीय शिक्षा नीति 2020 पहला औपचारिक दस्तावेज है जिसमें भारतीय सांकेतिक भाषा के अस्तित्व को न केवल पहचाना ही गया है, बल्कि भाषा के रूप में इसका आदर करते हुए इसके मानकीकरण और इसमें पाठ्यचर्या संबंधित शिक्षण अधिगम सामग्री के विकास पर भी जोर दिया गया है।

दिव्यांगजन अधिकार अधिनियम 2016 (RPWD Act 2016)

दिव्यांगजन अधिकार अधिनियम को भारत की संसद द्वारा दिव्यांग व्यक्तियों के अधिकारों और संबंधित चिंताओं पर ध्यानाकर्षण करने के इरादे से 2016 में पारित किया गया था। दिव्यांगजन अधिकार अधिनियम, संयुक्त राष्ट्र द्वारा 2006 में जारी घोषणा पत्र के लक्ष्यों और सिद्धांतों को अक्षरशः अपनाता है। यह इसलिए भी है क्योंकि भारत इसके हस्ताक्षरकर्ताओं में से एक है।

दिव्यांगजन अधिकार अधिनियम 2016 ने यूएनसीआरपीडी के निम्नलिखित सिद्धांतों को अपनाया–

- सभी व्यक्तियों की अंतर्निहित गरिमा और व्यक्तिगत स्वायत्तता का सम्मान जिसमें दिव्यांग व्यक्तियों को अपनी पसंद जाहिर करने और स्वतंत्रता का अधिकार शामिल है।
- गैर-भेदभाव।
- समाज में पूर्ण और प्रभावी भागीदारी।
- मानव विविधता और मानवता के भाग के रूप में विकलांग व्यक्तियों और उनकी भिन्नता की स्वीकृति और सम्मान।
- अवसरों की समानता।
- सुगम्यता।
- पुरुषों और महिलाओं के बीच समानता।
- दिव्यांग बच्चों की विकसित हो रही क्षमताओं का सम्मान और दिव्यांग बच्चों को अपनी पहचान बनाए रखने के अधिकार का सम्मान।

इस अधिनियम का केंद्र दिव्यांगता के क्षेत्र में अंतर्निहित विविधता और उससे जुड़ी जरूरतों को समझना है। यह अधिनियम **21** प्रकार की दिव्यांगता की स्थिति को स्वीकार करता है और साथ ही यह भी स्वीकार करता है कि एक ही तरह की दिव्यांगता की स्थिति वाले छात्रों की जरूरतें जैसे कि दृष्टि दिव्यांगता, विशिष्ट अधिगम अक्षमता,

बौद्धिक दिव्यांगता, मानसिक बीमारी आदि में शिक्षण-अधिगम युक्तियों, दैनिक जीवन कौशल, सामग्री प्रबंधन, समय प्रबंधन, भावनात्मक धारणा, आईसीटी का उपयोग, एक स्थान से दूसरे स्थान पर स्वतंत्र आवाजाही की पहुंच आदि से संबंधित जरूरतों के संबंध में अंतर्निहित विविधता हो सकती है।

समग्र शिक्षा (Samagra Shiksha)

2018 में एकीकृत और समग्र शिक्षा के लिए एकछत्र योजना शुरू की गई थी, जिसका उद्देश्य स्कूली शिक्षा के विभिन्न चरणों में निरंतरता लाने और शिक्षक शिक्षा को तद्नुसार संरेखित करना था। समग्र शिक्षा में विभिन्न मौजूदा योजनाओं और मिशनों जैसे सर्व शिक्षा अभियान (एसएसए), राष्ट्रीय माध्यमिक शिक्षा अभियान (आरएमएसए), स्कूल में आईसीटी, माध्यमिक स्तर पर दिव्यांग छात्रों के लिए समावेशी शिक्षा (आईईडीएसएस), लड़कियों के छात्रावास, माध्यमिक और वरिष्ठ माध्यमिक शिक्षा का व्यवसायीकरण शामिल है।

सतत विकास लक्ष्यों (एसडीजी) 4.5 के अनुरूप समग्र शिक्षा अभियान, विविधता को पहचानता है, जिसमें कहा गया है कि '2030 तक, शिक्षा में लैंगिक असमानताओं को खत्म करना और दिव्यांग व्यक्तियों सहित कमजोर वर्गों के सभी शिक्षार्थियों के लिए शिक्षा और व्यावसायिक प्रशिक्षण के सभी स्तरों तक समान पहुंच सुनिश्चित करना'' सभी सदस्य देशों को अपनी वरीयता सूची में शामिल करना होगा।

विद्यालय में विविधता (Diversity in Schools)

दुनिया भर में, कई लोग भौतिक, सामाजिक और सांस्कृतिक विशेषताओं, या पहचान के परिणामस्वरूप भेदभाव और असमानता के रूपों का अनुभव करते हैं, जिन्हें प्रमुख सामाजिक मानदंडों से अलग माना जाता है। बहुत बार, इस तरह के पूर्वाग्रह किसी व्यक्ति के लिंग, उनकी जाति, जातीयता और/या उनकी दिव्यांगता से संबंधित होते हैं। हालांकि, पूर्वाग्रह के ये संकेत किसी विशेष सामाजिक निर्माण के होते हैं क्योंकि इनके चारों ओर कुछ सामाजिक मूल्य और अपेक्षाएं व्यवस्थित होती हैं। इस प्रकार, 'सामान्य' या 'अलग' होने के अर्थ के बारे में कोई सार्वभौमिक 'सत्य' नहीं हो सकता है—बल्कि, ऐसी धारणाएं मानदंडों और व्यवहारों से उत्पन्न होती हैं जो स्थान निरपेक्ष भी हो सकती हैं और नहीं भी। जैसे विशेष विद्यालय में विशेष आवश्यकता वाले बच्चों की शिक्षा के विशेष प्रयासों को सामान्य समझा जायेगा लेकिन इस विद्यालय में गैर विशेष आवश्यकता वाले विद्यार्थियों की शिक्षा के लिए किये जा रहे प्रयासों को शायद विशेष का दर्जा दिया जाए।

स्कूल में विविधता संबोधन कार्यवाही न केवल उन तरीकों को पहचानने का प्रयास करती है जिससे समय के साथ-साथ विविधता संबंधी धारणाएं विकसित हुई हैं, बल्कि उन तरीकों को भी पहचानती है जिनसे इन धारणाओं में से अवांछितों का प्रतिच्छेद कर सकते हैं। स्कूलों में विविधता संबोधन कार्यवाही का मुख्य लक्ष्य है, भेदभाव का सामना करना और समानता को बढ़ावा देना। विद्यालय में आने वाले बच्चों की रुचि, क्षमता, योग्यता, सीखने की गति, लिंग, जाति, स्वभाव आदि में विविधता होती है। विविधता संबोधन कार्यवाही के अंतर्गत, शिक्षकों का इन विविधताओं के महत्व को समझना आवश्यक है।

सभी समाजों में, कई संस्थान सामाजिक मानदंडों को स्थापित करने और बनाए रखने में भूमिका निभाते हैं। स्कूल भी ऐसी ही एक संस्था है, जिसमें सामाजिक मानदंडों

को प्रस्तुत किया जाता है और कर्मचारियों और छात्रों को अक्सर उनकी पृष्ठभूमि और पहचान की परवाह किए बिना सामान्य स्थिति की प्रमुख धारणाओं के अनुकूल होने के लिए प्रोत्साहित किया जाता है।

किसी भी संवेदनशील अध्यापक को अपनी कक्षा में दो प्रकार के मूल्यों में होने वाले तनाव का अनुभव होता है। पहला मूल्य भिन्न-भिन्न पृष्ठभूमि के छात्रों के प्रति 'समानता' का व्यवहार करना तथा दूसरा उनके बीच के सांस्कृतिक अन्तर को पहचानना एवं सम्मान देना। 'समानता' के आदर्श के तहत प्रत्येक सीखने वाले को भेदभाव रहित समान दृष्टि से देखना है तो दूसरी ओर समतामूलक अवधारणा के अनुसार उनके बीच के अन्तर को पहचानते हुए उनकी पृष्ठभूमि और सीखने संबंधित आवश्यकताओं के अनुरूप व्यवहार में उपयुक्त परिवर्तन आवश्यक है। प्रथम दृष्टि में ऐसा प्रतीत होता है कि मानो इन दोनों मूल्यों में अंतर्विरोध हो तथा एक आदर्श के पालन के लिए हमें दूसरे आदर्श का बलिदान करना पड़ेगा, किन्तु थोड़ा गहन विश्लेषण करने पर हम पाते है, कि ऐसा नहीं है। उदाहरण के लिए, गणित के एक शिक्षक अपनी कक्षा में सभी को समानता के आदर्श के अंतर्गत समभाव से देखते हुए अपेक्षा करते हैं कि प्रत्येक विद्यार्थी, अपनी विविधताओं के बावजूद, कक्षाकार्य के चार सवाल और गृहकार्य के सात सवाल हल करके निर्धारित समय में अपना कार्य जमा करेगा। अब इसी को समतामूलक दृष्टिकोण से देखें तो आवश्यक बदलाव हो सकता है कि प्रश्नों की संख्या समान रखते हुए, विशेष आवश्यकतानुसार, सवालों की प्रकृति में परिवर्तन, सवालों को कार्य पत्रक के रूप में देना, कार्य पत्रक में बहुत से सुझाव देना, कार्य पत्रक को ब्रेल (Braille) में देना, विद्यार्थी की परिचित भाषा में भी देना, कार्य पत्रक के अक्षरों के आकार को बढ़ाना, सवालों को छोटे-छोटे टुकड़ों में बांटना आदि।

विविधता को सकारात्मक रूप में लेना विद्यालय की शैक्षिक प्रगति के लिए अत्यन्त महत्वपूर्ण है। विद्यालय प्रमुख एवं शिक्षकों के द्वारा विविधता का उचित प्रबंधन विद्यालय के हर छात्र को गुणवत्तापूर्ण शिक्षा के पर्याप्त अवसर प्रदान करता है।

संक्षेप में, विद्यालय में विविधता के समावेशन का अर्थ है–

- भिन्न-भिन्न पृष्ठभूमि के विद्यार्थियों के प्रति समानता का व्यवहार तथा सांस्कृतिक अंतर पहचानते हुए पृष्ठभूमि के अनुरूप व्यवहार करना।
- भिन्नताओं के बावजूद सभी बच्चों को विकास के अवसर उपलब्ध करवाना।
- कक्षा में सभी बच्चों की पहचान को सकारात्मक मान्यता देना व सभी बच्चों के लिए सकारात्मक वातावरण उपलब्ध करवाना।
- सीखने-सिखाने की प्रक्रिया के दौरान विविधता की भिन्नता का ध्यान रखा जाना और उसे एक संसाधन के रूप में समझना।
- अधिगम प्रक्रिया में लोकतांत्रिक मूल्यों का समावेश करना ताकि सभी बच्चे सक्रियता से कक्षा की कार्य संस्कृति में सहभागी बन सकें।
- एक ऐसी मनोवृत्ति जिसके माध्यम से एक विद्यालय, सभी विद्यार्थियों को अधिगमकर्ता (विविध अधिगमकर्ता) के रूप में स्वीकार करता है।
- प्रत्येक छात्र को विद्यालय में समायोजित करने के लिए शिक्षा प्रणाली को लचीला बनाने की दिशा में एक प्रयास।

- छात्र की व्यक्तिगत प्रगति में बाधक किसी भी प्रकार की भौतिक या मनोवृत्ति आधारित बहिष्करणीय (exclusionary) नीति तथा कार्य को पहचानने और उसके समाधान का एक प्रयास।
- अधिगम प्रक्रिया में प्रत्येक छात्र की भागीदारी को बेहतर बनाने का एक प्रयास।
- कल के समावेशी समाज के निर्माण हेतु एक मजबूत नींव।

विद्यालय में विविधता की स्वीकृति के आधार (Principles of Accepting Diversity in Schools)

- प्रत्येक बच्चा दूसरे से अलग होता है, इसलिए अलगाव की स्वीकृति एवं उसका सम्मान किया जाना आवश्यक है।
- समाज में व्याप्त विषमताओं के बावजूद प्रत्येक बच्चे को विद्यालय तक लाने के लिए व्यवस्था में सुधार की आवश्यकता हो सकती है।
- प्रत्येक बच्चे के सीखने के तौर-तरीकों में विविधता होती है। बच्चे अनुकरण, अनुभव, चर्चा, प्रश्न पूछना, सुनना, चिंतन-मनन, विविध खेल, क्रियाकलापों, छोटे व बड़े समूहों में गतिविधियों आदि तरीकों से अपने आसपास के परिवेश के बारे में जानकारी एकत्रित करते हैं, इसलिए प्रत्येक बच्चे को अधिगम हेतु समुचित अवसर उपलब्ध करवाया जाना आवश्यक है।
- विभिन्न क्षमताओं, जातीय समूहों, आकार, आयु, पृष्ठभूमि, लिंग आदि की भिन्नताओं के बावजूद सभी बच्चे सीख सकते हैं।
- सीखने की प्रक्रिया विद्यालय के साथ-साथ विद्यालय के बाहर भी निरंतर चलती रहती है। अतः सीखने-सिखाने की प्रक्रिया को इस प्रकार व्यवस्थित किए जाने की आवश्यकता है कि विषमताओं के बावजूद सभी बच्चे उसमें पूर्ण रूप से सम्मिलित हो सकें तथा उसके बारे में अपने अनुभव के आधार पर समझ विकसित करने के योग्य बन सकें।
- सिखाने से पूर्व उसके लिए तैयारी करनी होती है और इसके लिए सभी बच्चों की स्वीकृति पर आधारित एक समता आधारित सकारात्मक वातावरण निर्मित करने की आवश्यकता है।
- बच्चा उन्हीं सीखी हुई बातों के साथ अपना संबंध स्थापित कर पाता है जिनके बारे में उसकी अपने परिवेश के कारण भलीभाँति समझ विकसित हो चुकी हो, इसलिए अधिगम प्रक्रिया आरम्भ करने से पूर्व बच्चे के सामाजिक, आर्थिक, सांस्कृतिक, भौगोलिक व शैक्षिक परिप्रेक्ष्य को जानना आवश्यक है, ताकि उन्हे ध्यान में रख कर बच्चे के लिए प्रभावी शैक्षिक रणनीतियों का चयन किया जा सके।

समावेशी विद्यालय के निर्माण हेतु प्रस्तावित व्यूह रचनाएं (Suggested Strategies for Creating Inclusive Schools)

आज के विद्यालय में विविधता का होना एक वास्तविकता है और विविधता से परिपूर्ण विद्यालय के संचालन के लिए कुछ प्रभावी युक्तियाँ इस प्रकार हो सकती हैं।

विद्यालय का वातावरण (School Environment)

अधिगमकर्त्ता चाहे किसी भी स्तर के क्यों ना हों, उनके लिए विद्यालय वातावरण का बहुत योगदान होता है। विद्यालय का वातावरण कुछ चीजों की शिक्षा बच्चों को स्वयं भी दे देता है। एक विविधता से परिपूर्ण विद्यालय के लिए यह आवश्यक है कि उसका वातावरण सभी के लिए सुखद और स्वीकार्य हो। विद्यालय में विविध परिवेश, विविध आवश्यकता युक्त बच्चों की शैक्षिक, खेलकूद, मनोरंजन के अलावा दैनिक आवश्यकताओं की पूर्ति हेतु आवश्यक संसाधनों, तकनीकी उपकरणों आदि का समुचित प्रबंधन करना अनिवार्य है। बिना इनके विद्यालय में सभी बच्चों के लिए शिक्षण-अधिगम के लिए उपयुक्त माहौल बनाने में कठिनाई हो सकती है। भौतिक संरचना संबंधी स्वायत्त व्यवहार प्रेरित करने के लिए ब्रेल पथ, सांकेतिक भाषा विडियो प्रदर्शन, रैम्प, सुगम शौचालय इत्यादि बनाए जा सकते हैं।

अनुकूलित पाठ्यक्रम (Adapted Curriculum)

सभी बच्चों को एक साथ सिखाने का सबसे प्रभावी तरीका है कि उन्हें खेल तथा गतिविधियों में भागीदारी के अधिक से अधिक अवसर उपलब्ध करवाए जाएं। इसके लिए आवश्यक है कि विद्यालय का पाठ्यक्रम बच्चों की अभिवृत्तियों, मनोवृत्तियों, संभावनाओं, सीमाओं तथा क्षमताओं को ध्यान में रखते हुए अनुकूलित किया जाना चाहिए। पाठ्क्रम अनुकूलन का अर्थ है, पाठ्यक्रम में उचित तथा मान्य संशोधन करके उसे विविधतापूर्ण तथा पर्याप्त लचीला बनाया जाए ताकि प्रत्येक बच्चे की क्षमताओं व योग्यताओं का विकास किया जा सके, पाठ्यक्रम ज्ञान को बच्चों के सामाजिक जीवन से जोड़ा जा सके, उन्हें सामाजिक रूप से एक उत्पादित व स्वावलम्बी नागरिक बनने का कौशल प्रदान करने के साथ-साथ बच्चों को अपने अतिरिक्त समय का सदुपयोग करने का कौशल भी प्रदान किया जा सके।

मार्गदर्शन व निर्देशन की व्यवस्था (System for Guidance and Counselling)

शिक्षा जीवन भर चलने वाली प्रक्रिया है। इसलिए अपने बच्चों को शिक्षित करने के लिए हमें नियमित शिक्षक, विशेष शिक्षक, अभिभावक, परिवार और सामुदायिक अभिकरणों के साथ-साथ विद्यालय कर्मचारियों के बीच सहयोग और सहकारिता की आवश्यकता पड़ती है। हालांकि ऐसा हो सकता है, एक बच्चे को शुरू-शुरू में घर तथा आसपास के परिचित वातावरण से निकालकर विद्यालय के एक अपरिचित वातावरण में अपने अलग भौतिक परिवेश, सामाजिक-आर्थिक मान्यता, दिव्यांगता आदि की वजह से समायोजित करने में कुछ असुविधा हो, जैसे कक्षा गतिविधियों में सामंजस्य स्थापित करने में कठिनाई, संप्रेषण, भावनात्मक अलगाव आदि। इसके अलावा किशोरावस्था के दौरान होने वाले शारीरिक, मानसिक, सामाजिक परिवर्तनों के दौर में बच्चे को अपने आपको विद्यालय तथा अपने आसपास के माहौल में समायोजित करने में परेशानी हो सकती है। किन्तु उचित मार्गदर्शन व निर्देशन की सहायता से बच्चे और उसके माता-पिता दोनों को ही इन परिवर्तनों के लिए मानसिक, शारीरिक और सामाजिक रूप से तैयार किया जा सकता है।

सहायक तकनीक का उपयोग (Use of Assistive Technology)

आज के युग में तकनीकी उपायों से मानव जीवन काफी हद तक सुगम हो गया है। मानव जीवन के प्रत्येक पहलू पर आज तकनीक का प्रभाव देखा जा सकता है। समावेशी शिक्षा

की सफलता के लिए और उसके प्रचार-प्रसार के लिए शिक्षा व्यवस्था में तकनीक का उपयोग किए जाने की आवश्यकता है। टी.वी. कार्यक्रमों, कम्प्यूटर, मोबाइल फोन आदि तकनीकी उपकरणों का उपयोग करके विविधता से पूर्ण कक्षाओं में भागीदारी, सामाजिक अंतरक्रिया, आत्मनिर्भरता, मनोरंजन आदि में प्रभावी भूमिका निभाई जा सकती है। आज आवश्यकता इस बात की है कि सबके लिए शिक्षा व्यवस्था में सहायक तकनीकी उपकरणों की प्रभावी भूमिका को स्वीकारते हुए बच्चों, शिक्षकों, अभिभावकों तथा प्रशासनिक अधिकारियों सहित अन्य हितधारकों को नवीन तकनीकी उपकरणों से परिचित करवाया जाए तथा उनके उपयोग के लिए प्रेरित किया जाए ताकि सभी अधिगमकर्त्ताओं की अधिगम आवश्यकताओं को पूरा किया जा सके।

अध्यापकों का क्षमता निर्माण (Capacity Building of Teachers)

राष्ट्रीय शिक्षा नीति 2020 में शिक्षक को ही शिक्षा व्यवस्था की वास्तविक गत्यात्मक शक्ति तथा शैक्षिक संस्थानों की आधारशिला माना गया है। क्योंकि, विद्यालय भवन, पाठ्यक्रम, पाठ्य सहभागी क्रियाएँ, सहायक अधिगम सामग्री आदि सभी संसाधनों व क्रियाकलापों का भी शिक्षण-अधिगम प्रक्रिया में महत्वपूर्ण स्थान होता है, किन्तु शिक्षक ही वह शक्ति है जो प्रत्यक्ष और परोक्ष रूप से कक्षा में संचालित होने वाली शिक्षण अधिगम प्रक्रिया को सबसे अधिक प्रभावित करता है। विविधाताओं से भरी कक्षाओं को सफल बनाने के लिए सबसे पहला कदम है 'एक शिक्षक को इसके लिए प्रशिक्षित एवं तैयार करना और बच्चों की विविधता जानने-समझने के लिए शिक्षकों की अभिवृत्ति में सकारात्मक सोच को बढ़ाना''। सबके लिए शिक्षा कक्ष व्यवस्था के अन्तर्गत शिक्षकों (विशेष) की जिम्मेदारी और भी बढ़ जाती है, क्योंकि इस प्रकार की शिक्षा व्यवस्था में शिक्षक अपने आपको केवल शिक्षण कार्य तक ही सीमित नहीं रखता अपितु वह सभी बच्चों की अधिगम आवश्यकताओं को पूरा करके बच्चों का कक्षा में उचित ढंग से समायोजन, बच्चों के लिए विशिष्ट प्रकार की अधिगम सामग्री का निर्माण करना, विद्यालय के अन्य कर्मचारियों, अध्यापकों, अभिभावकों, शैक्षिक प्रशासकों तथा विशिष्ट अध्यापक से बच्चों की सीखने संबंधी आवश्यकताओं को पूरा करने के लिए सहयोग व सहकारितापूर्ण व्यवहार करना, सरकार की तरफ से बच्चों को मिलने वाली आर्थिक सुविधाओं का वितरण करना आदि कार्यों को भी करना पड़ता है। इसलिए वर्तमान में एक शिक्षक से यह अपेक्षा की जाती है कि वह पूर्णतः प्रशिक्षित हो, उसे विविध प्रकार की अधिगम सामग्री की जानकारी हों, कक्षा में सभी बच्चों के प्रति स्वस्थ व सकारात्मक अभिवृत्तियाँ रखता हो तथा उनके मनोविज्ञान को भी समझता हो। इसलिए जरूरी है कि अध्यापक प्रशिक्षण कार्यक्रम के प्रत्येक स्तर पर सभी शिक्षकों व भविष्य के शिक्षकों का एक विविधता से भरे कक्षा-कक्ष में शिक्षण के लिए आवश्यक शैक्षिक कौशलों व ज्ञान के संबंध में क्षमता निर्माण किया जाए ताकि उन्हें 21वीं सदी के शिक्षार्थियों की चुनौतियों का सामना करने के लिए तैयार किया जा सके।

उपयुक्त शिक्षण प्रविधियों का चयन
(Selection of Appropriate Teaching Methodology)

जिस प्रकार से एक शिक्षक, कक्षा में छात्रों को विषयवस्तु के संबंध में समझ प्रदान कराता है उसे शिक्षण प्रविधि कहते हैं। वर्तमान में हमारी कक्षाओं में, चूंकि विविध प्रकार के

बच्चे देखने में आते हैं, इसलिए शिक्षक के लिए आवश्यक हो जाता है कि वह अपने छात्रों की अधिगम आवश्यकताओं को ध्यान में रखते हुए ऐसी शिक्षण प्रविधियों का चयन करे जो सभी छात्रों के लिए उपयुक्त और लाभकारी हो। शोध ने दर्शाया है कि सहयोगात्मक शिक्षण, सहपाठी शिक्षण, बहुज्ञन्द्रिय शिक्षण विधि, क्रियाकलाप आधारित शिक्षण, यूडीएल आधारित शिक्षण विधियां समावेशी कक्षा व्यवस्था में सबके लिए शिक्षा प्रदान करने में बहुत लाभदायक सिद्ध होती है। यूडीएल शिक्षण विधियां, मुख्यतया बहुविधि एवं बहुसंवेदी अधिगम की प्रस्तुति करती है।

मूल्यांकन का उचित तरीका (Appropriate Method of Evaluation)

एक विविधतापूर्ण कक्षा कक्ष में मूल्यांकन का उद्देश्य यह कदापि नहीं होना चाहिए कि 'बच्चों को रटने के लिए मजबूर कर दिया जाए या उन्हे 'धीमे शिक्षार्थियों', या प्रतिभाशाली छात्रों', या 'समस्या वाले छात्रों के रूप में पहचानने या लेबल करने के लिए उनका मूल्यांकन किया जाए' या फिर 'बच्चों को उनकी अधिगम प्रगति के आधार पर उन्हें अलग-अलग ढंग से श्रेणीबद्ध करने के लिए मूल्यांकन किया जाए अपितु विविधता की स्वीकृति पर आधारित कक्षा-कक्ष में मूल्यांकन का उद्देश्य सभी बच्चों की अधिगम प्रगति के उचित तरीकों और अधिगम में उनको होने वाली दिक्कतों की पहचान करके उनका समाधान करना चाहिए। शिक्षा कक्ष में अधिगम आकलन व मूल्यांकन के समय निम्न बिन्दु बच्चों की अधिगम संप्राप्ति की जांच करने में अध्यापक के लिए सहायक सिद्ध हो सकते हं–

- स्पष्ट संदेश देना।
- बच्चे को प्रतिक्रिया देने के लिए पर्याप्त समय देना।
- विषयवस्तु की समझ के मूल्यांकन हेतु अलग-अलग विधियों का उपयोग करना।
- उत्तर पाने में लचीलापन रखना।
- रटने को जाँचने के बजाय समझ को मान्यता प्रदान करना।
- कट और पेस्ट, मिलान, विषम को इंगित करना जैसी गतिविधियों का उपयोग करना।
- चित्रों या स्टैम्प का उपयोग करना।
- सहायक तकनीकी उपकरणों का उपयोग करना।
- केवल मौखिक या लिखित प्रतिक्रिया के बजाय प्रतिक्रिया प्राप्त करने के लिए फ्लैश कार्ड, शब्द कार्ड, चित्रों और वास्तविक वस्तुओं का उपयोग।
- एक ही प्रश्न के लिए, उत्तर देने के विभिन्न तौर-तरीकों को प्रोत्साहित करना। उदाहरण के लिए, मौखिक, कंप्यूटर की मदद से, बोले हुए को रिकॉर्ड करके इत्यादि।
- वर्तनी की अशुद्धियों को नज़रअंदाज़ करना।
- अतिरिक्त समय देना।
- आवश्यकतानुसार अल्पावकाश देना।
- लम्बे उत्तर वाले प्रश्नों को छोटे उत्तर वाले प्रश्नों अथवा वस्तुनिष्ठ प्रश्नों में बदलना।

सामुदायिक भागीदारी (Community Participation)

समुदाय का अर्थ है, सम्बन्धों से जुड़े लोगों का एक समूह। वर्तमान में बच्चों की शिक्षा की पूरी बुनियाद उनके प्रति समुदाय की सक्रिय भागीदारी पर टिकी हुई है। एक अकेले व्यक्ति के प्रयासों से सभी बच्चों को शिक्षा की मुख्यधारा में सम्मिलित नहीं किया जा सकता है। सभी को शिक्षा मुहैया करने के लिए यह आवश्यक है कि विद्यालयों को सामुदायिक जीवन का केन्द्र बनाया जाए ताकि बच्चों में सामुदायिक जीवन की भावना को बल मिल सके, क्योंकि विद्यालय में एक निश्चित समय व्यतीत करने के पश्चात् अधिकांश बच्चों को उसी समुदाय में वापिस लौटना पड़ता है जिसके वे मूलरूप से सदस्य होते हैं, जहां उनके अभिभावक, परिवार के अन्य सदस्य, दोस्त व रिश्तेदार होते हैं। इस उद्देश्य की प्राप्ति के लिए समय-समय पर विद्यालय में सांस्कृतिक कार्यक्रमों, वाद-विवाद, खेलकूद, देशाटन इत्यादि जैसे शैक्षिक मनोरंजक कार्यक्रमों के आयोजन में सभी बच्चों के अभिभावकों सहित समाज के अन्य सम्मानित व्यक्तियों को आमंत्रित किया जाना चाहिए जिससे कि उन्हें किसी विशेष लिंग, भाषा, जाति, जातीयता, दिव्यांगता आदि से संबंध रखने वाले बच्चों को एक समता और समावेशी वातावरण में अपनी अधिगम संबन्धित जरूरतों को पूरा करने और उनके संबंध में समाज में फैली भ्राँतियों को दूर करके बच्चों की योग्यता व प्रतिभा से परिचित करवाया जा सके।

समालोचना (Critical Review)

राष्ट्रीय शिक्षा नीति 2020, सतत सतत विकास एजेंडा 2030 सभी के लिए समावेशी और समान गुणवत्तायुक्त शिक्षा सुनिश्चित करने और जीवन-पर्यंत शिक्षा के अवसरों को बढ़ावा दिये जाने के व्यापक लक्ष्य के साथ आज हमारे सामने है। यह शिक्षा नीति इस सिद्धांत पर आधारित है कि शिक्षा से न केवल साक्षरता और संख्या ज्ञान जैसी' 'बुनियादी क्षमताओं' के साथ-साथ 'उच्चतर स्तर' की तार्किक और समस्या-समाधान संबंधी संज्ञानात्मक क्षमताओं का विकास होना चाहिए, बल्कि वह शिक्षार्थियों के सभी जीवन पक्षों और क्षमताओं का भी संतुलित विकास करें।

शिक्षा नीति 2020 की विशेषता है कि इसमें समावेशन को उसकी मूल भावना यानी कि विविधताओं का उत्सव, स्वीकृति एवं सम्मान के रूप में समझा है। विद्यालयी व्यवस्था के प्रत्येक आयाम में सहयोगी कार्य संस्कृति एवं विशेष अधिगम आवश्यकताओं की पूर्ति हेतु जरूरी कदम उठाने पर जोर दिया गया है। यह कदम विद्यालय के भौतिक वातावरण जैसे सीढ़ियों की जगह रैंप बनाने, शौचालय और पीने के पानी के नल को सभी बच्चों के लिए सुगम बनाने, पूरे विद्यालय को अवरोधक मुक्त करने से लेकर, आडियो बुक, संकेत भाषा में अधिगम सामाग्री, बहु-स्तरीय कार्य पत्रक निर्माण, पाठ्यचर्या अनुकूलन और परीक्षा व्यवस्था में बदलाव आदि जैसे है।

अभी तक औपचारिक शिक्षा व्यवस्था का हिस्सा नहीं रही बाल्यावस्था देखभाल एवं शिक्षा को न केवल अभिन्न भाग बनाने का ही सुझाव दिया गया है, बल्कि इसके अंतर्गत भौगोलिक, सामाजिक और सांस्कृतिक विविधता पहचान की वजह से विशेष अधिगम आवश्यकताओं की जल्द पहचान पर भी जोर दिया गया है।

बहु-भाषा के संदर्भ में सांकेतिक भाषा को स्वीकार करना एक ऐसे वर्ग विशेष को सम्मान और अपनापन देना है जिसकी विशेष आवश्यकता मुख्य धारा के मौखिक संवाद

को न समझ पाने और अपनी अभिव्यक्ति के माध्यम (संकेत भाषा) से आम जन तक न पहुंच पाने से उपजती है। उम्मीद है कि नयी शिक्षा नीति के क्रियान्वयन से श्रवण-बाधित दिव्यांगजन समाज की मुख्यधारा के और करीब आ पाएंगे।

इसके अलावा लक्षित छात्रवृत्ति, परिवहन के लिए साईकिल प्रदान करना, माता-पिता को अपने बच्चों को स्कूल भेजने के लिए प्रोत्साहित करने के लिए सशर्त नकद हस्तांतरण, सुरक्षित वाहन/छात्रावास का प्रावधान, प्रवासियों के लिए वैकल्पिक शिक्षा केन्द्रों का प्रावधान, स्थानीय भाषा बोलने वाले योग्य शिक्षकों की नियुक्ति, अच्छी तरह से प्रशिक्षित सामाजिक कार्यकर्ता, परामर्शदाता और समुदाय की भागीदारी प्रशिक्षित शिक्षकों की देखरेख में स्वैच्छिक और आनंदमय गतिविधियां, प्रत्येक छात्र के व्यक्तिगत रूप से सीखने की निगरानी, शैक्षिक दृष्टि से पिछड़े जिलों में शिक्षा के लिए विशेष प्रावधान, सभी स्तरों पर शिक्षा की सार्वभौमिक पहुंच सुनिश्चित करना आदि कुछ ऐसे उपाय हैं जिनके माध्यम राष्ट्रीय शिक्षा नीति 2020 के माध्यम से हमारे आसपास व्याप्त विविधता को स्वीकारते हुए सभी बच्चों के लिए समता और समावेशन आधारित शिक्षा की व्यवस्था की जा रही है।

संक्षेप में, कहा जा सकता है कि राष्ट्रीय शिक्षा नीति 2020 विविधता की स्वीकृति पर आधारित समता और समावेशन की अवधारणा को प्रत्येक विद्यालय और सारी शिक्षा व्यवस्था में व्यापक रूप से लागू किए जाने की मंशा पर आधारित है। जिसका मूल सार है कि 'जीवन के प्रत्येक क्षेत्र में फिर चाहे वह विद्यालय से जुड़ा हुआ हो या विद्यालय से बाहर, सभी बच्चों की समतामूलक भागीदारी सुनिश्चित किए जाने की आवश्यकता है। विद्यालयों को ऐसे केन्द्रों में परिवर्तित किए जाने की आवश्यकता है जहाँ बच्चों को सामाजिक जीवन की तैयारी करवाई जाए और यह सुनिश्चित किया जाए कि सभी बच्चों, खासकर समाज के हाशिए और कठिन परिस्थितियों में जीने वाले बच्चे जो शिक्षा की मुख्यधारा से बहुत समय तक दूर रहे हैं, को शिक्षा के महत्वपूर्ण फायदे सबसे ज्यादा मिल सकें।

सारांश (Summary)

1. विविधता की उत्पत्ति फ्रांसीसी शब्द ''डायवर्सिटी'' (diversity) से हुई है जिसका अर्थ है भिन्न।
2. विविधता को वैयक्तिक विशिष्टताओं, विचारों, जाति, भाषा, संस्कृति, क्षमता एवं क्षमताओं में भिन्नता के संदर्भ में समझा जा सकता है।
3. विद्यालयी शिक्षा के संदर्भ में विविधता की स्वीकृति अवसर प्रदान करती है, कि विविधता से परिपूर्ण विद्यार्थियों का समूह सुरक्षित एवं सकारात्मक वातावरण में परस्पर अधिगम कर सके।
4. राष्ट्रीय शिक्षा नीति 2020 स्वीकार करती है कि विविध आवश्यकताएं दिव्यांगता के आलावा अन्य कारकों जैसे बहुभाषावाद, भौगोलिक परिस्थितियों, सामाजिक-आर्थिक समुदायों, जेंडर इत्यादि के कारण भी उत्पन्न हो सकती है।
5. दिव्यांग जनाधिकार अधिनियम 2016, ने यूएनसीआरपीडी, के मूल सिद्धांतों को अक्षरशः अपनाया है और इसके माध्यम से भारत में 21 प्रकार की दिव्यांगता की स्थितियों को स्वीकार किया जाता है।

6. 2018 में समग्र शिक्षा अभियान की शुरुआत शाला शिक्षा में एकरसता लाने के उद्देश्य से की गई और समावेशी शिक्षा इसका एक महत्वपूर्ण भाग है।
7. शाला शिक्षा के अंतर्गत विविधता संबोधन कार्यवाही का मुख्य लक्ष्य है समता मूलक शिक्षा। इसमें सम्मिलित हैं–

- विविधता का सम्मान करते हुए उपयुक्त व्यव्हार करना और विकास के अवसर उपलब्ध करवाना।
- सभी बच्चों की पहचान को सकारात्मक मान्यता देना और सकारात्मक वातावरण उपलब्ध करवाना।
- अधिगम प्रक्रिया में लोकतांत्रिक मूल्यों को समावेशित करना।
- विद्यालय सभी विद्यार्थियों को विविध अधिगमकर्ता के रूप में स्वीकार करता है।
- किसी की भी व्यक्तिगत प्रगति में बाधक नीति अथवा कार्य को पहचान कर समाधान का प्रयास करना।
- विद्यालय में विविधता स्वीकृति का आधार यह मान लेना है कि, ''प्रत्येक बच्चा दूसरे से अलग होता है, इसलिए अलगाव की स्वीकारोक्ति एवं उसका सम्मान किया जाना आवश्यक है।''
- समावेशी विद्यालय के निर्माण के लिए विद्यालयी वातावरण में बदलाव, पाठ्यक्रम अनुकूलन, मार्गदर्शन व निर्देशन की व्यवस्था,सहायक तकनीक का उपयोग, अध्यापकों की क्षमता निर्माण, उपयुक्त शिक्षण प्रविधियों का चयन मूल्यांकन का उचित तरीका और सामुदायिक भागीदारी कुछ उपयोग युक्तियाँ सिद्ध हो सकती हैं।

12

निष्कर्ष

Conclusion

इस पुस्तक का निष्कर्ष लिखते समय, मैं प्राथमिक शाला बालक और उसकी शिक्षा के बारे में कुछ अवलोकनों और समकक्ष मुद्दों को उठाना चाहूँगी क्योंकि यह ऐसे महत्वपूर्ण बिंदु हैं जो बचपन और प्राथमिक शाला बालक और उसकी शिक्षा के बारे में हमारे दृष्टिकोण की जानकारी देते हैं। यह प्रमुख तरीके से योगदान देते हैं बच्चों को, उसकी आवश्यकताओं, उसके लक्ष्यों, उसके बोध और संसार के उसके अनुभवों इत्यादि को समझने में, यह भी सामूहिक रूप से उसकी शैक्षणिक प्रक्रियाओं और इसके आयोजन को प्रभावित करते हैं।

बचपन को सामाजिक रूप से भी समझना होगा क्योंकि जाति, वर्ग, धर्म, क्षेत्र और लिंग के आयाम बड़े होने की प्रक्रिया और बच्चों के जीवन के अनुभवों को बहुत प्रभावित करते हैं। कोई सार्वभौमिक बचपन नहीं, बल्कि कई बचपन होने की अवधारणा है कि वर्तमान में बचपन को वैचारिक रूप से कैसे समझा जाता है। इसलिए विकास के विभिन्न पहलुओं में सार्वभौमिक विकासात्मक पैटर्न हैं, बच्चों के लिए ये पैटर्न कैसे प्रकट होते हैं, बच्चे सामाजिक-सांस्कृतिक पृष्ठभूमि और जनसांख्यिकी का हिस्सा होते हैं। इसलिए ग्रामीण और शहरी भारत में बचपन अलग-अलग तरीके से जिया और अनुभव किया जाता है। इसी तरह लड़कों और लड़कियों का बचपन, निम्न, मध्यम और उच्च वर्ग के बच्चों और निम्न व उच्च जातियों के बच्चों का बचपन का अनुभव अलग होता है। एक महत्वपूर्ण बात यह है कि ये कारक अलगाव में बच्चे के अनुभव को प्रभावित नहीं करते हैं; बल्कि वे कई बचपन पैदा करने के लिए प्रतिच्छेद करते हैं। एक कट्टर धार्मिक घर में पले-बढ़े बालक और एक धर्मनिरपेक्ष घर में पले-बढ़े बालक भी अलग-अलग बचपन बनाते हैं। इस प्रकार यह कहा जा सकता है कि भारत में बचपन एक सामाजिक रूप से निर्मित घटना है। फिर भी ऐसे सार्वभौमिक पैटर्न हैं जो बचपन का वर्णन करते हैं जिनकी पुस्तक के अध्यायों में विस्तार से चर्चा की गई है।

शुरुआत में कहा जा सकता है कि शहरी प्राथमिक शाला बालक के लिए, बचपन अवस्था है—लघु-वयस्कता की। लघु-वयस्कता का निहितार्थ यह है कि बच्चा अब वयस्क नियंत्रण और निर्देश का, मासूम सहायता विहीन शिकार नहीं होता। हकीकत यह है कि परिवारों के बढ़ते एकलीकरण के साथ, भाई-बहनों की संख्या में होती कमी और कामकाजी अभिभावकों के कारण, बच्चे को अकेले खुद के संसाधनों और उपकरणों

के साथ समय व्यतीत करने के लिए छोड़ दिया जाता है। अभिभावक और देखभाल करने वाले बुनियादी सुरक्षा एवं शारीरिक सुविधाएं प्रदान करते हैं लेकिन खाली समय को कैसे व्यतीत करना है, के संदर्भ में बच्चे को एकदम खुद पर ही छोड़ दिया जाता है। इस तरह से, कितना और क्या पढ़ना अथवा खेलना अथवा टी.वी. देखना अथवा सोना अथवा अध्ययन करना मुख्यतया बच्चे के ही निर्णय बन गए हैं। एक तरह से अपने जीवन पर बच्चे का खुद ही संपूर्ण नियंत्रण हो गया है। इसके परिणामस्वरूप, परिपक्वता, स्वतंत्रता और आत्मनिर्भरता बच्चे के व्यवहार में अपेक्षित से कहीं पहले दिखाई देने लगती है।

इस स्थिति के साथ कुछ-कुछ संबद्धता अभिभावकों में अति-क्षतिपूर्ति के इस समकालीन रुझान या प्रवृत्ति की भी है जो अपने बच्चे के साथ पर्याप्त समय व्यतीत न कर पाने के अपराधबोध से उपजती है। उनमें अपने बच्चों पर सामग्री संसाधनों और अन्य प्रकार की गतिविधियों जैसे नृत्य कक्षाओं, चित्रकारी कक्षाओं, रुचिकर स्थानों, पार्कों संग्रहालयों इत्यादि में सप्ताहांत भ्रमण इत्यादि की बरसात करने का रुझान दिखाई देता है। बच्चे अक्सर इनसे बचना चाहते हैं क्योंकि यह उनकी खुद की स्वतःस्फूर्त स्वभाव और स्वेच्छा पहलों को खत्म कर देते हैं। ऐसे बहुत से बच्चों को पहचाना गया है जो बेहद आधुनिक मनोरंजन पार्कों में, रखरखाव कर्मचारियों की सहायता से आयोजित भ्रमण के बजाय मां-बाप के साथ वक्त बिताकर अधिक संतोष की अभिव्यक्ति करते हैं।

एक अन्य महत्वपूर्ण प्रभाव, जो एक बार फिर शहरी क्षेत्रों में कार्य करता है, वह है बच्चे के पालन-पोषण में खरीदी हुई देखभाल, सेवाओं व सेविकाओं की भूमिका। यह संस्थागत सेवाओं जैसे कि शिशु गृहों और दिन भर देखभाल केन्द्रों अथवा मां-बाप की अनुपस्थिति में नियमित आधार पर बच्चे की देखभाल के लिए नौकरी पर रखे किसी वयस्क के रूप में हो सकती है। अभिभावकों के स्थान पर अपनी देखभाल करने वालों को वह ''अभिभावक स्थानापन्न'' मानता है और इस तरह से इनके साथ के संबंधों की गुणवत्ता उसके लिए अत्यावश्यक हो जाती है। इसके अतिरिक्त स्थानापन्न देखभाल सेवाएं भिन्न तरह का सामाजिक अनुभव देती हैं जो शायद अभिभावकों के दृष्टिकोण से मेल खा भी सकता है और नहीं भी, जिससे कभी-कभी बच्चे में द्वंद्व और दुविधा व असमंजस की स्थिति आ जाती है।

पूरे विश्व में, लड़के और लड़कियाँ दोनों ही के लिए किशोरावस्था की आरंभिक उम्र कम करने का रुझान है। क्योंकि यह रुझान वर्ग, धर्म, जाति, राष्ट्रीयता इत्यादि की सीमाओं से परे है तो इसे नाम दिया गया है 'किशोरावस्था में धर्म-निरपेक्ष रुझान (Secular trend in adoloscent)''। किशोरावस्था में इस धर्मनिरपेक्ष रुझान के उद्भव के साथ, प्राथमिक शाला का बालक पहले से ही किशोरावस्था के आसपास है। यह बचपन में कमी और किशोरावस्था और वयस्कता में आरंभिक प्रवेश की ओर ले जाता है। यह एक महत्वपूर्ण कारक है, क्योंकि मानवीय विकासात्मक जीवनवृत्त की प्रत्येक अवस्था, कार्यों को भूमिकाओं और अपेक्षाओं के एक समूह को दर्शाती है। इस प्रकार से प्रारंभिक शाला बालकों को तैयार करना पड़ता है, प्राथमिक वर्षों के उत्तरार्ध के लिए, किशोरावस्था के लिए, शारीरिक बदलाव और उनकी सहगामी मनोवैज्ञानिक परिवर्तनों के लिए। बच्चे के लिए इनका अर्थ होता है, अधिक परिपक्व अपेक्षाएं जो उसकी स्वाभाविकता और नैसर्गिकता को काफी हद तक सीमित कर देती हैं। इसके परिणामस्वरूप हो सकता है

कि एक ओर तो बच्चे की विकासात्मक तैयारी और शारीरिक संरचना में और दूसरे ओर उसकी रुचियों, लक्ष्यों और दोस्ताना क्रमों में विरोधाभास पैदा हो जाए।

किशोरावस्था के जल्द आने का निहितार्थ है लिंगाधारित सजगता का भी जल्द उभरना। बचपन की लंबी अवधि की मासूमियत को अवधारणा में इस कारण से बदलाव करना होगा क्योंकि लिंगाधारित सजगता का सामना रचनात्मक रूप से करने में बच्चे को मदद की आवश्यकता होगी। लिंगाधारित सजगता से जूझना, खुद में कोई आसान कार्य नहीं है क्योंकि इसके लिए लिंग की और अन्य संबंधित मामलों की वैज्ञानिक समझ और इनके प्रति स्वस्थ दृष्टिकोण की आवश्यकता है। प्राथमिक शालाओं में इनका विकास और आत्मसात् कराना होगा।

टेलीविजन की भूमिका, भारतीय चैनलों और केबल नेटवर्क दोनों ही स्वरूपों में, प्राथमिक शाला बालक के जीवन को प्रमुखता से प्रभावित करने वाले कारक के रूप में स्वीकृत की जाती है। जितना समय बच्चे औसत रूप से टी.वी. देखने में बिताते हैं, उससे ऐसा लगता है कि टी.वी. अभिभावक, अथवा भाई-बहनों अथवा हमउम्रों का जैसे लगभग स्थानापन्न हो। सतही तौर पर इसका मनोरंजक मूल्य होने के अलावा, बच्चे पर इसका अधिक व्यापक प्रभाव पड़ता है। पहला तो यही कि यह बालक का परिचय अभी तक अनजान, काल्पनिक व्यक्तियों, संसारों और उत्पादों से कराता है। जीवन के कई अनुभव, जो बच्चे के जीवन की सामान्य चाल में शायद उसके लिए अज्ञात व अनजान ही रह जाते, वह टेलीविजन पर सजीव हो उठते हैं—हिंसा, बलात्कार, आकर्षण, आक्रामकता, दर्द, दुःख, सामाजिक बुराइयां जैसे—नशा, बाल शोषण, सामुदायिक हिंसा इत्यादि। टेलीविजन के शैक्षणिक मूल्यों से जबकि इनकार नहीं किया जा सकता, फिर भी बच्चे के जीवन में जाने-अनजाने इसके नकारात्मक प्रभाव ही अधिक प्रमुखता से दिखाई देते हैं। यह सुनिश्चित करने के लिए कि बच्चे सही प्रकार के कार्यक्रम ही देखें, अत्यधिक सावधानी और देखरेख बरतनी पड़ेगी, ताकि टेलीविजन असलियत में बच्चों के उचित मनोरंजन और शिक्षा का माध्यम बन सके। इस कार्य के लिए, घर के वयस्कों के कंधों पर वाकई में बहुत बड़ी जिम्मेदारी है। इसके अतिरिक्त टेलीविजन बच्चों को नई भूमिका अनुकरणीय आदर्श भी प्रदान करता है जिनकी वह नकल करना चाहते हैं। पहचानने वाली बात यह है कि अनुकरणीय भूमिका आदर्शों के चयन में बच्चा लाभांवित और हानिमंद दोनों ही हो सकता है, लाभ यदि चयनित अनुकरणीय भूमिका आदर्श सामाजिक वांछनीय व्यवहारों को आत्मसात करने की प्रेरणा देता है, लेकिन हानि होगी यदि अनुकरणीय आदर्श सामाजिक मानदंडों और अपेक्षाओं पर खरे नहीं उतरते अथवा बच्चे को द्वंद्व और तनाव की ओर ले जाते हैं।

व्यावसायिक विज्ञापन टेलीविजन का एक और अत्यंत महत्वपूर्ण घटक है। किसी अन्य की अपेक्षा जो अधिक महत्वपूर्ण प्रभाव ये छोटे बच्चे पर डालते हैं, वह इनकी सयानी व चतुर उत्पादकता और लीक से परे, नयनाभिराम लोकलुभावन विषयवस्तु से उपजता है। यह दुर्भाग्यपूर्ण है कि टेलीविजन के व्यावसायिक विज्ञापन से बच्चों में उपभोक्तावाद की वृद्धि हो रही है।

अब उपभोक्ता के रूप में बच्चे को निशाना बनाया जाता है, जिसे मुख्यतया उत्पादों की जानकारी कंपनी के नामपट्टिका के माध्यम से होगी जिन्हें वह पाने की इच्छा और अपनाना चाहेंगे। प्राप्ति एवं स्वामित्व के सरल सुझाव, किस्तों अथवा किराये-मोल खरीद

योजनाओं के माध्यम से संभव है, जो इस प्रवृत्ति की वृद्धि में अतिरिक्त योगदान देती हैं। बच्चे के दिमाग में कई इच्छाएं और चाहतें पैदा हो जाती है जिनमें से कुछ की पूर्ति हमेशा संभव नहीं होती है। इस तरह से बच्चे शायद वंचित महसूस करते हैं।

टेलीविजन देखने के संदर्भ में, नए पर, कुछ-कुछ विक्षोभकारी दुःखद रुझान जो सामने आ रहा है, वह है, अश्लीलता से बच्चों का परिपक्वता-पूर्व परिचय। इंटरनेट तक बच्चों की पहुँच ने इसे और अधिक जटिल व सघन बना दिया है। जहाँ कंप्यूटर ने विभिन्न विषयों और मुद्दों पर जानकारी प्रदान कर, बच्चों को खोजबीन, उत्सुकता और अज्ञात की खोजबीन की तत्परता की भावना के विकास की ओर ले जाकर उसके जीवन में विशाल क्रांति ला दी है, वहीं शायद यह उसे उन क्षेत्रों की खोजबीन में अत्यधिक संलिप्तता की ओर भी ले जा रहा है जिसके बारे में उसे शायद अभी जानने की ज़रूरत ही नहीं है। इस प्रकार से, बच्चे कम्प्यूटर का प्रयोग कैसे करते हैं विशेषकर वह किस सामग्री या विषयवस्तु तक पहुँचते हैं के संदर्भ में उन पर नज़र रखना और गतिविधियों को उचित दिशा-निर्देश देना एक बार फिर से उनके आसपास के महत्वपूर्ण वयस्कों की ही जिम्मेदारी हो जांती है। इसमें विद्यालय की भूमिका भी अधिक महत्वपूर्ण हो जाती है।

टेलीविजन और इंटरनेट के अलावा भी प्राथमिक विद्यालय के बच्चे, विशेष रूप से सोशल मीडिया प्लेटफॉर्म पर भी बहुत सक्रिय होने के लिए जाने जाते हैं। हालांकि तकनीकी रूप से वे अपनी खुद की आईडी रखने के योग्य नहीं हैं क्योंकि वे उम्र की आवश्यकता को पूरा नहीं करते हैं, फिर भी उनमें से कई गलत विवरण डालते हैं और अपना नाम बदल लेते हैं। वे झूठी पहचान बनाते हैं जो नकाबपोश पहचान हैं। इसमें कई खतरे हैं क्योंकि वे कई अज्ञात व्यक्तियों के साथ बातचीत करते हैं लेकिन उनके पास यह निर्णय लेने की परिपक्वता नहीं है कि उन्हें किसके साथ दोस्ती करनी चाहिए और किससे बचना चाहिए। वे वयस्कों के लिए बनी वस्तुओं, व्यक्तियों और घटनाओं के संपर्क में भी आ सकते हैं। इस प्रकार सोशल मीडिया से जुड़ाव को घर और स्कूल द्वारा नियंत्रित करने की आवश्यकता है।

वास्तव में, पिछले दशक में जो उभर कर आया है वह लिंग की अधिक विस्तृत धारणा है जिसमें लिंग को अब द्विआधारी के रूप में नहीं देखा जाता है। लिंग की अवधारणा के हिस्से के रूप में ट्रांसजेंडर समुदाय को स्वीकार करना महत्वपूर्ण है। प्राथमिक वर्षों के दौरान ट्रांसजेंडर पहचान और लिंग आधारित सोच की शुरुआत होती है। कुछ बच्चे अपनी पहचान कैसे तलाशते हैं, इस पर कई लेख हैं। इसलिए जब वे लिंग से पुरुष या महिला हो सकते हैं, तो वे अक्सर इसके विपरीत महसूस करते हैं कि वे एक लिंग श्रेणी के रूप में क्या पैदा हुए हैं और वे वास्तव में क्या बनना चाहते हैं। वे कपड़े, दिखावट, खेल रुचियों और दोस्तों के साथ प्रयोग करते हैं। अक्सर माता-पिता और शिक्षक उनकी खोज का मज़ाक उड़ाते हैं और इसके लिए उन्हें दंडित करते हैं और फटकार लगाते हैं जबकि वास्तव में उन्हें उनके समर्थन, आराम और सहानुभूति की आवश्यकता होती है।

आज के बच्चे की एक और विशेषता यह है कि इसका अधिक उभयलिंगी आधारित भूमिका से पहचान व इसमें विश्वास है। बीते सालों के बच्चों का सामाजीकरण या तो पुरुष अथवा महिला के रूप में होता था, जिसमें भलीभांति निर्धारित प्रतीकात्मक

गुण समूहों का जान-बूझकर पोषण किया जाता था, लड़कों में क्योंकि वे लड़के हैं और इसी प्रकार से लड़कियों में क्योंकि वे लड़कियाँ हैं। हवाबंद डिब्बों या खंडों में इस तरह का विभाजन अब आजकल सार्थक नहीं है क्योंकि अब लड़के और लड़कियों को एक ही प्रतिनिधिक वर्ग के रूप में देखा जाता है और इनका मूल्यांकन सामान्य गुणों और विशेषताओं के संदर्भ में किया जाता है। व्यवहारों का अलग-अलग क्रम व नमूनों की अब उनसे अपेक्षा नहीं की जाती है। इस तरह से यह अब बच्चे के सामान्यीकरण और समझ-बूझ के लिए महत्वपूर्ण ध्यान देने योग्य मुद्दा बन गया है। लड़के होकर लड़कियों जैसे व्यवहार करना अथवा लड़कियों का लड़कों जैसा बनने के लिए कहना (Tomboy) इत्यादि की अब कोई सार्थकता नहीं रह गई है।

वैज्ञानिक विकास और तकनीक विस्तार के साथ कदम मिलाते हुए आज के बच्चे, उस संसार, जहां वह रहते हैं, के बारे में उच्च स्तर की उत्सुकता दर्शाते हैं। उन्हें मिलने वाले परिचयात्मक अनुभवों की मात्रा और उनके आसपास होने वाली जानकारी विस्फोट से ऐसा लगता है कि बच्चे के दिमाग में तार्किकता और विश्लेषण की गहन समझ का विकास हो गया है। अब बच्चा विभिन्न घटनाओं के बारे में केवल मौखिक रूप से बता दिए जाने पर ही निर्भर नहीं रहता। उसमें उसकी खुद की समझ एवं दृष्टिकोण होता है और वह वयस्कों से अक्सर बराबरी की बहस तब तक करता है जब तक कि वह संतुष्ट न हो जाए। यह वाद-विवाद शीलता, धैर्यहीनता और तर्कसंगत विवेकपूर्ण धारणा निर्माण जैसे गुणों के प्रकटीकरण की ओर ले जाता है। इनको उचित रूप से पकड़ना, समझना और उपयोग, बच्चे की शिक्षा व्यवस्था के लिए आवश्यक है।

दो दशक पहले तक बच्चों का वर्णन करने के लिए ''मासूम'', ''आनंदपूर्ण'' ''शुद्ध'', ''खुश'', ''उन्मुक्ततापूर्ण'' इत्यादि विशेषणों का प्रयोग किया जाता था। काफी हद तक इन्हें ''परेशान'', ''दबाववाले'', ''चिंतित'', 'विध्वंसात्मक', अतिचंचलता वाले 'उद्दंड' इत्यादि से बदल दिया गया है। इशारा यह है कि पिछले वर्षों के बच्चों से अलग आज के बच्चे मनोवैज्ञानिक तनाव का शिकार हैं। बच्चे के जीवन में तनाव को शायद घर, विद्यालय, समाज, दोस्तों इत्यादि से संबंधित कारकों से जोड़ कर देखा जा सकता है लेकिन महत्वपूर्ण बात यह है कि बच्चा जिस तनाव का सामना कर रहा है उससे उसे ही जूझना है। यह जूझना भी अपने आप में कोई सरल कार्य तो नहीं है क्योंकि यह शायद विखंडित अंत की ओर ले जा सकता है। इस तरह से बच्चों को तनाव प्रबंधन और कठिनाई से जूझने की एकीकृत तकनीकों को सीखना होगा। इसके लिए अधिकांश जिम्मेदारी विद्यालय के कंधों पर ही है। तनाव में रहने वाले बच्चों को संभालने के लिए विद्यालय को पर्याप्त रूप से तैयारी करके रखनी होगी।

शहरी बच्चे का सामना एक अन्य प्रतिकूल स्थिति से होता है। बेहद कम हरियाली वाले कंक्रीट (Concrete) के जंगल में पलने-बढ़ने के कारण बच्चा अपने आप ही प्रकृति से दूर चला जाता है। इस तरह से वह प्रकृति को केवल वैसे ही समझ पाता है जैसा कि पाठ्यपुस्तक में दिये तथ्यों के रूप में इसकी वैज्ञानिक व्याख्या की जाती है, और वह इसे प्रत्यक्ष अनुभव के संदर्भ में नहीं समझ पाता है। इस प्रकार से, संवेदनशीलताएं, प्रकृति-प्रशंसा व आनंद इत्यादि के उत्कृष्ट भाव शायद आधुनिक बच्चों में पूर्णतया विकसित नहीं हो पाते हैं।

अभी तक हुई चर्चा में जितने भी मुद्दों को उठाया गया है, वे सभी एक सार्वभौमिक सर्वमान्य दृष्टिकोण में घनीभूत हो जाते हैं, और वह है कि अब प्राथमिक शाला बालक को एक ऐसी वस्तु के रूप में और अधिक नहीं देखा जा सकता जिसे सिखाना, पढ़ाना अथवा आकार देना है क्योंकि वह संसार में सक्रिय भागीदार है और उसके पास ज्ञान और अनुभवों का अच्छा-खासा संग्रह है जो यह आवश्यक बुनियाद बनाता है कि वयस्क उसे कैसे समझेंगे। इसके अतिरिक्त, बच्चा संसार के अपने अनुभवों और अवलोकनों को समझने और विश्लेषण करने में भी रुचि रखता है। इन अनुभवों की प्रकृति और मात्रा बहुत विविध और समृद्ध होती है। इस प्रकार से प्राथमिक शाला बालक को पुनःपारिभाषित करना एक ज्वलंत आवश्यकता है। यहाँ इस बात की ओर ध्यान दिलाना आवश्यक है कि हालांकि विकासात्मक रूप से शहरी और ग्रामीण बालक एक जैसे होते हैं, पर वह अपने परिचयात्मक अनुभवों और दृष्टिकोणों के संदर्भ में बेहद भिन्न होते हैं। इस कारण से जहाँ उनके लिए सोचे-समझे बृहद अधिगम प्रतिफल और उद्देश्य शायद एक समान हो सकते हैं, वहीं इनकी पूर्ति के माध्यम व साधनों में बेहद अंतर होना स्वाभाविक है। बच्चों की संस्कृति और सामाजिक संदर्भ में इनका स्थान एक ऐसा महत्वपूर्ण मुद्दा है जिसे पाठ्यचर्या योजना बनाने और उचित शिक्षणशास्त्रीय पद्धतियों का चयन करने, दोनों ही के समय में ध्यान में रखना आवश्यक है।

दिमाग में रखना आवश्यक है कि प्रभावी अधिगम और आनन्दपूर्ण अधिगम सिखने का लक्ष्य है, न कि मात्र, तोता रटंत, दोहराव और जरूरत पर याद कर पाना। पाठ्यपुस्तकों का आवश्यकता से अधिक महत्व और वह अधिकार जो ये बच्चे की शैक्षणिक प्रक्रिया पर डालती हैं उससे भी विवेकपूर्ण बचाव की आवश्यकता है। यह पहचानना होगा कि संपूर्ण परम पवित्र मूल्य तो नहीं ही है। बच्चे की अधिगम प्रक्रिया में, पांचों इन्द्रियों में संलिप्तता की अधिक सार्थकता है, इस तथ्य पर ज्यादा जोर देना होगा। बच्चे की दृष्टि, श्रवण, स्पर्श, स्वाद और सूंघने की क्षमताएं अधिगम के प्रभावी संसाधन हैं और इससे नई शिक्षण शास्त्रीय तकनीकें और नवोन्मेषण उपजने चाहिए, जो अधिक आनंदपूर्ण और अधिक प्रभावी अधिगम दोनों ही ओर ले जाए।

यह भी दिमाग में रखना चाहिए कि बच्चे की बुद्धिमत्ता को केवल उसके संज्ञानात्मक कौशलों अथवा शैक्षणिक प्रदर्शनों के आधार पर ही पूरी तरह से नहीं परखना चाहिए। 'भावनात्मक बुद्धिमत्ता' की अवधारणा ने महत्वपूर्ण स्थान प्राप्त कर लिया है, परिणामस्वरूप विद्यालय में शिक्षक-छात्रों के संबंधों की गुणवत्ता पर अधिक जोर दिया गया है। जो बच्चे समानुभूति और दूसरों के साथ भलीभांति जुड़ने की योग्यता का प्रदर्शन करते हैं उन्हें भी और उचित महत्व देना आवश्यक है। इसके साथ, प्रत्येक बच्चे का अनमोलपन या अतुल्यता, जो अक्सर सामूहिक संग्रह में डूब जाती है, को भी समझना और ख्याल रखना जरूरी है। प्रत्येक बच्चा प्रतिभवान है और विद्यालय को इसके विकास में उसकी मदद करना आवश्यक है, को प्रत्येक प्राथमिक शाला का मूल मंत्र बनना जरूरी है।

बच्चे विशिष्ट क्षेत्रों में प्रतिभा और क्षमता दिखा सकते हैं। कुछ खेल में अच्छे हो सकते हैं, अन्य संगीत, नृत्य, नाटक, भाषा अभिव्यक्ति इत्यादि में अच्छे हो सकते हैं। ऐसा इसलिए है क्योंकि कई बुद्धिमत्ताएं हैं और उनमें किसी एक प्रकार की बुद्धि

प्रभावशाली हो सकती है जो उनकी प्रतिभा, रुचि या क्षमता में दिखाई देती है। हॉवर्ड गार्डनर के बहु-बुद्धि के सिद्धांत के अनुसार, नौ पहचान योग्य बुद्धिमत्ताएँ हैं।

अंत में, प्राथमिक शाला वर्षों को, माध्यमिक और उच्चतर माध्यमिक वर्षों में बोर्ड की परीक्षाओं के "प्रभा मंडल" के अप्रिय प्रभावों को नहीं सहना चाहिए। इसका अर्थ यह है कि जहां शिक्षा में विभिन्न स्तरों में आपसी विकासात्मक निरंतरता को बनाये रखना आवश्यक है, वहीं प्राथमिक वर्षों में उन समान अपेक्षाओं की धुंध नहीं पड़नी चाहिए जो माध्यमिक और उच्च माध्यमिक अवस्था के लिए ही सार्थक हैं। बच्चों की क्षमता और संभावना के विकास और इसकी उन्नति के लिए सुरक्षित वर्षों के रूप में इन्हें स्वतंत्र रूप से ही समझा जाना चाहिए।

संदर्भ ग्रंथ
Bibliography

Arnett, J.J. (2007). *Encyclopedia of Children, Adolescents, and the Media.* Thousands Oaks, CA:SAGE Publications.

Aries, P. (1962). *Centuries of Childhood.* New York, NY: Random House.

Armstrong, T. (2009). *Multiple intelligences in the Classroom.* Alexandria: ASCD.

Baker Harry J. 1953. *Introduction to Exceptional Children.* New York: Macmillan.

Beauty Janice J. 1990. *Observing to the Development of the Young Child.* (2nd edition) Columbus: Merill Publishing.

Berk, Laura E. 1996. *Child Development.* New Delhi : Prentice Hall of India Private Ltd.

Bevil, Updesh K. 1990. *Researches in Child Development: A Book of Readings.* New Delhi: NCERT.

Breckenridge, Marian E.and Vincent E. Lee. 1960. *Child Development: Physical and Psychological Growth through Adolescence.* Philadelphia: W.B. Saunders Company.

Berk, J.E. (2009). *Development through the Lifespan* (5th ed.). Boston, MA: Allyn and Bacon.

Berk, L.E (2011). *Child Development* (8th ed.). New Delhi: Person Prentice Hall.

Berk, L.E (2014). *Development through Lifespan* (6th ed.). Hoboken, NJ: Pearson.

Burman, E. (2008). *Deconstructing Developmental Psychology* (2nd ed.). London: Routledge.

Carmichael, Leonard (ed). 1946. *Manual of Child Psychology.* New York: John Wiley and Sons Inc.

Charles, Don C. 1965. *Psychology of the Child in Classroom.* New York: Macmillan.

Damon, W. 1977. *The Social World of the Child.* San Francisco: Jossey-Bass.

Davis, David C. 1963. *Patterns of Primary Education.* New York: Harper and Row.

Dean, Joan. 1983. *Organising Learning in the Primary School Classroom.* Kent, Croom Helm Ltd.

De Hann, Robert F. and jave Kough. 1956. *Helping Children with Special Needs* (Vols. 1 and 2). Chicago: Science Research Associate Inc.

Dunn, Liyod M. 1963. *Exceptional Children in the Schools.* New York: Holt Rinehart and Winston Inc.

Dworetzsky, John P. 1985. *Introduction to Child Development* Minnesota: West Publishing Co.

Egan, Kieran. 1988. *Primary Understanding: Education in Early Childhood.* New York: Routledge and Kegan Paul.

Eliason, Claudia and Loa Jenkins. 1990. *Practical Guide to Early Childhood Curriculum.* Columbus: Merrill Publishers.

Eisenberg, Nancy (Ed.) 1987. *Contemporary Topics in Developmental Psychology.* New York: John Wiley and Sons.

English, Horace B. 1962. *Dynamics of Child Development.* New York: Holt Rinehart and Winsto Inc.

Epstein, Charlotte. 1984. *Special Children in Regular Classroom: Mainstreaming Skills for Teacher.* Virginia: Reston Publishing Company Inc.

Erikson, E.H. 1959. *Identity and Life Cycle.* New York: Norton.

Elkind, D. (2001). *The Hurried Child: Growing upto fast, too soon* (3rd ed.). Cambridge, MA: Perseus.

Flavell, J.H. 1977. *Congnitive Development.* New Jersey: Prentice Hall.

Fontana, David 1978. *The Education of the Young Child.* London: Open Books.

Forest, Ilse. 1964. *Child Development.* New York: McGraw Hill.

Furth, H. 1970. *Piaget for Teachers.* New Jersey: Prentice Hall.

Garvey, C. 1977. *Play.* Cambridge: Harvard University Press.

Gauvain, Mary and Michael Cole (ed.). *Readings on the Development of Children.* Madison Avenue: Scientific American Books.

Geseel, Arnold, Frances L.Ilg 1943. *Infant Child in the Culture of Today.* New York: Harper and Brothers.

Geseel, Arnold, Frances L.Ilg 1943. *The Child from Five to Ten.* New York. Harper and Brothers.

Hamachek, Don. 1990. *Psychology in Teaching, Learning and Growth.* Boston: Allyn and Bacon.

Hamill, Donald D. and Nettie R. Bartel. 1986. *Teaching Students with Learning and Behaviour Problems.* Boston: Allyn and Bacon.

Hardman, Micheal, Clifford Drew, Winston Egan, and Barbara Wolf. 1990. *Human Exceptionally.* (Third Edition). Boston: Allyn and Bacon.

Hetherington, Mavis E. and Ross D. Parkers. 1977. *Contemporary Readings in Child Psychology.* New York: McGraw Hill.

Hetherington, Mavis E. and Ross D. Parkers. 1979. *Child Psychology: A Contemporary Viewpoint.* New Delhi: McGraw Hill.

Holmes, Deborah Lott and Frederick J. Morrison. 1979. *The Child: An Introduction to Developmental Psychology.* California: Brookscole Publishing Company.

Hurlock, Elizabeth B. 1956. *Child Development.* New York: McGraw Hill.

Jersild, Arthur. 1965. *Child Psychology.* (Fifth Edition). London: Staples Press.

Lewis, M and L.A. Rosenblum (eds.). 1975. *Friendship and Peer Relations.* New York: Wiley.

McCandless, Boyd R. and Ellis D. Evans. 1973. *Children and Youth: Psycho-social Development.* IIlinois: Dryden Press.

James, A., Jenks, C., and Prout, A. (1998). *Theorising Childhood.* Cambridge: Polity Press.

James, A., and Prout, A. (1990). *Constructing and Reconstructing Childhood: New Directions in the Sociological Study of Childhood.* Oxford: Routledge.

Kakar, S. (1979). *Indian Childhood: Cultural Idea and Social Reality.* Delhi: Oxford University Press.

Kakar, S. (1981). *The Inner World: A Psycho-Analytic Study of Childhood and Society in India* (2nd ed.). Delhi: Oxford University Press.

McCandless, Boyd R. and Robert J. Trotter. 1977. *Children: Behaviour and Development.* (Third Edition). New York: Holt Rinehart and Winston.

Moore, Robin C. 1986. *Childhood's Domain: Play and Place in Child Development.* London: Croom Helm.

Mussen, P. and N. Eisenberg. 1977. *Roots of Caring, Sharing and Helping.* San Francisco: Freeman.

Newcomer, Phyllis L. 1980. *Understanding and Teaching Emotionally Disturbed Children.* Boston: Allyn and Bacon.

Rao, Narayana S. 1988. 'Curriculum and Child-centred Education'.*Readings in Child-centered Education,* Vol. 1, New Delhi: NCERT.

Rubin, Z. 1980. *Children's Friendships.* Cambridge: Harvard University Press.

Rusk, Robert R. and James Scotland. 1979. *Doctrines of the Great Educators.* New York: St. Matn's Press.

Sahler, Olle, Z. Jane and Elizabeth R. McAnarney. 1981. *The Child from Three to Eighteen.* London: C.V. Mosby Company.

Shantz, Carolyn Uhlinger and Willard W. Hartup. 1992. *Conflict in Child and Adolescent Development.* New York. Cambridge University Press.

Sinha, Durganand (ed.). 1981. *Socialisation of the Indian Child.* New Delhi: Concept Publishing Co.

Smith, Peter K. and Helen Crowie. 1988. *Understanding Children's Development.* Oxford: Blackwell.

Sugarman, Susan. 1987. *Piaget's Construction of the Child's Reality.* New York: Cambridge University Press.

Sylvester, Robert. 1971. *The Elementary Teacher and Pupil Behaviour.* New York: Parker Publishing Company.

Sharma, D.(Ed.). (2003). *Childhood Family and Sociocultural changes in India: Reinterpreting the Inner World.* New Delhi: Oxford University Press.

Santrock, J.W. (2017), *Lifespan Development* (13th ed.). New Delhi: McGraw Hill Education.

Saraswati, T., Madan, A., and Menon, S. (Eds). (2018). *Childhood in India: Tradition, Trends and Transformations.* London: Routledge.

Telford, Charles W. and James M. Sawrey. 1981. *The Exceptional Individual.* (Fourth edition). New Jersey: Prentice Hall.

Vygotsky, L.S. 1978. *Mind in Society: The Development of Higher Mental Processes.* Cambridge (MA): Harvard University Press.

White, Barbara Notkin and Sheldon White. 1980. *Childhood: Pathways of Discovery.* New York: Harper and Row.

Vygotsky, L. (1978). *Mind in Society: The Development of Higher Psychological Processes.* Cambridge, M.A: Harvard University Press.

Vygotsky, (1986). *Thought and Language.* Cambridge, MA: The MIT Press.